本科"十三五"规划教材

中国文化与文学
专题十讲

【 刘彦彦 主编 】

西安交通大学出版社
XI'AN JIAOTONG UNIVERSITY PRESS

图书在版编目（CIP）数据

中国文化与文学专题十讲/刘彦彦主编.—西安：西安交通大学出版社，2017.12（2022.8重印）

ISBN 978-7-5693-0272-1

Ⅰ.①中… Ⅱ.①刘… Ⅲ.①中华文化—文化研究 ②中国文学—文学研究 Ⅳ.①G122 ②I206

中国版本图书馆CIP数据核字（2017）第295055号

中国文化与文学专题十讲

刘彦彦　主编

责任编辑	柳　晨
出版发行	西安交通大学出版社（西安市兴庆南路1号　邮政编码：710048）
网　　址	http://www.xjtupress.com　　传　真　029-82668280
电　　话	029-82668357　82667874（市场营销中心）　029-82668315（总编办）
印　　刷	西安日报社印务中心
开　　本	787 mm×1092 mm　1/16　　印　张　19　　字　数　276千字
版次印次	2018年1月第1版　2022年8月第7次印刷
书　　号	ISBN 978-7-5693-0272-1
定　　价	39.00元

如发现印装质量问题，请与本社市场营销中心联系。

订购热线：（029）82665248　82667874

投稿热线：（029）82668133

版权所有　侵权必究

前言

2015年，西安交通大学开始实施本科专业大类招生和培养的重大改革，人文社会科学学院组织各系进行研究，确立了一系列文科实验班专业大类基础课程，其中"中国文化与文学精粹"这门课程由中文系负责授课和组织编写教材，是"西安交通大学本科'十三五'规划教材"。这门课的设计思路是通过有限的课时使学生能够比较宏观和全面地了解亘古通今的中国传统文化，并且能够从文化的视角对不同历史时期文学作品以及文学现象重新认知。这门课的宗旨不仅在于提高大学生的人文素养，更激发他们对中国文学和文化产生继续深入学习的浓厚兴趣。

针对这门课程我们组织授课教师编写了《中国文化与文学专题十讲》这本教材。本教材的编写体例和内容从先秦文学贯穿到当代文学，利用专题的形式对不同历史时期主要的文化与文学现象进行分析讲解。文化与文学的关系密切难分，从文化的视角审视不同时期的文学现象，不仅有助于学生更深入地理解文学作品，还能够对文学中折射出的中国文化有更加生动形象的认知。在文学中寻找文化，从文化中解读文学，促进和推动学生进一步了解中国传统文化与文学的关系，提升文化文学素养，增强民族自豪感和树立文化自信心，这既是这门课的目标，也是编写这本教材遵循的原则。该教材全面系统，深入浅出，既适应高等院校中文专业教学需要，也适合广大文学爱好者阅读。

本教材是合作的成果，由多人执笔共同完成，刘彦彦负责教材提纲的研究和审定，负责组织协调教材的写作和审稿，撰写具体分工如下：

导言　中国文化与文学总叙　刘彦彦

第一讲　儒家文化与文学中的道德困境　刘彦彦

第二讲　道家文化与魏晋隐逸文学　刘彦彦

第三讲　长安文化与汉大赋　刘祥

第四讲　禅宗文化与唐宋诗词　姚明今

第五讲　市井文化与宋元文学　张弓长

第六讲　雅文化与《红楼梦》　李红

第七讲　新文化与"五四"新文学　张勇

第八讲　都市和民间：新文化的流变与传播　张勇

第九讲　当代文化与转型期文学　黎荔

第十讲　传统文化与当代文学　黎荔

本教材得到西安交通大学教务处以及西安交通大学人文社会科学学院的大力支持，在编写过程中，我们参阅并引用了国内外同行的著作，他们的研究成果给予我们有益的养分和借鉴，在此一并致谢。由于时间仓促以及编者水平有限，该教材难免出现不妥之处，敬请读者和各位学者批评指正，使之逐渐完善。

编者
2017年4月

目录

导　言　中国文化与文学总叙〔1〕

第一讲　儒家文化与文学中的道德困境〔15〕

　　第一节　孔孟之道中的理与欲〔15〕

　　第二节　文学中儒家伦理道德的两难〔23〕

第二讲　道家文化与魏晋隐逸文学〔32〕

　　第一节　老庄精神中的自然无为与守柔处静〔32〕

　　第二节　魏晋隐逸文学中的人生境界〔40〕

第三讲　长安文化与汉大赋〔60〕

　　第一节　长安风貌：汉大赋的物象描摹〔60〕

　　第二节　帝京长安：汉大赋的帝国意识〔66〕

　　第三节　西望长安：汉大赋的京都论争〔71〕

第四讲　禅宗文化与唐宋诗词　（78）

　　第一节　《坛经》与《心经》　（78）

　　第二节　禅宗法门与文学体验的内化　（94）

　　第三节　心性感悟与文学境界的生成　（101）

第五讲　市井文化与宋元文学　（109）

　　第一节　宋元时期的市井文化　（109）

　　第二节　秦楼楚馆中的词客雅士　（120）

　　第三节　休闲娱乐与话本小说　（137）

第六讲　雅文化与《红楼梦》　（154）

　　第一节　《红楼梦》的雅文化精神　（154）

　　第二节　《红楼梦》中的雅与逸　（157）

　　第三节　《红楼梦》中的梦与情　（180）

第七讲　新文化与"五四"新文学　（192）

　　第一节　鲁迅小说对奴隶文化的批判　（193）

　　第二节　郭沫若《女神》中的新文化精神　（203）

第八讲　都市和民间：新文化的流变与传播〔214〕

　　第一节　沈从文的城乡二元对立文化视野〔215〕

　　第二节　新感觉派小说与都市消费文化〔225〕

　　第三节　赵树理对民间文化的创造性运用〔238〕

第九讲　当代文化与转型期文学〔249〕

　　第一节　当代文化与转型期文学的特点〔249〕

　　第二节　现代化转型中的乡土文学叙事〔255〕

　　第三节　当代文学与新媒体帝国〔264〕

第十讲　传统文化与当代文学〔282〕

　　第一节　当代文学与传统文化精神〔282〕

　　第二节　当代文学中的儒道佛：民族文化之精神〔285〕

　　第三节　当代文学中的地域文化：民族文化之生命〔288〕

　　第四节　当代文学化用传统资源个案研究：活在当代的李白〔290〕

导言
中国文化与文学总叙

文化的概念

文化,是一个非常复杂的概念,之所以复杂,是因为它包含了非常丰富的内容,涉及了非常广阔的领域,因此,西方学者曾对"文化"下过上百条定义,但是都没有获得学界的充分认可。文化作为学术概念,最早出现在英国学者泰勒1871年出版的《原始文化》一书中,他认为:"文化或文明,就其广泛的民族学意义来说,乃是包括知识、信仰、艺术、道德、法律、习俗和任何人作为一名社会成员而获得的能力和习惯在内的复杂整体。"泰勒对文化的定义着眼于人的精神生活现象以及在社会生活中获得的能力和习惯,这个定义提出之后对学术界产生过重大影响,但是也有很多学者认为该观点中缺乏物质文明的元素,还不够全面。

到19世纪末,英国文化史学者威廉斯(Raymond Williams)进一步提出,文化指"一种物质上、知识上和精神上的整体生活方式"[甲],显然威廉斯意识到文化中物质的层面。20世纪中期,美国人类学家克罗伯(Alfred Louis Kroeber)和克拉克洪(Clyde Cluckhohn)于1952年发表了《文化:概念和定义的批评性考察》,对西方流行的160多种文化定义进行了评议分析,从而提出了文化的定义。他们认为"文化由外显的和内隐的行为模式构成;这种行为模式通过象征符号而获取

[甲] [英]威廉斯. 文化与社会: 1780—1950[M]//韦森. 文化与制度. 上海: 上海人民出版社, 2003: 9.

和传递；文化代表了人类群体的显著成就，包括它们在人造器物中的体现；文化的核心部分是传统的（即历史地获得和选择的）观念，尤其是它们所带的价值；文化体系一方面可以看作是活动的产物，另一方面则是进一步活动的决定因素。"[甲]这里，外显的行为模式是指物质层面，而内隐的行为模式则是指精神层面，而且他们指出文化的核心是传统的且具有传承发扬的价值。这一综合定义为许多西方学者所认可，具有广泛的影响。

苏联学术界对"文化"这个概念的理解也经过了长期的争论并最终获得较为统一的理解，这就是在1973年第3版《苏联大百科全书》中写到的："文化是社会和人在历史上一定的发展水平，它表现为人们进行活动和活动的种种类型和形式，以及人们所创造的物质和精神财富。文化这个概念用来表明一定的历史时代，社会经济形态，具体社会，民族和民族的物质和精神的发展水平（例如，古代文化，社会主义文化，玛雅文化），以及专门的活动或生活领域（劳动文化，艺术文化，生活文化）。文化这个术语从较狭义的意义来看，仅指人们的精神生活领域。"[乙]

我们再来看《中国大百科全书》中对"文化"的定义，文化是"人类在社会历史发展过程中所创造的物质财富和精神财富的总和，特指精神财富，如文学、艺术、教育、科学等。"[丙]从这些文化的定义来看，尽管表述上有些差异，但是内涵基本是一致的。大体上，文化分成广义和狭义之说。广义的文化就是指人类在社会生活的过程中为了生存和发展所创造、继承和享用的一切，它既包含物质财富也包含精神财富。而狭义的文化就是指以语言文字或其他手段为媒介，所记载和保留下来的人类所创造的文明成果。[丁]

关于广义的文化内涵，也有学者将其细分为意识文化、物质文化、制度文化以及行为文化四个层次。比如说"醉里挑灯看剑"，这里的"剑"虽然是一件中国古代兵器，但出现在古典诗词中它往往蕴含着作者精忠报国的雄心和爱国主义的精神，而佩剑在古代的礼仪制度中又是身份的代表，不同的佩剑往往显示出佩剑者不同的权利和地位。正因如此，"剑"就成了"刚强勇敢"和"荣爵"的文化象征符号，这里"看剑"的行为又蕴含了作者渴望征战沙场尽忠报国的意蕴。再比如李白、杜甫、王维等古代著名的诗人都不是尚勇的武士，但分别写出了"仗

[甲] 陈华文. 文化学概论[M]. 上海：上海文艺出版社, 2001：8.

[乙] 孙凯飞. 文化学：现代国富论[M]. 北京：经济管理出版社, 1997：24-25.

[丙] 中国大百科全书（哲学卷）[Z]. 北京：中国大百科全书出版社, 1987：924.

[丁] 杨海蛟, 王琦. 论文明与文化[J]. 学习与探索, 2006(1)：70.

剑去国，辞亲远游""检书烧烛短，看剑引杯长""一身转战三千里，一剑曾当百万师"的诗句，由此可见古代文人普遍怀有治国平天下的雄心和渴望计功受爵的理想抱负，这就是从文化的内隐层面解读出来的文人心态。

由于文化包涵意识形态的层面，总是处于流变与整合的过程中，而且文化的精神层面具有一定的抽象性，常常不为群体的多数人所认识和了解，因此需要通过深入地挖掘和分析才能够将文化的价值和意义彰显出来。

四 中国文化的特点

各个民族在长期的历史发展过程中形成各自不同的民族文化，不同的民族具有不同的民族文化精神。中国文化就是指中华民族及其祖先在中国这块土地上所创造的物质财富和精神财富的总和。中国文化历史悠久，博大精深，虽然在学术界没有首创文化学这门独立的学科，但是在中国历史上，文化很早就已经为人们所探讨和关注。

首先我们从文、化两个词的起源和发展来看中国的文化观。何谓"文"，最早在《易传》中写道："物相杂，故曰文。"《说文》注曰："错画也，象交文。"可见，"文"的一个基本含义就是指交错的线条。后来又引申出若干意义，如《尚书·序》所载伏羲画八卦，造书契，"由是文籍生焉"，《论语·子罕》所载孔子曰"文王既没，文不在兹乎"，就是文物典籍、礼乐制度的意思。由此又引申出装饰、人为修养之义，如《尚书·舜典》疏曰"经纬天地曰文"，《论语·雍也》称"质胜文则野，文胜质则史，文质彬彬，然后君子"。在前两层意义之上，进一步引出美、善、德行之义，这便是《礼记·乐记》所谓"礼减而进，以进为文"，郑玄注"文犹美也，善也"，《尚书·大禹谟》所谓"文命敷于四海，祗承于帝"。通过以上文献考证，可见"文"在内涵的发展演变中已经包含了物质、精神、制度、行为等文化的层面。

北宋石介在探讨"文"之起源因由时说：

故两仪，文之体也；三纲，文之象也；五常，文之质也；九畴，文之数也；道德，文之本也；礼乐，文之饰也；孝悌，文之美也；功业，文之容也；教化，文之明也；刑政，文之纲也；号令，文之声也。（《上蔡副枢密书》）

这里所说的"文"从天文到人文，几乎包含了封建社会的全部上层建筑、意识形态，在古人眼中的"文"简直无所不包。由此可见，但凡人类所创造的物质与精神的财富都可称之为"文"，因此也可以称之为"人文"。

"化"最初是变化的意思，后来引申为迁善教化。最早将"文"与"化"相提并论见于《易·贲卦·彖》中："刚柔交错，天文也。文明以止，人文也。观乎天文，以察时变。观乎人文，以化成天下。"正所谓"人文化成天下"，这里"化"就是教行迁善之义。自此，"文化"合为一词。在西汉刘向的《说苑》一书中指出："圣人之治天下也，先文德而后武力。凡武之兴为不服也。文化不改，然后加诛。"在古人眼中，"文化"是一种道德而文明的教化，能够使人的精神和心灵获得感染而服膺并顺从。同时我们的祖先非常清楚文化能够产生团结和睦的力量，"文化内辑"，就是说以文化辑和于内，化之以人文而使天下成其俗，这是古人治国平天下的"大文化观"，是中国文化所特有的属性。

近代，我国著名学者蔡元培、梁启超、胡适、冯友兰等对文化的现代意义都有所阐释。蔡元培说："文化是人生发展的状态。"[甲]梁启超说："文化者，人类心能所开释出来之有价值的共业也。易言之，凡人类心能所开创，历代积累起来，有助于正德、利用、厚生之物质和精神的一切共同的业绩，都叫作文化。"[乙]梁漱溟曾在《中国文化要义》中更详细具体地解释：

"文化，就是吾人生活所依靠之一切。如吾人生活，必依靠于农工生产。农工如何生产，凡其所有器具技术及其相关之社会制度等等，便都是文化之一大重要部分。又如吾人生活，必依靠于社会之治安，必依靠于社会之有条理有秩序而后可。那么，所有产生此治安此条理秩序，且维持它的，如国家政治，法律制度，宗教信仰，道德习惯，法庭警察军队等，亦莫不为文化重要部分。又如吾人生来一无所能，一切都靠后天学习而后能之。于是一切教育设施，遂不可少；而文化之传播与不断进步，亦即在此。那当然，若文字、图书、学术、学校、及其相类相关之事，更是文化了。俗常以文字、文学、思想、学术、教育、出版等为文化，乃是狭义的。我今说文化就是吾人生活所依靠之一切，意在指示人们，文化是极其实在的东西。文化之本义，应在经济、政治，乃至一切无所不包。"

由此可见，随着中国人在物质生活和精神生活方面的发展和变化，中国文化内容和形态也经历了不断地选择、吸收、

[甲] 蔡元培. 何谓文化[A]//蔡元培美学文选. 北京：北京大学出版社，1963：113.

[乙] 梁启超. 什么是文化[N]. 时事新报，1922-12-07.

融合、蜕变的过程，因此可以说，中国文化的变迁和演变源于文化生态环境。中国特有的文化生态环境使我们拥有五千年灿烂而丰富的文化，全世界没有哪个国家能够与中国文化悠久而厚重的历史相媲美，它是祖先留给我们的宝贵财富，是我们值得骄傲和自信的根基。直到今天，中国传统文化仍然是我们取之不尽，用之不竭的财富，是我们精神寄托之所。那么中国文化有哪些独特的特点呢？

一、以人为本

中国文化特别注重"以人为本"。尽管古人将"文"的起源归于"天文"（这是出于中国传统文化中所特有的"道法自然"的思想观念），但是在人类对自然界的认识水平有限的古代社会，恰恰是通过对自然的崇拜和模仿获得了对自我的认知，从而进一步展现出由"人定胜天"的乐观自信到"天人合一"的大气平和。因此中国文化中，"天"被人格化，"天道"被附会成"人道"，表面上是人按天意在"承运""行道"，实际上天人之间，人为主导，"天"不过是人们为了实现道德理想的手段而已。宇宙自然之"天文"因人的发现和解读而彰显，人类文化也因取法天地而被记载和流传下来。中国文化注重人的主观能动性和创造性，文化因人的需求而产生，同时又因新的需求而刺激新的文化的产生，文化始终围绕着人类的需求而不断地产生、更新和发展，所以人创造了文化，文化也造福并作用于人类。

正因为中国文化"以人为本"，所以宗教神学在中国从未取得主导的地位，在人与神之间，中国文化中表现出来的是先人后神，敬鬼神而远之，重现世人伦生活，对宗教成仙成佛的终极关怀没有强烈的情感诉求。在中国文化中更注重的是"成人之道"，追求的是此生此世的理想人格和完美人生。

二、崇德立教

中国文化是道德的文化，尊道贵德是儒释道三家文化共同的核心。孔子创立了"志于道，据于德，依于人"的修身思想学说，道德修养成为衡量个体价值的标准。无论是政治上的君臣关系，还是家庭中的父子、夫妇、兄弟关系，抑或是社会上的朋友关系，各自都有特定的道德行为规范。所谓君仁臣忠，父慈子孝，夫敬妇从，兄友弟恭，朋友有信。每个人根据自身在社会中所承担的义务都有相应的道德伦理来规范和制约其行为，从而保证家庭、社会、国家秩序的稳定和谐。无论是儒家成圣的三纲领（明明德、亲民、止于至善）、八条目（格物、致知、正心、诚意、修身、齐家、治国、平天下），还是道家成仙的修道积德，或者是释家追求佛性所遵守的戒律，无不以道德实践为第一要义。社会伦理、政治伦理、宗教伦理实乃三位一体，三家文化实则树立了道德文化信仰。

厚德载物，用宽厚的心态包容万物，中国文化的开放性和亲和性决定了中国重视文化征服而非武力征服的政治文化特点。内圣外王，内成外就，构成了中华民族的核心价值观，也是中华民族的优秀传统文化，因此中国的教育从古至今都是弘扬中国的传统美德，将修身与治世紧密联系起来，在构建"家国一体"的格局中增强凝聚力和向心力。

三、中正圆融

在历史上被称为四大文明古国的古埃及、巴比伦、古印度和中国，除了中国是历史文化唯一没有中断而延续至今的国家，其他文明古国都一度被外来殖民者所占领，文化相继改变。中国的文化之所以能够源远流长，一方面因为中国文化中崇德教育所树立的信仰与忠诚使中华文明得以传承，另一方面则在于中国文化中所特有的中正圆融的精神境界。对中国文化影响最深的是儒、释、道三家，三家各成一派，三家的宗旨和价值观殊殊派异，儒家是入世的，追求现实人生的至圣至贤；道家是出世的，又分为哲学的派别和宗教的派别，哲学的道家追求绝圣弃智的自由逍遥，而宗教的道家则追求超凡脱俗，成仙了道；释家既非入世也非出世，追求的是万法皆空的涅槃之境。三家曾因各自的教义差异而彼此攻瑕蹈隙，当权者也因政治的或者信仰的原因而助力攻难，比如佛教史上"三武一宗"的灭佛之厄。但是中国文化讲求"中和之道"，孔子"和而不同"的哲学思想对中国文化影响非常深，体现出通达圆融的包容性和求同存异的和谐性。三家在冲突与抵触的过程中，相互吸收、渗透、融合，经历了长期的磨合终于由"争衡"而"合一"。再比如儒家和道家两个学派观点也是相对立的，儒家重道德完善和人格提升，强调积极进取，建功立业；而道家注重天然的真朴之性和内心的宁静和谐，主张超越世俗，因任自然。但是对中国文化影响深远的两大流派并未因此而分裂，各执己见，而是相互影响，相互渗透，相互补充，在儒道两家思想的共同塑造下，构成了中国知识分子"穷则独善其身，达则兼济天下"的豁达和融通。

中国文化中的中庸、中和、包容、圆融使中国文化具有强大的同化性。禅宗来自于印度，但在中国传法的过程中却受中国文化的影响而变为中国禅宗，乃至于成为佛教中对世人影响最大的宗派。元代蒙古族统治了汉族，但是蒙古族的武力征伐并不能征服汉民族悠久而先进的文明，最终作为游牧民族的蒙古人受汉文化的熏陶，继续沿袭汉民族的政治、经济、思想、教育、文化等体制才最终实现大一统王朝。而汉文化也在包容、适应和吸收少数民族文化的过程中不断调试自身的文化才使得中国文化虽然受到冲击但没有出现断层，更没有灭亡。虽然朝代更迭，但是中国文化总能将多元而差异的文化元素融入中国文化的主脉。中国是个多民族国家，正是中正圆融的文化精神不断丰富了中国文化的内涵。

四、变通恒久

《易经》作为"群经之首"，是中国传统文化精神的源头。南开大学陈洪先生曾将《周易》的内涵概括为"哲思之原点，巫术之残余"，他认为《周易》之所以令人感到神秘，是因为里面运用了大量数字的变化和阴阳变化之道，揭示了宇宙万物与人类社会的变化规律，这部经典著作体现出中国传统文化中的大智慧。《周易》的核心宗旨就是讲"变通"，在《系辞下》中有："穷则变，变则通，通则久"的论述，意思是说，事物发展到了极点，就会发生变化，这样才不会受阻塞，才能不断地发展下去，古人看到了变通是持续发展的根本。《周易》反复强调"变通者，趋时者也"，所谓"趋时"，就是适应客观实际需要因时而变，否则固执地坚守，保持一成不变，就会阻碍事物的发展与社会的进步。由此可见，中国文化趋时而变的灵活性对社会的发展能起到积极的作用。

比如佛教作为外来文化传入我国，教义、教理都与我国文化格格不入，但是中国文化的包容性不仅没有排斥佛教，还运用当时道家的术语来翻译佛经。翻译的过程其实也是中国化的过程，当人们对佛教有所了解之后，历代高僧在一次次的译经、讲经的过程中，再对佛教进行更加适应国人需求的改革，终于获得了中国大多数人的了解和认同。当佛教在印度本土走向衰亡的时候，而在中国依然蓬勃发展。再比如中国的汉字，在不同的历史阶段都有不同的字体变化，从刻在龟甲上的甲骨文到镌刻在金石上的金文，再到篆书、隶书、草书、行书和楷书，字体越来越方正、简洁。汉字是世界上最难写的字体，新文化运动时期，汉字再一次由繁体字演变为简体字。从汉字的发展变化史来看，汉字变化的总趋势是由繁变简，这样更有利于广大民众的接受、学习和使用，任何文化只有适应了人民大众的需要，才能够获得恒久的发展。再举个例子，王国维先生曾说过："凡一代有一代之文学。楚之骚，汉之赋，六代之骈文，唐之诗，宋之词，元之曲，皆所谓一代之文学，而后世莫能继焉者也。"这实际上也是在说中国文化的变通性，文学离不开文化的"息壤"，不同时代有不同时代的文化，也就有不同的文学，各种文学体裁的形成和发展是适应不同时代的文化需求而进行的革新和创造，因此在中国文学发展的长河中才会有数不清的精彩优秀的文学作品。哲学、绘画、戏曲、建筑、饮食等这些中国文化在不断地更新与创新，在新的形式中包含着民族持久永恒的精神。

中国文化的特点还有很多，这里总结的四个特点既是中国文化最具有民族性的特点，同时也是中国文化稳定性发展的深层原因。我们将这种具有稳定性的文化称为传统文化。中国的传统文化在明末以前都是较稳定的发展，但是明末清初西方思想以及西方先进的科学技术的传入，对中国传统文化产生了很大的震动。随着"西学东渐""洋务运动"将西方的文明与科技相继引入中国，中国在政治、经济、思想、学术、社会、日常生活等方面都受到了很大的影响。但是毕竟西方文化与中国传统文化大相径庭，中西思想文化在碰撞中难以实现真正的互补与融合，梁漱溟曾说："中国文化之相形见绌，中国文化因外来文化之影响而起变化，以致根本动摇，皆只是最近一百余年之事而已。"西方文化对中国文化的冲击直到今天依然存在，中国传统文化受到很大的挑战，那么我们将如何面对中西方文化的差异，又将如何看待中国的文化，如何树立文化自信，又将如何缔造中国文化新格局，这些都是当前急需解决的问题。

中国文化与文学

中国文化在漫长的历史进程中所积淀起来的厚重而生动的文化内涵可以通过各种各样的形式表达出来，诸如建筑、音乐、服饰、饮食、文学，等等，其中文学最能体现中国文化的精神和内涵。中国文学汪洋浩博，内容丰富，众体兼备。不同历史时期的文学呈现出不同的时代文化特点，文学中所表现的人的性格、思想、感情、命运，往往既是社会的，又是文化的，因此文学的发展离不开文化的"息壤"，而中国文化的精神也体现在文学当中。

中国文学源远流长，是中国几千年文化中的重要组成部分，它不断从文化中汲取养分，同时又不断丰富着中国文化的内涵。通过了解和分析中国文学，我们可以更好地传承和把握中国文化，增强民族自信心和自豪感。

中国自古沿袭的是杂文学观念，从刘勰《文心雕龙》中附列的将"谱籍簿录"都纳入其中的二十四种杂文，到明代吴讷的《文章辨体》中将应用文与声情并重的诗赋并列，再到清代姚鼐编的《古文辞类纂》，可以说在文学中除了那些富有创造的、想象的作品，章表、碑铭、尺牍、史传无所不包。如果将诸如《诗经》《楚辞》《尚书》《左传》以及先秦诸子散文、碑铭、尺牍等富有实用功能和应用价值的作品统统逐出文学，中国古代文学史恐怕是令人难以接受的。实际上，直到近代西方文学观念的引入，才有所谓纯文学观念，以小说、诗歌、戏剧、散文四大类为正宗。因此我们在这里谈中国文学，应该是以中国特有的文学发展中所表现出的杂文学观念来定义"文学"。

作为文化的主流——文学，无不体现出文化对文学的深远影响。先秦诸子争鸣的一个重大问题就是关于人性论，诸子各家无不立足于对人性的争鸣从而展开对道德、政治、军事、教育、养生等诸多问题的探讨。诸子百家思想构成了先秦的文化生态，其中酝酿了后世哲学、历史、文学、法律、宗教等各种领域的端绪。孔子赞赏《关雎》"乐而不淫，哀而不伤"，以中和的审美标准来评价文学艺术，从而确立了中国文学含蓄内敛的文学表达方式，而"诗可以兴观群怨"的评述更是为后世文学承载的主题树立了规范性的标准，"诗言志""文载道"几乎成为后世评价文学价值的唯一标准。而道家不仅与儒家思想不同，连表达方式也是相迥异的，尤其是庄子的散文充满了丰富的想象力，纵横恣肆，远引曲喻，对中国浪漫主义文学创作可谓影响深远。百家中儒、道两家互补融合成为中国文化的主导。

人们常说魏晋是人性觉醒的时期，宗白华先生说："汉末魏晋六朝是中国政治上最混乱、社会上最苦痛的时代，然而却是精神史上极自由、极解放、最富有智慧、最浓于热情的一个时代。"正是这样的时代，知识分子为躲避政治的压抑，而开始向内追求超凡脱俗的精神境界和飘逸隽秀的身姿体态，他们谈玄论道，写玄言诗，徜徉山水，逍遥自在写游仙诗，隐居田园书写田园风光，他们喜欢庄子，研究养生。当时的知识分子无不关注个体生命的质量，追求超脱的精神世界，他们的文学作品淋漓尽致地展现出超脱自由，任性放诞的"魏晋风度"。

唐代是一个社会稳定、经济繁荣、思想文化开放的时代，大气磅礴的唐文化孕育了唐诗开放纵横、任情恣性的自由境界。现实生活的无限丰富与广阔，开阔了诗人们的眼界和胸怀。众多著名诗人的同时出现使诗歌创作大放异彩，形成唐诗的鼎盛时期。盛唐诗歌的内容异常丰富，边塞战争、田园山水、时政怀古、爱情友情无一不能入诗。唐代佛教文化兴盛，尤其是禅宗中国化之后，受到广大知识分子的喜爱，唐代的文人几乎都与佛教有着解不开的缘分，最有名的就是诗佛王维，他的禅意诗往往带给人静谧和谐的意境。还有李白虽然被称为"谪仙人"，但实际上，他的诗歌中也蕴含着非常丰富的佛教文化。除此而外还有杜甫、孟郊、李贺、贾岛、白居易、韩愈、柳宗元等文人士大夫都与禅宗有着深厚的缘分。从众多诗人援禅入诗的作品中不难看出，佛教博大精深的学说已经远远超过魏晋玄学对中国知识分子阶层思想的影响，这种禅学与诗学之间的碰撞和融会构建出中国文学中特有的诗歌创作和境界。甚至对文学批评也产生了极大的影响。晚唐钟嵘的《二十四诗品》借禅宗"不立文字"的手法仅将诗歌的各种风格描绘出一幅幅意境，通过读者的体悟加以体会，从而达到"不着一字，尽得风流"的出神入化之境。宋代严羽的《沧浪诗话》更是以禅喻诗，指出诗道亦在"妙悟"，主张通过对文学作品精神气韵的品味，获得生命的启悟与美感。由此可见禅宗文化对诗歌创作的深远影响。

到了宋代，随着市井文化的蓬勃发展，源于笑筵歌席的"词"渐渐成为文人士大夫生活中不可缺少的娱乐创作活动。文人士大夫为青楼歌女们创作词，展示自己才华的同时也博得美女的青睐，而富有才艺的青楼女子也可能会因为表演才子的词作而名噪一时。由于词所产生的环境的特殊，因此以男欢女爱、离情别思为主题的恋情词在宋人创作中占很大的比例，分量也最重。这些词绝大多数抒写的是文人士大夫与青楼女子的恋情，他们于花前月下，杯酒之间，寻觅追逐声色之乐，摇荡性情，形诸歌咏，不仅展现出当时文人的生活状态，也体现出当时的文化环境。宋代，随着都市商品经济的繁荣，市民阶层文化生活的兴盛也带动了通俗文学的发展，尤其是宋代的话本，深受世俗大众的喜爱。所谓"话本"即说话人使用的底本，艺人在勾栏瓦舍现场表演说话艺术，常常会根据现场的气氛即兴发挥，渲染氛围。因此话本只是简单的故事梗概，无论是思想主旨还是艺术手法都显得粗糙，但是却反映了宋代民间文化的情趣和风尚，同时这些话本中很多故事也成为后来戏曲、小说的渊薮。

宋元以后，商品经济的发展促进了文化世俗化倾向，元明的杂剧和通俗白话小说获得了极大的发展。元代的杂剧名家辈出，名作迭起，关汉卿、马致远、白朴、王实甫不胜枚举。明代四大奇书《三国演义》《水浒传》《西游记》《金瓶梅》成为畅销书，掀起了不同类型的长篇白话小说的创作热潮。这些广大人民群众所津津乐道的文学作品往往体现出与时俱进的新思想、新理念，这就与封建统治阶层的守旧意识形态相冲突。为了加强意识形态的控制，统治阶层一方面对一些文学作品进行抵制禁毁，另一方面利用理学和文化专制强化和维护封建礼教。但是无论谁都无法阻挡文化发展的进程，陈旧而不合时宜的文化势必要被新文化所取代。

被誉为中国古典小说巅峰之作的《红楼梦》，对中国传统文化可谓包罗万象。在这部经典之作中作者将丰富的中国文化融入一个封建大家庭的描写中，既让读者欣赏到园林、建筑、饮食、礼仪等文化的精致典雅，同时也感受到封建落后的制度礼教对人的戕害。小说透过封建礼教叛逆者贾宝玉这个形象展现追求自由平等与民主的进步思想与落后的封建思想之间的斗争，揭示了腐朽的封建礼教对人性人情的戕害。尽管作者曹雪芹意识到在社会中正积聚并酝酿着一种进步的力量猛烈地冲击着这个腐朽而没落的王朝和制度，但是他也不清楚这场变革的命运将何去何从，作者的迷茫体现在小说中无处不在的宗教意识和小说结尾留给读者的那片不知来路与归处的白茫茫大地！

"五四"新文化运动的到来，迎来了"反对旧文学和文言文，开展文学革命和白话文运动"的新文学运动。文学界一时之间将批判的矛头指向以儒家思想为核心的传统文化，提出"反传统、反孔教、反文言"的口号。鲁迅在其发表的第一篇白话小说《狂人日记》中写道："翻开中国的历史，血淋淋的两个字：吃人！"尖锐地揭露了封建制度和礼教对人的性情和生命的摧残。新文化运动全面否定了封建主义思想文化，在文学创作上倡导以个性主义与人道主义文学观取代"文以载道"的封建文学观，创造新的文学。随着新文化运动的深入，文学的革命向革命的文学过渡，鲁迅再次作为左联的旗手，倡导革命文学，推动左翼文学的发展。他力排众议，在与秉持自由主义文艺观和极左文艺观的作家的论战中，写了大量杂文剖析了中国社会的现状，客观地批判了国民的劣根性，对中国传统文化毫不留情地一把推翻，比如"无论是古是今，是人是鬼，是三坟五典，百宋千年，天球河图，金人玉佛，祖传丸散，秘制仙丹，全部踏到他。"正是诸如此类偏激的言论导致了今天对鲁迅的质疑，但是不能否认的是以鲁迅为首的左翼文学联盟十年创作成就了一批伟大的作家和作品。虽然偏激地否定中国传统文化，反对文言文、反对旧文学，但实际上鲁迅有着非常深厚扎实的古文素养，而且他用了大量的精力整理和研究中国古代文化，如此矛盾的行为出现在一个人身上，在历史上类似于魏晋时期的阮籍和嵇康，难道他们的文学和思想不是跟社会时代的文化息息相关吗！

中华人民共和国成立后，全国第一次文学艺术工作者代表大会的召开，标志着中国新文学进入了当代文学的历史时期。在半个多世纪里，中国文化在发展的过程中经历了巨大的震荡、断裂和异化。有学者曾指出，1949年以后的文学特征"既有着传统旧文化根源（如皇权专制主义、'文以载道'之论等），又有着冷战时期国际背景的政治实用主义，对以科学、民主为核心的'五四'启蒙精神与新文化路线进行不同形式的背离与消解，使文学高度工具化、政治化，因而逐渐丧失其自由的空间，变得封闭、单一而贫乏。"50年代至70年代近30年中国国门封闭，单一而贫乏的文化资源致使文学创作被制约而止步不前。

随着思想解放运动与改革开放的大趋势，人们的思维模式发生了根本性的变化，经过对历史的反思，向文化深层的寻根，文学创作恢复了生命力开始新的拓展。西方各种思潮、流派的理论和创作源源不断输入国内，打开了中国文人的眼界，启发了他们的创作思维。开放多元的文化为文学发展提供了广阔自由的空间，文学创作也开始向开放、多元、丰富、个性发展，同时也呈现出无序、无主潮的倾向。

四 学习"中国文化与文学精粹"的目的和意义

中国文化的发展有历史的延续性，而在人类创造的一切财富当中，文学是梳理中国文化脉络和了解中国文化精神的最重要也是最完整的一种表现形式。我们从文学发展的历程能够看到中国文化的衍变，可以说中国文化与中国文学是相辅相成，互相影响，互相依赖的。鲁迅曾经说过："文艺是国民精神所发的火光，同时也是引导国民精神的前途的灯火。"我国历来有"诗言志""文载道"的文学创作传统，历史上的文学大家无不以传承发扬人文精神和维护华夏文化为神圣使命而"立言"，无数人从文学中了解中国文化的厚重，从中国文化中获取精神的力量。习近平总书记在中国文联十大、中国作协九大开幕式上讲道："文运同国运相牵，文脉同国脉相连"，这是从古到今亘古不变的真理。21世纪的今天，我们仍然要从优秀的文学作品中去感知中华民族深厚的文化底蕴，强大的创造力以及恢宏自信的气度和胸怀。明代著名的哲学家、教育家、文学家罗汝芳曾说过："若果有大襟期，有大气力，有大识见，就此安心乐意而居天下之广居，明目张胆而行天下之大道。工夫难到凑泊，即以不屑凑泊为工夫，胸次茫无畔岸，便以不依畔岸为胸次。解缆放船，顺风张棹，则巨浸汪洋纵横任我，岂不一大快事也耶？（《坛直诠》卷上）"古人追求自我修养的最高境界恐怕就是所谓的"大襟期""大气力""大识见"，在他们看来只有"大丈夫"才能涵养"不屑凑泊""不依畔岸"的独立意识和"解缆放船""纵横任我"的自由精神，只有伟大的灵魂才能创造出伟大的作品。中国古代文化中"修齐治平"的人文思想铸就了无数伟大的文学家和伟大的作品，因此学习"中国文化与文学精粹"就是要通过对中国文学的学习了解中国文化的精髓，从中国文化中获取精神的力量，增强文化自信和自豪感，提高文化自觉。

第一讲
儒家文化与文学中的道德困境

第一节 孔孟之道中的理与欲

孔孟生平

孔子（公元前551年——公元前479年），先祖原是宋国贵族，因避国内之乱来到鲁国，自此成为鲁国人。孔子幼年丧父，家道败落，降为士。士在春秋战国时期的贵族中属于社会地位最低者。孔子的童年过着贫贱的生活，但是从小受周礼熏陶，喜欢模仿祭祀礼仪、摆列祭器。年轻的时候做过仓库管理员和管理牲畜的小官，三十岁左右首创私学，聚徒授课，传播周朝传统的礼乐知识和治国安邦之道，逐渐在社会上有了一定影响。孔子50岁左右担任鲁国中都宰，由于政绩显著连续被提拔为司空、大司寇、位列于卿。后来又以大司寇身份兼任鲁国相礼。孔子的行政和外交能力都很强，但是由于主张"张公室抑私门"，跟鲁国强权贵族季氏有矛盾，致使处境艰难最终离开了鲁国，在弟子们的护送下开始周游列国。孔子周游列国前后13年，颠沛流离，席不暇暖，历经艰辛苦难，只为了说服掌权者实行自己的政治主张施展政治抱负，但都以失败告终，最终返回故国时已近古稀之年，后一直专心从事教育和古文献编辑整理工作。孔子一生述而不作，其弟子将其思想和事迹整理成《论语》一书，尽管这部书重在记言，多半记录的是孔子与弟子、时人等的简短对话，但也是研究孔子思想最可信、最重要的史料。

孔子逝世后过了107年，孟子（公元前372—公元前289年）诞生。孟子的家乡在今山东省邹城市的凫村，在孟子的年代属于邹国，与孔子家乡鲁国非常近，所以孟子说："近圣人之居若此其甚也"。（《尽心下》38章）在孟子的时代，商人社会地位最低，孟母三次搬家离开商业繁华区选择在学馆旁边安家，孟子也就模仿着学馆中的"揖让进退"的礼仪。孟子早年欲在邹国、齐国、宋国、鲁国、滕国、魏国施展抱负但都未被重视。经过了挫折和磨砺，他的仁政思想越发明晰。在滕国时，滕文公多次向他请教如何施行仁政，孟子才开始了第一次详细阐述仁政的思想。梁惠王招纳天下贤士，孟子投奔而来对梁惠王大谈仁政才是理想的治国之道。在这前后十余年的游历生涯中，孟子的名气也越来越大。直到再次游齐，孟子才受到齐宣王的赏识。司马迁在《孟子荀卿列传》中说孟子"受业子思之门人"，因此历史上将他们称之为思孟学派。北宋时期，宰相王安石对孟子推崇自然受到朝廷的支持，《孟子》被首次列入科举，孟子其人首次被皇帝赐以邹国公的爵位并配享孔庙。到了南宋，朱熹则将《孟子》列入"四书"，至此，《孟子》不仅成为后世学人必读书目，也被列为科举考试的重要内容，地位超过"五经"。之后天下学者将孔子与孟子合称"孔孟"。到了元代，元文宗更是盛赞孟子，并加封其"邹国亚圣公"，从此，"亚圣"就成了孟子的专用代名词。

公忠与私忠

"孝"是儒家伦理道德中十分重要的范畴。儒家文化是宗族血亲文化，所以非常注重家族等级秩序的稳定与和谐。而且在儒家看来，治家如治国，家庭是国家最小的组织单位，每个家庭团结和谐、稳定发展才能促进国家的和谐与稳定，孔子认为"父母在，不远游"，而且在《学而》中有言："其为人也孝弟，而好犯上者，鲜矣；不好犯上，而好作乱者，未之有也。君子务本，本立而道生。孝弟也者，其为人之本与！"可见在儒家看来，一个能够孝敬父母，尊敬兄长的人也同样会忠君爱国。因此，作为家庭伦理核心的"孝"，便可以推衍为"忠"。就像儒家经典《大学》中所言："孝者，所以事君也"。

孔子思想中，视"孝"为最基本也是最重要的人伦道德主张，他提到"事父母能竭其力"，即使做错了事情，"父为子隐，子为父隐"（《论语·子路》）。实际上，孔子阐述血缘关系的"行孝"是为了进一步推演至"尽忠"的君臣关系，在他的政治伦理思想中，依然是以"仁"为核心，主张为君的"为人君止于仁"实行仁政，为臣的则要将政治目标和理想与个人的人伦道德修为结合起来，即"修身、齐家、治国、平天下"，因此他又提出"事君尽礼""臣事君以忠"（《八佾》），君主再坏，臣子也不能推翻或杀掉他，臣的义务就是服从君主，忠君就是忠于国家。由此可见，孔子的忠孝思想中还是遵循周王朝"亲亲""尊尊"的原则。有学者将这种不考虑是非，只一味地忠于个人的行为称为"私忠"，所以孔子的忠君思想带有一定的狭隘色彩。

"私忠"带有非常浓厚的主仆等级色彩，旨在维护统治者或主人的利益，就像子对父、仆人对主人那样可以义无反顾地经受任何苦难，甚至献出自己的生命，所以，有时"私忠"也带有"义"的色彩，具有一定的崇高和悲壮色彩。

历史上有很多为人们津津乐道的英雄形象，而在他们身上普遍存在"私忠"的品质。比如杂剧《赵氏孤儿》中公孙杵臼、程婴舍命救赵朔的后代；明初通俗长篇小说《三国演义》赵云舍命救刘备之子；关云长不受曹操诱惑，封金挂印，过五关斩六将，追随刘备。《水浒传》宋江虽然身在梁山但心系招安，一心认为只有归顺朝廷效忠皇帝，才能保全"一世清名忠义"，饮了被下药的御酒之后，还口口声声称"宁可朝廷负我，我忠心不负朝廷"，甚至为了止遏李逵重操旧业聚啸山林造反，竟然亲手毒死昔日弟兄，而李逵垂泪道："罢，罢，罢！生时服侍哥哥，死了也只是哥哥部下一个小鬼！"不仅不怪罪还提出死后要和哥哥归葬一处。梁山众弟兄忠于宋江视死如归，而宋江为了保全自己的清白名声又忠于政治不作为的懦弱皇帝。抛开复杂的社会矛盾和阶级矛盾等境况，单从人性来看，他们"忠义"的品质确实具有义薄云天的气概，但是从社会性的角度来看，他们的"忠义"带有极大的局限性，是效忠于个人乃至于不辨是非曲直的私忠、愚忠。

与"私忠"相对的就是"公忠"，从献身精神上讲，二者是一致的，但是"公忠"，是指忠于国家、社稷和人民，更具有崇高性。孟子在孔子思想基础上直接呼吁仁政反对暴政，提出"今夫天下之人牧，未有不嗜杀人者也，如有不嗜杀人者，则天下之民皆引领而望矣。诚如是也，民之归之"。百姓拥戴的是仁君，爱民如子之君；臣子也一样拥戴尊重他们的仁君，否则就会推翻君权。当齐宣王问孟子像汤放桀、武王伐纣这样"臣弑其君"的举动是否可以的时候，他说："贼仁者谓之'贼'，贼义者谓之'残'。残贼之人谓之'一夫'。闻诛一夫纣矣，未闻弑君也"（《孟子·梁惠王章句下》），商汤、周武都是历史上有名的圣主，他们之所以弑君就是因为君不仁义，于天下人的利益相左，所以是"诛一夫"。显然，孟子的思想比孔子有了很大的进步，他没有狭隘的一味忠君的观念，在他看来"民贵君轻"，君主如果凌驾于百姓之上作威作福，就应该被推翻甚至被放弑。所以国君实行王道，平治天下易如反掌，正所谓"仁者无敌""不仁而得国者，有之矣；不仁而得天下，未之有也"。后来荀子借《左传》舟水之喻又提出"水则载舟，水则覆舟"的民本观念。所以说，王道就是"以民为本""乐民之乐者，民亦乐其乐；忧民之忧者，民亦忧其忧。乐以天下，忧以天下，然而不王者，未之有也。"（《孟子·梁惠王章句下》）只有得民心者才能得天下。

孟子的思想很明确，就是忠于仁君，爱民的君王才值得拥护爱戴，而"格君心之非"敢于纠正君王不正确的思想才是忠臣，他曾说过："君之视臣如手足，则臣视君如腹心；君之视臣如犬马，则臣视君如国人；君之视臣如土芥，则臣视君如寇雠。"（《离娄下》）君臣之间是建立在相互尊重的基础上，可见，孟子不是愚忠而是典型的"公忠"。但是，显然"公忠"精神是有碍于封建统治者利益的，因此，他长期以来受到统治者或保守人士的诟病。当时孟子在给君王宣讲自己的主张时提出：君主如有错则劝阻，反复劝阻不听就改立国君，直说得齐宣王"勃然变色"；要么就是令君王尴尬到无言以对，只好"顾左右而言他"的境地。明代朱元璋因为孟子这些振聋发聩的言辞而大发雷霆，批评孟子"不及孔子浑厚"，命儒臣删节《孟子》，将其中八十余条删去，是为《孟子节文》，并从文庙中赶出来，罢除配享。可见"公忠"与"私忠"必然有着本质的区别。

当君主的利益与国家和人民利益发生矛盾冲突时，作为臣僚就要在"公忠"与"私忠"之间做出艰难的抉择。而往往封建帝王认可"私忠",漠视"公忠",因此,选择"公忠"就是选择了一种悲剧的结局。为什么这么说呢?我们举几个典型的例子就可以一目了然。杨家将和岳飞的故事,大家耳熟能详,两家都是尽忠报国的英烈。当他们的尽忠与皇帝的利益相一致时,如抗击外族侵略,保家卫国,赴汤蹈火保护宋室皇帝的宝座和安危,也就是其"公忠"与"私忠"相契合的时候,杨家将和岳飞在皇帝眼中都是有价值的,被委以重任的。但是当统治者的个人利益受到威胁时,他们就会对英雄的"公忠精神"横加戕害,比如岳飞与金人誓死抗战,要收复失地迎回徽钦二帝,但是偏安江南的宋高宗害怕岳飞迎回二帝会危及自己的皇帝宝座,宁可偏安江南一隅过着自己苟且偷生的日子也不愿与金兵作战,他甚至担心岳飞拥兵在外会对自己造成威胁,在岳飞节节胜利之时以十二道金牌将其召回,岳飞最终被奸相秦桧编之"莫须有"的罪名制造了风波亭之冤。杨家将和岳飞的悲剧都在于力图把"公忠"与"私忠"统一起来,但现实结果,二者是水火不容的,"公忠"不可能局限于"私忠"的范畴之内,"私忠"也不可能牺牲自身的利益成就"公忠"。

从这个层面来看,"私忠"更接近"孝"这一伦理,是从血缘关系的宗亲制度下的父子伦理关系衍生出的君臣关系;而"公忠"则超越了这种带有等级色彩的伦理道德,面向的是社稷和人民。这样很大程度上对"公忠"理想和精神的坚守就需要牺牲个人利益,甚至牺牲生命为代价,就是孟子所谓"舍生取义"的"大丈夫精神"。显然"公忠"的理想是非常崇高,常人难以企及的,人们常说的"忠孝不并",其"忠"乃为国为民为社稷之"公忠",秉持"公忠"为国为民就会影响为己为私的尽孝,因此自古"忠孝难以两全",但是"公忠"精神具有更为感动人心和震撼人心的力量。

四 孔、孟思想中的理欲之辨

孔子虽然没有使用"理"的概念,但是其思想中强调的非常重要的范畴是"仁"和"礼",实际上就是宋儒所提出的"理"的内涵,即指道德规范。宋代理学家就是从原始儒家的"礼"中衍生出"理"的范畴,因此宋代程颢、程颐兄弟提出"视听言动,非理不为,即是礼,礼即理也"。心所贪爱为欲,孔子曰:

"饮食男女，人之大欲存焉！"孔子认为人生下来就有饥餐渴饮的自然需求，男女交媾繁衍后代，孔子将这种使人类生生不息的生养之欲称为"大欲"，人之大欲是天地造化，是天理。又说"富与贵，人之所欲也""且说富而可求也，虽执鞭之士，吾亦为之"。意思是说，人活着追求生活的质量也在正常合理的欲望范围，不过追求富贵必须符合"道"，必须通过正当的手段和途径获取，因此"不义而富且贵，于我如浮云"，只有循礼合道的欲望才是正当的，由此可见，孔子的思想也并非绝对僵化保守，但是他对欲望时刻保持着警觉性和警惕心。

在孔子看来，人与禽兽的区别就在于有无礼义，因此对于不合"礼"的欲望绝对摒弃，"非礼勿视，非礼勿听，非礼勿言，非礼勿动"，发乎情止乎礼，用道德规范来制约欲望，所以他又提出了"克己复礼"。朱熹解释："'己'谓身之私欲也。"克制私欲，做每件事都要归于"礼"，"己所不欲勿施于人"不仅要努力克制自己的欲望，而且不要为了满足自己的欲望而损害别人的利益。显然，这里提到的"礼"即"理"。对于"欲"，孔子肯定切身之急的"人之大欲"，对于不符合礼义的私欲则应该摒除，故而，孔子在利与义之间，提出了"重义轻利""见利思义"等思想，可见理欲孰重孰轻一目了然。

在"欲"的问题上，孟子与孔子有相似的地方，他在跟告子辩论的时候，并没有对告子的"食、色，性也"提出批判。可见，他也把人们对食物和美好事物的追求看作是人的天性，是天地间的自然造化。和孔子相比，孟子对人欲的态度更开放包容一些，他并不认为人有欲望是危险和不道德的，所以当齐宣王坦承"好货""好色"时，孟子则说"王如好货，与百姓同之，于王何有？""当是时也，内无怨女，外无旷夫。王如好色，与百姓同之，于王何有？"（《孟子·梁惠王章句下》）他认为君王有好货好色的私心，无可非议，因为这是人的天性，只要能够以民为本，与民同享就是仁君王政，是可以接受的。孟子没有将理与欲对立起来，也不全盘否认欲望，因为孟子很明白，欲望是人类与生俱来的天性，"口之于味也，目之于色也，耳之于声也，鼻之于臭也，四肢之于安逸也，性也，又命焉，君子不谓性也。仁之于父子也，义之于君臣也，礼之于宾主也，智之于贤者也，圣人之于天道也，命也，有性焉，君子不谓命也。"（《尽心下》）在孟子看来，人性中既包含声色货利的欲望也包含道德的萌芽，对于君子来说，不会因天性中的欲望而放任自我，也不会因为对道德实践的难求而不作为。

孟子认为，人心之中本来就有善的种子，他说："恻隐之心""羞恶之心""辞让之心""是非之心"，此"四心"是人与生俱来的"善心"，"仁义礼智，非由外铄我也，我固有之"（《告子上》），在孟子看来人人皆具备"四心"，求则得之，舍则失之。只有充分发挥主观能动性，向自己的内心求索，在日常生活中践行，长此以往就能获得道德，成圣成贤。

孟子并不认为本性之所欲为乃是导致人不善的原因，而是在于未能坚持不懈地实践道德的追求，"不能尽其才""放其心而不知求"，因此他提出要重点培养"人性"中的道德萌芽。只要存养和扩充人心中仁爱、忠义、礼法、尚贤、用能这些善的种子，将"至大至刚"的"浩然之气"充塞于内心世界，让利己之私欲无容身之地，就算心存欲望也会被心中的正义和道德转化为利公之欲望。正因为如此，孟子更强调自身用义与道养天地间之正气，在他看来"生，亦我所欲也，义，亦我所欲也，二者不可兼得，舍生而取义者也"，捍卫道义比生命还要可贵，只有坚守道德信念，才能成为"富贵不能淫，贫贱不能移，威武不能屈"的道德君子。

实际上，尽管孟子也不得不承认欲望是道德的障碍，不成佛即成魔，多欲则会逐渐丧失本善的天性，但是他只说节欲而非禁欲。孟子曾经说过："鱼，我所欲也，熊掌，亦我所欲也，二者不可兼得，舍鱼而取熊掌者也。"就是说要克制和减少内心的欲望，人对欲望的追求应该适可而止，不能贪得无厌，所以孟子提出"养心莫善于寡欲，其为人也寡欲，虽有不存焉者寡矣。其为人也多欲，虽有存焉者寡矣"（《尽心下》）的"寡欲"说。养心即养仁义礼智之善心，寡欲即寡声色货利之欲望，孟子在这里并未全盘否定人的欲望，他的意思是既然欲望是人性中的一部分，不断地战胜欲望、减少欲望的过程本身就是在砥身砺行，因此要成为道德君子就是以道德制抑欲望的修行。后来荀子进一步提出"以道制欲，则乐而不乱；以欲忘道，则惑而不乐"的思想。与孟子不同的是他强调的不是人的道德自觉性，而是借助法规与教化来制欲，这种思想源于他的"性恶说"，也就是认为人欲是恶的，是破坏社会秩序的恶因，因此要隆礼重法，以道制欲。到了宋代理学，则更加极端地提出"存天理，灭人欲"的思想。

孔孟在对待"理欲"的态度上，既有人本主义的色彩也有理想主义的光辉，既承认和肯定人欲的存在，又强调主观道德的自觉性和认知性。历代儒家理欲之辨都是重要的话题，在文学的创作中也能够寻绎出变化的痕迹。比如，原始儒家尽管正视人的欲望是进步的思想观念，但是"乐而不淫，哀而不伤"将中和之美的儒家美学原则放到文学中去表达理欲，则恰恰会导致文学创作艺术风格的平庸化，尤其是后来的荀子强化了借助以理制欲的原则来实现理欲的平衡，这就导致了为谨守"理"可以舍弃"欲"的合法性。比如张生崔莺莺的爱情故事为大家喜闻乐见，但是在文学史中，人们赞赏的是王实甫的《西厢记》，而对原创作者唐代元稹的《莺莺传》似乎并无太多关注。究其因在于《莺莺传》中描写的人物情感就是被设置在"以理制欲"的思想框架中，因此莺莺囿于儒家道德从未为自己的爱情去努力争取，张生也是由于儒家的礼制"始乱终弃"也未受到任何的质疑和谴责，唐传奇中的张生莺莺难以产生丝毫打动人心的艺术效果。到了宋代理学，对理欲的态度走向了片面和极端，"不是天理，便是私欲"，"人欲不可有，有则秽"，因此"存天理去人欲"把理与欲截然对立起来，理欲之辨成了正邪之辨，从而形成儒家禁欲主义的传统。"欲"与"理"的失衡，致使文学作品中出现了大批"饿死事小，失节事大"的贞妇烈女形象和道貌岸然的道学先生。而到了明代晚期，由于王学左派泰州学派的影响，禁欲思想逆转为纵欲思想，文学中又出现了大批扬情抗理的作品，甚至走到极端，出现了《金瓶梅》这样的情色小说。

之所以后世在理欲关系上出现种种变化，追本溯源在于孔孟谈论理欲时留下了让后人可以发挥的很大空间。但是不管怎么说，在文学史中能够获得认可和赞誉的作品，往往是那些既不否定合理人欲，又能彰显神圣道德的创作。比如冯梦龙《警世通言》中《杜十娘怒沉百宝箱》的故事，无论是男主人公李甲，还是女主人公杜十娘，都有个人的欲望。但是，李甲为了维护家族的声望，冷酷的把杜十娘转卖给了奸诈的盐商；而杜十娘为了获得爱情，不仅自己出资赎身帮李甲化解难堪，甚至愿意为顾全李甲在家族的颜面而提出自己先浮居在外，待李甲"求亲友于尊大人面前劝解和顺，然后携妾于归"，最终得知李甲负心弃义不惜投江自尽用生命换取尊严，这难道不是孟子所言的"舍生取义"吗！因此尽管杜十娘有为己为私的追求幸福生活的强烈心愿，但是这种私欲的追求合情合理，并且在追求的过程中处处体现出杜十娘的仗义、勇敢和圣洁。

第二节　文学中儒家伦理道德的两难

通过前面的内容，我们可以看到儒家文化中，道德伦理的内容构建得充实完备，且被整个社会从上到下作为行为的不二准则，但是在看似尽善尽美的道德内容中既有自相矛盾、相互抵牾的方面，同时随着历史的发展，传统道德也会在不同的时代文化背景下处于尴尬的局面，其内涵不得不发生衍变。文学作品对现实生活的反映尽管具有一定的文学性的处理，但是毕竟来源于现实生活，因此不同时代的思想文化的演变都能够在文学作品中寻绎蛛丝马迹。我们不难看出在很多文学作品中，会出现这种传统儒家道德在不同历史时代下与新思潮、新文化的冲突和碰撞。在古代文学作品中出现的道德困境，不仅造成了对作品主旨和人物形象的多元化阐释，同时我们也可以从中勾勒出当时社会历史生活的真实面貌。

四　《水浒传》中的道德困境

《水浒传》各版本的题名多带"忠义"二字，可见这部小说的主题离不开"忠义"，但是这部小说于"忠"于"义"都与传统儒家文化相矛盾，所以成为历代遭禁次数最多的小说。小说中特别强调从"孝"到"忠"的转化，因此塑造了以宋江为首的一批孝子，但是尽管如此，仍然无法摆脱忠孝之间的矛盾。

《水浒传》中宋江给人的印象非常深刻，他也是这部作品中当仁不让的男一号。在这个人物身上体现了浓厚的悲剧色彩，而悲剧的原因不仅在于这个人物身上体现出道德理想和现实之间的矛盾，而且还有人物自身所秉持的传统儒家道德内部的矛盾性。宋江一出场就是一个忠孝义三位一体的在江湖上有口碑的人物。他有三个绰号"及时雨""孝义黑三郎""呼保义"，这三个绰号实际上就是义、孝和忠的符号。

首先小说描写了宋江的"义"，说他在郓城县做押司，刀笔精通，吏道纯熟，更兼爱习枪棒，学得多般武艺。平生只好结识江湖上好汉，但凡来投奔他的，若高若低，无有不纳，留在庄上馆谷，终日追陪并无厌倦。若要起身，尽力资助，端的是挥金如土，他疏财仗义的行为赢得了江湖好汉的尊敬和崇拜。在宋江的眼中，讲义气甚至胜于夫妻之道，比如当他得知朝廷捉拿劫持蔡太师生辰纲的晁盖时，旋即前往通风报信，放走晁盖，但因阎婆惜拿晁盖书信威胁他，情急之下手刃阎妇，这段描写充分表现出宋江的义不辞难。正因为宋江的仁义大名，所以无论是后周皇裔柴进还是耿烈的俊雄武松见了他都是纳头便拜。

书中又写宋江是个大孝子，在做郓城小吏的时候，就担心将来获罪连累老父，于是早早与父亲脱离了父子关系，因此当衙役因他杀人前往家中捉拿时，其父取出宋江出籍的凭证避免了根株牵连。宋江为避官兵捉拿投奔梁山泊，途中获弟弟宋清执笔的家书，说父亲因病身故，宋江"叫声苦，不知高低，自把胸脯捶将起来，自骂道：'不孝逆子，做下非为，老父身亡，不能尽人子之道，畜生何异！'"以头撞墙哭得昏迷，醒后执意要下山归家，并对极力阻止他的燕顺说："不是我寡情薄义，其实只有这个先父记挂。今已没了，只是星夜赶归去，教弟兄们自上山则个。"金圣叹此处批道："'只有这个'四字，是纯孝之言。"（《第五才子书水浒传》第三十四回夹批）宋江不顾自身安危飞奔回家，发现被弟弟所骗，大骂宋清不孝，直到宋太公出来解释说是自己的主意，怕他落草做不忠不孝之人，宋江才消气，并牢记父教。

从这个细节的描写来看，宋江尽忠尽孝的思想行为是统一的，因此，小说描写宋江被官府捉拿之后，梁山好汉将他劫回梁山让他入伙，但是他拿刀以死相拒，声称：

> 家上有老父在堂，宋江不曾孝敬得一日，如何敢违了他的教训，负累了他？……临行之时，又千叮万嘱，教我休为快乐，苦害家中，免累老父仓皇惊恐。因此，父亲明明教训宋江，小可不争随顺了，便是上逆天理，下违父教，做了不忠不孝的人，在世虽生何益？如不肯放宋江下山，情愿只就众位手里乞死。（《水浒传》第三十六回）

宋江宁愿死也不上梁山入伙成寇，这里宋江所秉持的对父亲的至孝与对朝廷的尽忠于私于公是不相矛盾的。

但是随着故事情节的发展，这种忠与孝的统一逐渐被分裂。宋江到江州牢城后，由于在浔阳楼醉后题反诗，又引出梁山好汉劫法场将宋江救上梁山,尽管出于百般无奈但上了梁山入了伙就是与朝廷作对,就是对当朝皇帝的不忠。

从狭义的私忠来看,宋江上了梁山第一件事就是要搬取老父上山,并说:"若为父死,死而无怨"。宋太公离世,宋江痛哭流涕哀恸欲绝,在庄上请僧命道,荐拔亡过父母宗亲,并择日选时,亲扶太公灵柩,在高原安葬。可见宋江的孝主要是尊亲,顺从,始终如一做到"生,事之以礼;死,葬之以礼"。虽然尽了父孝,但是不得不违背对皇帝的私忠。据《宋史》记载:"淮南盗宋江等犯淮阳军,遣将讨捕,又犯京东、河北,入楚、海州界,命知州张叔夜招降之。"宋江在统治者眼中就是应该被剿灭的贼寇,而对征讨宋江的侯蒙,帝曰:"蒙居外不忘君,忠臣也。"在古代,君王作为国家的代表,忠君即忠国。宋江因此投靠梁山成了皇帝眼中要剿灭的贼寇自然就是不忠的。既然脱离了封建政权的体制,那么尽管宋江也有一些慷慨解囊、济贫扶困、铲恶锄奸的所谓"替天行道",但也只是以个人的力量去实现体制外的正义,只能算作具有正义色彩的江湖侠义,而为民为社稷为国的壮志酬筹毕竟是难以实现和落实的,因此行侠仗义也非春秋大义的"公忠"。忠孝不并,就将小说人物置于了两难选择的困境中,从而宋江内心忍受着道德谴责,造成了思想行为的纠结和矛盾:一方面心心念念的是等待朝廷赦罪招安,再图尽忠报国;但另一方面又与朝廷分庭抗礼,悖逆朝廷,攻州陷府,杀人放火。

梁山好汉几乎都是被置于这样的描写模式当中,除了写宋江独自下山接老父上山父子团聚,又写公孙胜下山探母,不归梁山,只为孝母尊师,直到戴宗和李逵下山寻到,他仍以老母无人养赡为由一再推辞躲避不见。宋江欲留郓城同僚雷横上山入伙,雷横推辞:"老母年高,不能相从。待小弟送母终年之后,却来相投。"金圣叹此处批道:"徒以有老母在,正写雷横大孝。"(《第五才子书水浒传》第五十回夹批)最终,雷横因杀死羞辱老母的白秀英,在被解济州途中,借机回家接取老母星夜投奔梁山。还有史进、三阮等几乎都被描写成孝思不匮之子。而写被梁山好汉活捉的朝廷命官,也都被描写成谨守孝道的孝子贤孙,他们面对宋江的劝降都以家中有所牵挂为由,但是当宋江以为其接取家眷上山为招降条件时,如韩滔、彭玘、凌振、徐宁、呼延灼等朝廷勇将都归附了梁山。显然，当他们身处庙堂之时，忠孝是统一不悖的，但是面对忠与孝艰难抉择时，无论选取任何一项都会受到道德的谴责和折磨。

为了弥补这种道德上的困境，作者从第七十一回开始就为梁山好汉们赦罪招安，用作良臣的出路开始铺垫和设置，经过几番波折招安后，宋江带领梁山弟兄为朝廷北讨南征破辽、灭田虎、平王平、征方腊，立下功勋但仍然难逃奸臣迫害，临死仍然声称"宁可朝廷负我，我忠心不负朝廷"，作者费尽心力将一批要被朝廷剿杀的盗寇终于按照由孝到忠的思维模式给"洗白"了。

尽管如此，而作者又落入了另一个道德困境，小说最后写宋江担心身后李逵反叛朝廷毁他忠义声名，而亲自下毒酒将其鸩死。这种行径显然又落入了忠义不并的道德困境中。儒家思想中忠国与忠君是统一不悖的，小说中也提到"酷吏赃官都杀尽，忠心报答赵官家"，皇帝即使昏庸无能，也是至尊至圣不可亵渎的，作为忠臣只有清除皇帝身边的奸佞，所谓云开月明，因此"杀贪官不反皇帝"是古人狭隘的忠君论思想。

在这种封建专制的忠君思想下，符合封建皇帝利益的忠就成了统驭一切德行的最高道德品格，但是臣子的"忠"是被限制在封建皇权之下的，因此很多时候与建立在亲族血缘关系的孝是很难统一的。《水浒传》作者意欲塑造忠孝两全的理想人物显然与社会现实的政治伦理道德相矛盾，因此主人公宋江在忠与孝义之间做痛苦抉择的时候，我们可以明显感受到道德困境所造成的浓厚的悲剧色彩。

不仅忠孝不并，仁与义也同样处于这种尴尬的两难境地。比如十字坡卖人肉包子的菜园子张青和母夜叉孙二娘开黑店，专门以麻翻过往客官劫掠财物为营生，更恐怖的是心狠手辣地将人剁成肉糜包包子，小说这样描写店里阴森恐怖的场面：

> 看时，见壁上绷着几张人皮，梁上吊着五七条人腿。见那两个公人，一颠一倒，挺着在剥人凳上。（第二十六回）

当穷凶极恶的杀人狂魔欲暗杀好汉武松未得逞，双方随即展开一场激烈的厮杀，夫妻俩一听说眼前这位大汉是景阳冈打虎英雄时，二人立刻纳头便拜，称兄道弟，酒肉款待武松,正义与邪恶的对立涣若冰释,耿直正义的武松讲了江湖义气,却又与凶残的恶人声气相投沦陷于与不仁为伍的境地。《水浒传》中类似的情节很多,但是往往因为人物身上浓重的江湖义气遮蔽了其他的道德缺陷,反而使读者忽视或者说不再计较了。

四 二拍中的扬情抗理

儒家文化的基础是人伦道德,围绕道德的核心问题实际上就是义利、理欲消长与存亡关系的论争,当儒家思想被确定为封建王朝的治国之术时,儒家文化与王权政治无条件地达成默契,终于获得了为政治服务的官方授权。当儒家创始人孔子和亚圣孟子失落的政治抱负降落在后世贤儒肩上,参与政治的神圣庄严感使得世世代代掌握话语权的儒士们不忘初心以文载道。

"道"既是道理也是道德。汉儒们为了宣传和强调封建礼教,刻意把《关雎》之男女情欲曲解成"寤寐求贤,供奉职事,是后妃之德也";《孔雀东南飞》中被婆婆以"此妇无礼节,举动自专由"为由驱遣回家的刘兰芝最终因不忍被父母和兄长逼嫁而投水自尽,成了礼教无辜的牺牲品;宋代柳永之所以怀才不遇,最主要的是他"忍把浮名,换了浅斟低唱",终日出入于秦楼楚馆风流成性,就算才华横溢,但仕宦阶层不会接纳用浮艳轻靡的文风一味抒写风花雪月和男欢女爱的文人,宋仁宗御笔勾掉放榜名单上的柳永,是对柳永纵欲叛逆价值观的黜罚和否定。到了明代,朱元璋制定了以程朱之学统一思想的格局,但凡与此相扞格的文学作品都被列为禁书。明代第一部禁书就是瞿佑的文言短篇小说集《剪灯新话》,而该书之所以被国子监祭酒李时勉斥责为"俗儒"所作的"邪说异端",就是因为其中爱情题材占了全书的一半,渲染的是男女的自由恋爱,尤其是对女性大胆追求爱情给予了肯定和赞美。明代也有一部为统治阶层高度赞赏的戏曲《琵琶记》,因为其中塑造了一位全忠全孝、有情有义却僵硬死板的蔡伯喈。以上所举例子中对理欲关系的表达是不同的,但是又有规律可循,那就是代表封建专制的官方主流意识形态的扬理抗情的理欲表达和判断往往是拙劣和虚伪的,而那些睽忤封建礼教,冲破封建理学束缚、张扬合理情欲的作品和人物形象往往是充满活力和光芒的。这样分析下来,就会发现，封建儒家文化笼罩的社会现实很难产生扬情抗理的浪漫故事，在封建儒家文化视野下的文学创作思想与社会意识形态之间存在着尴尬，封建社会扬情抗理的浪漫主义精神实际上是情感和欲望被压抑的文人臆想出来的。

明代中期以来，资本主义萌芽开始滋生，随着城市经济的繁荣，思想文化领域兴起了离经叛道的思想潮流，诸如王艮、李贽等王学左派提出"百姓日用即道""物欲合理"的观点，肯定物质欲望的追求，反对"存天理，灭人欲"，提倡"扬情抗理"，猛烈地抨击宋明道学的虚伪矫饰，这种带有个性解放色彩的言论在当时社会的影响很大。

凌濛初创作的拟话本白话短篇小说集《拍案惊奇》取材社会现实，比较真实地反映了明代晚期的社会现状，通过小说中的议论和描写，勾勒出当时社会对情欲所持大胆而开放的思想观念。如《闻人生野战翠浮庵》（《初刻》卷34）写杭州翠浮庵尼姑静观倾倒于"逸致翩翩，有出尘之态"的秀才闻人生，在一次假扮男僧的出游中与闻秀才不期而遇，惺惺相惜，当告知"实为女尼"的真相后，二人便两情相悦而结合，静观委身于闻秀才并一起私奔，在闻秀才姑妈家里同居，姑妈也称许静观"德性温淑"，最终闻秀才金榜题名奉旨归娶静观。出家人本应清心寡欲，但是小说中却大肆渲染空门有情人终成眷属，这在道学家眼中极为伤风败俗，不合礼法，却得到作者的理解和同情，更为世俗大众所喜闻乐见。

再如《张溜儿熟布迷魂局》（《初刻》卷16）写陆蕙娘被丈夫张溜儿强迫做以色诈财之事，她劝取丈夫不听，又不愿被这不幸的婚姻所葬送，于是暗地思忖"将计就计，倘然遇着知音，愿将此身许他，随他私奔了罢"，后遇见文士沈灿若，见其"态度非凡""志诚软款，心实欢羡"，便道出苦衷，表示"愿以微躯托之官人"。二人重组家庭后，陆蕙娘"生下一子，后亦登第，至今其族繁盛"。凌濛初在结尾赞道："女侠堪夸陆蕙娘，能从萍水识檀郎"。这样的见识对于"既嫁从夫""从一而终"的理学思想不啻为大逆不道，但是作者却对陆蕙娘充满了同情和赞许。

再如《酒下酒赵尼媪迷花》（《初刻》卷6）中的巫娘子被骗失身后，其夫贾秀才非但没有鄙弃她，还同心协力巧使妙计报了仇恨，而贾秀才也因其妻"立志坚贞"而"越相敬重"。宋明理学中有非常严苛的节烈观,失贞的妇女绝对不见容于社会和家族,除了自尽别无出路,正所谓"饿死事小失节事大",但是,明代晚期理学思想受到极大的挑战,世俗社会以追求自由张扬的个性为尚,因此不再视禁锢欲望为"天理",而以自己的内心需求为"天理",在这种思潮影响下,女性的自由与权利也获得了极大的关注。

在《满少卿饥附饱飏》的入话中作者明确指出:"天下事有好些不平的所在。假如男人死了,女人再嫁,便道是失了节、玷了名,污了身子,是个行不得的事,万口訾议;及至男人家丧了妻子,却又凭他续弦再娶,置妾买婢,做出若干的勾当,把死的丢在脑后不提起了,并没有道他薄幸负心,做一场说话。就是生前房室之中,女人少有外情,便是老大的丑事,人世羞言;及至男人家撇了妻子,贪淫好色,宿娼养妓,无所不为,总有议论不是的,不为十分大害。所以女子愈加可怜,男人愈加放肆,这些也是伏不得女娘们心里的所在。"通过对男女不平等的对比,指出社会对女性的不公正待遇,侧面地对儒家思想中"三纲五常""三从四德"严苛的道德操守提出大胆质疑。

另外,《拍案惊奇》除了情欲,对物欲的追求也被视为合情合理。儒家正统的人生价值观是"学而优则仕",因此"士"的社会地位是受人尊崇的。儒家强调"重义轻利",注重对精神境界的追求,认为对物质生活的追求势必有碍于精神境界的锤炼,所以,逐利的"商人"在历代都是受人歧视的。但是明代晚期"商人"的社会地位发生了巨大变化,《拍案惊奇》中经常流露出与传统的鄙视商人的观念不一样的思想,如借助小说中人物之口,说道:"经商亦是善业,不是贱流"(《赠芝麻识破假形》);"而今的世界,有什么正经?有了钱,百事可做!"(《钱多处白丁横带》)。

还有在《叠居奇程客得助》中,作者写道:"却是徽州风俗,以商贾为第一等生业,科举反在次着……徽人因是专重那做商的,所以凡是商人归家,外而宗族朋友,内而妻妾家属,只看你所得归来的利息多少为重轻。得利多的,尽皆爱敬趋奉;得利少的,尽皆轻薄鄙笑。犹如读书求名的中与不中归来的光景一般。"这种人生价值观显然与儒家传统的"达则兼济天下,穷则独善其身"是相违背的。《拍案惊奇》中市民们所表现出的人生价值观和人生追求显然已经不再是儒家所倡导的高远与神圣，而是不畏艰险地去追逐金钱和谋取私利。

受社会商品经济的发展以及明代后期政治等影响，社会上兴起了一股扬情抗理的思潮，因此作者不需借助虚幻的浪漫主义去隐晦地书写对情欲的渴望，而是秉笔直书，但这并不意味着被封建专制主流意识形态所认可，在清代道光、同治年间，《拍案惊奇》遭到多次禁毁。

明代扬情抗理文学作品的出现主要有两方面原因，一方面明代晚期皇权萎缩，受理学思想文化禁锢的制度大大松动；另一方面有敏悟之士捕捉到主情率性的进步的社会思想信息，乘势借助文学去冲击封建伦理秩序。

纵观"理欲"关系的发展，从原始儒家对理欲的认知与正视，到新儒家的"存天理，灭人欲"，道德与欲望的关系始终是历代儒家讨论的主要问题。宋明统治者为了维护其执政秩序最终把天理与人欲截然对立起来，形成禁欲主义的传统。而晚明"王学左派"的兴起，又在社会上掀起了一股高扬个性和肯定人欲的高潮，但发展到后期"扬情抗理"又陷入纵欲的泥沼，理欲失衡导致一大批纵欲色情小说出现。到清代，统治者不得不重新扭转"理欲"的关系，于是文坛上又出现了一批含蓄内敛的才子佳人小说。

实际上，欲望本身并非是罪恶，欲望乃人之情性，它就住在人的心里，无垢无净，关键是实现的途径是否符合道义。但是在传统儒家文化"言志""载道""文如其人"等文学创作宗旨的影响下，对欲望的表达视为文学禁忌，尤其在那些虚伪的道学家看来，欲望就是洪水猛兽，张扬人的欲望就是道德的沦丧，因此中国文学传统的审美风格常常是含蓄蕴藉，不露声色的，而那些大胆张扬个性和抒写情感欲望的作品则被冠以"诲淫诲盗"的罪名遭禁。诸如《剪灯新话》《西厢记》《牡丹亭》《水浒传》《二拍》《金瓶梅》《红楼梦》，等等。这些文学作品屡禁而不绝，人们喜欢这些作品的主要原因就在于其至情至性的人物形象和故事情节，这些经过岁月磨洗的文学不仅没有褪色反而历久弥新，成为中国古典文学的瑰宝。

思考题

1. 你认为《水浒传》中很多好汉的道德缺陷为什么会进入读者的盲区不被追究,而其反成了人们津津乐道的英雄?

2. 通过理欲观的变化,可以看到中国社会思想文化的演变轨迹,你能否以一部中国文学作品为例谈谈其中的理欲观有什么特点。

推荐书目

[1] 陈洪,孙勇进. 亦侠亦盗说水浒[M]. 天津:天津人民出版社,2016.

[2] 王鸿泰. 三言二拍的精神史研究[M]. 台北:台湾大学出版中心,1994.

第二讲
道家文化与魏晋隐逸文学

第一节 老庄精神中的自然无为与守柔处静

老庄生平

关于老子的生平，司马迁在《史记》中有较为详细的描述。老子是楚苦县厉乡曲仁里人，苦县原来属于陈国，后陈国被楚国所灭，因此《史记》中将老子写成楚国人。老子姓李，名耳，字聃。有学者指出，"老"与"李"在上古音中音近不分，可以通假，以致后世发生混淆，久而久之，人们就把李子称作老子。老子曾经做过周守藏室史，从事记录天下诸侯的状况以及管理周室史料的工作。在《史记》中，还记载了孔子问礼于老子之事，这在《庄子》中有所提及，在儒家经典《礼记》中也有所提及。根据史料推测，老子年长于孔子，是孔子的老前辈，所以老子教训孔子的语气是"去子之骄气与多欲，态色与淫志，是皆无益于子之身"，而孔子听后毕恭毕敬赞扬老子"吾今日见老子，其犹龙也"。《史记》又载：老子"居周久之，见周之衰，乃遂去。"有学者考证，"周之衰"指的是王子朝之乱，王子朝之乱实乃周王室争位内乱，从公元前520年至公元前516年，长达四年之久，最终以王子朝失败告终。王子朝为避祸遂携周室典籍投奔楚国，因此作为周王室图书馆的官员或学者也只能恪遵职守相追随。但是"乃遂去"说得很模糊，老子离开了周，究竟身往何处呢？接着又写"至关，官令尹喜曰：'子将隐矣，强为我著书。'"于是老子著五千言，这就是西汉末开始被称为《道德经》的《老子》一书。在这段话中存在几个问题一直为学者所争论，首先，"关"为何关，有的说函谷关，也有说散关；其次，令老子著书者是何人？有的说姓尹名喜，关令乃官名，有的说姓关名尹，有的说"喜"为形容词。其实，因为老子退隐，无人知晓他的具体情况，只是留下一些传说，因此，司马迁也模棱两可地说老子"莫知其所终"。正是由于老子本身的模糊不清，而其又善于"修道而养寿"，因此给后世留下很多的悬念，给后人以想象的空间，汉刘向在《列仙传》中就将老子列为可以保佑民众的神仙。随着道教的形成，老子被进一步神化，被称为"道"的化身，直至成为道教的始祖。

庄子（约公元前369年—公元前286年），名周，梁惠王时做过漆园吏，后来不再出仕，布衣终生。在《史记》中，记载庄子的故里为蒙，但是关于庄子的籍贯至今仍有争论。有说宋之蒙县，有说梁之蒙县，还有说楚之蒙县。目前学界普遍认为庄子故里为宋之蒙县，之所以有楚之说，主要有三个原因，首先庄子与楚国发生过多次交集：庄子曾被楚威王征召，楚威王派使者聘他为卿相，但是庄子以楚之神龟为喻，称自己宁愿如神龟那样"曳尾于涂中"。另外《庄子·至乐》曾记"庄子之楚，路上见空髑髅"，相互谈论人之生死。《韩非子·喻老》还载楚威王欲伐越，庄子进谏。《秋水》篇中所记庄子与惠施游于濠梁之上，其濠水就属于楚。其次，楚国作为南蛮的部落，经过几代人筚路蓝缕地开拓和发展，终于在战国时期成为战国七雄之一。楚好战，好拓展疆域，将毗邻的宋划归楚境，因此后来有学者笼统地将宋地也称楚。最后就是跟老子有些关系，宋位于齐、晋、楚之间，是中原文化与荆楚文化的交汇处，故庄子散文带有浓厚的楚风，老子学说产生于楚，庄子学说继老子而出，因此自然流出庄子出于楚之蒙县。

庄子生活贫困艰难，"处穷闾厄巷，困窘织屦，槁项黄"，即使如此，他不求富贵，不慕荣利，无论楚威王还是齐宣王的征聘都被他回绝，"不为有国者所羁"。惠施相梁惠王，担心比自己贤达的庄子来跟自己争名夺利，便派人搜捕庄子，庄子径直找到惠施，将自己比作"非梧桐不止，非练竹不食，非醴泉不饮"的高洁的鹓鶵，唾斥惠施馋涎人间腐鼠，吓煞鹓鶵的庸鄙恶俗。庄子傲世妄荣，不仅轻视官位富贵，而且对生死看得也非常淡漠，他把生死看作有如春夏秋冬的转换，纯属自然，不知悦生，不知恶死，甚至认为死是摆脱了世俗烦恼而"反其真"，因此妻子离世夫妇死别他却鼓盆而歌。庄子病重时嘱咐弟子天葬即可，或鸟啄或蚁食，形体归于天地，生死归于自然，对待死亡泰然自若。庄子的洒脱豁达缘于他的智慧，庄子的人生哲学，虽偏于消极，但对于身处乱世和逆境困境中的人们来说，在消解烦恼，求心理平衡方面，不失其意义和作用，甚至可以作为积极有为的人生观的补充。《庄子》共33篇，分内篇、外篇、杂篇。一般认为内篇是庄子所作，外篇、杂篇是庄子弟子及后学所作。

四 自然无为

老子和庄子作为道家的代表人物，在他们思想中有个共同的特点，就是"法自然"，"法"即遵循之意。"自然"有两层含义，一是既包括天地一切存在的自然界，也包括人自身；二是指"自然而然"的状态。"道法自然"就是"道以自然为宗"，这是老庄哲学的核心智慧。

道家以"道"命名，究竟什么是"道"？老子说"道盅而用之"，"盅"训"虚"，也就是说，道的性质为虚，而且是先天地而生，无形、寂寥、独立、不改、周行不殆的"物"。学术界普遍认为此"物"不是一种客观的存在，而是指无形体、超时空、永恒存在的绝对精神，所以属于客观唯心主义的范畴。在老子看来，就是"道"创造了这个物质世界，即"道生一，一生二，二生三，三生万物"。

道以自然为宗，"自然"的特性是什么呢？首先我们看看老子对自然至德的描写："天下万物生于有，有生于无"（《老子·四十章》）；"上善若水。水利万物而不争"（《老子·八章》）；"草木之生也柔脆，其死也枯槁"（《老子·七十六章》）；"江海之所以能为百谷王者，以其善下之"（《老子·六十六章》）；"清静为天下正"（《老子·四十五章》），等等。可见，老子贵自然之"无""不争""守柔""处下""好静"等特性，而这些特性完全是出于世间万物自然而然的内在的发展规律，不假任何外界强力的干涉，特别是不假人为的矫揉造作，一言以蔽之，即"自然无为"，故"自然"之特性即"无为"。

庄子也欣赏无为的自然状态，在《庄子外篇·至乐》中有"天无为以之清，地无为以之宁。故两无为相合，万物皆化生""天地有大美而不言""朴素而天下莫能与之争美"。老子曾解释"朴"，就是未经剖析、削砍、雕琢的"木"，以此代指"道"，庄子认为保持原生态的自然状态就是天下最美的状态。他还说"牛马四足，是谓天；络马首，穿牛鼻，是谓人。故曰：无以人灭天，无以故灭命，无以得殉名。谨守而勿失，是谓反其真"（《庄子·秋水》），牛马天生就是四足，这就是自然，用马络套住马头，用缰绳穿过牛鼻，这就是人为。"无为为之之谓天"，并非什么都不做，而是谨守自然秉性，顺其自然，如此才能不致丧失本来的天性，这就是道家所谓的"复归于朴""复归于婴儿"。由此可见"法自然"是道家最根本的宗旨。

道家讲"道"也讲"德"，老子说"万物莫不尊道贵德"，道家所谓的"德"实际也就是"自然无为"。老子认为"生而不有，为而不恃，长而不宰"，"功成而弗居"即为"玄德"，庄子则说"知其不可奈何而安之若命，德之至也"。自然法则中道生万物而不占为己有，不自恃其恩，令万物生长而不自作主宰，不自居其功，安之若命，顺其自然就是"玄德""至德"。这显然与儒家"知其不可而为之"的锲而不舍的处世态度是相对的。如果说儒家采取的是积极进取的人生态度，是否道家采取的就是一种消极的人生态度呢？这就要从老子对"无"的阐释中来进一步探析。

老子认为"有"从"无"中孕育而来，即"天下万物生于有，有生于无"，而这个"无"并非什么都没有，而是孕育无限可能性的"无"。老子曾说"道"恍恍惚惚其中有"象"，朦朦胧胧其中有"物"，就是这个"道"的"无"幽深不可测，包孕着最丰富的状态。既然如此，老子的"无为"当然就不是"毫无作为"之意，而是在"无为"中孕育着无限的可能性，所以"无为"有"不妄为"的意思。试看老子言下的"无为"："圣人处无为之事""为无为则无不治也""爱民治国，能无为乎""无为而无不为"，等等。由此可见，"无为"乃是一种处事的态度（处"无为"之事也是一种"为"），是为了"无不为"。

"无为"是一种无所执着的心理状态与处事态度,在这样一种心理状态下,人心不执著、不沉溺、不束缚于任何外在事物,从而能够因任万物之自然,达到一种"功成事遂"的最佳状态。正如老子所说"为者败之,执者失之,是以圣人无为故无败,无执故无失"(《老子·六十四章》)。在老子看来,事物本身就具有存在和发展的一切潜在的可能性,无须附加任何外界的意志制约它,"我无为而民自化,我好静而民自正,我无事而民自富,我无欲而民自朴"(《老子·第五十七章》)。但一般来讲,人为的作用只要不违反常规,不是勉强的、强力的、猛烈的、突然的,不至于对事物的自然状态造成破坏,就仍然可以保持事物的自然和谐与平衡,因此老子所说的"无为"之"为",正是指的这种不必要的、不适当的作为。

老子和庄子在乱世提出"无为"思想,很多人认为其实则是对当时社会政治的混乱提出的策略,故此"无为"思想本身仍然是有为之举。确实如此,老、庄都曾怀抱兼济天下的社会理想,选择隐遁是理想破灭后身处困境的无奈之举,如同儒家所标榜的"达则兼济天下,穷则独善其身""有道则仕,无道则隐",二人隐居不仕,乃弃仕并非弃世,救世之心不泯是古代知识分子的天性,怀道而隐并非苟活于世,他们忍受贫困的折磨,拒绝富禄的诱惑,是为对个体生命和精神信仰的保全,为摆脱内心焦灼和痛苦的侵蚀,他们将目光投射到浩渺的宇宙,探讨世界的起源与万物的发展规律,试图从中寻求能使精神获得超越的途径。

如果说老子的"无为"是通过对自然社会的观察思索而提出的独特的政治主张,那么庄子则从"自然无为"的法则中,更多感悟到的是人生哲学,关心精神的自由和心灵的超越等问题。《庄子·人间世》中写道:"山木,自寇也。膏火,自煎也。桂可食,故伐之。漆可用,故割之。人皆知有用之用,而莫知无用之用也。"有用、有为会招致祸患,而无用、无为则能颐养天年。《庄子·骈拇》中,提到小人、士、大夫、圣人虽然"事业不同,名声异号",但是在伤失本性葬送自己的方面都是一样的。保全自己的身体,不使之受到损伤,若要不受到损伤就要"无为",达到"无为"就是养生的最高的境界。

庄子认为"无为"不仅是养生的最高境界,也是宇宙万物所遵循的最高法则，《天地》篇中庄子引"通于一而万事毕"，这与老子曾说过的"天得一以清，地得一以宁，神得一以灵，谷得一以盈，万物得一以生，侯王得一以为天下正"（《老子第三十九章》）言近意合。这里的"一"即自然，即无为，其意就是只要顺其本来之性，则"无为而无不为"。庄子在此基础上，更进一步地将"无为"用到了个体的生存和生命的自由上，所以庄子的无为思想并非救世，而是救人，是让人如何解脱人世间的痛苦和烦恼，实现精神上的自由和快乐。

要摆脱世俗烦恼，就要勇于放弃，放弃一切功利之心。庄子在《庄子·应帝王》中说："无为名尸，无为谋府，无为事任，无为知主"，这里提到不担当"盛名的尸主""计谋的府库""官场的职务""智巧的人主"，在庄子看来超脱于名利场，心避世俗，淡泊恬静，才是对天地之道的顺应。他在《刻意》篇中说："夫恬淡寂寞，虚无无为，此天地之平而道德之质也"，"澹然无极而众美从之，此天地之道，圣人之德也"。庄子认为天地之间最至高无上的道德就是此天地自然之道，因此人要体察天地之美，就要宗大道为师，取法天地自然无为，在自然中"法天贵真"，只有这样，才能实现人的生命尽其天年，达到与"道"合一的境界。

当然这还需要精神的修炼，老子就曾提出"致虚极，守静笃"，通过静修保持无欲无为的心境。庄子在此基础上又提出"心斋""坐忘"，《大宗师》云："堕肢体，黜聪明，离形去智，同于大道，此谓坐忘"，"心斋"与"坐忘"实为一个意思，让心灵处于平静淡泊的状态中，没有激动、愤怒、贪婪，乃至于忘记自我，只有达到这种境界才能于虚空、平静中改变物我对峙而通于万物、超脱万物，从而用心若镜，进入一种无待、无累、无患的无骛于外、无扰于心的绝对精神自由的境界。《庄子》中"佝偻承蜩""庖丁解牛""梓庆削木"的寓言都在说明这个道理。

和老子相比，庄子超脱的思想更加彻底，所谓"去国捐俗，与道相辅而行"（《山木》）就是不仅去国、捐形，就连"道"也是"无从无道始得道"。既然如此，世间的生死、贵贱、穷达有什么是真实存在的呢？超越万事万物的羁绊，让一切自然而来，自然而去，不为物役无所依待，始终保持内心的寂静与从容，达到精神的逍遥自由才是真正的无为而为。庄子超越了自我，超越了痛苦，将无为的大道之境描述得高妙玄远，为在现实生活中理想破灭痛苦绝望的文人开拓出另外一条人生之路，"察乎安危，宁于福祸""不将不迎，万物不能伤"，顺其自然应其变化，不喜不惧，旷达超然，陶渊明、李白、苏轼等大方之家都算达到此境界了吧。

四 叛逆和逍遥

春秋战国时期，诸子百家的争鸣实际上就是社会上比较有影响力的几个不同理论主张的学派之间的学术大辩论。司马谈在《论六家要旨》中概括为儒、墨、法、名、阴阳、道德六家。在这六家中，儒家与道德家（道家）影响力最大，后来成为古代文人思想精神的主要依托。儒家修身、齐家、治国、平天下的入世、进取、建功立业的人生追求，被统治阶层和文人所认可而成为主流文化；而道家恰恰相反，纵观道家思想似乎处处与儒家逆反。

儒家崇尚革凡成圣，而道家则声称：圣人"屈折礼乐以匡天下之形，县跂仁义以慰天下之心，而民乃始踶跂好知，争归于利，不可止也。此亦圣人之过也"（《庄子·马蹄》）。儒家弘扬"五常之道"，道家则声称"大道废，有仁义。智慧出，有大伪。六亲不和，有孝慈。邦家昏乱，有忠臣"（《老子第十八章》）。道家强调"道法自然"，崇尚人的天性而反对人为的改造，儒家恰恰倡导各种道德规范和伦理秩序去束缚人们自由的思想和行为。道家崇尚"无为"，清心寡欲，无欲无求；儒家崇尚"有为"，建功立业，立德立言。

在《庄子·骈拇》篇中，批评儒家用礼乐的手段对人进行生硬的改变和矫正，用仁义的手段对人加以抚爱和教化，导致天下为追求君子、圣贤的名声而争相奔走甚至不惜牺牲自己的生命，这样只能失去人的常态，实际上就是对人本来真性的戕害。在《马蹄》篇中，道家将天下人争先恐后竞逐私利的罪过直指那些标榜礼乐仁义的圣人。在《胠箧》篇中，更是借盗跖之口解读何谓"盗亦有道"来讽刺"圣人之道"："圣"即能准确猜测室内储藏的东西；"勇"即敢为人先带头冲进去；"义"即最后从作案现场撤退；"智"即准确判断能否下手偷盗；"仁"则是分赃公平，这些圣人之道被盗贼利用来实行盗窃的勾当，从而成为江湖大盗。所谓"窃国者为诸侯",就是在盗窃国家权力的同时,也如同盗跖一样,将圣人之道一并窃取,利用圣人所提倡的"道"来掩饰"不道"罪行。

在道家看来,儒家的很多做法恰恰是对社会秩序的扰乱,对人性的损害,是搬石头砸自己脚的自作自受。儒家思想预期用人为的礼制教化来规范人的行为,稳定社会秩序,反而滋生了欲望和邪恶导致混乱和征伐。因此,道家提倡自然之道,修身要遵循大自然的生长规律,即保持内心的虚静,摒绝任何思虑,忘记自己的存在,达到超脱形骸的绝对的精神逍遥,与天地合一,无生无死。治国也应遵循"知其雄,守其雌""知其白,守其黑""以百姓之心为心""上必无为而用天下"的无为不争、抱朴守柔的自然规律。

老子曾说过"治大国若烹小鲜",仍然是讲"无为"的道理。庄子干脆就提出"夫至德之世,同与禽兽居,族与万物异,恶乎知君子小人哉!同乎无知,其德不离,同乎无欲,是谓素朴,素朴而民性得矣"(《庄子·马蹄》),"至德之世,不尚贤,不使能;上如标枝,民如野鹿"(《庄子·天地》),向往没有国家、政治和权力的至德之世,完全是因顺自然,回归自然的状态。

从儒道两家的观点对比开来,就会发现,儒家总是以强者的姿态出现,咄咄逼人,而道家虽然看起来隐忍、随和、不温不火,但实际上恰恰身体力行何谓"以柔克刚""柔弱胜刚强",给世人展示出叛逆也可以是一种高贵的姿态:固然要有质疑批判权威的勇气,更重要的是能以一种柔和的、低调的、淡泊的、洒脱的、看似风清云淡的形式顺其自然地践行着无为之为。适合社会大众价值观的儒家文化占据了主流文化阵地,而与儒家思想有很多扞格的道家文化自然就成了非主流,庄子能仕而不仕,自愿放弃仕途,这是典型的隐士行径,因而"隐遁"成了桀骜不驯叛逆精神的外在表现形式。自此"越名教而任自然",旷达逍遥的处世态度成为厌恶和躲避政治斗争而独善其身的古代文人最理想的人生选择。

《逍遥游》是《庄子》首篇,也是非常重要的篇章。何谓"逍遥"?庄子曾说:"逍遥乎无为之业""逍遥无为也",可见所谓"逍遥"就是"无为",它不是形体的逍遥,而是精神的逍遥。前面我们讲了道家的"道"就是指"自然无为",因此"逍遥游"就是体道之游,就是追求精神自由,追求精神的逍遥。

面对人生困境,以及制约、缚索人的生存与自由的力量,庄子所探绎的出路是"无功""无名""无己",前两者通过隐遁可以实现,而后者则是更高的境界,是从个体生命出发,追求绝对的精神自由,只有"忘我",才能对精神的追求提升到"独与天地精神往来而不敖倪于万物"的境界,从而真正实现逍遥自在。

著名的"庄周梦蝶"故事,不知人化蝶还是蝶化人,实则就是在表达天人合一的思想。人怎么能与蝶相合呢?这就是庄子所提出的"无己",只有从精神上实现"无己"才能真正与万物相合,才能实现个体心灵的逍遥游,实现心灵的彻底解放。但是要达到"逍遥游"的境界是非常难的,现实人生中有各种牵绊为人心所累,"物累""情累""知累",这些"累"限制了人的自由,因此要有一个净化心灵的过程,使心灵与自然合一。大自然自在自为,"清静无为"不带任何主观色彩,身处自然才能真切地感受到自然之道,而人越远离自然就越远离道。道是自然无为的,合于道的人生也应该是自然无为的,"无为"就意味着对物质的摒弃,对功利的超越,对俗世的舍弃,对任何主、客观条件的无视,做到"无为"就是"逍遥",没有任何束缚、限制和制约,灵动飞扬,自由自在。

对人生自由的向往,在任何一个时代都是有吸引力的,因为渴望自由是人的天性,但是在任何一个时代,人都不可能获得绝对的自由。因为不仅有法律法规的束缚,还要自觉遵循道德的约束,对于怀抱"修齐治平"宏图大志的知识分子来说,谈何自由。如果遭遇昏君暴政乱世,不仅人身自由会受到威胁,甚至言论自由也要被剥夺。当现实的人生没有自由可言,人们就会在精神的世界开启通往自由之路的大门。庄子以精神超越为特征的"逍遥"思想令历代对现实人生心存不满的文人栖息于宁静的精神家园,或置身于自然"采菊东篱下,悠然见南山"寻找人生真意,或"避世金马门"身在魏阙心在江湖,无论大隐、小隐、心隐、神隐,总之隐逸文化的理论基础发轫于老庄。隐逸是中国所特有的文化现象,如果说老子是隐逸文化之祖,那么庄子就是隐逸文化的灵魂。

第二节　魏晋隐逸文学中的人生境界

何谓"隐"？在《庄子·缮性》中有言:"古之所谓隐士者,

非伏其身而弗见也，非闭其言而不出也，非藏其知而不发也，时命大谬也。当时命而大行乎天下，则反一无迹；不当时命而大穷乎天下，则深根宁极而待此存身之道也。"可见，隐，是一种生存的策略，如果时遇和命运合于大道而盛行天下，则可复归于道而无遁隐形迹；如果不合乎大道而困穷于天下，则深藏缄默而等待时机，这不仅是为了保存自身，也是对自身人格精神的一种保全。司马迁在《老子列传》中借老子之口言及"君子得其时则驾，不得其时则蓬累而行"，字面上看这与儒家所谓"有道则见，无道则隐"没什么区别，但是庄子和老子作为隐士是对现世政统失望之后，决绝地走上"法自然"的出世隐逸之路，而儒家的"知其不可而为之"的执着则显示出"穷则独善其身"的勉强，一旦有机会仍然会热衷于入世。

"逸"在《说文解字》中被解释为"失也，从辵兔，兔漫訑，善逃也"。所以，逸的本意就是逃逸、逃亡，由此又引申出隐退、超绝、安闲、悠然等意。《后汉书》有《逸民列传》记录的逸民概括其特点为：①不愿做官；②有才华有品德；③隐退山林；④喜欢自然。由此可见"逸"的含义所指，因此"隐逸"是个同义复合词。

隐逸之士即"隐士"，顾名思义是隐居的文化精英，在出世之前受过较高的文化教育，往往具有较高的见解和高尚的品德。由于古代文人普遍具有强烈的"修齐治平"的社会责任感，因此选择隐居生活的特殊人群，往往个性强烈，具有执拗和清高的秉性。在《论语》中，就出现了很多隐士，如石门隐士、荷蓧丈人、渔父、楚狂接舆、长沮、桀溺等，他们通过隐居的生活方式来追求人格上的独立和精神上的自由，追求心中的真理。他们的出世思想与孔子入世思想截然不同，因此对孔子的态度显得清高和不满。道家的创始人和代表人物老子和庄子也都是隐士，先秦以道家为代表的隐逸文化对后世的隐逸文学产生了很大的影响。

魏晋时期，道家隐逸思想对文士影响很大，主要源于魏晋六朝的政治残虐不仁。司马氏集团独揽朝政大权，矜威纵虐，逞暴擅权，致使当时名士减半。面对恶劣的政治环境，很多正直的名士文人纷纷采取不问政治、不拘礼法、退隐江湖的方式避祸全身，"嗤笑徇务之志，崇盛忘机之谈"(《文心雕龙·明诗》)之风盛行。实际上，隐逸之士比常人更加关注对生命本质的思考和对现实人生中自我价值的拷问。他们往往以叛逆者的姿态与以儒家思想为核心的现世政统主流文化相抗衡，看似逍遥自在，实则充满了深沉自持，以出世表明对抗现世的情怀。魏晋隐逸文化促进了隐逸文学的发展，从隐逸文学中可以探绎魏晋文人的人生境界和精神。

四 龙性难驯——嵇康

继东汉末年的清议后，魏晋时期出现一种特有的哲学思潮——玄学。顾名思义，这是一种很抽象的学术和思想。这门学术主要是通过清谈的方式来开展的，当时的玄学家主要研究的都是老子的《道德经》和《周易》，并为其作注，从有、无之间的关系引申出名教和自然的关系，道家崇尚自然，儒家尊崇名教。司马氏掌权之后，虽然倡导礼法，提出以孝治天下，但实际上并非如此，只是用儒家的礼法伦理来掩饰私底下的卑鄙。

在这样的社会风气下，虚伪的"礼法人士"反而诬蔑正直文士"纵情背礼，败诉之人"影响风教，面对司马氏集团所谓的"名教"，名士们看到了所谓名教礼法所滋生出来的"竞逐趋利，舛倚横驰，父子不合，君臣乖离"（阮籍《达庄论》）。礼教的纷繁使人丧失了自然的真情，自然之道与自然人性被严重破坏，名教与自然形成了鲜明的对此，在这样的政治环境下，正直文人不愿投靠司马氏，徒有宏图之志却无法实现，为了避祸全身苟活于乱世，纷纷采取回避隐退，远离政治的方式。当时有一批任情恣性的隐士，人们称其为"竹林七贤"，在《世说新语·任诞》中这样写道：

> 陈留阮籍、谯国嵇康，河内山涛，三人年皆相比，康年少亚之。预此契者：沛国刘伶。陈留阮咸，河内向秀，琅琊王戎。七人常集于竹林之下，肆意酣畅，故世谓"竹林七贤"。

具有名士风度的"竹林七贤"纵酒狂歌，放浪形骸，游心太玄，他们在魏晋这个特定的时代，为了避祸全身不得不采取在其位不谋其政，为官而隐的方式，他们每个人都有旷世之才，有特立独行的事迹，其中嵇康、阮籍和刘伶因与司马氏政权政见不同而放诞任性、不拘礼法，是追求出世人生态度的中坚分子，他们由于政治苦闷而饮酒服药的逸事都为大家所熟知。

嵇康（公元224—公元263），字叔夜。《晋书·嵇康传》中描述他"身长七尺八寸，美词气，有风仪，而土木形骸，不自藻饰，人以为龙章凤姿，天资自然。恬静寡欲，含垢匿瑕，宽简有大量"。嵇康是曹操之子曹林的孙女婿，因为与曹魏宗室有姻亲关系，而获得中散大夫的职位。但是嵇康生活的时代，正值朝政危机四伏之时，以曹爽为核心的曹氏集团的狂妄无能和以司马懿为核心的司马氏集团的阴谋野心，令当时的政治环境非常复杂。直至司马懿杀戮曹爽政敌，把握兵要，废立皇帝，朝政大权落在司马氏手中，政治环境变得更加阴森恐怖。一方面司马氏大肆杀戮异己，另一方面又采取各种手段笼络士人。专制政治造成了对人性的压抑，正所谓"坐制礼法，束缚下民"（阮籍《大人先生传》）。在这种阴险政治的禁锢下，道家的自然无为、自由逍遥就成了文人心中最渴望的人生境界。嵇康好老庄之道，不屑荣宦，尤其对司马氏结党营私，诛伐异己，拉名教作虎皮的卑劣行径恨之入骨，因此坚决不与司马氏集团合作，他选择隐名遁迹于世外，渴望超凡脱俗。

当时社会崇尚玄学，士人们热衷于对自然和老庄的研究和阐释，嵇康深受影响，自称："老子庄周，吾之师也"，立言"托好老庄"，以达到"养素全真"之境。嵇康高蹈遁世，谈玄说理，饮酒赋诗，锻铁抚琴，钻研长生不老之养生方术，提出了"越名教而任自然"的理论，在乱世中追求"超然独达，遂放世事，纵意于尘世之表"适情任性的人生。他把文学审美与自由人生融为一体，追求"琴诗自乐，远游可珍"的玄远境界。他在《述志诗》中这样写道：

逝将离群侣，杖策追洪崖。焦朋振六翮，罗者安所羁。浮游太清中，更求新相知。

比翼翔云汉，饮露餐琼枝。多念世间人，凤驾咸驱驰。冲静得自然，荣华安足为。

诗人要离开俗世的侣伴浮游于仙境中去追寻新的知己——洪崖。洪崖，《吕氏春秋·古乐》称其曾为黄帝作律，于是从大夏之西走到昆仑山脚下，根据凤凰的鸣叫区别十二律，后铸十二钟，以和五音，从而创作了优美的古乐。由此可见，洪崖就是古代的音乐之神，他在道教仙真中具有较高的地位。嵇康精通琴术，自然膜拜这位得道成仙的乐神，他自述其志：愿与洪崖"比翼翔云汉，饮露餐琼枝"，可见"游仙"是他隐遁的另一个原因。再看他的一首《游仙诗》：

遥望山上松，隆谷郁青葱。自遇一何高，独立迥无丛。愿想游其下，蹊路绝不通。

王乔弃我去，乘云驾六龙。飘飖戏玄圃，黄老路相逢。授我自然道，旷若发童蒙。

采药钟山隅，服食改姿容。蝉蜕弃秽累，结交家板桐。临觞奏九韶，雅歌何邕邕。

长与俗人别，谁能睹其踪。

"自然"，在诗人眼中就是一个独立的外在世界，诗人在山松、隆谷、兰圃、华山之间享受着自然的美景，并从中探寻人生之"道"，向往追求那种"超然独达，遂放世事，纵意于尘埃之表"（嵇喜《嵇康传》）的人生。在他看来，天地之自然就是实现这种人生理想的重要中介。道家的人生理想是追求"真人""至人""神人"，《庄子·天下》曰："独与天地精神往来，天与人不相胜也。是之谓真人。"又曰："独与天地精神往来，而不敖倪于万物，不谴是非以与世俗处。"在道家眼中，真仙的境界就是清静无为、天人合一、逍遥自在、不拘俗礼。嵇康寻觅着传说中的不老神仙王乔、黄老，表现出对追求玄远超脱的神仙境界的渴望，而采药与服食是为了追求羽化成仙长生不老。"重生"是道家思想中的主要方面，为了能够长寿，嵇康试图掌握道教中所谓"蝉蜕"的成仙之法，从此与世俗人间诀别。《游仙诗》表现出嵇康出世归隐以求成仙了道的理想追求。嵇康曾就如何养生提出过"五难"：

养生有五难，名利不灭，此一难也；喜怒不除，此二难也；声色不去，此三难也；滋味不绝，此四难也；神虑转发，此五难也。五者必存，虽心希难老，口诵至言，咀嚼英华，呼吸太阳，不能不回其操，不夭其年也。五者无于胸中，则信顺日济，玄德日全。不祈喜而有福，不求寿而自延，此养生大理之所效也。（《答向子期难养生论》）

嵇康修道力除了这"五难"，他与世无争，超脱放达，声称"俗之所乐，皆粪土耳，何足恋哉？"（嵇康《答难养生论》）俗之所乐在于酒色财，福贵禄，但嵇康显然在这些方面是清心寡欲的，他在《养生论》中提出"外物以累心不存，神气以醇白独著"，认为心无外物才能保持精神气质的淳朴娴静。在嵇康诗中"自然"和"逍遥"用得最多，如"至人远鉴，归之自然"（《四言赠兄秀才入军诗》），"黄老路相逢，授我自然道"

（《游仙诗》），"冲静得自然，荣华安足为"（《述志诗·其一》），"逍遥天衢，千载长生"（《代秋胡歌诗七首》之七），"齐物养生，与道逍遥"（《四言诗》之十），"逍遥游太清，携手长相随"（《无言赠秀才诗》），"遗物弃鄙累，逍遥游太和"（《答二郭诗·其二》）。

嵇康把自己比作"逾思长林而志在丰草"的禽鹿，天质自然，恬静寡欲，宽简而有雅量。竹林七贤之一的王戎曾评价：与嵇康认识二十年，未尝见其喜愠之色。旷性怡情的嵇康在作品中浮现出的是"清迈超逸"的容貌风神。但是当时一位非常有名的大隐士孙登却评价嵇康"才多识寡"，孙登以薪、火、光为喻，指出薪是根本，有薪才有火，有火才有光，同理，对人而言，身为根本，人得身而存，才得人而发，因此保身乃贵在有"识"。孙登认为嵇康个性刚烈，恃才傲物，不懂得保身所以没有成仙了道的资质。这究竟是怎么回事呢？

尽管嵇康从理论上讲可谓道家养生的行家里手，但实际上内心的忧患意识并无法彻底泯灭。道家消解世间一切矛盾对立的"齐物"思想并无法影响嵇康耿介的个性，他的内心依然保留好恶、是非的标准。因此他的"任自然"是针对虚伪的礼教而言的，可见在他崇尚自然的行径本身就已经浸染上了斗争的人文色彩。当专横跋扈的司马氏势力企图劝他息隐从仕时，他不再淡定宽忍，而是刚烈简傲地进行口诛笔伐的斗争。

自汉代起，"六经"成为统治者认定的经典，因此也就成了士人谋取功名利禄的手段。司马氏打出"以孝治天下"的旗号，提倡名教。当时有个叫张邈的官员作《自然好学论》，在理论上加以阐述，指出名教出于自然，"六经为太阳，不学为长夜"。针对此说嵇康针锋相对：

> 今若以明堂为两舍，以讽诵为鬼语，以六经为芜秽，以仁义为臭腐，睹文籍则目瞧，修揖让则变伛，袭章服则转筋，谈礼典则齿龋，于是兼而弃之，与万物为更始。则吾子虽好学不倦，犹将阙焉；则向之不学，未必为长夜，六经未必为太阳也。（《难张辽叔自然好学论》）

在嵇康眼中，自然、无为是至高无上的，因此对名教及功名利禄、荣华富贵都夷然不屑，其思想显然与老庄的叛逆个性一脉相承。难怪颜延之在咏嵇康的诗中写道："立俗迕流议，寻山洽隐沦。鸾翮有时铩，龙性谁能驯。"(《嵇中散》)被颜延之喻为具有"龙性"，不禁令人想起孔子喻老子为乘风云而上天的"龙"。龙，在人心目中是神秘、飘逸、威畏、狞厉、雄健的化身，但是如同乾卦爻辞中所指出的"亢龙有悔"，就算是飞龙，如果不知进退也会陷入困境。

山涛也是"竹林七贤"之一，与嵇康交厚。在司马懿和曹爽争权夺利时，山涛坐观成败顺势隐居不仕，当司马氏篡夺政权后便入仕就职。因为他与嵇康交善，司马昭授意他说服嵇康入职，而嵇康对山涛的行径非常不满，称山涛举荐自己就好像厨子"引尸祝以自助，手荐鸾刀，漫之羶腥"，讥讽之意非常明显。当山涛第二次举荐嵇康时，嵇康作《与山巨源绝交书》，表明自己绝不屈身入仕的人格心志。文中声称自己读《老子》《庄子》，更增其狂放不羁，所以荣进之心一日颓似一日，放任本性之情一天重似一天。他譬喻道："此由禽鹿，少见驯育，则服从教制；长而见羁，则狂顾顿缨，赴蹈汤火；虽饰以金镳，飨以嘉肴，逾思长林而志在丰草也。"

嵇康内心向往的是自然无为的生活，当他得知山涛向司马昭举荐自己时，他表现出的是不计后果的轻肆直言，他在文中提及自己"不堪者七""不可者二"，言语间虽然表达的是自己的疏懒懈怠，实则是不可驯服的叛逆和洒脱。

不堪的七件事分别是：

卧喜晚起，而当关呼之不置，一不堪也。

抱琴行吟，弋钓草野，而吏卒守之，不得妄动，二不堪也。

危坐一时，痹不得摇，性复多虱，把搔无已，而当裹以章服，揖拜上官，三不堪也；

素不便书，又不喜作书，而人间多事，堆案盈机，不相酬答，则犯教伤义，欲自勉强，则不能久，四不堪也；

不喜吊丧，而人道以此为重，已为未见恕者所怨，至欲中伤者，虽瞿然自责，然性不可化，欲降心顺俗，则诡故不情，亦终不能获无咎无誉。如此，五不堪也；

不喜俗人，而当与之共事，或宾客盈坐，鸣声聒耳，嚣尘臭处，千变百伎，在人目前，六不堪也；

心不耐烦，而官事鞅掌，机务缠其心，世故繁其虑，七不堪也。

以上"七不堪"分别是：不堪早起，不堪卒吏随守，不堪揖拜长官，不堪文书酬答，不堪吊丧，不堪俗人，不堪官事繁杂。在嵇康看来，礼法束缚简直令人难以忍受，自己生性喜游览山泽，观赏鱼鸟，对养生和长寿感兴趣，而如果入仕做官，简直就是戕害自己的天性。"七不堪"中有些夸张的笔触，表面上是写嵇康不拘俗礼纲纪，实则处处充满了对虚伪名教的鄙薄和讥讽。因此笔锋一转写两件最不能够容忍的事情：

又每非汤、武而薄周、孔，在人间不止，此事会显，世教所不容，此甚不可一也；

刚肠疾恶，轻肆直言，遇事便发，此甚不可二也。

"汤武周孔"是嵇康经常批判和攻击的目标，而这里的批判淋漓尽致，毫无掩饰，完全不给时政和名教留一丝颜面，所言"两不可"点了所谓的"礼法之士"和当权者的穴位，令他们难以容忍。司马氏就是依靠周公礼法、孔子仁德那套理论来掩饰其狼子野心，而嵇康却在此处毫不留情地批驳和唾弃汤武周孔这些名教的楷模。在文章的最后，嵇康再次重申自己所青睐的淡泊安宁、淳朴自然的道家隐逸生活：

又闻道士遗言，饵术、黄精，令人久寿，意甚信之。游山泽，观鱼鸟，心甚乐之。一行作吏，此事便废。安能舍其所乐，而从其所惧哉？

吾顷学养生之术，方外荣华，去滋味，游心于寂寞，以无为为贵。

今但愿守陋巷，教养子孙，时与亲旧叙阔，陈说平生。浊酒一杯，弹琴一曲，志愿毕矣。

嵇康直接而简傲地拒绝司马氏的征辟，刚烈的个性令他不能容忍屈节求贵。嵇康以不苟容偷合的正直节操抗议邪恶的肆虐，他的简傲得罪了权贵，钟会在治罪嵇康时诬陷其"上不臣天子，下不事王侯，轻时傲世，不为物用，无益于今，有败于俗"（刘义庆《世说新语》雅量）。欲加之罪何患无辞！一个"托好老庄，贱物贵身。志在守朴，养素全真"（嵇康《悲愤诗》）的隐逸文人何以令当权者如此忌讳和恐慌？主要的原因就是在于嵇康无所畏惧地揭穿了司马氏集团的伪装，毫不留情地揭露了名教的虚伪性,这在当时的社会不啻为洪钟大吕发聋振聩。

跟嵇康相比,另一位著名的竹林隐士阮籍显然就懂得如何保身。他为避世常常谈玄论道,从不议朝政之事,为躲避政治集团的纠缠终日酒醉,就连母亲离世服丧期间也是喝酒作乐,有学者称阮籍为"酒隐"。阮籍借酒做出一副我行我素,无视礼教的叛逆样子,以此躲避司马昭的拉拢。他通过《大人先生传》塑造了自己心目中旷达、潇洒和自由自在的隐士形象,表达了对自由生活的向往,但是在《咏怀诗》八十二首中,又流露出自己的愤懑和痛苦,表现出分裂而矛盾的个性。

阮籍和嵇康有相似也有不同的地方,阮籍表面看似任性而为,毁行废礼,以游离的态度与司马氏集团相斡旋,实则内心孤独痛苦。他常常独驾任行,穷徒则恸哭而返。嵇康表面轻松逍遥,实则清峻刚烈,爱憎分明,临刑东市,神气不变,宁死也不屈从司马氏集团。嵇康饮酒是为养生,而阮籍饮酒则为浇胸中之块垒。嵇康活得潇洒但最终难逃司马昭的杀害,阮籍生前全身自保,但是毕竟内心的苦闷和孤寂难以排遣,嵇康离世后不久其也含恨而死。

余英时曾说过:"魏晋南北朝之士大夫尤多儒道兼综者,则其人大抵为遵群体之纲纪而无妨于自我之逍遥,或重个体之自由而不危及人伦之秩序也。"[甲]当儒家"修齐治平"的社会文化功能无法发挥的时候,道家追求自由逍遥的人文精神理所当然地就成了士大夫理想的人生追求,也就是所谓的"达则兼济天下,穷则独善其身"。嵇康为了疏离昏暗的政治不惜做出与儒家礼教背道而驰的行径,这对司马氏集团利用儒学障人耳目的卑劣行径是针锋相对的讽刺,这种讽刺的文化符号就代表了简傲绝俗、超脱放达的人生态度,这种人生选择看似放纵不羁,散漫疏懒,但实际上并未真正达到庄子所谓"心斋""坐忘"的境界。当面对阴险虚伪的政治生态,嵇康为了坚秉人格的独立、意志的自由、灵魂的高贵而采取坚决不合作的态度,最终还是牺牲了自己的生命。但是如果做到绝对的超越和绝对的自由,那么嵇康恐怕就要位列仙班,与这个世俗的世界彻底拉远了距离。因此恰恰是他的"无为而为",看似无为实则大有为,大无畏的隐士精神才是人们敬仰和缅怀他的关键所在。

[甲] 余英时. 士与文化[M]. 上海:上海人民出版社,2001:340.

四 归园田居——陶渊明

魏晋第一隐逸诗人,就属东晋的陶渊明。陶渊明(约公元365—公元427),字元亮,又名潜。出身于地主官僚家庭,但家道中落,从小生活困难,他在外祖父的影响之下,熟读儒家经典,并且对老庄学说非常喜爱。风华正茂时期,儒家的仕途经济思想令他满怀壮志踏入了官场。他做过浔阳的祭酒,在恒玄府做过幕僚,投靠刘裕任过参军,在彭泽县任过县令等职,但是因为官场的黑暗与险恶,陶渊明最终因"不为五斗米折腰"而愤然决然地辞官归乡,彻底与官场决绝而选择了归隐田园的生活。

陶渊明29岁第一次出仕为官,41岁辞官归隐,期间四次出仕,四次辞官。出仕说明诗人一直未放弃仕途经济的理想,辞官则由于难以实现抱负,且无知己,期间的苦闷、挫折、痛苦只有他自己体味最深:

少时壮且厉,抚剑独行游。谁言行游近,张掖至幽州。

饥食首阳薇,渴饮易水流。不见相知人,惟见古时丘。

路边两高坟,伯牙与庄周。此士难再得,吾行欲何求。
(《拟古诗九首·其八》)

陶渊明少壮之时徒有"大济苍生"的抱负却无人赏识,无法遇见像伯牙、庄周那样的知己,诗人愤懑地表达这样奔波远游究竟是为了求什么呢?现实生活中仕途的渺茫令他失望沮丧,而官场的黑暗和官员的昏庸更令他愤怒:

"嗟乎!雷同毁异,物恶其上,妙算者谓迷,直道者云妄。坦至公而无猜,卒蒙耻以受谤。虽怀琼而握兰,徒芳洁而谁亮。"(《感士不遇赋》)

官场中人习惯于随声附和而诋毁异己,对高于自己的人嫉妒憎恨,从而颠倒黑白是非,罗织构陷,致使正直公正的人受到诽谤而蒙受耻辱。"虽怀琼而握兰,徒芳洁而谁亮",虽怀抱琼玉手握香兰,也只是徒然芳洁而又有谁人知晓?陶渊明借屈原"香草美人"的艺术手法,慨叹虽然言芳行洁但身处浊世,只能遭遇孤芳自赏的寂寞。

政统腐败,仕途渺茫,对于陶渊明来说,志于道的君子面临现实无道时,不如"无道则隐","隐居以求其志",因此陶渊明的弃官从隐可以看作是对道的捍卫和维护，既身体力行儒家"穷则独善其身"的人生哲学，又实践道家顺应自然、返璞归真、委运乘化的人生境界。陶渊明的弃官从隐是决绝的，他最后一次辞官是将归隐田园、顺化自然视作自己一生的归宿。陶渊明投身自然，躬耕田园，写了很多田园诗歌，将自己的人格精神投射到自己的诗境中。我们从陶渊明隐逸的生活状态中可以了解他的思想和人生境界。

一、质性自然

陶渊明曾在诗歌中表达"少无适俗韵，性本爱丘山"，自年少时本性就热爱自然，崇尚自由，因此在归隐之前的诗作中经常流露出对现实社会政治和生存环境的不满和厌恶，尽管没有充满愤世嫉俗、怒不可遏的情绪，但是诗人眼中所观望的自然往往带有浓厚的主观色彩，从诗人对自然的描述中可以窥见其内心深处的情感。

东晋元兴二年（公元403年），陶渊明39岁，当时军阀桓玄篡晋自立，不久，另一个军阀刘裕以复晋为旗帜，起兵讨伐桓玄，期间兵凶战危动荡不安。陶渊明此时闲居浔阳，这里恰恰是桓玄贬废安置晋安帝的地方。面对腥风血雨，陶渊明却因思念朋友而忧愁，他在《停云诗》中写道"霭霭停云，濛濛时雨。八表同昏，平路伊阻。静寄东轩，春醪独抚。良朋悠邈，搔首延伫"，阴云密布，春雨迷蒙，八方昏沉，道路阻隔。这是诗人对时局的感性描述，令人感到沉重和压抑。随后笔锋一转，写自己避嚣静候于东轩，酒樽盛满美酒，良朋好友此刻还在遥远的地方，不能来此相会，令人焦虑担忧。身外是凶险的厄境，但"有志不获骋"的诗人看似超然物外宁静清闲，在这一暗一明之间形成了前面凝重后面闲适的强烈反差，可以感受诗人内心从波澜起伏到平心静气之间所做的内心挣扎和无可奈何之后的感伤。

在《时运》中，他写道"延目中流，悠想清沂。童冠齐业，闲咏以归。我爱其静，寤寐交挥。但恨殊世，邈不可追"，放眼望去，水面开阔平静，陶渊明不由得想到了孔子和他的弟子们沂水春风咏而归的情形，但是他所处的社会现实中缺少社会的安宁和人心的平和，不由心生憾恨，最后两句沉重地表达了对生不逢时的悲愤和悲伤。

在赴任刘裕的参军途中，陶渊明内心充满了挣扎和矛盾,"投策命晨装,暂与园田疏。渺渺孤舟逝,绵绵归思纡。我行岂不遥,登降千里馀。目倦川途异,心念山泽居。望云惭高鸟,临水愧游鱼"(《始作镇军参军经曲阿作》)。暂别田园生活,长途跋涉赶往任所,随着渐渐远逝的孤舟,田园乡居的渴望愈发强烈,看到自由自在的飞鸟游鱼,内心不禁对自己违背爱自然的初衷而踏上仕途感到惭愧,"真想初在襟,谁谓形迹拘。聊且凭化迁,终返班生庐"(《始作镇军参军经曲阿作》),细想终于了悟自己内心从未泯灭过热爱自然和隐居淡泊的生活的本性,姑且顺着自然的变化随遇而安,但是最终肯定要返回田园过隐居的生活。陶渊明在不如意的仕途中曾多次表达对自然的热爱,对幽居的钟情。

陶渊明的诗作中最频繁出现的一个意象就是"飞鸟",他羡慕自由自在翱翔的飞鸟,作《归鸟诗》:"翼翼归鸟,驯林徘徊。岂思天路,欣反旧栖。虽无昔侣,众声每谐。日夕气清,悠然其怀。""采菊东篱下,悠然见南山。山气日夕佳,飞鸟相与还。此中有真意,欲辨已忘言"(《饮酒·其五》),"云无心以出岫,鸟倦飞而知还"(《归去来兮辞》)。陶渊明希望返归和保持自己本来的、未经世俗异化的天真性情,所谓"质性自然,非矫厉所得"(《归去来兮辞序》)。

在那首著名的《归园田居》中,他畅快淋漓地表达出返回自然、得到自由的喜悦,他把自己比作是"误落尘网中,一去三十年"的羁鸟和池鱼,返归于旧林和故渊,他甘于过淡泊宁静的田园生活。就像诗中所描述的"开荒南野际,守拙归园田。方宅十余亩,草屋八九间。榆柳荫后檐,桃李罗堂前。暧暧远人村,依依墟里烟。狗吠深巷中,鸡鸣桑树颠。户庭无尘杂,虚室有余闲。久在樊笼里,复得返自然"。这种典型的田园景象,在诗人眼中是如此亲切而美好,置身其中,诗人感到轻松自如,脱口而出即成诗篇,难怪苏东坡也不得不赞服"如大匠运斤,无斧凿痕"[甲]。

陶渊明从内心深处热爱这种自然淳朴的田园风光,他还有一些志同道合的朋友,诸如诗作中常提到的庞参军、郭主簿。陶渊明在跟他们诗文酬和时,常常饶有兴致地描述田园生活带给他充实的精神生活,"衡门之下,有琴有书。载弹载咏,爱得我娱。岂无他好,乐是幽居。朝为灌园,夕偃蓬庐"(《答庞参军》),"息交游闲业,卧起弄书琴。园蔬有余滋,旧谷犹储今"(《和郭主簿诗》),幽居田园,朝晨躬耕,入

[甲] [宋]惠洪. 冷斋夜[M]. 上海:上海古籍出版社,2012:32.

暮则在蓬庐载弹载咏，既无公衙之役，又无车马之喧。"园蔬有余滋，旧谷犹储今。营己良有极，过足非所钦。春秫作美酒，酒熟吾自斟。弱子戏我侧，学语未成音。此事真复乐，聊用忘华簪。"（《和郭主簿》其一）这里诗人提到粮食有余存，酿酒自斟酌，安享天伦乐，都是日常生活中平常简朴的状态，但诗人怡然自乐，那份淳朴旷达，坦然自若的自然田园之情真切而感人。

二、安贫乐道

在诗歌作品中，陶渊明把他的田园隐居生活描写得惬意悠闲，实际上士进则为官宦，退则为庶民，"士之失仕犹民之失耕"。仕与隐，必然面临富贵和贫贱的选择。隐居的陶渊明选择平民百姓的清苦生活，但他仍然苦中作乐，就像他在《五柳先生传》中所言："环堵萧然，不蔽风日；短褐穿结，箪瓢屡空，晏如也。"这缘于诗人对自然和田园的热爱，在他看来，自然本身是充实自由，无任何缺损的，循着自身的发展规律运转变化，无欲无求。人倘若能使自己同化于自然，就能克服痛苦，人生的境界就能获得升华。但有些人由于违背了本性中的仁德，追逐无止境的欲望，于是虚伪矫饰，倾轧竞争，得喜失忧，失去了独立性，成为利欲的奴隶，人生因而产生了缺损和痛苦。

陶渊明从不隐晦田园的贫苦生活状况，他身体力行与百姓生活在一起，更能够体会农民靠天吃饭，稼穑艰难。在《怨诗楚调示庞主簿邓治中》，他历数战乱、蝗灾等自然灾害带给农业生产的损害，农民"夏日抱长饥，寒夜无被眠。造夕思鸡鸣，及晨愿鸟迁。在己何怨天，离忧凄目前"。陶渊明不仅书写农村的凋敝也写自己的穷困，"劲气侵襟袖，箪瓢谢屡设。萧索空宇中，了无一可悦"（《癸卯岁十二月中作与从弟敬远》），"弊庐交悲风，荒草没前庭。披褐守长夜，晨鸡不肯鸣"（《饮酒二十首》其八），甚至潦落到曳杖江村去叩门乞讨"饥来驱我去，不知竟何之。行行至斯里，叩门拙言辞"（《乞食》）。通过这些客观的描写，可见陶渊明田园生活的真实状况并非安逸无忧，恰恰是饥寒交迫、寒酸落魄，但是尽管如此，也未能动摇陶渊明对田园隐居生活的追求。

陶渊明年轻时"游好在六经"，深受儒家思想的熏陶，心怀"猛志逸四海,骞翮思远翥"的远大理想,但随着光阴流逝仍然一无所成,他的个性并不张扬激进,因此转而更加追慕道家的幽情逸韵,为人处事顺其自然,清心寡欲,洒脱旷达,如同他在《五柳先生传》中所描述的那样"闲静少言,不慕荣利。好读书,不求甚解;每有会意,便欣然忘食。性嗜酒,家贫不能常得。亲旧知其如此,或置酒而招之;造饮辄尽,期在必醉。既醉而退,曾不吝情去留"。正因为儒道混融的影响,因此陶渊明能在"无道则隐"时选择"独善其身""固抱穷节"。他在诗中曾谦逊地表示"历览千载书,时时见遗烈。高操非所攀,谬得固穷节"(《癸卯岁十二月中作与从弟敬远诗》),高尚德操不敢攀,只想守穷为气节。所以说陶渊明选择隐居并未有任何的不情愿,反而是主动追求,在他看来,贫困并不是羞耻的事情,反道败德才是卑劣的人生。所以尽管陶渊明客观地描写了田园生活的艰难困苦,但是非常平淡从容,非但没有哀怨,反而充满了随遇而安,乐以忘忧的情愫。最典型的就是这首《戊申岁六月中遇火诗》:

草庐寄穷巷,甘以辞华轩。正夏长风急,林室顿烧燔。一宅无遗宇,舫舟荫门前。

迢迢新秋夕,亭亭月将圆。果菜始复生,惊鸟尚未还。中宵伫遥念,一盼周九天。

总发抱孤介,奄出四十年。形迹凭化往,灵府长独闲。贞刚自有质,玉石乃非坚。

仰想东户时,余粮宿中田。鼓腹无所思,朝起暮归眠。既已不遇兹,且遂灌西园。

这首诗写某个夏天诗人家里遭遇火灾,烧光了所有的东西,窘迫到只好将船翻过来以遮蔽风雨。但是诗人并未捶胸顿足的哀怨,而是随遇而安重新搭建新家。秋天来临,在院落种植的果蔬又长出来了,但是受到惊吓的小鸟还没回来,诗人在平静的夜晚回顾自己四十年的岁月,总结出"形迹凭化往,灵府长独闲。贞刚自有质,玉石乃非坚",即一生行事都是顺其自然,保持心灵的安闲寂静,没沾染一丝尘俗杂念。虽然穷困潦倒,时乖运蹇,但是始终保持贞纯刚正的禀性,就连玉石也比不上它坚固。可惜如今生不逢时,既然没有遇到好的年代,还是安心去浇灌我的园田去吧。诗人的内心是何等强大!就算家园被烧光,但精神家园依旧完美无缺。诗人坚守着那份淡泊、清净和崇高。在贫困的生活中,他抱穷归隐，安守贫贱之道，虽然苦受饥寒，但是能够支撑他的力量源泉恰恰是古代那些安贫乐道的先贤。

他在诗中曾写道"斯滥岂攸志，固穷夙所归。馁也已矣夫，在昔余多师"（《有会而作》），意思是说：人穷变节为非作歹岂是我的意愿！就算穷困潦倒我也要坚守君子的气节。饥饿、贫穷我都经历了那又何妨，我有很多古代的贤者作老师。在他的《咏贫士七首》中，他赞美春秋时期的隐士荣期启，孔子弟子子思，战国时齐国隐士黔娄，东汉隐士张仲蔚等人，赞叹其"朝与仁义生，夕死复何求""贫富常交战，道胜无戚颜"，陶渊明欣赏他们纯真的品格，高洁的节操。

在诗人眼中，"安贫"是修德的道场，是对人格力量的加持。正所谓君子忧道不忧贫，陶渊明所坚守的"道"是自古正直的士人所认同的一种价值和理想，是历代高士先贤躬体力行、蹈节死义所坚守的高尚之精神。陶渊明以他们为榜样，以他们作为精神的支撑来安贫守道，他不求名利，甚至不求知音，哪怕自己是坚守大道的孤独者，也决不后悔自己的选择，就像诗人在诗中所说的"知音苟不存，已矣何所悲"，知音如果不存在，就算万事皆休又何必悲伤！

三、与民同乐

尽管隐居生活非常清苦艰难，但陶渊明从未动摇过对高尚节操的坚守，在他隐居田园的诗歌中，我们可以看到诗人对农村生活的融入和享受。他从未以知识分子或退隐的官吏自居，而是起早贪黑跟农民一起务农耕耘，"种豆南山下，草盛豆苗稀。晨兴理荒秽，带月荷锄归"，寥寥数笔就生动形象地将农民日常的劳动状态勾勒出来。再如《庚戌岁九月中于西田获早稻诗》有：

> 开春理常业，岁功聊可观。晨出肆微勤，日入负禾还。
> 山中饶霜露，风气亦先寒。田家岂不苦，弗获辞此难。
> 四体诚乃疲，庶无异患干。盥濯息檐下，斗酒散襟颜。
> 遥遥沮溺心，千载乃相关。但愿长如此，躬耕非所叹。

古代的官吏可以不耕而食，因此将为官食禄称为"代耕"，而陶渊明在诗中曾说过"代耕本非望，所业在田桑"，就是说出仕为官并非我的心愿，我所乐之业在田桑。这里诗人将务农躬耕称之为"常业",其安民居乐农业的心态浅明而率直,他乐观地憧憬着辛勤劳作之后丰硕的收获。当然收成是不能坐享其成的,稼穑躬耕的志坚行苦在陶渊明心中却是获得精神享受的源泉,尽管力困筋乏,但不必疲心竭虑、忧患惧祸,远离官场黑暗喧嚣而获的舒畅令他对辛苦的劳作有了与众不同的体会:"盥濯息檐下,斗酒散襟颜",洗泥濯污,悠闲地坐在屋檐下休憩,敞开衣襟畅快地饮酒,身体的劳乏完全被精神的愉悦所取代。

毕竟诗人并非纯粹的农民,在他内心,躬耕乐道使他仿佛与长沮和桀溺那样的隐士遥以心照,因此诗人丰沛充实的精神享受令他的农村生活显得安闲优雅,哪怕是食糟糠,受饥寒,诗人也无怨无悔,反而常常表现出知足知止心态,所谓"岂期过满腹,但愿饱粳粮。御冬足大布,粗以应阳"(《杂诗十二首》),没有非分的奢望,只愿有果腹的粮食、抵御寒冬的粗布衣服就可以了,应付夏日骄阳则用粗葛布衣。如果连这样的要求也达不到的话,诗人也只是追叹一句"理也可奈何"于是又不以介怀"且为陶一觞"。

庄子曾在《逍遥游》中说"鹪鹩巢于深林,不过一枝;偃鼠饮河,不过满腹",就是说鹪鹩身处无边的深林也不过安身于一根树枝,偃鼠饮一河之水也不过满腹而已,世上任何的需求都是有限的,何苦贪溺于无限的欲望呢。因此"弊庐何必广,取足蔽床席",陶渊明自给自足,对于物质从未有过贪婪的欲望,而内心和精神充满了快乐和逍遥。

陶渊明随遇而安,与农民谈论着农桑稼穑与民偕乐,以往的仕途经历他从不在农民朋友面前提及,也不卖弄自己的博识洽闻,而是"相见无杂言,但道桑麻长""邻曲时时来,抗言谈在昔""秉耒欢时务,解颜劝农人""日入相与归,壶浆劳近邻",他反劳为逸,总是那样乐观旷达,有些见识的田夫野老与他欢睦交好,就如他诗中写的那样:

清晨闻叩门,倒裳往自开。问子为谁欤,田父有好怀。壶浆远见候,疑我与时乖。

褴褛茅檐下,未足为高栖。一世皆尚同,愿君汨其泥。深感父老言,禀气寡所谐。

纡辔诚可学,违己讵非迷。且共欢此饮,吾驾不可回。(《饮酒》)

这位田父一大早提着酒壶远道来探望诗人，诗人听到叩门声，衣服都没穿好就急忙去开门，其惊喜之态跃然纸上，可见来客也非同一般的乡野之人。他们言及的话题围绕乡隐求志的贫苦艰辛，老父劝其适应举世皆浊的局势，陶渊明感慨自己的禀性气质难以与世俗相谐洽，所以绝不违背自己的本性和初心。归田园居的生活美好而逍遥，且畅快饮酒，自己不会再回到喧嚣纷扰的浊世。"过门更相呼，有酒斟酌之"（《移居》），一壶浊酒一席言谈，陶渊明与乡贤的往来丰富了他的隐居生活，他称这些乡贤为"素心人"，农闲之余"奇文共欣赏，疑义相与析"，正所谓：

农务各自归，闲暇辄相思。相思则披衣，言笑无厌时。

此理将不胜，无为忽去兹。衣食当须纪，力耕不吾欺。（《移居》）

除了"素心人"，还有志同道合的故人旧友也常相约欢聚在田园谈玄论道，就算父老乡亲酒后"杂乱言""失行次"，也其乐融融，齐谐和悦：

故人赏我趣，挈壶相与至。班荆坐松下，数斟已复醉。

父老杂乱言，觞酌失行次。不觉知有我，安知物为贵。

悠悠迷所留，酒中有深味。（《饮酒》）

深解老庄之道的诗人懂得"不觉知有我，安知物为贵"的深意，无执无我，酒后诗人完全沉浸在天人合一的境界，不知不觉与自然万物相谐。海能容纳百川而成就其广，自然则容万物则显其道，诗人容天地于心间，于眼前情境雅俗共赏。对于那些还迷恋尘俗的人们，陶渊明一句"酒中有深味"戛然而止，此处大音希声，可见诗人深悉"玄之又玄"的自然无为之道。

这种自然而然的古朴真淳的情感令人感动，这不是"终南捷径"的作秀，也非暂避偷闲的任性，这就是陶渊明选择的实实在在的生活，作为饱读诗书本该济世安邦的文人却选择务本力稿，既可以说是对当时社会文人价值观的叛逆，也可以说是对现实社会政治的反抗，这种反抗看似"无为"，但是"无为"的背后是对各种欲望的不屑和摒弃，是面对"富贵""贫贱""威武"的无所动容。

随着时光的流逝，年华渐渐在衰朽，乡居的生活依然清苦贫寒，虚掩的柴门荆扉关不住怒放的篱菊，它们凸显出主人情趣的与众不同。诗人乐酒爱菊，当对菊饮酒的时候，往往是在与民偕乐之余独自陷入沉思之时：

> 秋菊有佳色，裛露掇其英。泛此忘忧物，远我遗世情。
> 一觞虽独尽，杯尽壶自倾。日入群动息，归鸟趋林鸣。
> 啸傲东轩下，聊复得此生。（《饮酒·其四》）

这首诗表面上写诗人对菊饮酒，看似清闲淡泊，自适悠然，但从字缝中却流露出深沉的感伤。陶渊明对菊花非常喜爱，在他很多作品中都有菊花的影子，而且常与松相提并论，可见诗人寄景抒发怀抱的良苦用心。凄冷的残秋，唯有松菊傲立秀姿，身处其境又能令诗人感触自身经历，更能激发起如松菊般的坚贞高洁，因此在他隐居之地常能见到"三径就荒，松菊犹存"的景象。诗人独自饮酒而非品茗，茶茗有静心定气之功效，有洗尽尘心之雅意，而诗人独酌，杯尽壶倾，非欢然闲饮而是"忘忧"，忧的是"遗世情"，可见形态上过着躬耕自资的农民生活，但是早年"大济于苍生"未能实现的遗憾总能令诗人悄然动容，对世情难以做到彻底地放下才会借酒浇心中之块垒。随着一天光景的流逝，"日入群动息，归鸟趋林鸣"，好像诗人的内心渐渐趋于平静，但末句"啸傲东轩下，聊复得此生"，又将人带到了诗人那壮志难酬，无可奈何的情感世界中，这也可以理解为陶渊明身在江海之上心居乎魏阙之下，毕竟君子儒是诗人坚守的底色。

陶渊明的隐逸诗歌深得后世文人的喜爱，无论是处于人生得意须尽欢还是人生失意无南北，陶渊明的隐逸诗总能带给人心灵的宁静和释怀。《沧浪诗话》中称其诗为"陶体"，赞其诗"质而自然也"，古今很多诗人对陶渊明心向往之，师法陶体，但是陶渊明的冲逸之辞发于心起于意，恐难效颦。苏轼曾跟其弟苏辙谈及学陶的原因："吾于诗人，无所甚好，独好渊明之诗。……然吾于渊明，岂独好其诗也，如其为人，实有感焉。"（苏辙《追和陶渊明诗引》）文如其人，陶渊明的诗歌与其本身的人格魅力完全一致。

陶渊明弃官隐居纵浪大化，是老庄的隐逸思想深深地影响了他。而老庄的思想在冥冥之中与印度佛陀有不谋而合之处，因此古人发明了"庄禅"。陶渊明隐逸诗中尽管无一处直言"佛"，但默契禅宗，其"人生似幻化，终当归空无""纵浪大化中,不喜亦不惧"的禅味清晰可辨,这也许就是他尽其一生对庄学透悟之后的水到渠成吧。

魏晋六朝时期兴盛的隐逸文化产生了一批真隐士,纯粹的隐士,他们视归隐为归宿,超凡脱俗,高傲超逸。他们对自由精神的追求显得彻底而决绝,宁愿劳心劳力、饥寒交迫、苦冻馁、多忧患,也不改归隐之初衷,获得了后世的尊敬和仰慕。

继嵇康、陶渊明之后,真正的隐士几乎就不多见了,文人在处理隐与仕的关系时,不再那么孤注一掷不食人间烟火,而是倾向于选择半仕半隐,白居易称其为"中隐",他在《中隐》一诗中道出了文人士大夫归隐的心理状态:

大隐住朝市,小隐入丘樊。丘樊太冷落,朝市太嚣喧。不如作中隐,隐在留司官。似出复似处,非忙亦非闲。不劳心与力,又免饥与寒。终岁无公事,随月有俸钱。君若好登临,城南有秋山。君若爱游荡,城东有春园。君若欲一醉,时出赴宾筵。洛中多君子,可以恣欢言。君若欲高卧,但自深掩关。亦无车马客,造次到门前。人生处一世,其道难两全。贱即苦冻馁,贵则多忧患。唯此中隐士,致身吉且安。穷通与丰约,正在四者间。

白居易提出的"中隐"理论,将超凡脱俗的隐士带入世俗化的现实生活,毕竟冷落与喧嚣、贫贱与富贵都是人生的极端,不如取其中,各取其利,从而平衡士大夫渴望精神自由与仕途经济之间的矛盾。中隐思想更符合中国古代文人的心态,为文人开启了多元的隐逸形态。

时代不同,隐逸形态也是层出不穷,但是从儒家救世到道家隐逸逍遥,都是从痛苦和困境中寻求解脱的精神探索的历程。中国的隐逸文化是特有的文化,这种文化精神的主旨就是追求个体精神的自由和人格的独立,可以说魏晋隐逸文化的产生开启了隐逸文学的源头。

思考题

1. 你认为老庄思想对中国魏晋时期士人的精神有什么影响?对现代人精神生活有什么价值和作用?

2. 陶渊明诗歌中有大量的鸟、鱼、菊、松等意象,请谈谈这些意象在陶诗中的文化意蕴。

推荐书目

[1] 吴怡. 禅与老庄[M]. 台北：三民书局，2015.

[2] 罗宗强. 玄学与魏晋士人心态[M]. 天津：南开大学出版社，2003.

第三讲
长安文化与汉大赋

第一节 长安风貌：汉大赋的物象描摹

长安风貌

公元前202年，汉高祖刘邦定都长安，西汉王朝从此开启了延续两百年的都城建设活动。高祖、惠帝分别修建长乐宫、未央宫等主体宫殿，太仓、东西市、城墙等附属城市设施，长安城规模初具。汉武帝时，修筑桂宫、建章宫，扩建上林苑、开凿昆明池，长安城规模进一步扩大。西汉晚期至莽新，又在长安城南建立明堂、灵台、社稷等礼制建筑。据刘庆柱《地下长安》记载，汉代长安主城区总面积约有34.39平方千米，城墙东面长5916米，西面长4766米，南面长7453米，北面长6878米，周长24014米。如果算上城外宫殿如建章宫，附属园囿如上林苑，卫星城市如西汉诸陵邑，汉代长安城规模之宏大，在当时无与伦比。

长安城人口，《汉书·地理志》记载有246200，加上无籍人员，大体在30万左右。不过，以长安为中心的区域，人口远不止此，在长安城北，高祖所置长陵有人口17.9万，武帝所置茂陵有人口27.7万。西汉王朝所迁东方豪族，多安置在汉

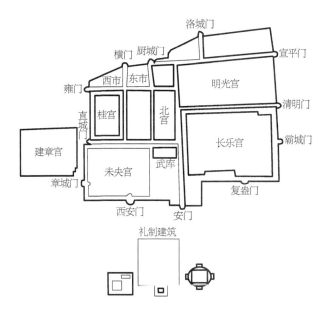

帝诸陵，形成遍布豪族的新兴城市。西汉司马相如免官后退居茂陵，东汉声名鹊起的豪族窦氏为扶风平陵人、马氏为扶风茂陵人、班氏为扶风安陵人，皆非居住在长安主城区。杜甫《秋兴》其三："同学少年多不贱，五陵裘马自轻肥。"白居易《琵琶行》："五陵年少争缠头，一曲红绡不知数。"唐代所谓"五陵"便是指以高祖长陵、惠帝安陵、景帝阳陵、武帝茂陵和昭帝平陵等五个汉代帝王陵邑。汉代长安主城区发展受限制，户籍制度较为严格，在籍人口规模并不大，大量流动人员与迁移人口被安置在生活水平较低的周边陵邑。因此，西汉长安地区合计人口远在百万以上。

庞大的城区面积与居住人口使长安的城市生活异常丰富多彩。制陶、冶金、铸币等手工业繁盛，供给城市居民生活与丧葬需求，如汉景帝阳陵陪葬坑出土的大量陶俑，人俑栩栩如生、动物俑惟妙惟肖。汉高祖在城内设立大市，汉惠帝则建立西市，商业活动繁荣，刘庆柱《地下长安》："长安城的东市和西市，一个以商业为中心，一个以手工业为中心，二市组成以长安市为代表的商业与手工业相结合的市场。"甲至于当时最受重视的农业，长安城周围沟渠纵横的肥沃土地上种植了大量作物，为主城区提供粮食与新鲜果蔬。

汉代长安街衢洞达，宫殿森立。以西汉早期营造的未央宫为例，《西京杂记》载其盛况："未央宫周回二十二里九十五步五尺，街道周回七十里。台殿四十三，其三十二所在外，其十一在后宫。池十三，山六，池一、山一亦在后宫。门闼

甲
刘庆柱. 地下长安[M]. 北京：中华书局，2016：200.

凡九十五。"[甲]又《长安志》卷三《宫室一》"未央宫"条引《关中记》云："未央宫周旋三十一里，街道十七里。有台三十二、池十二、土山四、宫殿门八十一、掖门十四。"[乙]汉代长安地理位置优越，城市规模巨大，物产丰富，为汉代辞赋的创作提供了优越的现实基础。

李志慧《汉赋长安》认为两汉社会的发展是促进辞赋文体形式不断演进的外部因素，而且汉大赋"铺张扬厉、体物写志的赋颂传统，适应了西汉中期社会经济发展的需要。"[丙]班固《两都赋序》有对两者关系的描述：

> 至于武、宣之世，乃崇礼官，考文章。内设金马、石渠之署，外兴乐府、协律之事，以兴废继绝，润色鸿业。……故言语侍从之臣，若司马相如、虞丘寿王、东方朔、枚皋、王褒、刘向之属，朝夕论思，日月献纳。而公卿大臣御史大夫倪宽、太常孔臧、大中大夫董仲舒、宗正刘德、太子太傅萧望之等，时时间作。或以抒下情而通讽谕，或以宣上德而尽忠孝，雍容揄扬，著于后嗣，抑亦《雅》《颂》之亚也。

班固的论述有两点值得注意：其一，西汉中期崇礼考文、设置的一系列机构皆在长安。武帝招纳贤才的金马门、皇家图书馆石渠、音乐机构乐府都是长安城重要建筑。其二，西汉代表赋家皆有长安生活经历。汉代主要赋家的身份，或为文学侍从之臣如司马相如、虞丘寿王、东方朔、枚皋、王褒、刘向，或为公卿大臣如御史大夫倪宽、太常孔臧、大中大夫董仲舒、宗正刘德、太子太傅萧望之，大体与西汉政制中内朝、外朝的划分相对应。无论内朝、外朝，皆是为官长安，与大汉天子均有接触。西汉赋家对长安文明了解深入，每日所思、所见都打上了明显的长安印记。因此，我们可以论断，正是因为有兴盛的大汉帝国、繁荣的长安城市文明，才形成了汉大赋这一体国经野的独特文学体式。

二 赋写长安

刘勰《文心雕龙》："赋者，铺也，铺采摛文，体物写志也。"物态铺陈是汉大赋的典型文体特征。李泽厚在《美的历程》中也说：汉赋中"所有这些对象都作为人的生活的

[甲] 葛洪. 西京杂记[M]. 西安：三秦出版社，2006：1.

[乙] 刘纬毅. 汉唐方志辑佚[M]. 北京：北京图书馆出版社，1997：83.

[丙] 李志慧. 汉赋与长安[M]. 西安：西安出版社，2010：6.

直接或间接的对象化而存在于艺术中。人这时不是在其自身的精神世界中，而完全溶化在外在生活和环境世界中，在这种琳琅满目的对象化世界中"。[甲]汉大赋通过构建一个琳琅满目的物质世界，展现出大汉帝国富强繁盛的社会图景，以及汉代士人昂扬奋发的精神风貌。汉大赋全方位、多层次地铺写长安，集中体现在对长安附近园囿的描摹与长安主城区的刻画，前者主要出现在校猎赋中，后者则是京都赋的表现中心。

校猎赋描写天子游猎，势必涉及对游猎场所的表现，司马相如《上林赋》便是其中的典型代表。相如从上林苑的地理位置写起，接着是长安水域。他写八水说："荡荡乎八川分流，相背而异态。东西南北，驰骛往来，出乎椒丘之阙，行乎洲淤之浦，经乎桂林之中，过乎泱漭之野。"赋文极尽铺陈之能事，写得气势磅礴。接着相如又摹写崇山峻岭、山中物产、离宫别馆、园中动植以及校猎场景。如写天子游猎车驾曰："于是乎背秋涉冬，天子校猎。乘镂象，六玉虬，拖蜺旌，靡云旗，前皮轩，后道游。孙叔奉辔，卫公参乘，扈从横行，出乎四校之中。鼓严簿，纵猎者，河江为阹，泰山为橹，车骑雷起，隐天动地，先后陆离，离散别追。"赋文刻画天子法驾的各种物象，前赴后继，声势浩大。明代画家仇英所作《上林图》，将《上林赋》中的物象描摹转化为图像艺术，精美绝伦，可资借鉴。

扬雄《羽猎赋》在写法上效仿《上林赋》，继续铺陈长安园囿中的物态，如描写校猎场面："及至获夷之徒，蹶松柏，掌蒺藜，猎蒙茏，辚轻飞；履般首，带修蛇，钩赤豹，搤象犀；跇峦坑，超唐陂。车骑云会，登降暗蔼，泰华为旒，熊耳为缀。木仆山还，漫若天外，储与乎大浦，聊浪乎宇内。"他通过一系列动词，刻画出奔腾往来、追逐猛兽的勇士形象。游猎车骑浩浩荡荡，在天地之间任意驰骋。扬雄通过大量物态描摹，再现帝国游猎近郊的盛景。

京都赋以京都为描写中心，全面展现了长安风貌，班固《西都赋》是其中的杰出代表。班固述地理位置则曰："左据函谷、二崤之阻，表以太华、终南之山。右界褒斜、陇首之险，带以洪河、泾、渭之川。"他指出大长安东西南北的地理方位：东面是函谷关、崤关、华山，西面是褒斜道、陇坂，南面是终南山，北面是泾河、渭河，实乃四塞之地，依山带

[甲] 李泽厚. 美的历程[M]. 北京：三联书店，2009：83.

河之区。

叙城市建设则曰:"肇自高而终平,世增饰以崇丽。历十二之延祚,故穷泰而极侈。建金城而万雉,呀周池而成渊。披三条之广路,立十二之通门。内则街衢洞达,闾阎且千,九市开场,货别隧分。"从汉高祖一直到汉平帝,长安城经过不停地扩建,规模巨大、富丽堂皇。《三辅决录》记载:"长安面三门,四面十二门,皆通达九逵,以相经纬,衢路平正,可并列车轨十二。门三涂洞开,隐以金椎,周以林木。左右出入,为往来之径。行者升降,有上下之别。"[甲]长安十二座城门,每个城门皆有三条宽阔的马路,街衢两边千家万户,人烟稠密。唐人卢照邻《长安古意》曰:"南陌北堂连北里,五剧三条控三市。"便是承继班固赋意而来。至于"九市",《三辅黄图》:"庙云:长安市有九,各方二百六十六步。六市在道西,三市在道东。凡四里为一市。致九州之人在突门。夹横桥大道,市楼皆重屋。"[乙]可见作为当时帝国最大城市,长安城商贸活动之发达,全国各地乃至亚欧列国,皆有商人往来其中。

言城市生活则曰:"人不得顾,车不得旋,阗城溢郭,旁流百廛。红尘四合,烟云相连。于是既庶且富,娱乐无疆。都人士女,殊异乎五方。游士拟于公侯,列肆侈于姬姜。乡曲豪举,游侠之雄,节慕原、尝,名亚春、陵。连交合众,骋骛乎其中。"这是对长安生活最为直接的摹写,可与《战国策·齐策一》关于齐国都城临淄的描绘相对读,所谓"临淄之途,车毂击,人肩摩,连衽成帷,举袂成幕,挥汗成雨。"二者都是中国早期城市文学的典范之作。《战国策》的语言较为夸饰,而班固作为一名史学家,叙述更为贴近真实。都人士女的风貌、游士之奢侈、商肆之繁多,皆存于此。

论郊邑则曰:"若乃观其四郊,浮游近县,则南望杜、霸,北眺五陵。名都对郭,邑居相承。英俊之域,绂冕所兴。……盖以强干弱枝,隆上都而观万国也。"班固对长安周围陵邑也很重视,四郊近县皆是繁华之区,名公巨卿、豪强富户皆在此定居,并且指出之所以会出现这样的盛况,是因为西汉王朝奉行"强干弱枝"的政策,将郡国财富汇聚长安,所以才达到"隆上都而观万国"的目的,长安不仅成为中国的中心,也

[甲] 赵岐,等. 三辅决录[M]. 西安:三秦出版社, 2006: 80.

[乙] 陈直. 三辅黄图校证[M]. 西安:陕西人民出版社, 1980: 29.

成为国际化大都市。

张衡《西京赋》建立在《西都赋》对长安描绘的基础上，又有所突破，他不似班固宏观地介绍长安，而是从更为细微的局部进行表现，尤其精彩的是宫殿描写。以未央宫为例，赋曰："正紫宫于未央，表峣阙于闾阖。疏龙首以抗殿，状巍峨以岌嶪。亘雄虹之长梁，结棼橑以相接。蒂倒茄于藻井，披红葩之狎猎。饰华榱与璧珰，流景曜之韡晔。……右平左墄，青琐丹墀。刊层平堂，设切厓陈。坻崿鳞眴，栈齴巉崄。襄岸夷涂，修路峻险。重门袭固，奸宄是防。仰福帝居，阳曜阴藏。洪钟万钧，猛虎趪趪。负笋业而余怒，乃奋翅而腾骧。"张衡的描绘细致入微，不仅刻画出宫殿的整体形貌，而且对宫殿的台阶、柱子、基石、门户、窗户、藻饰等皆有描绘，如"青琐丹墀"便是指青色的窗户与红色的殿阶。后来《三辅黄图》"未央宫"条几乎全部截取此段文字，陈直《三辅黄图校证》对二者之间的关系多有辨析，其按语说："本段叙述宫殿材饰，文字多本于《西京赋》。如'雕楹玉碣''青琐丹墀''左墄右平'三句，皆直用《西京赋》语。"甚确。

普鲁斯特《斯旺的道路》："历史隐藏在智力所能企及的范围以外的地方，隐藏在我们无法猜度的物质客体之中。"现在留存的琳琅满目的汉代物件，一片沾满灰尘的砖瓦，一座巍峨雄伟的陵墓，一幅线条飘逸的帛画，都能引起后人对汉代文明的回想，不断重塑汉人生活风貌。而这些风貌，在汉代文学，尤其是汉大赋中有同样雄壮、壮观的表现。

汉代赋家之心皆"苞括宇宙，总览人物"（《西京杂记》载司马相如论赋语），对汉代长安的描写堪为后世都市文学之典范。袁枚在《历代赋话序》中说："古无志书，又无类书，是以《三都》《两京》，欲叙风土物产之美，山则某某，水则某某。草木、鸟兽、虫鱼则某某，必加穷搜博访，精心致思之功。"[甲]汉代无地志、类书，汉大赋某种程度上起到了地志的作用，汇集一时一地的地理山川、风土人情。汉大赋对长安风貌的展现，是我们了解两千年前长安风貌的第一手资料，后世地志著作出现之后，也往往从中取材。

甲

浦铣. 历代赋话校证·卷首[M]. 何新文，路成文，校证. 上海：上海古籍出版社，2007.

第二节 帝京长安：汉大赋的帝国意识

壹 帝国中心

长安是大汉帝国的政治、文化中心，也是大汉一统的象征。西汉前期"大一统"成为儒学关注中心。《公羊传·隐公元年》："曷为先言'王'而后言'正月'？王正月也。何言乎王正月？大一统也。"^甲"王"在公羊派学者的阐述中处于首位。董仲舒《春秋繁露·为人者天》曰："传曰：唯天子受命于天，天下受命于天子，一国受命于君。"^乙他将天子明确为受命于天，天下万民都要受天子统辖。董仲舒又在对策中说："《春秋》大一统者，天地之常经，古今之通谊也。今师异道，人异论，百家殊方，指意不同，是以上亡以持一统；法制数变，下不知所守。臣愚以为诸不在六艺之科孔子之术者，皆绝其道，勿使并进。邪辟之说灭息，然后统纪可一而法度可明，民知所从矣。"^丙他不仅强调政治意义的一统，并且主张思想一统，独尊儒术，这一观点被汉武帝采纳，深刻影响了武帝以后的政治结构与思想态势。

与之相应，汉大赋对一统的强调也包含两个方面：一是政治上的一统，主要体现在大赋中强烈的"隆上都"意识，即对都城长安的强调。司马相如《子虚赋》夸耀齐、楚诸侯游猎，《上林赋》借亡是公之口曰："楚则失矣，齐亦未为得也。夫使诸侯纳贡者，非为财币，所以述职也；封疆画界者，非为守御，所以禁淫也。今齐列为东藩，而外私肃慎，捐国逾限，越海而田，其于义故未可也。且二君之论，不务明君臣之义，而正诸侯之礼……且夫齐、楚之事，又焉足道邪！君未睹夫巨丽也，独不闻天子之上林乎？"相如批评诸侯奢侈，不能安守本分，明了"君臣之义"与"诸侯之礼"，并且浓墨重彩地铺陈大汉上林苑，以压倒齐楚诸侯。《四库全书提要》"地理类"："首宫殿，尊宸居也疏；次总志，大一统也。"班固《白虎通义》："京师者，何谓也？千里之邑号也。京，大也。师，众也。天子所居，故以大众言之。"^丁上林苑地处长安，是都城郊外的园囿，所以颂扬上林就是颂扬长安，也就是对大一统的推崇。相如描写的上林处于天下中心："左苍梧，右西极，丹水更其南，紫渊径其北。"他将天下物象皆汇

甲 王维堤，唐书文. 春秋公羊传译注[M]. 北京：中华书局，2016：1.

乙 苏舆. 春秋繁露义证[M]. 北京：中华书局，1992：319.

丙 班固. 汉书[M]. 北京：中华书局，1962：2523.

丁 陈立. 白虎通疏证[M]. 北京：中华书局，1994：160.

聚到上林苑中，赋中所述事物，非一时一地之物，如林中野兽，他列及貘犛、沈牛、麋鹿、穷奇、大象、犀牛、麒麟、駒騱、橐駞、蛩蛩、驒騱、駃騠、驴骡等，地域涉及全国各地，甚至有外国之物。

《西都赋》描写西都曰："与乎州郡之豪杰，五都之货殖，三选七迁，充奉陵邑。盖以强干弱枝，隆上都而观万国也。封畿之内，厥土千里，逴跞诸夏，兼其所有。"更为清晰地体现出西汉统治者强干弱枝的政策，朝廷将天下财富都聚集到长安，目的就是"隆上都"，突出首都长安的重要地位，威慑天下诸侯。稳固而又强大的京都是天下一统的有力保障，"隆上都"以"观万国"，是维护大一统政治的变相表述。

二是思想上的一统，体现在大赋对儒学的重视。与汉武帝以来独尊儒术的政策相应，《上林赋》赋末便有这样一段崇儒描写："于是历吉日以齐戒，袭朝衣，乘法驾，建华旗，鸣玉鸾，游乎六艺之囿，骛乎仁义之涂，览观春秋之林……登明堂，坐清庙，恣群臣，奏得失，四海之内，靡不受获。于斯之时，天下大说，向风而听，随流而化，喟然兴道而迁义，刑错而不用，德隆乎三皇，功羡於五帝。"相如所描绘的清明政治，纯粹是儒家的政治图景展现。他想让汉武帝遵循儒家要求，推崇儒家典籍，施行仁政，达到三皇五帝式的理想状态。扬雄《长杨赋》也说："今朝廷纯仁，遵道显义，并包书林，圣风云靡；英华沉浮，洋溢八区，普天所覆，莫不沾濡；士有不谈王道者则樵夫笑之。"扬雄为大汉天子在长安近郊田猎提供合理性解释：为了训练军队，充实武备。在赋文最后他又提出"王道"，表明武备只是有备无患，以长安为中心的大汉政权是以仁义治理天下。

扬雄在其赋体作品《解嘲》中说："今大汉左东海，右渠搜，前番禺，后陶涂。东南一尉，西北一候。徽以纠墨，制以质鈇，散以礼乐，风以《诗》《书》，旷以岁月，结以倚庐。"[甲]这一段文字以长安为中心，从更为广阔的视野审视大汉王朝的四裔，朝东是大海，朝西是渠搜（河套地区），朝南是番禺（广东），朝北是古陶涂国（蒙古高原）。"东南一尉"指会稽东部都尉；"西北一候"指敦煌玉门关候，代指西域。后面四句则集中体现出大汉政治、思想统一，有罪者则"徽以纠墨，制以质鈇"，指的是军事、政治上对全国一统的

[甲] 班固. 汉书[M]. 北京：中华书局，1962：3568.

维护；而"散以礼乐，风以《诗》《书》"则是思想上的一统。长安的中心地位同时具有世界意义，汉大赋对长安物质文明的描绘，便涵括许多外来物象，以长安为中心的中外文化交流无疑是汉大赋中最为绚丽的一笔。

四 世界中心

长安不仅是大汉帝国的中心，也是当时世界的中心。自张骞两次通西域、武帝三大将（卫青、霍去病、李广利）征伐匈奴之后，汉朝与西域各国联系空前密切，海上、陆上丝绸之路畅通，形成了"西域道""南海道""永昌道""东海道"等中外交通要道。西至西亚的安息、条支，东至朝鲜列岛、日本列岛，南至安南、暹罗，北至匈奴，各国使者纷纷汇聚都城长安。[甲]四海来朝、八方汇聚之盛景成为汉赋书写的重要内容。郑樵《通志总序》："百川异趋必汇于海，然后九州无浸淫之患；万国殊途必通诸夏，然后八荒无壅滞之忧。会通之义大矣哉！"西汉长安正是天下汇通之所，涵纳四方文明，成为亚欧文化交流之中心。

《汉书·西域传赞》对此描述甚悉："孝武之世……能睹犀布、玳瑁则建珠崖七郡，感枸酱、竹杖则开牂柯、越嶲，闻天马、蒲陶则通大宛、安息。自是之后，明珠、文甲、通犀、翠羽之珍盈于后宫，蒲梢、龙文、鱼目、汗血之马充于黄门，巨象、师子、猛犬、大雀之群食于外囿。殊方异物，四面而至。"[乙]武帝时的开疆拓土是中外交流得以进行的政治保障，南方平定南越、建立珠崖七郡，开通前往东南亚的道路，使海上丝路畅通无阻。西南开通西南夷，"感枸酱、竹杖"涉及古代交通史上两个典故，皆出自《史记·西南夷列传》。前者指唐蒙在南越见到蜀地特产"枸酱"，发现蜀与南越之间的路线；后者指张骞在大夏见到蜀地产品"竹杖"，"问所从来，曰'从东南身毒国，可数千里，得蜀贾人市'"。[丙]从而发现一条从今天的云南，经由印度，到达西亚的新通道。二者皆促成武帝对西南地区的经略。西方经过与匈奴旷日持久的战争，终于开通直达西域的道路。

道路开通之后，四方异物汇聚长安，班固不仅在《汉书》中一一罗列，其《西都赋》亦有文学化表述："其中乃有九真之麟，大宛之马，黄支之犀，条支之鸟。逾昆仑，越巨海，

甲　许结. 赋体文学的文化阐释[M]. 北京：中华书局，2005：54.

乙　班固. 汉书[M]. 北京：中华书局，1962：3928.

丙　司马迁. 史记[M]. 北京：中华书局，2013：3604-3606.

殊方异类，至于三万里。"班固为突出长安郊外园囿物产之盛，列举四种动物：一、"九真之麟"。九真郡为武帝元鼎六年（前111）所置，在今越南北部。《汉书·宣帝纪》神爵元年（前61）诏曰："九真献奇兽。"颜师古注引晋酌曰："《汉注》：驹形，麟色，牛角，仁而爱人。"班固所指当为此。二、"大宛之马"。大宛地处中亚，盛产汗血宝马。《史记·大宛列传》："大宛在匈奴西南，在汉正西，去汉可万里。其俗土著，耕田，田稻麦。有蒲陶酒。多善马，马汗血，其先天马子也。"汉武帝使李广利攻大宛，所求即为宝马。天马东来是西汉重要历史事件，不仅涉及经济往来，强大的骑兵更是武装军事机动力量的必备条件，汉代郊祀歌里便有《天马》，可见时人对此事之重视。三、"黄支之犀"。黄支是今天的东南亚一带。《汉书·平帝纪》载："（元始）二年春，黄支国献犀牛。"颜师古注引应邵曰："黄支在日南之南，去京师三万里。"吴熙载《通鉴地理今释》曰："黄支，疑今暹罗也。"四、"条支之鸟"。鸟为鸵鸟，"条支"及其所临之"西海"具体所指，学术界争论较多，或以西海为地中海、波斯湾等，今采用高步瀛《文选李注义疏》之说，以条支为今天阿拉伯半岛，"所谓临西海者，即红海也。红海在条支西，故称西海。阿刺伯地形向东突出，故阿勒富海在其北，其东南则阿刺伯海环之，故曰海水曲还其南及东北也。苏伊士未通以前，红海、地中海之间，尚有陆路可往非洲埃及。故曰三面路绝，唯西北隅通陆道也。"[甲]高氏所论从现代地理出发，细致入微，甚确。以上四物，分别来自南方之九真、中亚、东南亚、西亚，其路线则如班固所说"逾昆仑，越巨海"，一为陆上丝绸之路，从长安出发，经河西走廊、西域诸国，至大宛、大夏等地；一为海上丝绸之路，从中国南方出发，经东南亚地区，绕过印度洋，至西亚条支等地。

从《汉书》"献物"叙述与《西都赋》"异物"纷至沓来的描绘，可知汉大赋对长安与世界的文化交流，涵括"贡物"与"德化"两个层面[乙]，乃是周秦王朝羁縻体系的时代呈现，通过频繁的使者往来与商贸活动，实现中央王朝与四裔的密切联系。"贡物"之繁复已见于上引《汉书·西域传赞》，而"德化"又体现在大汉王朝有意识地展现自身实力以夸耀万国，以及异国远邦歆慕大汉之德而遣使远来两个维度，皆可在汉赋中找到线索。前者可见张衡《西京赋》有关"角觗"

甲
高步瀛. 文选李注义疏[M]. 上海：上海古籍出版社，1985：77.

乙
许结. 赋体文学的文化阐释[M]. 北京：中华书局，2005：57–59.

的描绘：

> 大驾幸乎平乐，张甲乙而袭翠被。攒珍宝之玩好，纷瑰丽以侈靡。临迥望之广场，程角觝之妙戏。乌获扛鼎，都卢寻橦。冲狭燕濯，胸突铦锋。跳丸剑之徽霍，走索上而相逢。华岳峨峨，冈峦参差。神木灵草，朱实离离。总会仙倡，戏豹舞罴。白虎鼓瑟，苍龙吹篪。女娥坐而长歌，声清畅而蜲蛇。洪涯立而指麾，被毛羽之襳襹。度曲未终，云起雪飞。初若飘飘，后遂霏霏。复陆重阁，转石成雷。礔砺激而增响，磅礚象乎天威。巨兽百寻，是为曼延。神山崔巍，欻从背见。熊虎升而拏攫，猿狖超而高援。怪兽陆梁，大雀踆踆。白象行孕，垂鼻辚囷。海鳞变而成龙，状婉婉以蝹蝹。舍利飏飏，化为仙车，骊驾四鹿，芝盖九葩。蟾蜍与龟，水人弄蛇。奇幻倏忽，易貌分形。吞刀吐火，云雾杳冥。画地成川，流渭通泾。东海黄公，赤刀粤祝。冀厌白虎，卒不能救。挟邪作蛊，于是不售。尔乃建戏车，树修旃。侲僮程材，上下翩翻。突倒投而跟絓，譬陨绝而复联。百马同辔，骋足并驰。橦末之技，态不可弥。弯弓射乎西羌，又顾发乎鲜卑。

平乐观"角觝"，就其发生情境而言，具有中外交流意义；而就其具体内容而言，又有浓郁的异域特色。发生情景的交流意义体现在，大规模"角觝"戏的兴盛本是汉武帝为了夸耀各国使者而设。《史记·大宛列传》记载："是时上方数巡狩海上，乃悉从外国客，大都多人则过之，散财帛以赏赐，厚具以饶给之，以览示汉富厚焉。于是大觳抵，出奇戏诸怪物，多聚观者，行赏赐，酒池肉林，令外国客遍观各仓库府藏之积，见汉之广大，倾骇之。及加其眩者之工，而觳抵奇戏岁增变，甚盛益兴，自此始。"[甲]"角觝"戏的功用与武帝赏赐"外国客"财帛与陈列仓库藏积出于同一心理，都是展现大汉声威，吸引外国归附。汉朝的赏赐、庆祝活动与诸国"物贡"行为一内一外，相辅相成，是"朝贡"体系的时代体现。

同时，"角觝"戏内容形式的异域特色十分明显，"角觝"出现在战国时期，《史记集解·李斯列传》引应邵曰："角者，角材也，抵者，相抵触也。"它在产生之后，已经成为杂技之总称，包含诸多奇异事物，其中就有很多来自于国外。如"跳丸剑"，《后汉书·西南夷传》说："永宁元年，掸国王雍由调复遣使者诣阙朝贺，献乐及幻人。"《后汉书·西域传》注引鱼豢《魏略》云："大秦国多奇幻，跳十二丸巧妙。"而《三

[甲] 司马迁.史记[M].北京：中华书局，2013：3823.

国志》注引《魏略》亦载曹植见邯郸淳"胡舞跳丸击剑",可见"跳丸"常与胡舞相随。又如"曼延"之戏扮演怪兽,中有"大雀踆踆",此即班固《西京赋》所言条支大鸟,班超后献此大鸟,班昭受帝命作《大雀赋》曰:"嘉大雀之所集,生昆仑之灵丘。"点出此鸟出自西方。又曰:"怀有德而归义,故翔万里而来游。"班昭将之拟人化,大雀怀德归义象征者万国向往"德化"而来朝,这是我们要讨论的第二个层面。

武帝之后儒术盛行,"德化"是汉代学者喜欢谈论的话题,天下清明,万国来朝,也是汉代君臣的共同理想。《汉书·宣帝纪》载五凤三年诏曰:"单于称臣,使弟奉珍朝贺正月,北边晏然,靡有兵革之事。朕饬躬斋戒,郊上帝,祠后土,神光并见,或兴于谷,烛耀斋宫,十有余刻。甘露降,神爵集。已诏有司告祠上帝、宗庙。……屡蒙嘉瑞,获兹祉福。"[甲]宣帝将匈奴单于称臣归附作为"德化"实现的重要表征,并且与频现的祥瑞相联系。张衡《东京赋》论述宣帝之德,仍将此事作为代表:"宣重威以抚和,戎狄呼韩来享。"扬雄《羽猎赋》对汉朝抚德以来远有更为详细的描绘:"于兹乎鸿生巨儒,俄轩冕,杂衣裳,修唐典,匡《雅》《颂》,揖让于前。昭光振耀,蚃曶如神,仁声惠于北狄,武谊动于南邻。是以旃裘之王,胡貉之长,移珍来享,抗手称臣。"在扬雄的叙述中,司马相如以来大力鼓吹的儒学与"德化"直接联系起来,成为朝廷仁政的典型代表。大汉的德政流传于相邻诸国,因此旃裘之王、胡貉之长纷纷来朝,"移珍来享"便是"物贡"的典型体现。无论"物贡"还是"德化"皆发生在大汉长安城,并且又在汉大赋中被文学化再现。

甲 班固. 汉书[M]. 北京:中华书局, 1962: 266-267.

第三节 西望长安:汉大赋的京都论争

追忆西都

东汉士人对长安的感情非常复杂,在追忆长安的过程中,流露出多层次,甚至相矛盾的情感,集中体现在京都赋的叙写之中。《文选》首"京都",京都赋首列班固《两都赋》与张衡《二京赋》,"两都""二京"指代长安与洛阳。从横向地理空间而言,这两座国际化大都市,是东汉王朝的西都与东都,分别代表祖宗陵墓所在与国家真正的政治文化中心;而从纵向历史维度而言,长安是西汉王朝盛世象征地,而洛阳则是接续汉朝法统的新地域。

在东汉初年,围绕着王朝定都选址,爆发了一场持续百年的论战。光武帝建武十八年(42)巡幸西都长安,关中遗老盼望重新定都长安,杜笃《论都赋》便作于此时,之后傅毅《洛都赋》、崔骃《反都赋》、班固《两都赋》、张衡《二京赋》等继起,使京都赋成为汉代重要的辞赋门类。此类赋作讨论东、西两都优劣,难免涉及长安与洛阳的对比,在对比之中,可见东汉赋家对长安的情感差异。其中,以杜笃与班固为典型代表。

杜笃以为"关中表里山河,先帝旧京,不宜改营洛邑"甲,作《论都赋》以讽谏光武帝,他在赋中追忆西京诸帝功业,着重陈述关中地理位置之优越,所论更多在军事、政治,对长安本身的描绘较少。其文曰:

> 夫雍州本帝皇所以育业、霸王所以衍功,战士角难之场也。《禹贡》所载,厥田惟上。沃野千里,原隰弥望。保殖五谷,桑麻条畅。滨据南山,带以泾、渭,号曰陆海,蠢生万类。梗楠檀柘,蔬果成实。畎浍润淤,水泉灌溉,渐泽成川,粳稻陶遂。厥土之膏,亩价一金。田田相如,镈 株林。火耕流种,功浅得深。既有蓄积,厄塞四临:西被陇、蜀,南通汉中,北据谷口,东阻嵚岩。……地势便利,介胄剽悍,可与守近,利以攻远。士卒易保,人不肉袒。肇十有二,是为赡腴。用霸则兼并,先据则功殊;修文则财衍,行武则士要;为政则化上,篡逆则难诛;进攻则百克,退守则有余:斯固帝王之渊囿,而守国之利器也。

《论都赋》创作时,东汉建立未久,赋文仍呈现出浓厚的策士之风。杜笃论雍州之优,首先便说这里是帝皇建功立业之地,拥有军事上的保障。次论农业发达、物产丰富,积蓄充足,又是四塞之地,周围地势险要,所谓远可攻、近可守,所以是"帝王之渊囿,而守国之利器"。与后来班固、张衡、左思的京都赋旨趣大为不同,班、张、左所论虽然都涉及地理位置与军事,然而往往一笔带过,并不成为全赋的重心。

班固《西都赋》、张衡《西京赋》颂扬长安虽是为了凸显东都,然而他们对长安出色的描绘,却客观上展现了西汉

甲 范晔.后汉书[M].北京:中华书局,1965:2595.

长安文明的兴盛，成为描写长安的经典之作。以班固对西汉成帝的描写为例，可以发现东汉士人回望长安时的复杂心理。《西都赋》铺陈宫室至后妃之室时曰：

> 昭阳特盛，隆乎孝成，屋不呈材，墙不露形。裹以藻绣，络以纶连。随侯明月，错落其间。金釭衔璧，是为列钱。翡翠火齐，流耀含英。悬黎垂棘，夜光在焉。于是玄墀扣切，玉阶彤庭，碝磩采致，琳珉青荧，珊瑚碧树，周阿而生。红罗飒纚，绮组缤纷。精曜华烛，俯仰如神。

昭阳殿是赵合德所居之处，今检之《汉书·外戚传》可知，二者所言多暗合，所描述的场景皆可一一对应。赋文与史书相互映照，可以互为注解，充分表明《西都赋》的这段描写纯为实写。所谓隆乎孝成，与《汉书》"自后宫未尝有焉"的描述相一致，都将成帝时的昭阳殿以及成帝对女色的耽溺作为西汉诸帝之首。班固将赵氏所居之昭阳殿作为西汉后宫宫殿之最，带有两层含义，一是反映了成帝极崇女色；二是彰显了成帝时拥有建造这一宫殿的强盛国力。他以西都宾的视角着笔，突出国力之盛，所以才会在后文称赞十世基业；又从东都主人的立场出发，批评成帝好女色，作为东汉优于西汉的证据。在对东都的显性赞扬与对西都的隐性批评之间，班固的心态极为复杂，东都主人并非他唯一的意志代表。

《西都赋》在文末极言西都之盛曰：

> 遂乃风举云摇，浮游溥览。……采游童之欢谣，第从臣之嘉颂。于斯之时，都都相望，邑邑相属。国藉十世之基，家承百年之业。士食旧德之名氏，农服先畴之畎亩，商循族世之所鬻，工用高曾之规矩。粲乎隐隐，各得其所。

此段赋文以"于斯之时"为界，分为前后两段。斯时是何时呢？下文对"十世之基"的描述透出一点端倪。关于"十世"，吕延济注："言藉十世余址也，大夫称家，亦承百年职业。士但食先人旧德，族荫而已。"只是对赋文的隐括，并未确指。李贤注："十代、百年，并举全数也。"他以为"十世"只是笼统泛指。李氏所言非实，此"十世"乃特指成帝。扬雄《甘泉赋》："惟汉十世，将郊上玄，定泰畤，雍神休，尊明号，同符三皇，录功五帝，恤胤锡羡，拓迹开统。"按，"十世"，李善注："成帝也。"李周翰曰："成帝当汉之十世。"高步瀛细数十世为："高帝、孝惠、高后、孝文、孝景、孝武、孝昭、孝宣、孝元、孝成，凡十世。"汉人计算西汉世系，大多将高后作为一世，故至成帝为第十世。班固《汉书》作十二本纪，第三即为《高后纪》，第十为《孝成纪》，班固《幽通赋》亦言"皇十纪而鸿渐"，皆将第十代明指汉成帝。

班固《两都赋序》："至于武、宣之世，乃崇礼官，考文章。……盖奏御者千有余篇，而后大汉之文章，炳焉与三代同风。""而后"紧承孝成之世而来，不啻于是说至孝成之时，总有武宣以来辞赋盛况，方形成可与三代相媲美的大汉文章。班固将汉赋作为一代文献的代表，以孝成之时作为西汉辞赋集大成的时代，而与《西都赋》中所言十世基业相呼应。且成帝时系统地整理了中秘书，《西都赋》："又有承明、金马，著作之庭。大雅宏达，于兹为群。元元本本，殚见洽闻。启发篇章，校理秘文。"承明庐、金马门非专指一朝，而"启发篇章，校理秘文"却专指成帝时的校书活动。西汉末年的典籍整理意义重大，基本奠定了传世古书的面貌，是成帝朝文化兴盛的重要佐证。

东汉士人对长安的态度并非单纯的排斥或者歆慕，有时会在颂扬与讽刺之间徘徊失据。班固《西都赋》虽为《东都赋》作铺垫，欲讽反颂，然就其自身而言，却有一定独立性，反映东汉初年的一种社会心态，也是班固内心世界的折射。班固对武帝好神仙、成帝好女色的描绘，乃有针对性的批判；而对成帝"十世之基"的铺陈，则有强烈的颂扬意图。从东汉赋家的两都对比之中，可以更为清晰地认识到这种矛盾的根源所在。

四 两都对比

从西汉赋家司马相如、扬雄赋作描写长安，以至于欲讽反劝，到两汉之际杜笃等人热情颂扬长安，再到班固、张衡借助颂扬长安以达到凸显、衬托洛阳，大汉政治经历了诸多起伏，西汉灭亡、王莽建新、东汉建立，而长安化为丘墟、洛阳被定为新首都。其中不仅涵纳了大汉政治中心由西向东的迁移，也映射了时人将王朝政治败亡与地域风俗相联系的历史惯性。从长安到洛阳，大汉终于走出了秦朝的阴影，摆脱了继承秦制的讥刺，高举"汉承周制"的旗帜，寻找到以礼制为中心的社会秩序。

在朝廷讨论都城选址的政治背景之下，班固《西都赋》、张衡《西京赋》中的长安描写是为了曲终奏雅、反衬东都。长安被写到极致的物质文明，反而成了风俗奢侈的证明。因此，东汉文人在处理长安与西汉王朝关系时煞费苦心。班固《东都赋》的描写很有代表性，赋文开头东都主人极其概括地将长安历史区分为三段：秦、西汉早期、西汉后期：

> 痛乎风俗之移人也。子实秦人，矜夸馆室，保界河山，信识昭襄而知始皇矣，乌睹大汉之云为乎？夫大汉之开元也，奋布衣以登皇位，由数期而创万代，盖六籍所不能谈，前圣靡得言焉。当此之时，功有横而当天，讨有逆而顺民。故娄敬度势而献其说，萧公权宜而拓其制。时岂泰而安之哉，计不得以已也。吾子曾不是睹，顾曜后嗣之末造，不亦暗乎？

东都主人的三段式区分有其现实考虑，首先将长安奢侈归结为由秦昭襄王、始皇帝以来的风俗所致，将秦与汉区别对待；其次，将长安分为开创基业的高祖，与后世不肖子孙，则既为刘秀建立的东汉王朝追溯本源，又不伤害其敬宗法祖的立国宗旨，刘秀接续汉元帝为嗣，所以东都主人所指"后嗣"又多指成帝、哀帝、平帝时期。这种叙述结构为张衡《东京赋》所继承，而且描述更为详尽，写秦政则极其奢侈暴虐，述汉德则述及高祖、文、武、宣诸帝之德，将之与《西京赋》夸耀之长安相分离，"今舍纯懿而论爽德，以春秋所讳而为美谈，宜无嫌于往初，故蔽善而扬恶，祇吾子之不知言也。"张衡所论较为全面，以为长安有"纯懿"，也有"爽德"，关键在于作者取材，冯虚公子所论乃是不知扬善蔽恶的道理，可见张衡仍将长安的物质繁华作为应蔽之恶。

班固与张衡笔下的洛阳，皆凸出"礼"字，以区别于长安。其实，在西汉有关长安的赋作并非没有礼制描绘，比如《上林赋》中提及的明堂、清庙之制，不过与西汉王朝礼制建设不健全相一致，西汉赋作中的礼制更多处于理想或者争议之中。以元、成礼仪之争为例，西汉后期儒家普遍认为都城长安的郊天之礼更为合乎礼制，然而自汉武帝以来祖宗法制却是将甘泉、河东两处作为祭祀天地之所，围绕这两种观点，朝廷祭祀经过反复周折，扬雄《甘泉赋》《河东赋》便在此背景下展开，他所描绘的甘泉祀天、河东祀地与儒家正统观念不合。直到王莽主政的平帝朝以及新莽时期，礼制才逐渐健全，今观《汉书·郊祀志下》，王莽于平帝元始五年（公元5年）上疏论曰：

《礼记》：天子祭天地及山川，岁遍。《春秋穀梁传》以十二月下辛卜，正月上辛郊……于是元鼎四年十一月甲子始立后土祠于汾阴。或曰，五帝，泰一之佐，宜立泰一。五年十一月癸未始立泰一祠于甘泉，二岁一郊，与雍更祠，亦以高祖配，不岁事天，皆未应古制。建始元年，徙甘泉泰畤、河东后土于长安南北郊。永始元年三月，以未有皇孙，复甘泉、河东祠。绥和二年，以卒不获祐，复长安南、北郊。建平三年，惧孝哀皇帝之疾未瘳，复甘泉、汾阴祠，竟复无福。……复长安南、北郊如故。[甲]

[甲] 班固. 汉书[M]. 北京：中华书局，1962: 1265.

奏疏中将西汉一朝的郊祀变迁描述甚悉。王莽以儒家经典为依据，主张恢复南北郊。东汉王朝虽然对王莽代汉严加指责，对他改革礼制的行为却多有继承，每称"元始故事"加以沿袭。《东都赋》《东京赋》描述洛阳礼制，便是以东汉王朝制礼作乐运动为现实依据，将天子行为、国家运转完全纳入礼制范畴中来，以此彰显洛阳比长安的优越，从根本上讲，他们谈的并不是两座城市的优劣，而是西汉、东汉两种不同政治制度的优劣，以洛阳为象征的礼制社会，取代了以长安为中心的王霸旧制。

汉大赋的产生、发展以汉代强盛国力为支撑，也与长安都市文化的繁盛密不可分。汉代长安是全国乃至全世界的中心，成为财富与文化的高度集中地。汉大赋自产生便与政治有天然联系，赋家多为文学侍从之臣，创作迎合君王喜好，对政治中心长安的摹写便不可避免。而汉大赋对长安的描绘涉及方方面面，又是我们了解长安文明的重要历史文献，甚至比史书中的记载更为翔实可靠。近年来，随着长安地区大量历史文物的出土，古长安研究进展迅速，将大赋中的描绘与出土文物相互印证，更能见大汉王朝的繁荣昌盛与中华文明的源远流长。

思考题

1. 汉代士人如何看待长安？西汉、东汉士人对待长安的态度有什么不同？

2. 汉大赋如何截取物象来展现长安风貌？请以其中一类物象为例，试谈汉大赋描写长安的手法。

推荐书目

[1] 班固. 汉书[M]. 北京：中华书局，1962.
[2] 许结. 赋体文学的文化阐释[M]. 北京：中华书局，2005.
[3] 王长顺. 汉赋长安[M]. 西安：西安出版社，2016.
[4] 李志慧. 汉赋与长安[M]. 西安：西安出版社，2010.

第四讲
禅宗文化与唐宋诗词

第一节 《坛经》与《心经》

说起禅宗，大众都会认为那是玄而又玄的东西，充满了神秘色彩。而这些神秘色彩来源于两个方面，第一就是禅宗初创时候的机缘，释迦牟尼，也就是佛陀，在古印度的灵山法会上拈花示众，当时"人天百万，悉皆罔措"大家都不知所措，独有金色头陀摩诃迦叶破颜微笑世尊道"吾有正法眼藏，涅槃妙心；实相无相，微妙法门；不立文字，教外别传"，这便是禅宗的缘起。因为禅宗"不立文字"，这让众人觉得很玄妙，不好把握。第二个原因，就是真正在禅宗上有所成就的人，往往隐居山林，不抛头露面，这样便给大众带来了一种神秘感。所以说，要真正了解禅宗是非常不容易的。但是六祖《坛经》的问世则有助于我们对中国禅宗思想的学习和了解。

关于《坛经》

关于禅宗的传播，首先需要清楚一点，禅宗是世尊付嘱他的大弟子摩诃迦叶的，世尊在世的时候也曾经授记：到第二十八代的时候，大乘佛法应该传到震旦（震旦是古时候中国的地名）。那么印度的第二十八代祖师是谁呢？就是菩提达摩了，他是印度的第二十八代祖师，同时也是中国禅宗的第一代祖师，他因佛祖的授记来到了中国。

最初佛法东渐，大众的学习都流于做到表面的功夫，如诵经、研究经典、讲经，等等，也就是把佛法当学问来研究。有的人可能会有疑问：难道佛法不就是一种学说和学问吗？其实不是的，不光佛法不是，中国传统文化当中的很多思想都不仅仅是一种学问。比如中国的儒学，大众都知道中国儒学的代表性著作是《论语》，而《论语》如果单从字面上进行理解是非常枯燥的，但是为什么它能传承那么久呢？举一个《论语》里的例子，就好比"朝闻道夕死可矣"这句话，如果按字面上看，这句话的意思是"早上了解到真理，晚上死都可以"，从而得出孔子重视"道"而轻生死的观念。但是大家忽略了，就像科举门人屡屡应试不第，后世学者求佛求道，求了多年而不得，那么这个人会不会懈怠？会不会想放弃？一定会的，但是这些人想起"朝闻道夕死可矣"这句话顿时就受到了鼓励，心里会想"孔圣人说了，早上得道，晚上死都不算晚，我这还早着呢"，就又会打起精神了，这是中国古代文化很重要的一个体悟过程。那就是通过自己的亲身经历去体验古代典籍中的智慧，从而获得灵感和力量。

达摩祖师最初来到中国时，中国的佛教大多数流于表面的工作，禅宗想让人们"直指人心，见性成佛"，很显然，这和中国的大背景不符合。当时还不是二祖的慧可大师，升堂讲经，口才非常好，大家都很赞叹。达摩祖师看他讲经就去问他"你在这里干什么"，慧可大师回答"我在这里讲经教人家了生死"。两人一问一答，最后慧可大师被达摩祖师问得哑口无言，就发了脾气，抡起自己脖子上的念珠打掉了达摩祖师的两颗牙齿。根据传说，圣人的牙齿掉在地上，这地方三年都不会下雨。达摩祖师想这可不行，会饿死太多的人，就把牙齿吞进肚子里离开了。

后来，经由多方机缘，慧可大师领悟到达摩祖师是真正的悟道者，就去求法，达摩祖师说你看天上下的是什么？慧可大师答道，是雪。达摩祖师说，雪是什么颜色的？慧可大师说，是白色的。达摩祖师说，什么时候天上下红雪，我就传法给你。这可真难住了慧可大师，不过他见墙上有一戒刀，就用刀斩断自己的胳膊，留下血来，将白雪染成红色。慧可大师捧着雪对达摩祖师说，大师您看，天上下红雪了。达摩祖师高兴地说："我到中国来，到底没有白来，还遇到你这样真心求法的修道人。"于是就传法给他。后来二祖又传给三祖，直到禅宗衣钵传到六祖惠能大师。

惠能大师不认识字，年轻时卖柴到别人家，收钱回来，一旁有人诵读《金刚经》，听到"因无所住，而生其心"一句，便悟道了。有的人诵读《金刚经》多少遍都没有开悟，六祖只听一句就悟道了，可见他的根性非常之好。后来六祖到蕲州黄梅县东禅寺参礼五祖，最终得到了五祖的衣钵成为第六代祖师，也就是惠能大师。惠能大师，亦作惠能大师，二者通用，佛教中，"慧"是"智"的含义，"惠"是"施"的含义，以佛法"慧施众生"，是"六度"中的般若，以佛法"惠济众生"，则属于"六度"中的布施了。六祖不识字，《六祖坛经》是他的大弟子法海代笔写的，法海的文字般若达到了顶峰，六祖的实相般若达到了顶峰，这两个人通力完成的书，自然成为经典。

《坛经》是六祖门人对惠能大师于黄梅东禅寺得法后，在曹溪宝林寺主持期间，应韶州韦刺史邀请，在韶州大梵寺讲堂为僧儒道俗说法的记录和整理。该经共分为十品：行由品第一；般若品第二；疑问品第三；定慧品第四；坐禅品第五；忏悔品第六；机缘品第七；顿渐品第八；护法品第九；付嘱品第十。这十品基本上可以分为三类：第一类是六祖论述第一义谛，也就是如何才能开悟成佛的方法和理论。第二类是六祖讲法以来与其他人讨论佛理的记录，绝大部分是六祖重要的几个弟子与六祖的机缘和对话。第三类是六祖和当时皇帝之间的应对往来以及六祖圆寂前所托付给弟子们的话，这类内容主要集中在护法品第九和付嘱品第十当中。

《坛经》包括三部分内容：首先是惠能大师自述生平，即如何由山中砍柴的少年最终成为禅宗六祖的主要事迹；其次是惠能大师南宗弘法的主要内容，如对般若、坐禅、顿渐等禅学思想的阐发；最后是门人弟子对惠能大师的请益以及他与弟子关于佛理的问答。南宗倡导"扫相破执，直指心源，不落阶级，顿悟成佛"，就《坛经》一书来看，主要思想可概括为"即心即佛"的佛性论，"顿悟见性"的修行观，"自性自度"的解脱观。

《坛经》的原型称为"曹溪原本"，后学在此基础上丰富发展南宗禅法的禅学思想与禅学特色，嬗变的过程中出现了其他不同的版本。王月清评注的《六祖坛经》一书中指出，《坛经》异本虽然不下十几种，但是其中最有代表性的有五种：①敦煌本；②惠昕本；③契嵩本；④德异本和曹溪原本；⑤宗宝本。

佛教自古印度传入中国经历了一个漫长的文化汇流过程，从佛教内部发展而言，惠能大师可以说在中国的佛教史上引发了"六祖革命"，并使得佛教在中国的发展向着禅宗中国化的方向迈进。《坛经》是文化汇流的进一步发展，将印度佛教的真如、佛性、法性、如来等原本具有抽象本体性质的真性转变为众生当下鲜活的现实人心，建立起一个以当前现实人心为基础的心性本体论体系。把传统佛教的真如佛变为心性佛，把传统佛教注重佛度师度变为注重自性自度，把传统佛教强调修禅静坐变为注重道由心悟，把传统佛教强调经教变为注重不立文字，把传统佛教强调出世间求解脱变为注重即世间求解脱。甲上述主张引发的"人间佛教"正是禅宗中国化的表达，凡夫俗子本性中即有佛性，日常坐卧行走皆含佛法。

> 甲 惠能. 坛经[M]. 尚荣, 译注. 北京：中华书局, 2013: 8–9.

《坛经》的话题

一、空性与空性中的妙有

我们常常听出家人说，四大皆空。空性是佛法里常常使用到的词汇，也是禅宗中不可回避的一个问题，那么禅宗是如何解释空性的呢？在《金刚经》中关于这方面的论述很多，须菩提就是在《金刚经》中向佛陀请教这方面的问题，后来在佛陀的诸弟子中，须菩提被称为"解空第一"。在《坛经》当中论述空性的地方很多，见般若品第二：

> 善知识，一切修多罗及诸文字、大小二乘、十二部经，皆因人置。因智慧性，方能建立。若无世人，一切万法本自不有，故知万法本自人兴；一切经书，因人说有。缘其人中有愚有智；愚为小人，智为大人。愚者问于智人，智者与愚人说法；愚人忽然悟解心开，即与智人无别。乙

> 乙 惠能. 坛经[M]. 尚荣, 译注. 北京：中华书局, 2013: 52.

这里面讲的就是"法空"，什么是法空呢？就是成佛的方法，也就是佛说的经典，当然也包括我们讲的这部《坛经》。为什么法是空的呢？假设你在商场中，找不到想要买的商品时，就会寻找指示牌，它会指引你，到你想到的地方去，而

当你已经成功到达目的地时，指示牌就没有用了。佛法也是一样，《金刚经》比喻，佛法就像木筏，它能载你到彼岸去，但是到了彼岸就不用木筏了，那种到了彼岸还把木筏背在身上的人都是愚蠢的人。佛陀亦讲，用手指月亮，手只是凭籍，而非要观察的实相，所以说，不要执着于方法，这是空性最基本的用处和目的。有很多人落在顽空上，那是开不了智慧的，见机缘品第七：

禅者智隍，初参五祖，自谓已得正受，庵居长坐，积二十年。师弟子玄策游方至河朔，闻隍之名，造庵问云："汝在此作什么？"

隍曰："入定。"

策云："汝云入定，为有心入耶？无心入耶？若无心入者，一切无情草木瓦石，应合得定；若有心入者，一切有情含识之流，亦应得定。"

隍曰："我正入定时，不见有有无之心。"

策云："不见有有无之心，即是常定，何有出入？若有出入，即非大定。"

隍无对，良久，问曰："师嗣谁耶？"

策云："我师曹溪六祖。"

隍云："六祖以何为禅定？"

策云："我师所说，妙湛圆寂，体用如如；五阴本空，六尘非有；不出不入，不定不乱；禅性无住，离住禅寂；禅性无生，离生禅想；心如虚空，亦无虚空之量。"

隍闻是说，径来谒师。

师问云："仁者何来？"

隍具述前缘。

师云："诚如所言。汝但心如虚空，不着空见，应用无碍，动静无心，凡圣情忘，能所俱泯，性相如如，无不定时也。"

隍于是大悟，二十年所得心都无影响。其夜、河北士庶，闻空中有声云："隍禅师今日得道。"

隍后礼辞，复归河北，开化四众。[甲]

[甲] 惠能. 坛经[M]. 尚荣, 译注. 北京: 中华书局, 2013: 149–150.

智隍禅师刚开始静坐的时候，就是落在什么都不想，静心的顽空上边，后被六祖弟子诘问，而发觉自己确实没有道理，遂求教于六祖，六祖开释后，智隍禅师才豁然开悟。所以我们讲"空性"，不要落在只有空而堕入虚无之空。就像玄策禅师诘问的那样，如果无心便可以入定，那么没有人情的草木沙石岂不都在定中？由此，我们可以知道，佛法说的定，不是枯死的禅坐，行、住、坐、卧的当身之事都在禅定中。

那么，"空性"中的妙有是什么呢？就是佛性，从佛法和《坛经》的角度来讲，佛性有没有什么具体的形象可以抓住呢？没有的，我们无法形容它，它也不是一个具体的什么东西。佛法的基本理论是，当你万缘放下的时候，自然显现的东西，只有开悟得道的人，方能够真正体会。我们在这里只要知道佛法讲的空性，并不是简单的"什么没有"，而是万缘放下之后，就能显现出那个佛性来。有人会问，那是不是佛性很神秘呢，祖师们一代一代相传，一定是传了一个很神秘，很有价值的东西。很有价值是没有错，但是其实并不神秘，见行由品第一：

> 惠能遂出，坐盘石上。惠明作礼云："望行者为我说法。"惠能曰："汝既为法而来，可屏息诸缘，勿生一念，吾为汝说明。良久，惠能曰："不思善，不思恶，正与么时，那个是明上座本来面目？"
>
> 惠明言下大悟。复问云："上来密语密意外，还更有密意否？"惠能云："与汝说者，即非密也。汝若返照，密在汝边。"[甲]

这里的惠明和六祖同是五祖的徒弟，五祖传衣钵于六祖，其他人想要抢走衣钵当祖师，惠明是来抢夺衣钵的。但是，就因了上述一段对话，六祖说秘密不在我这里，而是在你那里。观六祖惠能大师所言，我们就知道，禅宗虽然代代相传，但是并没有藏着掖着什么秘密，而是每个人都可以得道。换做今天来讲，密与佛性就在每个人那里，《坛经》就是那指向月亮的手指，带我们到智慧彼岸的木筏。

二、第一义谛与开悟

关于"第一义谛"，它的解释有很多，比如"开悟"，在经文中类似"于言下大悟""豁然开朗"，再比如"见性""证入无生法忍"，等等。在这里，我们选定"第一义谛"和"开悟"这两个

[甲] 惠能. 坛经[M]. 尚荣，译注. 北京：中华书局，2013: 31-33.

名词，以免发生混乱。关于证入"第一义谛"，在《坛经》当中占了绝大多数的篇幅。那么什么是"第一义谛"呢？这个问题好比在问什么是"佛"。这是很难回答的问题，我们尝试从几个不同的方面阐述这一问题。

（一）凡人和成佛相距多远

这个问题用《坛经》的观点来讲，很近很近，近到什么程度呢？一弹指，一个凡夫俗子就可以开悟了，我们且看下边一段话，见般若品第二：

> 善知识！凡夫即佛，烦恼即菩提。前念迷即凡夫；后念悟即佛。前念著境即烦恼，后念离境即菩提。[甲]

[甲] 惠能. 坛经[M]. 尚荣,译注. 北京: 中华书局, 2013: 46.

这里六祖的意思非常明确，凡夫和佛之间的距离其实就是一念之间，非常之近。有一个禅宗公案，讲达摩祖师来中国前，他派了两个徒弟——佛驮及耶舍，到中国传顿教法门，也就是后来的禅宗，谁知他们到中国后遭到了冷遇。后来到了庐山，遇到专讲念佛法门的慧远大师。慧远大师问："你们两位印度和尚，传的是什么法，怎么没有人理你们呢？"佛驮及耶舍因为语言不通，就伸出手比划，"我的手掌变成拳，再变成手掌，快不快？"慧远大师说："很快。"又说："菩提转烦恼也就这么快。"慧远大师当下开悟。这个公案也说明凡夫俗子与佛相距很近。

从"法性"上讲，法已存在，又何需出生？法的种子本来存于人的本性之中，正如种子未生根之前，菩提树已经存在于种子之内，因此，凡夫的体性内是有佛性的缘，成佛只需彻见自心之菩提自性；从"开悟"上讲，由照彻万法的实性，体证万物的真性，著境时心灭起，如水起波浪；离境则离生灭，如水常通流，由此岸到达彼岸，明心见性，则能成就佛道。

（二）佛的境界如何

探讨佛的境界如何，其实就跟上述谈"性空"中的妙有一样，命题一经提出，便是问题本身，都成问题，见机缘品第七：

> 达闻偈，不觉悲泣，言下大悟，而告师曰："法达从昔已来，实未曾转法华，乃被法华转。"再启曰："经云：诸大声闻乃至菩萨，皆尽思共度量，不能测佛智。今令凡夫但悟自心，便名佛之知见，自非上根，未免疑谤。又经说三车，

羊鹿之车与白牛之车，如何区利？愿和尚再垂开示。"

师曰："经意分明，汝自迷背。诸三乘人，不能测佛智者，患在度量也，饶伊尽思共推，转加悬远。佛本为凡夫说，不为佛说，此理若不肯信者，从他退席。殊不知坐却白牛车，更于门外觅三车。况经文明向汝道：唯一佛乘，无有余乘。若二若二乃至无数方便，种种因缘，譬喻言词，是法皆为一佛乘故。汝何不省？三车是假，为昔时故；一乘是实，为今时故。只教汝去假归实，归实之后，实亦无名。应知所有珍财，尽属于汝，由汝受用，更不作父想，亦不作子想，亦无用想；是名持《法华经》。从劫至劫，手不释卷，从昼至夜，无不念时也。"甲

这里讲述的是法达的故事，法达诵读很多遍《妙法莲华经》，自认为自己功德很大，见到六祖，做礼叩拜的时候，头不触地，后被六祖开化，知道读诵经典是表面功夫，而不是实相功夫。再请问六祖开释的时候，六祖引用佛经的话说"诸三乘人，不能测佛智者，患在度量也，饶伊尽思共推，转加悬远。"所说的三乘人，就是"声闻、缘觉、菩萨"，不能知道佛的智慧，其过错就在于"度量"，要是没有"度量"的心，他就能够明白。所以我们在这里讲佛的境界，实际上是需要以"成佛"为依归的，因为只有"成佛"才能获得佛的知见，才能开悟佛的智慧。

佛法用即遍一切处，亦不著一切处，一切法都非空非满，非成非坏，非垢非净，非增非减，非来非去，所有一切都只是意念。观照万法的空性，我们才可以超越所有分别的意念，而体证万物的真性。若疑问生死都是空，为何常说世法无常，不停在生在灭？由上述一切法之非空非满，非成非坏，非垢非净，非增非减，非来非去，知世间生与死，满与空，聚与散才升起，如波浪起伏，但海水依然，水是浪，浪亦是水，如世法在生在灭，聚散升起，但空不变。如果不是这样，又怎能出离生死，满空与聚散呢？

（三）谁可以开悟

由以上对"空性"和空中的妙有，以及佛的境界问题的论述，就引申出了"如何成佛"的问题，成佛需要什么条件吗？很诚实地讲，关于成佛的资质人人都有，正如菩提的种子存于每个人的本性之中。拨开"贪、嗔、痴"遮蔽的自我本心，破除"我"执，洞悉五蕴皆空，便能高蹈浊世，"用大智慧，打

甲 惠能. 坛经[M]. 尚荣, 译注. 北京：中华书局, 2013: 128.

破五蕴烦恼尘劳",用般若照见其空性,走出"无明"而见性成佛,一切众生悉有佛性,皆堪作佛。《坛经》当中论述这方面的内容很多,我们着重注意,即使犯有重罪也能够成佛的论述。见行由品第一:

惠能曰:"法师讲涅槃经,明佛性是佛法不二之法。如高贵德王菩萨白佛言:'犯四重禁,作五逆罪,及一阐提等,当断善根佛性否?'佛言:'善根有二:一者常,二者无常。'佛性非常非无常,是故不断,名为不二。一者善,二者不善;佛性非善非不善,是故不二。蕴之与界,凡夫见二,智者了达,其性无二;无二之性,即是佛性。"[甲]

这里记载的是高贵德王菩萨和佛的对话。四重禁,就是"杀、盗、淫、妄"这四种根本戒;五逆罪,就是"弑父、弑母、弑阿罗汉、破和合僧,出佛身血和信不具"的一阐提;"信不具"就是没有信心。有以上重罪的人善根和佛性是不是断绝了?佛的回答很明确,并没有断绝。六祖也就继承佛的说法,来支持自己对于佛性的认识。

在佛陀的弟子中,有个令人闻名色变的杀人犯叫作央掘摩罗,他跟随佛陀在祇园精舍修行,改名"不害",不害在被人认出是从前的央掘摩罗时,遭受围殴,他没有还击反而合掌如莲,生于正法后,他以平静安稳的气质修习,再没有蓄意伤害过任何生命,以此功德,在大道上获得佛陀的赞誉。

四 佛法的磨难与传承

上述两个专题,我们已经涉及了很多六祖的弟子和六祖之间的对话,这一专题将重点讲解当时六祖传法的概况和禅宗的传承。六祖来到五祖身边的时间非常之短,只有八个多月,在六祖惠能来到五祖弘忍大师之前,弘忍大师的一位徒弟名叫神秀,是众望所归的衣钵继承人。只是神秀大师当时并没有悟道,所以弘忍大师将衣钵传授给了六祖惠能大师。

惠能大师与神秀大师两宗分别于曹溪宝林寺与荆南玉泉寺弘扬佛法,世称"南能北秀",由此便有了南北二宗顿渐之分后的情景。其中记载,两位大师虽不分彼此,然而,徒弟们却起了爱憎之心,门下徒众生起分歧争议。神秀大师的徒弟想方设法谋害惠能大师,他的徒弟们这么拼命,理由非常简单,因为他们有人想要做第七祖、第八祖,没有第六祖

[甲] 惠能. 坛经[M]. 尚荣,译注. 北京:中华书局, 2013: 34.

的衣钵就没法继续当祖师。虽然神秀大师的徒弟们知道自己师父没有得到衣钵传承,但私下里都尊他为六祖,还想派人杀害六祖惠能大师。见顿渐品第八:

僧志彻,江西人,本姓张,名行昌。少任侠。自南北分化,二宗主虽亡彼我,而徒侣竞起爱憎。时北宗门人,自立秀师为第六祖,而忌祖师传衣为天下闻,乃嘱行昌来刺师。

师心通,预知其事。即置金十两于座间。时夜暮,行昌入祖室,将欲加害。祖舒颈就之,行昌挥刃者三,悉无所损。

师曰:"正剑不邪,邪剑不正。只负汝金,不负汝命。"

行昌惊仆,久而方苏,求哀悔过,即愿出家。师遂与金,言:"汝且去,恐徒众翻害于汝。汝可他日易形而来,吾当摄受。"行昌禀旨宵遁,后投僧出家,具戒精进。^甲

这位志彻禅师,原来是北方神秀党徒,想要刺杀六祖大师。结果六祖大师心通,早就知道了此事,让他砍了三刀,但惠能大师没有被伤到一丝一毫,反而开示他,让他赶紧走,因惠能大师怕此事被自己的徒弟知道后,行昌性命不保。后来行昌易装而来,得到六祖开示,最后也就开悟,惠能大师赐其法号志彻。由此可见,当时为了争夺祖师之位,门派斗争确实非常激烈。

六祖大师圆寂之前,召唤他的十个得意门徒,并交给他们答对佛理之法,见付嘱品第十:

师一日唤门人法海、志诚、法达、神会、智常、智通、志彻、志道、法珍、法如等,曰:"汝等不同余人,吾灭度后,各为一方师。吾今教汝说法,不失本宗。"^乙

然后惠能大师开始讲演如何说法,讲演完后,法海就问惠能大师,衣钵应该传给何人。见付嘱品第十:

时,徒众闻说偈已,普皆作礼。并体师意,各各摄心,依法修行,更不敢诤。乃知大师不久住世。法海上座,再拜问曰:"和尚入灭之后,衣法当付何人?"

师曰:"吾于大梵寺说法,以至于今,抄录流行,目曰:《法宝坛经》。汝等守护,递相传授,度诸群生。但依此说,是名正法。今为汝等说法,不付其衣。盖为汝等信根淳熟,决定无疑,堪任大事。然据先祖达摩大师,付授偈意,衣不合传。"偈曰:

吾本来兹土,传法救迷情。

甲 惠能. 坛经[M]. 尚荣, 译注. 北京: 中华书局, 2013: 166–167.

乙 惠能. 坛经[M]. 尚荣, 译注. 北京: 中华书局, 2013: 188.

一华开五叶，结果自然成。

这里写到了惠能大师之所以不再传衣钵，是因为"汝等信根淳熟，决定无疑，堪任大事"，就是说这些徒弟对六祖惠能大师，绝对没有怀疑，所以可以当大事。所谓的"大事"，就是如来的家业，也就是教化众生。并且先祖达摩大师的偈中也说道"一华开五叶"，这五叶就是指二祖、三祖、四祖、五祖、六祖这五位祖师。并且，五祖弘忍大师也对惠能大师说过"衣为争端，止汝勿传"。所以禅宗衣钵传到六祖就停止了，他的十位弟子也就各到一方传播禅宗的思想，弘扬佛法去了。

四 惠能大师与当朝

惠能大师所在的朝代正是武周时期，武则天信佛，就把大德高僧请到宫中供养，当时的两位国师——嵩山慧安师和荆南玉泉神秀师都推荐惠能大师，说惠能大师才是得到五祖衣钵禅宗的真正传人。于是武则天便下诏书请惠能大师前往京都接受供养，并且派遣内侍薛简来请惠能大师，惠能大师一再推辞，"上表辞疾，愿终林麓"，并开示薛简，薛简也豁然大悟。最后武则天奖谕六祖大师，并送六祖大师磨衲袈裟。磨衲是一种很名贵的纱，是高丽国生产的，当时高丽国进贡给中国，只有皇帝可用此物。武则天用这种纱作材料给六祖大师做袈裟，每一块功德田上都绣有一尊佛像，传说是武则天亲手所绣，并赐予水晶钵，并在六祖大师的家乡兴建一座寺院，名叫国恩寺。见护法品第九：

神龙元年上元日，则天、中宗诏云："朕请安秀二师，宫中供养。万机之暇，每究一乘。"二师推让云："南方有能禅师，密授忍大师衣法，传佛心印，可请彼问。"今遣内侍薛简，驰诏迎请。愿师慈念，速赴上京。

师上表辞疾，愿终林麓。

薛简曰："京城禅德皆云：'欲得会道，必须坐禅习定；若不因禅定而得解脱者，未之有也。'未审师所说法如何？"

师曰："道由心悟，岂在坐也？经云：'若言如来若坐若卧，是行邪道。'何故？无所从来，亦无所去，无生无灭，是如来清净禅。诸法空寂，是如来清净坐。究竟无证，岂况坐耶？"

简曰:"弟子回京,主上必问。愿师慈悲,指示心要,传奏两宫,及京城学道者。譬如一灯,然百千灯,冥者皆明,明明无尽。"

师云:"道无明暗,明暗是代谢之义。明明无尽,亦是有尽,相待立名。故《净名经》云:'法无有比,无相待故。'"

简曰:"明喻智慧,暗喻烦恼。修道之人,倘不以智慧照破烦恼,无始生死,凭何出离?"

师曰:"烦恼即是菩提,无二无别。若以智慧照破烦恼者,此是二乘见解,羊鹿等机;上智大根,悉不如是。"

简曰:"如何是大乘见解?"

师曰:"明与无明,凡夫见二;智者了达,其性无二。无二之性,即是实性。实性者,处凡愚而不减,在贤圣而不增,住烦恼而不乱,居禅定而不寂。不断不常,不来不去,不在中间,及其内外。不生不灭,性相如如。常住不迁,名之曰道。"

简曰:"师曰不生不灭,何异外道?"

师曰:"外道所说不生不灭者,将灭止生,以生显灭,灭犹不灭,生说不生。我说不生不灭者,本自无生,今亦不灭,所以不同外道。汝若欲知心要,但一切善恶,都莫思量,自然得入清净心体。湛然常寂,妙用恒沙。"

简蒙指教,豁然大悟,礼辞归阙,表奏师语。

其年九月三日,有诏奖谕师曰:"师辞老疾,为朕修道,国之福田。师若净名,托疾毗耶,阐扬大乘,传诸佛心,谈不二法。薛简传师指授如来知见,朕积善余庆,宿种善根,值师出世,顿悟上乘,感荷师恩,顶戴无已,并奉磨衲袈裟,及水晶钵,敕韶州刺史修饰寺宇,赐师旧居为国恩寺。"[甲]

唐玄宗先天二年(公元713年)八月,惠能大师圆寂于新州国恩寺,春秋七十有六,十一月,遗体被弟子迎回曹溪宝林禅寺。唐宪宗元和十一年(公元816年)下诏追谥惠能大师为"大鉴禅师";北宋太平兴国元年(公元976年),宋太宗加谥惠能大师为"大鉴真空禅师";宋仁宗时,追谥惠能大师为"大鉴真空普觉禅师";宋神宗又追谥"大鉴真空普觉圆明禅师"。

[甲] 惠能. 坛经[M]. 尚荣, 译注. 北京: 中华书局, 2013: 182-186.

关于《心经》

佛教经典《般若波罗蜜多心经》(简称《般若心经》或

《心经》，下称《心经》）篇幅短小，文字精练，凡二百六十字，义理精微，受到僧俗普遍推崇。般若者，梵文Prajñā，意"慧""智慧""圣智"；波罗蜜多者，梵文Paramitā，意"到彼岸之上"。

在林光明编纂的《心经集成》中收录有《心经》版本共184种，其中包括汉语50种，梵语39种，英语29种，日语39种，藏语6种，韩语7种，印度尼西亚语1种，越南语2种，法语4种，德语4种，俄语3种，另附满语和蒙古语各1种。此外尚有未提及的西班牙、葡萄牙和意大利语等语种的译本。历代学者对《心经》进行多次翻译，因此流传略本、广本等多种译本。一般将《心经》译本中仅有正宗分者称为略本，将序分、正宗分、流通分等三分俱足者称为广本。

据唐代西明寺沙门园照所撰《贞元新定释教目录》卷第二十九记载《心经》有五种。影响最著者有二种，一为鸠摩罗什所译，以经文中包含大明咒而命名；一为唐玄奘所译，篇幅短小（仅260字），是最为流行的版本。玄奘之后，续出的《心经》版本现存的尚有六种，其中五种为唐译。宋代在已经有多种译本流传情况下，增加了新的译本，现在保存下来的有西域僧施护译《圣佛母般若波罗蜜多经》。施护翻译的这部经典与唐玄奘译本所不同的是，增加了经典的序分和流通分，在形式上成为更为完整的经典格式，因此比唐玄奘的译本多出近300字。甲

甲 方广锠. 《般若心经》：佛教发展中的文化汇流之又一例证[J]. 深圳大学学报（人文社会科学版），2013，30：6-26.

《心经》开篇"观自在菩萨，行深般若波罗蜜多时，照见五蕴皆空，度一切苦厄。"是全经的总纲，《心经》以"空"为依归，空者，空无自性。其般若空观由"五蕴皆空""色空相即""诸法空相""了无所得"四个部分构成。

首先，禅宗以五蕴（即色、受、想、行、识）皆空的般若空观体证五蕴空性，指出执着五蕴实相和合而成的"我"是导致遮蔽人"无明"的根源，又从"凡夫俗子即佛，烦恼即菩提"的立场，肯定五蕴本身即是佛性，关键在于心性的转换。其次，禅宗运用色空相即的般若空观，圆融空性与空性中的妙有，既避免由执色引起的痛苦烦恼，又避免了由执空引起的滞于断灭顽空。悟了色即是空，成大智而能够远离烦恼；悟了空即是色，成大慧而能够不入虚妄。再次，禅宗运用诸法空相的般若空观，体证六根、六尘、六识乃至四圣谛、七

正觉因、八正道、十二因缘、智得与证果的空性，跃入脱离一切意识云翳的内证之境。最后，禅宗运用了无所得的般若空观，体证到悟了同未悟的"无得"禅境，明心见性，彻见我与诸法实相的本来面目，感悟宇宙万物清净无染的本真。

《心经》中的般若空观

一、五蕴皆空

【原文】

观自在菩萨，行深般若波罗蜜多时，照见五蕴皆空，度一切苦厄。

《心经》开篇讲"观自在"，根本思想是运用般若智慧进行澄明自在的禅悟观照，佛性境界，等同于虚空，而世间人的本性中，自我本性为真空妙有。"观"做"观照"解，即以般若空观照见诸法皆空、其体本空，破除由身、受、想、行、识遮蔽带来的"无明"烦恼，体证自性中佛法的种子，获得自在解脱。"观自在菩萨"即观世音菩萨，是以澄明自在的审美襟怀观照宇宙人生实相的大彻大悟者。

万法缘生，无常性体，将五蕴看作"实相"，则有了恒常与独立我体之见，是为狭见，观照五蕴，体悟它们非我，非属于我，非与我共存其间，非与我互存期间，破除"五蕴是我，五蕴非我，五蕴异于我"三个妄见，体验"万法皆空"的实相真性。参禅悟道，观照五蕴的空性，"用大智慧，打破五蕴烦恼尘劳。如此修行，定成佛道。（《坛经·般若品第二》）"

照见五蕴的空性，不执着于其空，此时五蕴便不再是自我本性的遮蔽，而成为自性的显现，自性的妙用，《大般若经》云："五蕴即是一切智智，一切智智即是五蕴。"（《大般若经》卷513）凡夫俗子即佛，烦恼即菩提，如实地观照诸法空相，洞明缘起与无自性，以般若观照"贪嗔痴"三毒，不起执念芥蒂，不生出分别心，则知烦恼本身皆是法性，五蕴即是真智本身。

禅宗以"五蕴皆空"的般若空观体证五蕴的空性，指出执着于五蕴和合而成的"我"，是导致人们痛苦的根源，同时从"凡夫俗子即佛，烦恼即菩提"的立场，肯定五蕴即是佛性，前念迷则痛苦，后念转则成佛，强调心性转换的作用。

二、色空相即

【原文】

舍利子。色不异空，空不异色；色即是空，空即是色；受、想、行、识亦复如是。

"五蕴皆空"以破除"我执"，"色空相即"则意在破除"法执"。"色"指代实相，《坛经》中论述灯与光二者，灯为光的凭藉，此处"色"亦是指有形质的一切万物，"空"则指代指事物的空性，万物本性自性。正如讲空或满，需先有承载之实体，即容器，万物虽有其形相，而究其实际，无非是千丝万缕因缘和合的假相，如灯的光，只是因缘而现，因缘而灭，而不被缘所困，所以称作"色不异空"。需要强调这个"空"并不是断灭顽空，不是一味什么也不想地坐在那里落入虚妄的无记空，而是"真空"，是色蕴的本体。实相依本体而立，是本体自性的显现，所以称作"空不异色"。

"色空相即"的理趣是大乘般若思想的精华。禅宗往往以向上一路的峻峭机锋，来逼拶学人彻骨彻髓地体证空性。从宗教修行的角度看，体证色空相即，有三方面的积极意义。首先，可以消弥无明烦恼，避免由贪著而滋生种种恶念。玄觉指出，修行者洞悉肉质生命的虚幻，认识到色身即是空，就不会执着于"我"。并且不但"我"空，诸"法"也空（《永嘉集》）。其次，可以避免溺于枯木顽空。禅宗只承认水月镜花般的幻有空、真空，而不承认龟毛兔角式的断灭空、顽空。"遣有没有，从空背空"（《信心铭》），把空变成名相，空不但不空，反而比有更容易使人起执。真空是将与有相对立的、将空也空掉的空，是枯木生花、春意盎然的生命律动，是定云止水中的鸢飞鱼跃。最后可以悲智双运，弘法利生。空境固然胜妙，但粘滞于空境，则非大乘所为。从了悟之境转过身来，入廛垂手，才是禅者生活的真正价值所在。[甲]

禅宗运用"色空相即"的般若空观，圆融真空妙有，意在破除修行者心中"法执"，执色的人往往痛苦烦恼，若不囿于色而滞于执空，又往往落入断灭顽空。因此说，悟色即空，即能成大智而远离烦恼；悟空即色，即能成而不入虚妄。

[甲] 吴言生. 般若空观印禅心：论《心经》对禅思禅诗的影响[J]. 人文杂志, 2001 (4): 102–108.

三、诸法空相

【原文】

舍利子。是诸法空相，不生、不灭、不垢、不净、不增、不减。是故空中无色，无受、想、行、识；无眼、耳、鼻、舌、身、意，无色、声、香、味、触、法；无眼界乃至无意识界。无无明亦无无明尽，乃至无老死亦无老死尽。无苦、集、灭、道。

《心经》从"六不"入手，阐发了六根、六识、十二处、十二因缘、十八界之空相，由观想身体，将觉察力照映到实相显露着的生死世界，一直观照，直至见到一切法的空相。一切法皆空，一切世法皆无自性，六根、六尘或六识，都绝无个别独立的自体，缘起性空，无明无作，只有空无恒常与不变的自性。一切法都无生无死，一切法都非空非满，非成非坏，非垢非净，非增非减，非来非去，非一非多，这所有都只是心识意念。观照万法的空性，我们才可以超越所有分别的意念，而体证万物的真性，不要困于法理之中，而要懂得把它们舍放，即诸法"不生、不灭、不垢、不净、不增、不减"，提防六尘污染自性佛性。六识是眼、耳、鼻、舌、身、意六根产生的六种认知作用，即眼识、耳识、鼻识、舌识、身识、意识。佛家崇尚婴儿识，为"念念不停流"，谓婴孩六识念念迁流如急水之驶。刚出生的婴儿虽具六识，但却未曾分辨六尘、好恶长短、是非得失。佛陀以破除"无明"证得大道，《心经》体察诸法空相也格外重视去除"无明"的遮蔽。以般若空观来看，明与无明体性相同，苦集灭道只是为缘觉所说，佛为小乘说无色、受、想、行、识使之领悟人法双空，为中乘说十二因缘使之从缘而悟，为大乘说无智亦无得。其实，连小乘、缘觉、大乘三乘的本身都是空无体性，更何况运用方便权宜为三乘之人所说的法[甲]。在一切境相之中，而能不执着于一切境相，法身玄妙湛然常寂，性相体用一如，心念不起，内见性之空寂圆融，由此知空相即义，生死即涅槃，烦恼即菩提。

[甲] 吴言生. 般若空观印禅心：论《心经》对禅思禅诗的影响[J]. 人文杂志, 2001（4）：102-108.

禅宗运用"诸法空相"的般若空观，照彻一切法的空相，以体证六根、六识、十二处、十二因缘、十八界乃至四圣谛、智得与证果的空性，跳脱出五蕴、实相空相与万法之缚，跃入内证的自在之境。

四、了无所得

【原文】

无智亦无得。以无所得故,菩提萨埵依般若波罗多故。心无挂碍;无挂碍故,无有恐怖,远离颠倒梦想;究竟涅槃,三世诸佛依般若波罗蜜多故,得阿耨多罗三藐三菩提。故知般若波罗蜜多,是大神咒、是大明咒、是无上咒、是无等等咒。能除一切苦,真实不虚,故说般若波罗蜜多咒。即说咒曰:揭帝揭帝,般罗揭帝,般罗僧揭帝,菩提僧莎诃。

禅宗以"万法尽通,万法俱备,一切不染,离诸法相,一无所得"为最上乘。一方面,禅宗赋"空"以理论性内涵,即一切相境是因缘相互牵引交织才显现出来的实相,是无自性空;另一方面,又赋"空"以实践性的内涵,即于日常修行中以无所得、无执著的态度,才能感受到万法诸相纤毫毕现的原真状态,即《心经》开篇即明的"观自在",体察到纤尘不著、圆融澄明、脱落一切意识云翳的悟心。

"无所得"是般若观照时一切皆空的基础。五蕴、十二处、十八界、缘起、四谛、智、得,其自性均不可得,所以是空相。这里我们在"无所得"前冠一"了"字,即表示彻底的空性。在般若空观看来,一切法没有固定不变的自性,众生因无明而执为实有,以有所得心求一切法,从而陷入种种苦恼。般若空观照见五蕴等一切法空,由此远离我法二执而得到解脱。"无所得"总括五蕴等皆空的理由,是五蕴等一切法皆空的理由:以无所得故,无五蕴,无六根,无六尘,无十八界,无十二因缘。无苦集灭道,无智亦无得。[甲]

禅宗运用"了无所得"的般若空观,引导修行人通往"悟了同未悟"的最高禅境,明心见性,彻见我与万物的本来面目而毫无粘滞,以彻然自得、虚明澄湛的境界,体察宇宙万物的本真。

第二节 禅宗法门与文学体验的内化

佛教东渐,释氏交融中华传统韵味,佛法涵养士人情趣品格,文学成就禅宗诗学精神。禅宗独贵心源、提倡心性修养,构建起人生论哲学;以崇尚禅定、获得境界般若,构建

[甲] 吴言生. 般若空观印禅心:论《心经》对禅思禅诗的影响[J]. 人文杂志, 2001 (4):102–108.

起境界论哲学；以接引众生、注重开示法门，构建起实践论哲学，上述哲学构成禅宗法门与文学体验内化的基石[甲]。

"禅"，梵文Dhyāna，音译"禅那"，略称"禅"，本指佛教僧侣主义的一种基本功，即僧人们的一种修行方法。在大小乘共修的"三学"（戒、定、慧）里，以及在大乘独修的"六度"（布施、持戒、忍辱、精进、禅定、智慧）里，占有重要的地位。禅宗把"禅"视为众生具有的本性，即"禅"是众生成佛的因性。

唐代文学往往依托禅宗法门，从对自我心性的实现与超越出发，又依随不同机缘产生不同明心见性、释放情性的表现。禅宗讲求因缘，世间实相是千丝万缕的因缘互相牵引交织产生的。龙树（阿周陀那菩萨）在《中论·观因缘品》中就说："一切所有缘，皆摄在四缘，以是四缘，万物得生。""四缘"者，因缘、等无间缘、所缘缘、增上缘。一切世间实相都是因缘和合才得以发生，随缘显现出了形色各异的相状。唐代文学气象万千，无论作品精神面貌积极或消极，形式突显或泯灭，都深刻地体现着文人世士争取"我"之过程，实际上也就是在追求"我"之生命的自觉自为与"我"之精神的自由自主，这与禅宗法门对"明心见性"的"自我"追求是一致的。由此，唐代文学最基本的主题是对自我的张扬与尊显，由此所表现出与其他朝代文学不同的审美特质，即高度注重表现人的自性、自由与自在。单从唐诗的流变发展来看，也会发现这是一个如何解放自我、升华自我、突出自我、树立自我、安定自我、尊显自我、超越自我的过程。

宋代"佑文政策"的推行，促进了文化事业的繁荣、文化的提升、审美心态的发展，以诗情、词心、书韵、琴趣、禅意为情韵的文化心态构成了文人世士的审美本体层面。佛学受到礼遇，一时掀起崇佛译经的热潮，《心经》以得无上正等正觉为义理，以行深般若波罗蜜为行空相应行，更进而说由空无所得为方便，离五蕴执，契证实相，加深了宋代理学家对于宇宙本体的探讨，对于形而上与形而下、道与器、理与事等辩证关系的认识。以五蕴皆空、六根清净超脱人生的痛苦，是文人世士人生态度的选择，此境界的积极意义还在于最接近宋人所追求之"虚静"的创作心态。由般若空观生发出超脱世间实相的人生态度，使得创作者与世事始终保持一定距离，这既是审美需要的距离，也是创作需要的距离。宋

[甲] 皮朝刚,潘国好.诗心禅境了相依：禅宗诗学内容研究[J].中国文艺评论,2016 (8) : 50-65.

代文人对于客体的观照不拘于实相外形，而是将主观所思所想与客体相结合，描写重意而脱略形似，语言挥洒自然。

四 禅宗发展历程

禅宗发展历程一叶五花，据《续高僧传》记载，初祖菩提达摩为南印度人，约于公元5世纪时南朝的刘宋时代来到中国，在位于北魏嵩山少林寺修行传法，弟子有慧可、道育等人。慧可二祖，尊奉经典《楞伽经》，强调世界万物皆为心所造。僧璨法师三祖生活的时期已经到了隋代。道信四祖，生于南北朝时北周静帝大象二年（公元580年），圆寂于唐高宗永徽二年（公元651年），于湖北蕲州黄梅建造寺宇，设立道场。弘忍五祖，生于隋文帝仁寿元年（公元601年），圆寂于唐高宗上元元年（公元674年），创立了著名的"东山法门"。五祖有"十大弟子"，著名的有北宗禅神秀与南宗禅惠能（即六祖）。神秀大师生年不详，圆寂于唐中宗神龙二年（公元706年），著有《大乘无生方便门》。惠能大师出生于唐太宗贞观十年（公元636年），圆寂于唐玄宗开元元年（公元713年）。

两晋时期，佛法的传播以大乘佛法学的般若空宗理论为流行；南北朝时期，随着《大般泥洹经》等涅槃类经典的译出，中国佛学思想史进入研习涅槃有宗理论的高潮；隋唐时期，般若学与涅槃学从"诸法性空"的空观思维与"人性本净"的佛性理念两方面出发，标志着禅宗理论的初步创立。这一过程的完善一方面引发了人的觉醒即对本心本性的发现，继而兴起了文学的自觉；另一方面对文学审美的特性越来越清晰的认识，无疑是注重对于美的追求之彰显。

中国禅宗初创于道信（公元580—651年），基本完成于弘忍（公元601—674年），即"东山法门"，弘忍大师于咸亨五年（公元674年）圆寂后，以神秀大师为代表的北宗法系被公认为禅宗之正宗，北宗禅在8世纪前半叶占据了北方宗教思想领域的中心地位。同时期，得到衣钵的惠能大师隐遁于岭南，处于蛰伏状态，其圆寂后的20年间，南宗禅法也未能引起大的震动。开元二十二年（公元734年）正月，惠能弟子神会（约公元668—760年）在滑台大云寺无遮大会上向北宗神秀一系发出挑战，弘扬南宗禅法，直至唐贞元、元和年间（公元785—820年），南宗禅马祖道一创建的洪州宗声名鹊起，由此，南宗禅成为禅宗中国化的不二法门。禅宗于唐代发展的历程可于太宗、武后、中宗、睿宗乃至玄宗的文化政策中得到体现，由此引申出这一时期禅宗法门在时代背景中的生发建立。

　　李唐政权在创立之初，曾得到道教的鼎力相助，故而李唐政权建立后，老子李耳被尊为李唐的祖先，尊祖重道、扶持道教成为李唐的传统。唐武德八年（公元625年），唐高祖到国子学举行祭孔典礼时，召集百官和三教学者，宣布三教位序，以道教居首，儒教次之，佛教最后，不难看出以本土宗教贬抑外来宗教之意。武则天以周代唐的夺权过程中，得到了佛教徒的有力支持，因此武周政权建立后，采取亲佛的文化政策。然而到了晚年，随着与日俱增的衰老，面临着延生与皇位继承两大问题，武氏开始一方面迷恋于道教的灵丹妙药和长生之术；另一方面，因狄仁杰等大臣的劝说，于圣历二年（公元699年）决定还政于李唐。由此，武则天晚年在重佛的同时，也逐渐采取佛道并重的政策。天顺圣皇后万岁通天元年（公元696年），武则天下诏："自今后，僧入观，不礼拜天尊；道士入寺，不瞻仰佛像，各勒还俗，仍科违敕之罪。"公元698年正月，鉴于"僧既排斥老君，道士乃诽谤佛法"的现象，下诏"自今僧及道士敢毁谤佛道者，先决杖，既令还俗"。《坛经》护法品第九记叙，在神秀大师与慧安国师二者的推荐下，武则天、唐中宗派遣内侍薛简拟请六祖惠能大师至宫中供养，大师以老疾上表托辞，应薛简请求，惠能大师当面为其说法，薛简回京后表奏。这就是朝廷对惠能大师奖谕的经过。

　　其后，肃宗、代宗都接受了惠能弟子南阳慧忠所授的菩萨戒，慧忠本人被封为"国师"。德宗贞元十二年（公元796年），正月敕太子于内殿会集各高僧大德楷定禅门宗旨，正式确立惠能大师为六祖，不久后，马祖道一的弟子入京，广播洪州禅。宪宗元和十一年（公元816年），经广州刺史、岭南节度使马总的奏请，追谥惠能大师"大鉴禅师"之号，刘禹锡、柳宗元等为惠能大师撰写碑铭，至此形成了"天下凡言禅皆本曹溪"的局面。

禅宗法门的心性本体论

　　禅的起源有一个美丽的说法，经典上说："世尊在灵山会上，拈花示众，是时众皆默然，唯迦叶尊者破颜微笑，世尊曰：'我有正法眼藏，涅槃妙心，实相无相，微妙法门，不立文字，教外别传，付嘱摩诃迦叶'。[甲]后禅宗续以八字"直指人心，见性成佛"，成为禅宗法印。道信曰："夫百千法门，同归方寸，恒沙妙德，尽在心源。一切定门，一切慧门，悉自具足。神通妙用，并在汝心。"北宗神秀曰："心者，万法之根本也。"南宗惠能曰："外物一法而得建立，皆是本心生万种法。"洪州禅马祖道一曰："万法皆从心生，心为万法之根本。"元代高僧中峰明本对"禅"的内涵予以明确，他说："禅何物也，乃吾心之名也；心何物也，乃吾禅之体也。"明代高僧憨山德清则谓"禅"是"心之异名"。由此可见，"禅"作为本体范畴，在禅宗那里是以"立心"建构其心性本体论的。

禅宗作为一种生命哲学和生命美学，它的最高宗旨是积极肯定人生，把握人生。禅在本质上是一种生命体验，一种审美体验，对于人自身价值与生命意义的心性感悟。禅宗关注人生存在的本体论意义，认为对"禅"的把握是由"心"而"悟"的，只有通过自心自性的"悟"，才能获得生命之美，并达于禅境的审美境界，而"悟"乃是识心见性，以"自成佛道"，即生死苦乐。王羲之《兰亭集序》所谓"死生亦大矣，岂不痛哉！"成为禅宗"死生事大，故以参禅为向上事"的源头。禅宗推崇识心见性之"本来面目"，由识心之本来面目方能进入澄明净澈的禅境。

"禅"的本质在于其自身理趣之非理性的微妙，因此"禅绝名理""非思量"，得意则忘象忘言，以般若关照的审美体验显示出超越主客二分、基于本性自觉的直观洞察，以"明心见性""本来面目"为其哲学意蕴的纲领。一方面，"本来面目"类似"存在主义"的"存在观"，又与庄子"未尝有物""绝圣弃智"的"混沌观"有共通之处；另一方面，它又暗合了西方现象学、存在主义对于事物本来面目的追寻，海德格尔曾就对"本来面目"的追寻论述"本源性的语言不是后来主客分化以后的概念式、科学式、逻辑式的语言，而是诗的语言。[乙]"

就"道"这一具有中国传统美学的本体范畴，儒、释、道三家展开内涵各异的论述。从儒学的角度来看，"道"之谓"仁道"，是依托"经"以"立言"的道德本体论；从道家的角度出发，"道"之谓"天道"，是依托"道"以"立意"的宇宙本体论；从佛家的角度观之，"道"之谓"心道"，是依托"禅"以"立心"的心

甲 悟明. 联灯会要·卷1[Z]. 台北：白马精舍印经会, 1988, 79: 14.

乙 叶秀山. 思·史·诗[M]. 北京：人民文学出版社, 1988: 144.

性本体论。

　　禅宗不仅是一种以"立心"为本体论的思辨，更是一种要落实到日常生活之中的实践美学，因此禅宗认为审美活动具有充盈一切的圆满性，是一种理想的生命存在方式。无论是早期禅宗的"如是安心"（达摩祖师），"入道安心要方便"（道信大师），"极力摄心"（神秀大师），"但行直心"（惠能大师），还是"平常心是道"（马祖道一），都秉持一条路径：不是对外在世界的分析，而是对内在心灵的体悟；不是对生存环境的适应，而是对生存意义的追问；不是为物质需求的满足，而是为精神状态的平衡。"，禅宗所说的"安心"的旨归，"除去了外在的意味，剩下的就只是抚慰充满了焦虑、紧张、恐惧和困惑的心灵"。而禅宗美学的的确确始终在关注和体悟人的内在心灵，始终不断探寻和追问生存的价值和意义，始终向往和渴望精神状态的平衡。

　　值得注意的是，禅宗"心"之内涵是有嬗变的。道信明确指出："依《楞伽经》诸佛心第一。"这里的《楞伽经》是指南朝宋求那跋陀罗译的四卷本《楞伽阿跋多罗宝经》，其"心源"之心，指《楞伽经》所谓如来藏自性清净心。弘忍的禅学思想以"守本真心"为核心内容，清净无垢的本心即如来藏自性清净心，是人天生就有的"真如心"，因其常常被世间五阴黑云遮蔽，故而要"守真心，妄念不生，我所心灭，后得成佛""但于行住坐卧中，常瞭然守住本心，令是妄念不生，我所心灭，一切万法不出自心。"即对道信"守一不移"的发展。北宗禅神秀依此"守本真心"的理路，强调息妄修真这一"观心"修禅的必要性，以通过禅定修行实践，拂拭本心，息灭无明，进入与真如相契的佛陀境界。惠能则提出了"道由心悟""即心即佛"的命题，他以般若实相说融汇楞伽心性论，糅合了"空"与"心"，而将"性"指向了人们的当下一念之心。因此，他所说的本净自性，指的是众生之心念念不起妄心执着的本性，由此，把活泼的人之为人的本性即生命提到了至高无上的位置，其中亦不乏对于世俗人心为美与自性清净心为美的矛盾。马祖道一创立洪州禅后兴起的南宗禅，把活生生的"人"突出到了十分重要的地位，在他们看来，"平常心"就是道，世俗之心就是佛性，人活泼的生命灵光即现实具体的人就是美的集中体现——无价大宝。

禅宗审美感悟的生发机制

宗白华先生在《美学散步》一书中说:"中国自六朝以来,艺术的理想境界就是'澄怀观道',在拈花微笑里领悟色相中微妙至深的禅境。[甲]"

《五灯会元》卷17《惟信》记载了青原惟信"见山见水"三阶段的禅悟体验:

> 老僧三十年前未参禅时,见山是山,见水是水。及至后来,亲见知识,有个入出,见山不是山,见水不是水。而今得个休歇处,依前见山只是山,见水只是水。[乙]

阿部正雄在对这一理论作阐发时,谓此三阶段为:未悟、初悟、彻悟。

未悟者,习禅之前,囿于主客观的二元性;初悟者,习禅后有所契合,从破除物我二执、人法二执入手,容易落入断灭虚无的顽空;彻悟者,开悟得洒洒落落无一星事的直观悟境之"真我"。由此可见,人之由"本我"自性到"自我"的迷执,再到"无我"的初悟,最后达到"真我"的彻悟,虽禅悟"迷闻经累劫,悟则刹那间",但由其对禅宗本义"心性"的关照追寻,对禅宗象征体系的审视,依旧可由此中参详其中蕴藏的禅意与诗情。

李泽厚先生亦有独到的见解:"禅宗非常喜欢与大自然打交道。它所追求的那种淡远心境和瞬刻永恒经常假借大自然来使人感受或领悟。如果剔去那种种附加的宗教的神秘内容,这种感受或领悟接近于一种审美愉快。审美愉快有许多层次和种类,其中有'悦志悦神'一大类。禅宗宣扬的神秘感受,脱掉那些包裹着的神学衣束,也就接近于悦神类的审美经验了:不仅主客观浑然一致,超功利,无思虑;而且似乎有某种对整个世界的规律性与自身的目的性相合一的感受。特别是在欣赏大自然风景时,不仅感到大自然与自己合为一体,而且还似乎感到整个宇宙的某种合目的性的存在。这是一种非常复杂的高级审美感受。[丙]"

[甲] 宗白华. 美学散步[M]. 上海:上海人民出版社, 2012: 75.

[乙] 普济. 五灯会元[M]. 北京:中华书局, 1984: 1135.

[丙] 李泽厚. 漫述庄禅[J]. 中国社会科学, 1985 (1): 125-148.

第三节　心性感悟与文学境界的生成

禅宗诗歌的审美境界

禅宗诗歌基于独特的禅悟体验，其审美境界的范型源于触目菩提、不容拟议的现量境，水月相忘、空明澄澈的直觉境，珠光交映、重重无尽的圆融境，以及饥餐困眠、脱落身心的日用境。

一、现量境

山水作为自然界活泼自性的体现，是禅宗诗歌中佛性的显现。苏轼游历庐山东林寺，作偈云："溪声便是广长舌，山色岂非清净身。夜来八万四千偈，他日如何举起似人？"意谓：潺潺溪水如佛陀现身说法，彻夜不停宣说佛理禅意；郁郁葱葱的青山啊，本身就是清净法身的显现。流水溅起水珠，本身就在颂说千万首禅偈，它们自身丰盈着，凡夫俗子的口舌如何能将它的妙义传达呢？由此可知现量境是原真的境界，它"不依文字，不著世间，不取诸法，不起分别"，人"自失"于圆融的现量境中，心无挂碍，静观万象，万象呈现出各自光明洁净、自得自由的静默生命。

二、直觉境

《五灯会元》卷16《义怀》曰："雁过长空，影沉寒水。雁无留踪之意，水无留影之心。"六祖惠能大师在《坛经》中说："立无念为宗，无相为体，无住为本"，即《金刚经》所谓"应无所住而生其心"，保持心灵的空明自由。中国传统审美境界的观物方式体现在"以我观物，物皆着我之色彩；以物观物，不知何者为我，何者为物。"[甲]禅心如水流，心以流动的禅意感觉外境，又于潺潺中保持幽微的境界，由此才能心随境转，又能超乎其境，不失去本心的澄明，获得超越苦乐的宁静安详，如月影过柳梢而不动，鸟过池塘而水无痕。风来疏竹，风过竹不留声；雁度寒潭，雁过而潭不留影。

三、圆融境

过去、现在、未来三际的回互交融，体现在《五灯会元》卷1《僧璨》"宗非延促，一念万年"以及卷15《文庆》"道本

甲　王国维. 人间词话[M]. 北京：中华书局，2009：14-15.

无谓,法非延促。一念万年,千古在目。月白风恬,山青水绿。法法现前,头头具足"的超妙之悟。《华严经》卷10以一微尘、一毛孔中,自有无数大海、亿万佛刹。小我融于宇宙生命的本体之中,一朝风月涵摄万古长空,电光石火包容着亘古旷劫,我们的生命向何处去?"搅酥酪醍醐为一味,熔瓶盘钗钏为一金",现象与理事圆融,个体与四时同在。空无恒常与不变的自性,超越执着、分别、偏见而观照空性,你中有我,我中有你,圆融交汇,性体互依而存,一法中含万法之理。

四、日用境

禅境与佛法在日用处,民生日用与佛教思想的结合是禅宗"触事而真"的起源。唐代赵州观音寺禅僧从谂大师(公元778—897年),人称"赵州古佛",以"吃茶去"作为悟道之机锋语,启发修禅者在日常生活中领悟禅法真谛。马祖道一创立的洪州禅将心念落于"休歇"处,突破了"本来面目"存在于遥远彼岸的"清净"预设,而显之以实相世界的"灰头土脸",将日常行住、动静、苦乐视为澄澈清净的"本来面目",将现实人生与禅宗心性本体论相结合。"仰观宇宙之大,俯察品类之盛",一花一草,一颦一笑,无不蕴含着我们领悟万千世界的真谛,于有形的万相变化中窥视微妙的禅境,"实相"与"空相"不断流转的"刹那"一瞬间,体悟生命灵性的真谛,不滞碍于物的空灵存在。

四 禅境与文学境界

诗歌中"意境"这一概念的生发,如南北朝钟嵘的《诗品》,唐代皎然的《诗式》,司空图的《二十四诗品》,宋代严羽《沧浪诗话》中的"兴趣说"与"妙悟说",绘画中的"意象"所绘"意中之象",如唐代张璪提出"外师造化,中得心源",无不有禅宗的影子。

东汉王充《论衡》主张"疾虚妄""归实诚",力求文学作品"文具情显"。南北朝钟嵘《诗品》对诗歌堆砌典故与刻意追求声律两种弊端提出尖锐的批评,认为堆砌典故使得"吟咏情性"的诗歌"殆同书钞",指出"真美"为诗歌创作的旨归:"观古今胜语,多非补假,皆由直寻。"重文辞与意境并美。皎然《诗式》由"缘境""取境""以禅喻诗"三个维度入手,对"诗境"予以阐发。司空图《二十四诗品》第二品"冲淡"所谓"饮之太和，独鹤与飞"，第十一品"含蓄"所谓"不着一字，尽得风流"，第二十一品"超诣"所谓"如将白云，清风与归"无不透出禅宗志趣。南宋严羽《沧浪诗话》"以禅为宗"，尤以"妙悟"说为甚，曰"禅道唯在妙悟，诗道亦在妙悟"，"妙悟"者，禅悟也，谓透彻之悟，诗歌创作用到参禅的方式，使内外兼修，本心清净从而达到清澈空灵的境界。

四 文学境界的生发——唐诗宋词中的禅境

一、王维

王维（公元701—761年），生在佛教气氛浓厚的家庭，母亲崔氏师大照禅师，持戒安禅三十余年，在母亲的熏陶下，王维和弟弟王缙"俱奉佛，居常蔬食，不茹荤血"。王维日常交往的僧人名士很多，仅诗文中出现姓名的就有十余人。由其所作《赞佛文》《与胡居士皆病寄此诗兼示学人》等诗文可观其较高的佛学造诣。

王维曾应南宗神会之托为惠能大师撰写碑铭，曰："谓余知道，以颂见托"，作《能禅师碑》，其母亲又是北宗普寂的弟子，因此他亦为北宗写过额表。王维的禅诗注重对天然静趣、山水清音的感悟，表现出自然界幽静的情趣与诗人任运自然、物我两忘、澄心静虑的襟怀。在艺术手法上，王维创造了空灵天成的意境，与物境合一，将禅意自然渗入禅诗的描绘对象中，情景与事理交融，"如空中之音，相中之色，水中之月，镜中之象，言有尽而意无穷"的禅境，表现出诗人情性无所遮蔽的敞亮。《皇甫岳云溪杂题五首》中的《鸟鸣涧》写道：

人闲桂花落，夜静春山空。月出惊山鸟，时鸣春涧中。

诗中以禅境意象"人闲""夜静""月出"表现"以静求悟"，追求心路的豁然开朗与超越。表现为一种顿悟、妙悟的直觉智慧，和冲淡超然的心灵境界，是物我浑融、无分别、无界限的"自然与我"相合的境界。又有《辛夷坞》：

木末芙蓉花，山中发红萼。涧户寂无人，纷纷开且落。

山涧中的芙蓉花自生自灭，不知今夕是何年，无人知其生灭，芙蓉花亦不知人世的变迁，在远离尘嚣的地方自开自落,"读之身世两忘,万念皆寂",从而达到闲淡冷寂的境界。

二、白居易

白居易(公元772—846年),身经八朝,苏辙曾说:"乐天少年知读佛书,习禅定。既涉世,履忧患,胸中了然照诸幻之空也。故其还朝为从官,小不合,即舍去,分司东洛,悠游终老。盖唐士大夫达者如乐天寡矣。[甲]"亦自明"外服儒风,内宗梵行"(《和梦游春诗一百韵》)"大抵宗庄叟,私心事竺乾"(《新昌新居书事四十韵因寄元郎中张博士》)"外身宗老氏,齐物学蒙庄。见乱归禅定,存神入坐亡"(《渭村退居寄礼部崔侍郎翰林钱舍人诗一百韵》)。

在其禅宗感悟与文学表达中,白居易继承了马祖道一洪州禅平易实在的方面,讲求"平常心是道",具体体现在:他以"平常心"对待人生,"大抵心安即是家"(《种桃杏》)的心安思想,追求"身适"与"意适"的结合,由众生平等的思想衍生出悲悯众生,关注民生疾苦、寻常真情,以达到至诚至善的禅宗境界;糅合了"即事而真"的禅法,以力求于体证具有真纯清净的"心""性""我";融合了儒家仁民爱物的宽厚与佛家悲天悯人的菩萨心,如《观刈麦》《卖炭翁》等,读来字字血泪。

卖炭翁

卖炭翁,伐薪烧炭南山中。

满面尘灰烟火色,两鬓苍苍十指黑。

卖炭得钱何所营?身上衣裳口中食。

可怜身上衣正单,心忧炭贱愿天寒。

夜来城外一尺雪,晓驾炭车辗冰辙。

牛困人饥日已高,市南门外泥中歇。

翩翩两骑来是谁?黄衣使者白衫儿。

手把文书口称敕,回车叱牛牵向北。

一车炭,千余斤,宫使驱将惜不得。

半匹红绡一丈绫,系向牛头充炭直。

白诗语言直白铺叙,心境冲淡平和,道得人心中事,

[甲] 尚永亮. 论白居易所受佛老影响及其超越途径[J]. 陕西师范大学学报(哲学社会科学版), 1993, 22(2): 116–121.

清人赵翼言："元、白尚坦易，务言人所共欲言。"[甲]以平常心得"天地人心之至道"，能够推己及人、格物致知，所谓我中有人、人中有我，亦我亦人，亦人亦我，此乃"真我""大我"。

三、李商隐

李商隐（约公元813—858年），自言："（丧妻）三年以来，丧失家道。平居忽忽不乐，始克意事佛。方愿打钟扫地，为清凉山行者。"（《樊南乙集序》）作"忆奉莲花座，兼闻贝叶经"（《奉寄安国大师兼简子蒙》），"佞佛将成缚"（《自桂林奉使江陵途中感怀寄献尚书》）。

《金刚经》六如偈曰："一切有为法，如梦幻泡影。如露亦如电，应作如是观。"原始佛教"三法印"为了论证人生无常，提出了三个命题："诸行无常""诸法无我""一切皆苦"，李商隐的禅宗境界则体现为有求皆苦，无常幻灭。这与其"身处唐之季世，国运衰退，身世沉沦，蹉跎岁月，志业无成，于好景之不常感受特深"[乙]有关，晚唐国势衰微，文人们落寞无奈，咏史伤今之情可见一斑：

乐游原
向晚意不适，驱车登古原。
夕阳无限好，只是近黄昏。

崔珏《哭李商隐》"虚负凌云万丈才，一生襟抱未曾开"，李商隐官场失意，不由得发出"人生岂得长无谓，怀古思乡共白头。"（《无题·万里风波一叶舟》）与"薄宦梗犹泛，故园芜已平"（《蝉》）的哀叹。更有脍炙人口的《锦瑟》：

锦瑟无端五十弦，一弦一柱思华年。
庄生晓梦迷蝴蝶，望帝春心托杜鹃。
沧海月明珠有泪，蓝田日暖玉生烟。
此情可待成追忆，只是当时已惘然。

锦瑟年华是空，庄周梦蝶是空，望帝鹃啼是空，沧海遗珠是空，蓝玉生烟是空，此情惘然是空，于空中幻生出色相，作者于色中悟空，更因色而生情。人生的无常于色空间得现，庄周梦蝶，珠泪玉烟，如梦幻泡影，疾于川流。求而不得之

[甲] 尚永亮. 论白居易所受佛老影响及其超越途径[J]. 陕西师范大学学报（哲学社会科学版），1993, 22（2）：116-121.

[乙] 刘学锴, 余恕诚. 李商隐诗歌集解[M]. 北京：中华书局, 1988: 1945.

苦，华年只留作思念，抱负空作梦一场，稀世珍宝被弃沧海，心爱的人可望而不可得。于苦中求超越痛苦的禅宗观照，曰："世界微尘里，吾宁爱与憎"之超脱爱憎、心境澄澈的体悟。又因月之阴晴圆缺体悟到"初生欲缺还惆怅，未必圆时即有情。"不必虚掷感情，因缘合和，随缘自适的禅境。于日常当身之事中，秉持"年华弱到经风雨，便是胡僧话劫灰。"（《寄恼韩同年二首》），把握当下瞬间，刹那即永恒，每一刻即是过去、当下与未来，在对自然景物的观照流连中体察心性，"坐忘疑物外，归去有帘间。"（《朱槿花二首》），使个体生命与宇宙万物圆融为一，感受物我双忘的审美境界。

四、苏轼

苏轼（公元1037—1101年），自少年时代起"奋厉有当世志"（苏辙《东坡先生墓志铭》），一生官海浮沉，"乌台诗案"后，接连遭贬。

苏轼的思想以儒家占主导地位，学界对其遭贬黄州前后的思想变化有所讨论。然而纵观其一生，贬官期间苏轼注释了《易》《释》《论语》等儒学著作，而从未就释道相关书籍作注，由此可见，从交友及文学作品的创作来看，其后期受到释道思想浸润的说法是成立的，而非"完全接受了禅宗思想或道家思想"。在苏轼看来，诗人和僧人至少有两点是相通的：一是"空且静"，空而不为成见所蔽，才能纳万境于心，静而不为动所扰，才能洞察万物的纷纭变化；二是"走间""卧云岭"，这既是僧人之所好，也是诗人之所喜。苏轼这里直接说的是诗人和佛法"不相妨"，但与儒、佛"不相妨"的观点实际是相通的。苏轼遭贬时尝尽人情冷暖，"平生亲友无一字见及，有书与之亦不答"，甚至对他落井下石甚至于"推骂"（《答李端叔书》）。而苏轼在贬官黄州时期，成都僧惟简派悟清来看他，庐山佛印禅师遣使存问，杭州僧参寥子陪他同居贬所一年有余，这些关怀使苏轼深感僧道之谊超越世俗之谊。不难想吴越名僧与其"善者常十九"（《付僧惠诚游吴中代书十二》）。苏轼"每往见师，清坐相对，时闻一言，则百忧冰解，形神俱泰"（《海月辩公真赞》）。

《黄州安国寺记录》中"道不足以御气，性不足以胜习，不锄其本，而耕其末，今虽改之，后必复作。盍归诚佛僧，求一洗之。得城南精舍曰安国寺，有茂林修竹陂池亭榭，间一二辄往，焚香默坐，深自省察，则物我相忘，身心皆空，求罪始所从生而不可得。一念清净，染污自落，表里翛然，无所附丽，私窃乐之。旦往而慕还者，五年于此矣。"[甲]可见，禅宗"一念清净"的境界给予不得志的苏轼以摆落染污，得到精神上的解脱。

苏轼《题吴道子画》云："觉来落笔不经意，神妙独到秋毫颠。"《评草书》亦曰："书初无意于佳乃佳尔。"《书黄子思诗集后》提出了"寄至味于淡泊"的审美理趣，指的是蕴而不露的平实，似淡而实美，非平庸颓顿也。南宗马祖道一崇尚"即心是佛"，曰："道不用修，但莫污染，何为污染？但有生死心，造作趋向，皆是污染。若要直会其道，平常心是道。何谓平常心？无造作、无是非、无取舍、无断常、无凡无圣。非凡夫行、非圣贤行、是菩萨行。只如今行住坐卧，应机接物，尽是道。"有《定风波·三月七日》：

> 莫听穿林打叶声，何妨吟啸且徐行。竹杖芒鞋轻胜马，谁怕？一蓑烟雨任平生。
>
> 料峭春风吹酒醒，微冷，山头斜照却相迎。回首向来萧瑟处，归去，也无风雨也无晴。

苏轼再次贬黜海南，遭受巨大的打击，途中写诗《次前韵寄子由》，云："老矣复何言，荣辱今两空。泥洹尚一路，所向余皆穷。"面临"食无肉，病无药，居无屋，出无友，冬无炭，夏无寒泉"的"六无"境地，他仍调侃"尚有此身，付与造物，听其流转，流行坎止，无不可者。"

诚如李泽厚所说："正是这种对整体人生的空幻、悔悟、淡漠感，求超脱而未能，欲派遣而未能，欲派遣反戏谑，使苏轼奉儒家而出入佛老，谈世事而颇作玄思；于是，行云流水，初无定质，嬉笑怒骂，皆成文章；这里没有屈原、阮籍的忧愤，没有李白、杜甫的豪诚，不似白居易的明朗，不似柳宗元的孤峭，当然更不像韩愈那样盛气凌人不可一世。苏轼在美学上追求的是一种朴质无华、平淡自然的情趣韵味，一种退避社会、厌弃世间的人生理想和生活态度，反对矫揉造作和装饰雕琢，并把这一切提到某种透彻了悟的哲理高度。"[乙]苏轼的诗歌糅合了禅宗佛意与山水景物、日常生活，形成朴实无华、平淡醇厚、清新自然、极富禅趣的艺术风格。

经过上述三个模块研究，我们可以对《坛经》《心经》

[甲] [宋]苏轼. 苏轼文集[M]. 北京：中华书局，1986，12：391.

[乙] 李泽厚. 华夏美学·美学四讲[M]. 北京：三联书店，2008：189.

的内容进行梳理与总结，同时对于禅宗中国化的发展及其与文学审美的结合进行初探。首先，禅宗虽然在常人的眼中，是玄而又玄的法门，但是通过对经典的研读，我们能从中得到一些粗犷的认识，禅宗并不是完全无法把握的。其次，作为中国化的佛法，禅宗在中国的生成和传播道路非常艰辛，这要感谢诸位祖师大德的共同努力，在学习的时候，切不可心存轻慢，要对古圣先贤抱有最基本的尊重，这也是对中国文化的一种尊重。再次，中国的文化向来以包容性和融合性著称于世，佛教东传和中国本土的儒道两学定是发生了文化汇流，相互借鉴和相互吸收，才有了中国化的佛法禅宗的诞生，因此，理解禅宗不仅要立足于佛学角度，更要站在历史文化的角度去考察和理解。最后，禅宗与文学审美的发展相辅相成，二者均"以心为源"，因此要重视禅艺互释、相互渗透的学术现象，对其中的佛理禅趣进行较深入的把握与观照。

思考题

1. 禅宗思想"直指人心，见性成佛"对中国文学的创作思维方式有哪些影响？

2. 禅宗中国化历程对中国文学理论发展有哪些影响？以严羽诗论《沧浪诗话》为例。

推荐书目

[1] 季羡林. 佛教十五题[M]. 北京：中华书局，2007.

[2] 祁志祥. 佛教美学[M]. 上海：上海人民出版社，1997.

[3] 吕澂. 中国佛学源流略讲[M]. 北京：中华书局，1979.

[4] 谢思炜. 禅宗与中国文学[M]. 北京：中国社会科学出版社，1993.

第五讲
市井文化与宋元文学

第一节　宋元时期的市井文化

有宋一代，物质文明和精神文明达到了中国封建社会历史时期的顶峰。政治、经济、学术、艺术、科技、宗教等方面成就独特，冶金、造船、纺织、印刷、制瓷、制盐、医药等行业技术空前进步。"每当人们在中国的文献中查考任何一种具体的科技史料时，往往会发现它的主焦点就在宋代。"[甲]衣、食、住、行、风俗民情、文体娱乐等社会文化在宋代也高度繁荣，蔚为大观。"宋代文化发展所达到的高度，在从10世纪后半期到13世纪中叶这一历史时期内，是居于全世界的领先地位的。"[乙]

[甲] [英]李约瑟. 中国科学技术史[M]. 北京：科学出版社, 1975, 287.

[乙] 邓广铭. 国际宋史研讨论会文选集[C]. 保定：河北大学出版社, 1992.

一、宋代的社会文化背景

"自古创业垂统之君，即其一时之好尚，而一代之规模，可以豫知矣。艺祖革命，首用文吏而夺武臣之权，宋之尚文，端本乎此。"（《宋史》卷四三九《文苑传》）赵匡胤秉政之初，曾对赵普感慨："五代方镇残虐，民受其祸。朕令选儒臣干事者百余，分治大藩，纵皆贪浊，亦未及武臣一人也。"镜鉴于唐末至五代以来，各地藩镇节度，相互割据，军人统领行政，胡作非为之弊，为消除动辄刀枪相见、兵燹成灾、天下大乱的败象，赵匡胤劝武将们："人生如白驹之过隙，所以好富贵者，不过多积金银，厚自娱乐，使子孙无贫乏身。汝曹何不释去兵权，择便好田宅市之，为子孙立永久之业，多置歌儿舞女，日饮酒相欢，以终其天年。君臣之间，两无猜嫌，上下相安，不亦善乎？"（《宋史》卷250《石守信传》）由此，两宋时期以"兴文教、抑武事"的基本国策，崇尚文治，优礼儒士，注重教育和养士，重用文臣，采取了较为开明的文化政策。如缪钺所言："如果要追寻宋代文化兴盛的原因，首先应考虑到宋代宽宏的文化政策以及对士人尊重与宽容态度。"[甲]赵匡胤在立国之初密刻了一块誓碑，在这块誓碑中，明确规定后嗣皇帝不得杀士大夫。"自太祖勒不杀士大夫之誓以诏子孙，终宋之世，文臣无欧刀之辟。"[乙]正是由于知识分子在宋朝受到了空前的礼遇和重用，以及科举取士、兴学设教、收编典籍、提倡读书等举措的实施，有力地推动了宋代文化的发展和繁荣。"综观赵宋最高统治者的基本国策最重要、也最有效的一条，就是宽容精神。"[丙]

我们知道，文化是以物质为基础的，每一历史阶段都有与其社会物质生产程度相适应的文化。由宫廷文化、士林文化、乡村文化和市井文化所构成的中国古代文化中，宫廷文化与士林文化属于雅文化的范畴，市井文化与乡村文化则属俗文化的范畴。宋代商业革命和城市经济繁荣，造就了新兴的市民阶层，"草根"的市井文化也随之发展。新兴的市井文化所具有的强大生命力，使得宋元之际成为我国文化史上的重要转折期。伴随着政治上的动荡不安和分和不定，中国传统文化也开始由雅入俗，呈现出市井的热闹与繁华。"如果说唐朝是标志着一个时代的结束，宋代则标志着一个新时代的开端。"[丁]

市井文化与市民阶层

早在西汉刘向编定的《管子·小匡》里即有"市井"一词："处商必就市井"。市井，指商肆集中的地方。唐代尹知章注解为："立市必四方，若造井之制，故曰市井。"市井文化，亦称市民文化，是与高雅文化相对立的市民社群综合性的通俗文化。第三次社会大分工产生了最早的商人与手工业者，商业的出现，使市井文化有了生长的土壤。它产生于街区小巷，带有商业倾向，通俗浅近，充满变幻而杂乱无章。自宋

甲 杨渭生. 两宋文化史[M]. 杭州：浙江大学出版社, 1998: 5.

乙 王夫之. 船山全书(第十一册)[M]. 长沙：岳麓书社, 1992: 312.

丙 杨渭生. 两宋文化史[M]. 杭州：浙江大学出版社, 1998: 14.

丁 杨渭生. 两宋文化史[M]. 杭州：浙江大学出版社, 1998: 14.

以降，历元、明、清三朝700年，得到了不断发展。如果说春秋战国时期是市井文化的确立期，那么两宋时代则可谓市井文化的空前繁荣期。在封建社会的四种文化中，市井文化既是联系其他三种文化的桥梁，又是冲击、侵蚀封建专制统治基础的新生力量。因而，市井文化在中华民族走向近代的历程中起过不容忽视的巨大作用。

市井文化是城市经济发展的直接产物。作为市井文化的生存空间，市井繁荣依赖于城市的发展。宋代以前，封闭性的坊市分离制度是中国古代城市建置上的一大特点。这种出于封建统治者政治考虑的城市形态，限制了市井文化的发展。唐代"坊市封闭"，坊和市是明确分开的，"坊"是居民区，"市"为商业区。所谓"坊"就是城内数条东西道路与数条南北道路有规则地直角相交所形成的矩形区域，坊周围设有围墙，围墙四面设有四门或两门。"市"则是经济活动的中心，贸易买卖之所。"市"必须根据官府的法令设于固定的区域，官府直接委派市令、市丞等官吏管理坊市。坊门的启闭和开市罢市，以击鼓为号。商业活动的时间、地点都受到限制。商业贸易须在市内进行，"日中为市，日落市散"，黄昏后坊门锁闭，禁人夜行。唐代长安有东西二市，各占两坊之地，也有围墙，每面围墙各开二门，共计八门，其间道路交错恰成"井"字。

城市的坊市制形态，限制了商品经济的发展，也阻遏了市民阶层的形成。宋建立后，突破了古典坊市分离制度，城市商业区扩大，开始"坊市合一"，不仅坊市不分，而且坊市不再设垣，夜不闭门。城市居民和工商业者不再受地域的限制，可以在城内随处设置店肆，与住宅区相互交错，形成了居民居住区和商业贸易区相混合的城市格局。居民区与商业区都是开放式的，商业活动的时间、地点都不受限制，除了日市外，不仅出现了早市，还出现了繁华的夜市，"昼夜喧呼，灯火不绝""直至三更尽，才五更又复开张。如耍闹去处，通晓不绝……冬月虽大风雪阴雨，亦有夜市"（孟元老：《东京梦华录》卷3）。有的行业"不以风雨寒暑，白昼通夜"（孟元老：《东京梦华录》卷2）进行营业。

宋代是历史上城市和市镇兴旺发达的时期。漆侠《宋代经济史》中的估计，北宋1350个有行政官署的城市中约有150座的人口超过万人，城市人口比重约占全国总人口的

12%。赵冈认为这一比率高达20%。[甲]据朱瑞熙估计，北宋10万户以上的大城市约有40多个，宋徽宗崇宁年间上升到50多个，数量超过汉唐数倍。[乙]据《宋史·地理志》载，北宋末年汴京已达26万余户，按每户五口计，人口已达130万以上。汴京最盛时人口达150万左右，是当时世界上人口最多的城市。[丙]一派繁盛景象的临安人口增长亦极为迅速，据考证，南宋临安城外约有人口40余万，城内人口80万～90万。[丁]市民阶层因而兴起，这是城市发展的直接后果。宋代市民阶层壮大的根源，在于城市工商业的繁荣。宋朝是中国历史上唯一一个不抑制工商业发展的朝代，宋代城市、城镇乃至草市兴盛，城内店铺、酒楼沿街设立，纸币（"交子"）流通，商品经济高度繁荣。据漆侠《宋代经济史》所述，北宋城市行业"从隋唐时的一百一十二行发展到南宋时的四百一十四行"。

商业繁荣之程度，由当时的广告文化的发达可见一斑。据统计在《清明上河图》描绘的繁闹街市中，可以清晰地看到宋朝时的广告形式：幌子、旗帜、招牌、灯箱、彩楼等。画面上有各家商店设置的广告招牌20余处，广告旗帜10余面，灯箱广告4块，大型广告装饰彩楼、欢门5座。入宋以来，酒旗广告上的装饰性手法已很常见。孟元老《东京梦华录》卷二《酒楼》所载："街市酒店，彩楼相对，绣旗相招，掩翳天日"，描绘的即是东京街市酒旗广告的景象。

伴随着城市经济的发展，一个以从事手工业和商业活动为主体的庞大的市民阶层迅速崛起，作为一个独立的社会群体正式登上了历史舞台，成为不可忽视的社会存在。元丰年间（1078—1085），东京仅从事商业、手工业的人家就有15000多户，成为"八荒争凑，万国咸通"的大都会。城市工商业高度发展，带来了市井的扩大，城市人口的激增，市民阶层的壮大，城市居民开始从农民中分离出来，被正式列为"坊郭户"。如法律规定，各县的税租账中，须分列"坊廓、乡村主户丁各若干，客户丁各若干"。[戊]"我国市民阶层的兴起是以公元1019年（北宋天禧三年）坊廓户单独列籍定等为标志的。"坊廓户籍的建立，"说明宋代市民阶层已登上历史舞台。手工业者、商人、小地产所有者、仆役走卒、闲汉食客、倡优浪子以及落魄知识分子，他们构成了市民阶层的主体。"[己]北宋著名画家张择端的《清明上河图》，以全景式构

甲 赵冈, 等. 中国经济制度史论[M]. 台北：联经出版公司, 1991: 386, 397.

乙 朱瑞熙. 宋代社会研究[M]. 郑州：中州书画社, 1983: 14.

丙 周宝珠. 宋代东京研究[M]. 开封：河南大学出版社, 1992: 348.

丁 吴松弟. 南宋人口史[M]. 上海：古籍出版社, 2008: 584.

戊 庆元条法事类·卷48. 燕京大学图书馆藏版, 1948.

己 姚瀛艇. 宋代文化史[M]. 开封：河南大学出版社, 1992: 491, 500.

图真实地展现了京城汴梁各阶层人物的生活状况和市井风情。那繁华的市井生活场景里，瓦舍之中百戏荟萃，杂剧、杂技、说书、皮影、傀儡、散乐、诸宫调等无所不包。画面上100多栋房屋中有45栋是经营餐饮的店面。店招幌子之下，各种特色饮食香味四溢。可以说，《清明上河图》是宋代市民生活风情画卷和市井文化的最好写照。

四 宋代市民的娱乐文化生活

作为新兴社会群体既已形成，市民阶层便有了寻求适合于自己的文化娱乐活动的精神需要。与宋代庞大的市民阶层的崛起、壮大相适应，随之而来的是市井文化的勃兴和繁荣。由此，文化生活领域中呈现出雅俗并峙的态势。

市井文化本质上是一种典型商业性的文化。它产生于街头巷尾，带有浓厚的商业倾向，直接反映着市民的日常生活和心态，是一种以商业化、大众化和通俗化为特征的市民通俗文化。宋代市井文化主要表现于以城市消费为中心的物质文化、以市民文化娱乐为代表的精神文化以及具有商业精神的市民意识。

宋代的文化消费走向大众化。市井中的各种商业性娱乐场所吸引了市民大众的广泛参与。文化消费不再是社会精英阶层的独享之事，而成为社会大众的群体行为。市民阶层对娱乐休闲的追求，极大地刺激了茶坊酒肆、娱乐服务业的发展。宋代城市中的茶坊、酒肆林立，其中开封城内的"正店"（大酒店）就有"七十二户"，而"脚店"（小酒肆）则"不能遍数"。《北窗炙輠录》载有："仁宗……又一夜在宫中闻丝竹歌笑之声，问曰：'此何处作乐？'宫人曰：'此民间酒楼作乐处。'宫人因曰：'官家且听外间如许快活，都不似我宫中如此冷冷落落也。'仁宗曰：'汝知否？因我如此冷落，故得渠如此快活。我若为渠，渠便冷落矣。'呜呼，此真千古德之君也。"这一情景也形象地说明市井酒楼的热闹繁华，连身居皇宫的皇帝都能听到民间娱乐之声。宋代的饮茶场所也有茶楼、茶肆之分。临安的茶肆注重室内装饰，大多挂名人画，插四时花，四季经营奇茶异汤。而乡间的"茶担""浮铺"，则是卖茶人挑担或推车，配有锡炉、茶盏、茶碗、茶船、瓢托、调羹等，深入街头巷尾供游观人点茶汤。而市民每月初一或月半，互相提着茶，在街坊邻里中"点茶"。可见，南宋时期

加工的茶叶，精巧的茶具，优雅的品茶环境，讲究的饮茶习惯，构成了一门独特的饮茶艺术文化。[甲]

文化市场的繁荣，推动了市民文化传播的发展。最能反映宋代市民文化繁盛的是为适应市民阶层文化娱乐需求而设立的固定的游乐场所——瓦子（亦称"瓦舍""瓦肆"）。它容纳了市民的经济活动、娱乐活动，从而构成市井文化的生态空间。于瓦子的性质、含义，有诸如："宋代妓院、茶楼、酒肆、卖杂货的店铺等场所""瓦子是城市中大型的综合性的文艺演出场所""是民间专业艺人的生活舞台""瓦子是集娱乐、市场为一体的供市民常年冶游的游乐场所"等解释，但在瓦子作为市民的娱乐场所这一点上，观点基本一致。有宋一代，随着城市商品经济的发展、市民文化的发展，瓦舍相当普遍而繁盛。据《东京梦华录》载，北宋汴京瓦子遍布。宋室南渡之后，临安瓦子的数量远超汴京，据《武林旧事》卷六《瓦子勾栏》载，临安城内外计有瓦子二十三处，其中计勾栏十三座。《诸色伎艺人》载，在南宋时期各种文化表演花样五十五项，参加表演的市民艺人数达五百二十之多。瓦子不仅是大型固定的游艺场所，还有许多服务行业。"瓦中多有货药、实卦、喝故衣、探博饮食、剃剪纸、画令曲之类，终日居此，不觉抵暮。"

瓦舍勾栏作为市民文化娱乐的活动中心，导引着宋代文化向着俗文化的方向发展。两宋时代，虽然瓦子面积大小不等，但其中必有若干戏曲和伎艺的演艺场所"勾栏"，有的以"棚"为名，这是瓦子的中心。其中较大的"棚"可容纳数千名观众，可见其规模之大，以及勾栏演出对市民的吸引力。作为供人们文化娱乐的综合型游艺场所，瓦舍勾栏里汇集了丰富多彩的表演艺术。勾栏演出本质上是一种俗文化，是一种大众性的娱乐。百戏伎艺商业化、大众化和通俗化的特点，体现在演员的来源、演出内容、观众层次及心态。演员大多是落魄文人、和尚、尼姑、小贩、各行艺人，观众多是手工业者、商人、小商贩、市民、兵吏子弟、士兵等市民阶层。许多艺人本身也是市民阶层的组成部分，自然要代市民传言，反映市民意识。艺人靠卖艺为生，观众靠买市娱乐。娱乐是百戏伎艺的主要社会功能，这也使它备受市民阶层的青睐。[乙]文化消费主体从精英走向大众，文化消费实现了世俗化。市民阶层的生产生活方式不同于封建统治阶层和农民阶

[甲] 刘克宗. 宋代民俗文化初探[J]. 上海大学学报, 1995(6): 103-104.

[乙] 宋薇茄. 宋代都市的百戏伎艺[J]. 民俗研究, 1992(3): 83-87.

层，具有一定的独特性。活动范围的扩大，使他们见多识广，既区别于封建贵族的陈腐僵化，又远离了农民阶层的孤陋寡闻，因而有着不同于二者的思想观念和价值取向。他们对待财富和人生的态度，既遵循儒家文化传统的忠孝仁义观念，又融入了商业社会的元素，讲求现实功利，具有极强的现实性。主要表现为注重现实生活的享乐，注重实际利益，倾向于通俗易懂、浅显直白、畅快淋漓地表达思想感情，而不愿花费太多的时间去理解深奥的文化内涵。

宋代的娱乐活动比之前朝代民间娱乐色彩更加浓重，各种民间技艺均在市井间自由作艺。原属于"除鬼驱邪、禳灾避瘟"性质的活动或习俗，在宋代都增加了更多的娱乐内容，尤其是节日风俗越来越与文娱游赏密切结合。原属于上流阶层的时尚，如游春、赏花灯，至宋演变成为市民群体的习俗。传统的节日如元宵、七夕、中秋等，京都之人都有各种丰富多彩的夜间庆祝活动，构成极具特色的文化夜市。文化娱乐的成分更具有普遍性和群众性，与市民生活的关系更为密切。每逢节日，各种文化团体便依次登场，表演诸般技艺。如正月十五日上元节娱乐的成分更为空前。节日期间，市民倾家出动，不仅观灯，还欣赏内容丰富、风趣逗乐的歌舞百戏。孟元老《东京梦华录》里作了这样描述：太平日久，人物繁阜。垂髫之童，但习鼓舞，班白之老，不识干戈，时节相次，各有观赏。灯宵月夕，雪际花时；乞巧登高，教池游苑。举目则青楼画阁，绣户珠帘，雕车竞驻于天街，宝马争驰于御路，金翠耀目，罗绮飘香。新声巧笑于柳陌花衢，按管调弦于茶坊酒肆。八荒争凑，万国咸通。集四海之珍奇，皆归市易；会寰区之异味，悉在庖厨。花光满路，何限春游，箫鼓喧空，几家夜宴。伎巧则惊人耳目，侈奢则长人精神。

四 元代社会与文化的特点

两宋以后，元朝商品经济的发展速度减缓，但市井文化并未因此而停止发展。统治者以残酷的杀戮政策征服各国，但有反抗，即遭屠城。"财货子女则入于军营，壮士巨族则殄于锋刃，一县叛则一县荡为灰烬，一州叛则一州莽为丘墟"（胡祗遹《紫山先生大全集》卷二二《民间疾苦状》）。史载，两河、山东数千里，人民被杀几尽，金帛、子女、牛、马、羊皆被席卷而去。庐舍尽焚，城郭丘墟。

元代统治者采取民族高压和民族歧视政策,对汉人和南人进行残酷的镇压和盘剥,且将民分为四等:蒙古人、色目人(西域各族人和西夏人)、汉人(包括北中国汉人、契丹人、女真人、高丽人等)、南人(南方的汉人)。汉人和南人不许藏兵器,不许田猎,不许习武,不许养马,不许聚众祠祷、祈神、赛社,不许集市买卖,夜间戒严,不许点灯。蒙古人、色目人杀死汉人、南人,仅判出征。汉人、南人杀死蒙古人或色目人,则是死罪。这种民族歧视政策终元之世都未改变。元朝统治初期,两宋以来已经高度发达的农业和手工业遭到极大破坏。蒙古人是游牧民族,不重视农业生产,致使大量的土地荒芜。在统一全国以后,忽必烈才做出改变,多次颁发禁令,严禁军队和豪强圈地扰民,破坏农业生产,同时将荒地分给无田的农民,并兴修水利,蠲免赋税,农业生产得以恢复,社会也逐步安定。

多元化的思想信仰。元蒙统治者试图以中原文化来补充其统治,以儒家的"四书""五经"为教科书,封孔子为"大成至圣文宣王",确立程朱理学的地位,但儒学的影响力呈日益下降之势。程朱理学以"存天理,灭人欲"为宗旨,南宋后期已经受到很多人的责难,元代思想远较前代解放,对程朱理学的抵触情绪也就更大一些。元人王恽在《上世祖皇帝论故事书》中就指出,宣扬礼教"终无分寸之效者,徒具虚名而已"。

各种宗教的崇奉。中原地区本土的道教,包括全真教、太一教、正一天师教,还有藏传佛教在元代都大行其道,各地道观寺庙极多,僧、道人士都享有较高的地位。西方的基督教、伊斯兰教、犹太教、袄教(即拜火教)等也都得到传播。元代统治者懂得利用这些哲学和宗教信仰来帮助其统治。元仁宗曾说:"明心见性,佛教为深;修身治国,儒、道为切。"(《元史·仁宗纪》)这种多元化的思想信仰,既是思想解放的一种标志,也造成信仰在一定程度的混乱。

在元代,读书人的地位低下,因此很大程度遏制了文化的发展。元代立国以后,五十余年不开科举,后来也是时断时续,几乎所有的文人一下子都失去了方向,平日赖以进取的诗词文章,现在变得一钱不值。读书人的地位降到了最低点。世传"九儒、十丐"的说法虽不准确,但儒生被忽视,则是事实。混迹于教坊勾栏的落拓的文人,成为元朝市井文化的推动者。

元代文化有两大特色，一是通俗化，一是多元化。元代文化的多元化表现在两方面，一方面传统的诗词歌赋、歌舞书画、园林建筑、金玉陶瓷等在得到继承和发展的同时，从内容到形式又有许多变化，加入了蒙古等民族的审美趣味，甚至吸收了欧、亚等其他地区和民族的艺术精华。另一方面，孕育出了新的艺术形式。元代最具代表性的新艺术形式是戏剧和散曲。

元代文化是中国文化由雅化到俗化的过渡。宋代勾栏瓦肆的表演，在元代仍然继续。而戏剧，包括北方的杂剧和南方的南戏，成为这一时期文艺演出的主流。中国文学从抒情性文学向叙事性文学发展。叙事性文学成为当时创作的主流。作为文学四大形式（散文、诗歌、小说、戏剧）之一的戏剧艺术，宋、金时期的院本和杂剧，可看作是最早的戏剧。元代是中国戏剧的高峰期，无论是杂剧还是南戏，都产生了许多伟大的作家和作品。1261年忽必烈建都于大都后，大都成了一个十分繁荣的商业城。由于元朝采取不同于传统重农抑商的政策，"以功利诱天下"重视商业经营，商人的地位大为提高。元代的商业从某种意义上来说，其发展程度甚至超越前代。正如马可波罗所描述的，元代的大都不但在政治上，而且在经济上亦堪称东方的大都会，世界诸城无与伦比。杭州城同样商贾云集，市井繁华。此外，北方的真定、大同、汴梁、平阳；南方的扬州、镇江、上海、庆元、福州、温州、广州等地，也都颇具规模。随着大中城市的涌现，市民阶层也不断壮大。宋代勾栏瓦舍中表演的话本成了元代杂剧创作的素材，很多杂剧都是在话本的基础上创作的，比如《关大王单刀赴会》《李逵负荆》《燕青博鱼》等，这些因素为杂剧的繁荣提供了优越的条件。城市里到处都是演出的勾栏，成为戏曲表演的舞台。作家面向观众创作的剧本以及演员精彩的舞台表演，吸引着大批乐意花钱消费的观众，"内而京师，外而郡邑，皆有所谓勾栏者，辟优萃而隶乐，观者挥金与之。"[甲]从事戏曲创作的队伍里，关汉卿、王实甫、马致远、纪君祥、王仲文、杨显之、高文秀、郑光祖、乔吉等著名剧作家，都具有丰富的都市生活经验，熟悉市民阶层的生存方式。这一切，都是元杂剧得以蓬勃发展的有利条件。

[甲] 夏庭芝. 青楼集志：中国古典戏曲论著集成[M]. 北京：中国戏剧出版社，1959.

"曲"（散曲）作为一种新的艺术形式也在元代诞生。由于它较诗词更为自由，所使用的语言更为通俗，甚至就是民众的口头语言，曲调也大多来自民间的小曲和民歌，因而成为元代通俗文学的代表之一。散曲，是元代的通俗歌曲。词在南宋后期，已经因为过分地雅化而走向了僵死，许多曲谱的失传，使词逐渐成为案头文学。词越作越雅，格律越来越严，离普通的民众也就越来越远了。兴起于民间的散曲，以其清新活泼的形式和贴近生活的内容，取代了词而成为元代各种场合的主要演唱形式。

四 宋元市井文化对文学的影响

　　中国古代文学历经两千多年的漫漫历程，走过了两个大的高潮，一是雅文学高潮，一是俗文学高潮。宋元两朝开始了通俗文学的高潮，戏曲、小说成为文坛的主角。宋元市井文化的兴盛所带来的社会效应，一方面促进了商品经济的繁荣，带动和刺激了包括饮食、文化、服务等消费市场的兴盛、发展，在一些大城市，商业性的歌馆、酒楼、茶肆林立于城中各条街巷，商业交易十分活跃。另一方面，促进了各类文化式样的世俗化、大众化，并使士大夫阶层的文学艺术创作出现了雅而俗化的趋势。

　　由于市井文化日益表现出强大的生命力，受市井文化发展的影响，宋代文人的审美态度亦倾向世俗化，认为审美活动中的雅俗之辨，关键在主体是否具有高雅的品质和情趣，而不在于审美客体高雅还是凡俗。审美情趣的转变，促使宋文学从严于雅俗之辨变转向以俗为雅。梅尧臣、苏轼等人提出的文学创作应"以故为新，以俗为雅"的主张，恰是正视、关注市井文化的结果。

　　宋代市井文化的繁盛具有划时代的意义，它使得娱乐演艺活动由宫廷走向民间，由上层社会的消遣享乐转向大众性的文化娱乐。繁华的城市经济支撑起来的瓦舍，为演艺提供了固定的场所，流散于各地的民间城乡各路艺人得以汇聚，为官方与民间、城乡长期分流的表演艺术创造了交流汇合的契机，从而促进了宋代各类文化式样更趋世俗化、大众化。这一时期，随着市井文化的发展，不仅俗词、话本、艳曲等俗文学作品的创作进入了前所未有的繁荣时期，而且出现了俗文学文体的相对独立。其突出标志，是宋代出现的话本小说以平易生动的口语代替了以往文学作品典雅的文言,语言风格凸显出口语化、通俗化的特色,开启了后世以口语化的白话文进行小说创作的先河,从此白话小说在文学舞台上占据了一席之地。从时代精神方面而言,从宋词元曲到市井小说,都展现了与传统纲常相背离的追求幸福、向往自由与解放的精神。宋元的市井文化具有强大的开创性作用,构成了后期文化发展的基本走向。

宋以前,"市民"的内涵较为单一,一般指纯粹的城市工商业者。唐宋之际,随着门阀制度逐渐退出政治舞台,大批没落的城市贵族与学人士子进入市民阶层,并且在感情上与市民阶层趋于一致。市井文化滋养了士林,词与曲被士林接受,小说与戏曲成为文人寄情的载体,读书人开始编写各种曲艺底本。宋代的柳永、元代的关汉卿、明代的冯梦龙,都是其中的代表人物。其中,柳永所代表的市民意识,市井文化精神,正是有宋以来城市经济繁荣、市井文化兴起的产物,是近代文化发展的必然现象。柳词中所生动描摹的都市生活画卷,流露着浓厚的市井情趣。他的"才子词人,自是白衣卿相"的人生宣言和虽为士大夫家庭出身却浪迹于青楼楚馆的一生遭际,即是近代文化精神的典型写照。

正如胡适在《吾国历史上的文学革命》中说:"文学革命至元代而登峰造极。其时,词也,曲也,剧本也,小说也,皆第一流之文学,而皆以俚语为之。其时吾国真可谓有一种'活文学'出世。"元代科举考试时行时辍,儒生地位下降,很多人不再依附政权,人格相对独立,思想意识随即异动。一些"书会才人"和市民阶层联系密切,价值取向、审美情趣转向平民化,知识分子大量涌向勾栏瓦肆,促成杂剧发展。

元代文学的审美情趣也产生了巨大的变化。王国维有言:"元曲之佳处何在?一言以蔽之,曰:自然而已矣。"元代文学无论是叙事性还是抒情性的文学创作,均体现出自然酣畅之美。所谓显而畅,是指元剧题旨显露的,能让观众看得真切明白;而总体的风格则呈现出酣畅之美,让观众有痛快淋漓的感受。许多作家不仅自然地抒写人情世态,而且表现出淋漓尽致、饱满酣畅的风格。在元以前,传统的文学观念注重"温柔敦厚""乐而不淫,哀而不伤",每以简古含蓄为美。元代文坛的审美观与这一传统大异其趣,许多作家"显而畅"的做法恰恰为传统所忌。以剧本的情节安排而论,元剧作家总是把简单的故事写得波澜跌宕，透彻地表现悲欢离合的情态；以刻画人物而论，则力图揭示出主人公的内心奥秘，曲尽形容，鲜明地显示其个性特征；以语言风格而论，则崇尚"本色"，大量运用俗语、俚语，以及衬字、双声、叠韵，生动跳挞地绘形绘色。剧作者往往毫无遮拦地让人物尽情宣泄爱与恨，如关汉卿写窦娥呼天抢地，骂官骂吏，把悲愤怨恨的氛围推到极限。

◎ 思考题

1. 你认为宋代市井文化形成的社会文化条件有哪些？
2. 请谈谈市井文化与俗文学的关系。
3. 你认为市井文化对宋代作家审美情趣的转变有什么影响？

◎ 推荐书目

[1] 杨渭生. 两宋文化史[M]. 杭州：浙江大学出版社，1998.
[2] 赵伯陶. 市井文化与市民心态[M]. 武汉：湖北教育出版社，1996.
[3] 段玉明. 中国市井文化与传统曲艺[M]. 长春：吉林教育出版社，1992.

第二节　秦楼楚馆中的词客雅士

中国古代文学中，秦楼楚馆与文人之间的关系密不可分，很多文学作品的内容都离不开才子佳人的话题，例如唐传奇、婉约词以及明末清初的才子佳人小说等，在这些千古流传的文学作品中，与文人诗酒酬唱，志同道合，发生美好爱情故事的几乎都是秦楼楚馆中的女子，这是中国古代社会中普遍存在的社会现象还是文人骚客理想化的憧憬或梦想呢？大家闺秀往往成长于传统儒教熏陶的家庭中，被培养成三从四德的女性，只为了嫁为人妇后能够服侍男人，繁衍后代宜家宜室。就像林语堂说的那样：男人们认为让体面人家的女子去摆弄乐器是不合适的，于她们的道德有害。绘画与诗歌也很少受到鼓励，但是男人们并不因此而放弃对文学与艺术上有造诣的女性伴侣的追求，那些歌妓们都在这方面大有发展，因为她们不需要用无知来保护自己的品德。而秦楼楚馆中的女子大多为了生计不得不学习各种艺术，因为她们的服务对象主要是文人墨客。为了满足他们的审美情趣，琴棋书画、诗词歌赋就成了秦楼楚馆中女子们的主要学习课程。"苏东坡以前，是教坊乐工与娼家妓女唱歌的词""《花间集》五百首，全是为倡家歌者做的"。[甲]当然其中不乏天资聪颖、才貌双全的佳人，更加成为文人们追求和爱恋的对象。这些所谓的"红颜知己"们"时代尚诗，则能诵诗作诗；时代尚词，则能歌词作词；时代尚曲，则能歌曲作曲。我看了唐、宋、元诗妓、词妓、曲妓，多如过江之鲫，乃知娼妓不但为当时文人墨客之赋友，且为赞助时代学术文化之功臣。"[乙]

[甲] 胡适. 胡适古典文学研究论集[M]. 上海：上海古籍出版社，1988：552.

[乙] 王书奴. 中国娼妓史[M]. 上海：上海生活书店，1945：192.

青楼历史渊源

"中国古代，尤其是明清以前的处于青楼教坊的娼妓与后世完全以色相待人的娼妓有所不同，古代的娼妓虽注重外貌的姣美也具备一些以性悦人的特点，但更主要的则是以高雅、能歌善舞服侍于人而著名。"[丙]青楼，原意为"青漆粉饰之楼"，即华丽的屋宇，是豪门大户、阀阅之家的代称。"青楼临大路，高门结重关（曹植《美女篇》）""虞氏，梁之富人，高楼临大路"（《文选》李善注引《列子》）中的"青楼"，与大路、高门相联，与权势、地位相关，而与艳游、酒色无涉。

[丙] 武舟. 中国妓女生活史[M]. 长沙：湖南文艺出版社，1990：50-67.

六朝前，"青楼"都是故家世族的代称。如"鸿飞满西洲，望郎上青楼"（江淹《西洲曲》）"寂寂青楼大道边"（江总《闺怨诗》）均是此意。在人们的意识中，华丽的屋宇与艳丽奢华的生活有必然关系，"青楼"渐与娼妓有了关联。"倡妾不胜愁，结束下青楼"（萧梁刘邈《万山见采桑人》），青楼里住进了"倡妾"。唐代"青楼"晚出义与原意并存而用，如"驰道杨花满御沟，红妆缦绾上青楼"（王昌龄《青楼曲》）、"夫婿久离别，青楼空望归"（孟浩然《赋得盈盈楼上女》）中"青楼"为古意；而"对舞青楼妓，双鬟白玉童"（李白《楼船观妓》）"十年一觉扬州梦，赢得青楼薄幸名"（杜牧《遣怀》）则是晚出义。自唐之后，宋元以降，青楼的本意被其晚出义取代，成了烟花之地的专指，与平康、北里、行院、章台等词相并列。青楼，成为烟花女子营业场所的雅称，青楼女子也成为娼妓、风尘女子、烟花女子的别称。

"我国娼妓制度,既自"女闾"开其端,自此以后,无代无之。唐承六朝金粉之后,娼妓之多,空前未有。约分家妓公妓两种。长安都城中有所谓'北里''平康里'舆'教坊'者,即为当日风流渊薮"。甲《文选》李善注:"《说文》'倡,乐也'。谓作妓者",《说文》:"妓,女乐也。"古代"娼""倡"通用,"妓""伎"相通。今"娼妓"一词本作倡伎。倡,古代泛指表演歌舞杂戏的艺人,又称作俳、优、伎、伶,本意是指女艺人,即歌舞表演中的女演员。娼妓源于女乐。夏、商开始,有了专门为统治者提供声色服务的女乐倡优。商朝时期名为巫娼,后世称之为先秦女乐。《战国策》中有云:"齐桓公宫中女市七,女闾七百,国人非之""置女闾七百,征其夜合之资,以充国用"。管仲所设"女闾"被认为是古代妓院的滥觞。进入两汉后,女乐普遍,家妓兴起,南北朝为盛。乐户和家妓,是魏晋南北朝时期产生的新的歌妓形态。家妓为主人唱曲、抚琴、献舞,在宴请宾客时提供娱乐节目等取悦于人。私妓在先秦时就已经出现,伴随着城市的繁荣,在唐代兴盛起来。

唐代娼妓制度已形成了稳定的结构形态。按照归属和服务对象,娼妓分为官妓、家妓、私妓。娼妓学艺有习声乐、器乐、舞蹈等,故又以"歌妓""琵琶娘(琵琶妓)""吹笛侍儿"等相称。教坊是这一时期政府管理歌妓、乐工的音乐机构。《教坊记》记有:"平人女以容色选入内,教习琵琶、三弦、箜篌、筝等。"教坊中的歌妓拥有较高的色艺,善歌、工舞,容颜娇媚,供官员享乐。歌妓的活动几乎渗透到了封建士大夫的整个生活领域。无论是官府迎来送往、宴宾典礼,还是官员们聚会吟诗、游山玩水,都常有以妓乐助兴,于是官妓迅速兴起。官妓,又称"官使妇人""官使女子"等,隶属于各级官府。官僚贵族们还普遍蓄养家妓,白居易"黄金不惜买蛾眉,拣得如花三四枝"是这一世风的真实写照。唐代的市妓规模也十分可观,当年长安的平康坊就有"风流薮泽"的艳称。

宋代青楼沿袭唐制。由于全社会的侈靡享乐之风盛行,宋代青楼规模数量较唐代发达。娼妓有等级之分,大体分为官妓(包括教坊妓、营妓、地方官署的歌妓)、家妓、私妓(又称"市妓")三种。官妓,包括中央及地方官署的歌妓及军中女妓(营妓),主要供朝廷和官府娱乐时遣用。京师官妓隶籍教坊,地方市妓属州郡管辖,名为"乐户"。按例宋代官吏每到一地,官中歌妓便要奉命待宴。宋代营妓服务的对

甲 黄现璠. 唐代社会概略[M]. 北京: 商务印书馆, 1937: 67.

象已扩展到军营以外。家妓，是官僚士大夫家养的歌妓，她们在主人的家宴中，唱词侑觞助饮，有的兼作侍奉主人的卧妾、婢女。例如，名相寇准家里就歌舞妓人成群，每次宴饮必令歌妓"歌数阕，公赠之束彩"。宋代城市经济发达，都市中充斥于秦楼楚馆的私妓（市井妓）。与官妓、家妓相比，宋代私妓献艺的对象更为广泛，活动方式与行为性质也有所变化，不限于歌舞表演及侑觞劝酒，也侍寝。娱乐全城官僚士庶的歌楼、酒馆、茶肆、平康诸坊和勾栏瓦舍等舞榭歌台，遍布街衢，都是私妓们聚集和活动的场所。《东京梦华录》记有："凡京师酒店，门首皆缚彩楼欢门，唯任店入其门……向晚灯烛荧煌，上下相照，浓妆妓女数百，聚于主廊槏面上，以待酒客呼唤，望之宛若神仙。""又有下等级女，不呼自来，筵前歌唱，临时以些小钱物赠之而去，谓之札客。"南宋，废除教坊后歌妓的主要活动场所是瓦当勾栏。临安城内，"视京师其过十倍矣。"妓院娼楼，遍布全城，规模数量超过了汴京，临安成了私妓的云集之地，有"花阵酒楼"之称，由此可见宋代歌妓的活跃程度。

青楼女子作为以色艺娱人的社会特殊群体，不受礼教的约束、羁绊，与各色男子同席共饮，可以随处轻歌曼舞、红妆侑觞，传递一种缠绵悱恻的情意，营造浪漫情调的娱乐生活，推动和繁荣了以俗乐为基础的社会文化的发展。

青楼，是一种特殊的社会文化现象。青楼产生着艺术，消费着艺术，保存着艺术，传播着艺术，发展着艺术。青楼女子作为一个特殊的社会阶层，以出卖色艺为生，具备一定的文化和艺术修养，在文化发展中有不可磨灭的贡献。青楼文化起于魏晋，盛于唐宋，延及近代，经过千年的发展，形成了中国历史上独特的青楼文化景观，成为传统文化中不可或缺的一部分。"丽宇苏林对高阁。新妆艳质本倾城。映户凝妆乍不作，出帏含态笑相迎，妖姬脸似含花露，玉树流光照后庭"（南朝陈后主陈叔宝《玉树后庭花》）。这首描写歌妓艳丽无比的诗成为后世歌妓传唱的名曲。青楼场所是一个专门吸纳"色艺双绝"女子的场所，"色艺"是唐宋时期品评青楼女子的标准。《开元天宝遗事》载有："长安名妓刘国容，有姿色，能吟诗""宁王宫有乐妓宠姐者，美姿色，善讴歌"，《宣和遗事》记有："东京角妓李师师，住金线巷，色艺冠绝。"这些记载表明，对青楼女子既注重容貌、仪态的品评，也注意对其歌舞及诗文修养的评价。因此，青楼女子往往不仅姿色出众，而且有着较高的文化素质与艺术天赋，或能歌善舞，或精通诗书，或学贯古今。宋词中描写的青楼女子由外到内，表现她们性格中美与善的一面。如柳永词中如此赞美青楼女子："能染翰、千里寄，小诗长简""文谈娴雅，歌喉清丽，举措好精神"。苏轼的《浣溪沙》描写了歌妓温柔多情的典型性格，"眉长眼细。淡淡梳妆新绾髻。懊恼风情。春著花枝百态生。天真雅丽。容态温柔心性慧。响亮歌喉。遏住行云翠不收。"

从史料看，中国古代走红的娼妓都与才学有关系，非才者，很难名噪一时。例如唐代名妓薛涛，容色才调尤佳，14岁丧父后迫于生计入乐籍。她凭着自己的才情，以诗歌酬交于封疆大吏、文人学士，"涛每承连帅宠爱，或相唱和，出入车舆，诗达四方。唐衔命使臣每至蜀，求见涛者甚众"。《全唐诗》中收录其诗89首，如《春望词》四首之一："花开不同赏，花落不同悲，欲问相思处，花开花落时。"抒写眺望春景，却心生复杂愁情，表达了诗人伤春之感相思之情。她写给元稹的离别诗《送友人》："水国兼霞夜有霜，月寒山色共苍苍；谁言千里自今夕，离梦杳如关塞长。"更是情景交融地表达了依恋与不舍之情。

北宋时的鼓乐演奏名妓刘德妃，艳如桃花，丽赛芙蓉，身材修长，腰肢纤细，再加上聪明机警，对书画文字、丝弦弹唱，一学便会，尤擅鼗鼓。后被宋真宗召入宫内，将其封为美人，又册为德妃。孟元老的《东京梦华录》在"京瓦肆伎艺"的群芳谱中有"小唱：李师师、徐婆惜、封宜奴、孙三四等，诚其角者"，排名第一的李师师色艺绝伦，名冠诸坊。朱敦儒有诗云："解唱《阳关》别调声，前朝惟有李夫人。"张先《师师令》一词中"不须回扇障清歌，唇一点、小于花蕊"，受赠人就是李师师。

元代的刘婆惜"颇通文墨，滑稽歌舞，时贵多重之"，樊番歌"妙歌舞，善谈谑，亦颇涉书史"，李翠娥"长通诗书"。与柳如是、陈圆圆、李香君等同为"秦淮八艳"的明末名妓董小宛，天资巧慧，容貌娟妍，著有《国朝闺秀正始集》和《清诗汇》，还编成了《奁艳》一书。董小宛不仅擅歌舞，还酷爱临摹，《中国美术全集·清代书法》称其"行笔俊快清劲，锋颖秀拔，备尽楷则，可称书法精品"，冒辟疆的《影梅庵忆语》中有记:"一一求解其始末,发不平之色,而妙出持平之议。""姬午夜衾枕间犹拥十家唐诗而卧"其才情之高由此可见。

四 青楼女子与文人雅士的互动

"青楼是引发宋代文人墨客绮思丽情的渊薮,多少在婚姻家庭中体验不到的浪漫温存都可以在歌姬舞妓的袖角唇边得到补偿,而后再揭橥于词;青楼又是谱唱播新词的最理想场所,有谁不想让自己的奇句妙语被于管弦、出诸丽人之口,遐迩皆闻呢?又有哪一位歌妓不愿率先唱出名士的新作,从而使自己身价倍增呢?"^甲由于宋代开明、自由的社会风气,青楼女子多才多艺,文人们沉迷青楼、流连声色、诗酒酬唱,成为时代风气。青楼女子与文人雅士的交往故事一直是青楼文化的主题。二者虽属两个不同的社会群体,但对于命运的不确定性和多变性却具有相同的困惑。"同是天涯沦落人",在人生价值和感情需求上,达成了心灵的默契,形成了某种意义上的互济。古代的婚姻制度使文人的精神需求无法得到满足。家庭女性受"无才便是德"的束缚,夫妻之间不可能有太多的共同语言,即便有着"一夫多妻"制,这些妻妾大多也只是身份地位的象征。而具有较高的文化素质的青楼女子,会吟诗作对,能与文人达到和谐的交流和精神的共鸣。"青楼就成为士大夫阶层摆脱家庭、伦理负担,获得心理松弛与平衡的'绝妙'场所"。^乙因此,青楼女子侍宴酒席、色艺兼售的活动,也就具有了积极的社会文化意义。青楼女子个人感情上的匮乏也使她们需要结交文人雅士。两者之间比其他人群更容易沟通而互生共鸣,彼此的交往就各自满足了某些精神方面的需要而互为知己。这既体现在歌舞侑酒与填词听歌相辅相成的文化娱乐中,又表现在由此形成的以爱恋为纽带的情感世界上。前者为士大夫群体游妓蓄妓的主要活动形式,后者是活动形式得以展开的内在动因。正如荷兰汉学家高罗佩《中国古代房中术》中所说:原因其实在于他们渴望与女人建立一种无拘无束、朋友般的关系,而不一定非得发生性关系。一个男人可以与艺伎日益亲昵,但不一定非导致性交不可。^丙青楼女子与大批放荡不羁的词人(如柳永、晏几道、秦观、万俟咏、周邦彦、姜夔等)是有着深厚情意的伙伴,二者之间不是简单的金钱消费关系,而是彼此依倚、

甲
陶慕宁. 青楼文学与中国文化[M]. 北京:东方出版社,2006:80.

乙
陶慕宁. 青楼文学与中国文化[M]. 北京:东方出版社,2006:6.

丙
中国古代房中术[M]. 李零,郭晓慧. 译本. 上海:上海人民出版社,1990:239.

互相推毂的互补关系。

陶慕宁的著作中于此有精当论述。于文人雅士而言,"狎妓冶游,选艳征歌,是中世纪士人生活的重要组成部分。南宫高捷,仕路亨通,要向青楼女子炫耀;宦途偃蹇,怫郁不舒,也要到那里排遣。其间那种浅斟低唱、莺语间关的氛围确有荡涤利禄,排愁遣闷的审美功能,而那些风尘女子的目挑心许、娇容冶态也更饶风情,更富于情趣,因而也更易引起回味"[甲]。"从妓女的立场来考虑,她们之愿意接纳士人举子也有几方面的原因:一则这类顾客大多风流倜傥、吐属隽雅,出手豪阔,首先能引起直观的愉悦。二则,举子的身份往往能够使人产生一种深浅莫测的敬畏之感。一旦南宫高捷,仕路亨通,为卿为相也并非没有可能。这种弹性身份对于身操卖笑生涯的风尘女子来说,显然具有相当的吸引力。再则,唐代妓女声名地位的黜陟升沉,几乎全要取决于名士举子的品题月旦,这种臧否甚至直接影响着妓女的衣食来源和青楼的营业收入"。[乙]

此外,文人们的作品若要被于管弦,广为传诵,青楼则是最好的传播媒介,需借助妓女为自己扬名。青楼女子在与文人士子的交往、唱和筹答中,也祈求得到认可与爱怜,由文人学士捧红。正所谓"妓以词人扬其名,文人因名妓而显其声"。[丙]这样一种相互促进的关系,使得古代文人与妓女,诗词文化与青楼文化密不可分。

应该说,青楼娼妓并非始于唐宋,但是青楼娼妓在宋士大夫们情感世界中却有特殊的意义。"在中国文学史上,文人与歌妓的交往活动可谓是司空见惯的,但词人与歌妓的交往,不像以往的文人那样,只是作为一种生活方式的体现,而是作为一种艺术的积淀,词人将这种日常的生活方式转化成其艺术创作的情感和心理积淀。这种情感和心理的积淀,我们姑且称之为'歌妓情结'。无论是外在的创作环境,还是其内在的情感表达,都与歌妓有着千丝万缕的联系。"[丁]

南宋吴曾《能改斋漫录》载有庆历年间的翰林学士聂冠卿的《多丽词》:"想人生,美景良辰堪惜。问其间赏心乐事,就中难是并得。况东城凤台沁苑,泛晴波浅照金碧,露洗华桐,烟霏丝柳,绿荫摇曳,荡春一色。画堂迥,玉簪琼佩,高会尽词客。清欢久,重燃绛蜡,别就瑶席。有翩若惊鸿体

[甲] 陶慕宁. 青楼文学与中国文化[M]. 北京:东方出版社,2006:3.

[乙] 陶慕宁. 青楼文学与中国文化[M]. 北京:东方出版社,2006:9.

[丙] 杨万里. 宋词与宋代的城市生活[M]. 上海:华东师范大学出版社,2006:95.

[丁] 李建亮. 唐宋词与唐宋歌妓制度[M]. 2版. 杭州:浙江大学出版社,2006:2.

态,暮为行雨标格。逞朱唇,复歌妖丽,似听流莺乱花隔。慢舞萦回,娇鬟低亸,腰肢纤细无力。忍分散,彩云归后,何处更寻觅。休辞醉,明月好花,蔓漫轻掷。"上阕描写美景良辰的宴游之乐,词客高会,惋惜人生的短暂,对酒当歌,及时行乐。下阕写妓女的身段、风情而及于歌态舞姿。此词格调颇唐顽艳,却形象地体现了词与词人及妓女的关系。

古代名妓的故事成为文学作品的蓝本流传至今,除了出众的外貌,过人的才艺,最重要的是她们与文人的结合。宋人笔记《墨庄漫录》等记载了李师师与晁冲之、张先、秦观等人的交游。《贵耳集》《浩然斋雅谈》讲述了周邦彦因嫉妒宋徽宗与李师师二人关系作词而获罪,又因词美而复官的故事。宋代的文人士子具有喜欢歌舞、善音乐、酷好声妓的文化性格,有名的词人大都与青楼有着直接的关系。他们的琴书之乐、清谈之乐、山水之乐、纵饮之乐、品茗之乐、博弈之乐、流觞曲水之乐等游赏活动,总是携歌女纵游为伴,拥香作词。欧阳修、柳永、晏几道、张先、苏轼、秦观、周邦彦、贺铸等,都与青楼歌女过从甚密。如风流天性的苏轼,平生"不耽女色,而乐与妓游"。在被贬为杭州通判期间,宴饮时见到轻盈曼舞的王朝云,备极宠爱,娶她为妾。一次,苏东坡退朝回家,指着自己的腹部问侍妾:"你们有谁知道我这里面有些什么?"一答:"文章。"一说:"见识。"王朝云道:"您肚子里都是不合时宜。"苏东坡闻言赞道:"知我者,唯有朝云也。"朝云死后,苏东坡有一副楹联纪念:不合时宜,惟有朝云能识我;独弹古调,每逢暮雨倍思卿。据《冷斋夜话》载,性格疏放的苏轼在杭州居然还将妓女带到佛门与杭州静慈寺名僧戏谑。"苏门四学士"的黄庭坚、秦观、晁补之、张耒饮誉词坛,也都酷好声妓,流迹青楼。

因写过"忍把浮名,换了浅斟低唱"而得罪了仁宗皇帝的柳永,一生就流连于歌坊青楼之间,出入于秦楼楚馆,"多游狎邪,善为歌辞。教坊乐工,每得新腔,必求永为辞,始行于世。于是声传一时"(叶梦得《避暑录话》卷下)。柳永的故事总与女性,与爱情,与他的风流相关。叶梦得《避暑录话》卷上载,柳永"为举子时多游侠斜(邪),善为歌辞。"柳永在《风归云》一词中如此回忆:"恋帝里,金谷园林,平康巷陌,触处繁华,连目疏狂,未尝轻负,寸心双眼。"《戚氏》一词有:"未名未禄,绮陌红楼,往往经岁迁延。"柳永在到处是歌楼妓馆的繁华都市中，为其所吸引而沉醉其中。而能和柳七郎床下填词、床上戏水，也是青楼歌女们的夙愿。《众名姬春风吊柳七》载道："不愿穿绫罗，愿依柳七哥；不愿君王召，愿得柳七叫；不愿千黄金，愿中柳七心；不愿神仙见，愿识柳七面。"他把自己大半生的真情实感献给了妓女，妓女们也把他当做亲人对待、怀念。相传柳永"死之日，家无余财，群妓合金葬之""每寿日上冢，谓之吊柳七"。甚至每遇清明节，妓女、词人携带酒食，饮于柳永墓旁，称为"吊柳会"。宋元以来的笔记、话本、杂剧、小说也多记载柳永与歌妓的交往情事，如《柳耆卿诗酒玩江楼》《众名妓春风吊柳七》《诗酒玩江楼》《风流冢》《变柳七》等。

元代文人与青楼女子都处在社会的底层，混迹勾栏，与倡优为偶，关系更为密切。关汉卿《越调·斗鹌鹑》《女校尉》两个套曲，以审美的眼光赞美青楼妓女的艺术才能与审美价值，从知音的眼光欣赏青楼妓女内外兼修的美质。其代表作《南吕·一枝花·不伏老》，更是展现了一个长期出没于青楼行院的玩世浪子形象，以一种不服输的傲世精神与传统观念对抗。明代冯梦龙生长在商业经济十分活跃的苏州，年轻时常出入青楼酒馆，"逍遥艳冶场，游戏烟花里"（王挺《挽冯犹龙》）。吴敬梓同样涉足花柳风月之地，又一向乐善好施，肆意挥霍财产，终致"千金散尽"，甚至变卖祖传的田地、房产。

以描述妓女之色艺及其生活，以及士大夫冶游狎妓之事为主的青楼文学源远流长，其中反映歌女舞伎、醇酒妇人的青楼诗词，是中国文学史上的一种文化现象。开元盛世为唐代青楼文化的发展和繁荣提供了广阔的舞台，也氤氲了追求奢侈享乐的浮华虚幻的风气。李白、白居易、杜甫、杜牧、李商隐、温庭筠等一批文坛大家均有青楼作品。如李白有《携妓登梁王栖霞山孟氏桃园中》《邯郸南亭观妓》等18首诗歌与青楼有关。白居易有青楼诗30首，除了"何处春深好，春深妓女家""绿藤阴下铺歌席，红藕花中泊妓船""李娟张态一春梦，周五殷三归夜台。虎丘月色为谁好，娃宫花枝应自开"等名句外，最为著名的是长诗《琵琶行》。杜牧的《遣怀》中"十年一觉扬州梦，赢得青楼薄幸名"更是千古名句。此外，《泊秦淮》《嘲妓》等诗，也是青楼诗的传世之作。

宋词与青楼文化更是密不可分。宋代虽与外患相终始，但始终沉溺于酣歌醉舞的氛围中。一个柔弱的时代，文人钟情于青楼，游弋于青楼，青楼也需要词人的光顾。在词人与青楼女子伙伴关系的交互过程中，绝大部分词作于青楼之中诞生。"青楼—歌妓—宋词"三位一体，形成了一种很特殊的文学现象。歌妓是词人审美观照的主要对象，女色的参与，对词人的创作灵感也是一种刺激。歌妓以其独特的魅力出现在宋词里，词中大量的对歌妓曼妙无比的歌喉与仪态万方的姿容，甚至她们的发髻、纤足、小手、指甲等的描写，即是明证。

明朝时期，青楼开始出现低俗不雅、赤裸的金钱交易现象。至清代，妓女们不再是诗词歌赋、琴棋书画的佳人，客人们也不再是风流倜傥、诗酒怡情的才子。狭邪笔记和小说描写涌现，青楼不再是高雅调情的青楼。随着青楼的没落，活色生香、绚丽梦幻的青楼文化也日渐衰亡。

四 舞榭歌台的文人词作

词起于唐，激扬于五代，至宋蔚为大观，有"一代文学"之称。宋代经济文化繁荣，都市娱乐生活丰富，促进了青楼文化的发展，宋词创作达到一个巅峰，两者相辅相成，共同繁荣了几百年。娼妓制度作为一种特殊的社会现象和文化形态，为词的形成和发展提供了不可缺少的文化土壤。歌台舞榭和歌儿舞女成为士大夫生活中的重要内容，滋生于这种土壤的词日益兴盛。青楼文化成为词体赖以形成和繁荣的摇篮和温床。

中唐以来，文人士大夫阶层流行歌妓歌舞和文人填词的宴乐之风。宋代由于商业发达，都市繁华，此风尤为盛行。"新声巧笑于柳陌花衢，按管调弦于茶坊酒肆"（孟元老《东京梦华录·序》），词成为文化消费的热点，民间的娱乐场所对歌词有大量的需求。南宋《复雅歌词序》中有："人人歆艳，咀味于朋游尊俎之间，以此为相乐。"青楼女子，是词人创作灵感的刺激者，也是传播词的媒介人。宋朝歌妓之多、水平之高为其他朝代所罕有，她们和宋朝的才子们共同推动了词这一新兴艺术形式在民间的广泛流传。

宋代流行"乞词"，即指歌妓在歌筵舞席或公私宴会等特定的场合，向在场的词人乞请作词的行为。歌妓"乞词"于词人，词人"赠词"于歌妓，以花间樽前侑酒佐欢，娱宾遣兴。词"本来是歌筵酒席之间，交给那些美丽的歌妓舞女去传唱的歌词，所写的是男女爱情及相思离别的内容"。[甲]北宋中后期的秦观、周邦彦，也都为歌妓写了不少词作。据说南宋叶梦得一日在船上，眼前突现一"花船"，船上几位仙女夸他"俊声满江表"，为他歌舞一曲，后派出个花魁当场要求叶梦得作词，这位大学士现场填了《贺新郎》一词。

"词之为体，要渺宜修，能言诗之所不能言，而不能尽言诗之所能言，诗之境阔、词之言长"（王国维《人间词话》）。词同音乐的密切关系，使词特别宜于抒情——抒男女风月之情，是中国文学史上第一个抒写艳思恋情的专门文体。词最早流行于市井酒肆之间，是一种通俗的艺术形式。五代时期的《花间集》的题材仅限于描写闺情花柳、笙歌饮宴等方面。"诗言志词言情""词为艳科"，宋词沿袭这种词风，以描写艳情为主，"簸弄风月，陶写性情，词婉于诗。盖声出莺吭燕舌间，稍近乎情可也"（张炎《词源》卷下"赋情"），题材集中在伤春悲秋、离愁别绪、风花雪月、男欢女爱等艳情方面，是宋词创作的主流倾向。即便是"豪放派"开山鼻祖的苏轼，其绝大多数词仍属"艳科"范围。词人万俟咏曾把自己的词集分为两类，一雅词，一侧艳。后觉"侧艳体无赖太甚"，削去再编，分成了五体，曰应制，曰风月脂粉，曰雪月风花，曰脂粉才情，曰杂类。结果，大部分还是香艳的内容。醇酒妇人，加上羁旅愁思，伤春悲秋，是豪放派词以外的宋词的基本内容；"十七八女郎，执红牙板，歌'杨柳岸晓风残月'"，是宋代词坛面貌的写照。

"宋人在恋爱生活里的悲欢离合，不反映在他们的诗里，而常常出现在他们的词里"（钱钟书《宋词选注·序》）。由于儒家历来讲究诗教的传统，"乐而不淫，哀而不伤。"作诗要本着淳风俗、敦礼乐的宗旨。宋代理学家更注重诗的理念教化功能。实现了社会责任感和个性自由的整合的宋代文人，诗文主要用来述志，以诗文来表现有关政治、社会的严肃内容；词则用来娱情，抒写纯属个人私生活的幽约情愫，成为最合适的宣泄内心衷肠的渠道，诸如狭邪放诞之情，暧昧缠绵之意，均寄托于词来无拘无束地倾吐自己的真性情。

长期混迹青楼，使柳永能够了解妓女们的心理好恶，同

[甲] 叶嘉莹. 唐宋词十七讲[M]. 北京：北京大学出版社，2008.

情她们的命运。《乐章集》十之八九写的是歌姬舞伎。他沉迷于她们的轻歌曼舞，抒写她们的忧虑追求，诉说与她们的缠绵。欧阳修、苏轼、秦观、周邦彦、张先等文坛大家都有青楼词传世。一代儒宗欧阳修年轻时颇风流放任，"三十年前，尚好文化，嗜酒歌呼，知以乐而不知其非也"（《答孙正之第二书》），因而也有一些"世俗之气"的艳词，如《系裙腰》写得缠绵绮丽，以致有人认为是伪作。苏轼的《贺新郎》词句旖旎华丽，情意缠绵，是一首香艳绝妙的青楼词。"苏门四学士"中最受妓女爱慕的秦少游《满庭芳》等词，契合妓女的心理，拨动了她们的心弦，青楼闺阁皆争传其作，每一词出，不胫而走。周邦彦以表现青楼艳事为能事，其《片玉集》有极浓艳词，如《青玉案》《花心动》等。其它诸如晏殊的《望江月》《玉楼春》，秦观的《鹊桥仙》，陆游的《柳林酒楼小家》《寒夜遣怀》《听琴》《梅花绝句》等，豪放派的词人辛弃疾的《摸鱼儿》《青玉案》，爱国词人张元干的《长相思令》等，都是青楼诗词。"词乃是文人学士所依傍的歌妓舞女最爱唱的歌曲"。[甲]词与音乐的结合，还需要以青楼女子为中介。青楼女子既是词人创作灵感的来源，也是词作的吟唱者和传播者，青楼成为宋词的重要创作场所和传播途径。

  词伴随隋唐燕乐的发展而兴起，是一种诗乐结合的新型诗体。宋代的词集有称"乐章""歌词""寓声乐府""近体乐府""歌曲"等，即表明了其音乐性质。词的特点在于"由乐定词"，即按照歌谱的长短、节奏来填上歌词。张炎《词源》卷下有："先人晓畅音律，有《寄闲集》，旁缀音谱，刊行于世。每作一词，必使歌者按之，稍有不协，随即改正。"词人"倚声填词"，要兼顾音律谐婉。而练习和掌握流行的燕乐新声的歌妓，对协调字声和词乐关系，促使歌词与音乐相融起着重要作用。通过歌妓播之管弦，付之歌喉，实现词与音乐完美结合，词才能够广为传播。可以说，歌妓是词乐结合的中介，也是宋词初期传播的媒介。"尽道清歌传皓齿"（苏轼《定风波》），歌妓担负了词的传播和发展的使命。青楼依照词人的词作编排歌舞，词人词作才得以广为传唱。宋代青楼为词人的词作提供了一个美妙的传播平台。应该说，听、观赏的传播方式，比之诵、读的传播方式更具表现力、冲击力和感染力，词人的作品通过这样的方式传播并流向市井。

甲 郑振铎. 中国文学史[M]. 北京：中国文史出版社，2015: 410.

词人与歌妓相聚的秦楼楚馆、公私宴席，是词所拥有的特殊的传播环境。在这种场合，词人的作词与歌妓的唱词，其创作与传播是共时共地进行的。这种传播方式中歌妓充任了词的首要传播者。叶梦得《避暑录》说："元献公性喜宾客，未尝一日不宴饮，每有嘉客必留。亦必以歌乐相佐，谈笑杂出。……稍阑，即罢遣歌乐，曰：'汝曹呈艺已遍，吾当呈艺。乃具笔札，相与赋诗，率以为常。'"晏殊的词，就产生在这个酒后歌残的艺术浪漫的环境中。张先在《碧牡丹》中曰："步帐摇红绮。晓月堕，沈烟砌。缓拍香檀，唱彻伊家新制。"词中所写即是歌妓在晏殊招待张先的宴会上，歌唱晏殊新词的情景。柳词的传播呈现出这样一种范式：歌词—歌妓—听众的动态的传播范式，歌妓在其中充当了不可或缺的媒介作用。柳永的词多是柔艳之曲，正适合于"十七八的女孩儿"演唱。歌妓的演唱使柳永词达到了与诗、歌、乐、舞相结合的艺术境界，倚靠着声色俱佳的歌妓的歌唱，在歌楼舞榭、勾栏瓦肆、街区小巷、尊前月下等休闲娱乐的场所和环境中得以广为传播，以致有"凡有井水饮处，即能歌柳词"（叶梦得《避暑录话》）之说。

秦楼楚馆中的才女佳作

宋代是词的时代，除了文人墨客能填词外，上至帝王将相，下至贩夫走卒，以及小家碧玉、坊曲娼妓、名门闺秀和女尼女冠，无一不能作词。一些聪明颖悟的娼妓与词人相伴，耳濡目染渐渐学会了填词，谱入乐章，传之坊曲。《全宋词》共收录女词人85人，词近200首。其中，收录娼妓32人，词28首，另外宋人话本小说中也有能词娼妓留下的篇目，如《词苑丛谈》中收录有张玉莲小词、尹温仪词、赵文素词，《宋词纪事》收录有楚娘《生渣子》等，合计能词歌妓不下26人，词作超过32首。娼妓群体的创作约占宋代女性词人的四分之一，娼妓词约占宋代女性词的六分之一。其中著名的有琴操、陈凤仪、严蕊、马琼之、聂胜琼、僧儿、赵才卿等，皆资性慧黠，秀外慧中，善于填词。

青楼词多表现身世飘零的痛苦和悲伤，是"闺音原唱"的表现。如平江妓《贺新郎·送太守》、琴操的《满庭芳》等，诉说为妓者人如物贱、身不由己的悲哀，表现了这一女性群体真实的心灵世界，是孤苦之心黯然神伤的自然流露。例如严蕊的《卜算子》：

"不是爱风尘，似被前身误。花落花开自有时，总是东君主。去也终须去，住也如何住。若得山花插满头，莫问奴归处。"

该词诉说了她误落风尘、以色事人、身不由己的悲苦，以及对自由生活的向往。周密《齐东野语》称她"善琴弈歌舞、丝竹书画，色艺冠一时。间作诗词有新语，颇通古今。善逢迎，四方闻其名，有不远千里而登门者。"

对爱情的向往与失落，也是歌妓词的主题。爱情对她们来说，大都只是一种可望而不可即的幻想。这类词中浸透了她们浓浓的相思之苦和幽怨之情，流露出来的是一种近乎无望的悲哀或一种难得归宿的哀怨，充满了浓烈的悲愁意识。例如美奴的《如梦令》：

"日暮马嘶人去，船逐清波东注，后夜最高楼，无绪、无绪，生怕黄错疏雨。"

情人离去，无尽的相思，痴情地等候，可她们的回报依旧是离别。

谭意哥的《长相思令》：

"旧赏人非，对佳时，一向乐少愁撽，远意沈沈，幽闺独自颦蛾。"

相思别恨，悲情难了，成为她们咏叹的主题。

聂胜琼的《鹧鸪天·寄李之问》：

"惨花悉出凤城，莲花楼下柳青青、樽前一唱《阳关》后，别个人人第五程。寻好梦，梦难成，况谁知我此时情。枕前泪共芭蕉雨，隔个窗儿滴到明。"

词借枕泪抒情，将别后的相思、心中的寂寥和盘托出，使人仿佛听到了来自忧思深沉世界的柔弱而悲凄的哀曲，是一首难得的佳作。

宋代娼妓词多为小令，罕有长调。词旨明朗浅易、清新率直。终日在风月场中，青楼女子少了闺阁女子常见的矜持、羞怯之态，她们的词所抒之情浓烈奔放，大胆不羁。如蜀中妓的《市桥柳·送别》一词，柔中带刚，情感率直，特点鲜明。

四 井水饮处皆歌柳词

"凡以烟花女子为描写对象或反映男子与她们流连奉酬时的心理感受的文学作品都属青楼文学之列,青楼妓女自身的创作亦不能排除在外。"[甲]青楼词,是指那些以歌妓形象和心态及词人同歌妓的关系为抒写内容的歌词。宋词作为一代文学的标志,其中涉及"青楼"或与青楼相关的词作更是数不胜数,题材主要以感时伤怀,风花雪月,或是对青楼女子的赞赏以及对爱情的吟唱为主。"听妓诗""观妓诗""赠妓词""咏妓词""思妓词"以及"悼妓词"是文人士大夫的词中常见的题材。据统计,《全宋词》中直接提及"妓"字的就有146次。李剑亮《唐宋词与唐宋歌妓制度》列举了词人应歌之词词序中注明赠妓的即有百篇之多。这里仅就柳永的青楼词作一介绍。

出身书香门第的柳永,因一阕《黄钟宫·鹤冲天》致使宋仁宗下令"且去填词",被除名榜单,阻断了功名之路,一生流连于青楼。他成了庙堂的逐臣,却因此也成了市井的宠儿。长期混迹于市井文化的氛围里,使他成为宋代市井文化的代表人物和先驱者。柳永是宋代第一位专力作词的文人,约212首词作品中以青楼娼妓为主要表现对象的有149首。与蓄妾养妓的白居易、挟妓载酒的李白站在高一个层次的角度,俯看美丽又可怜的妓女不同,柳永是平等地投入,在他的笔下,这些底层的女性第一次被作为"人"来对待。柳永的青楼词一类是以娼妓本身为主体,歌咏她们的美貌、才艺,再现她们复杂多变、微妙丰富的内心世界,塑造了个性鲜明、生动逼真的妓女群像。如《夜半乐·艳阳天气》《洞仙歌·佳留心惯》《玉蝴蝶·误入平康小巷》)《合欢带·身材儿》等细致地描写了歌妓们的美貌。《瑞鹧鸪·宝髻瑶簪》《风衔杯·有美瑶卿能染翰》等称赞了她们的歌艺、舞艺、书法等技艺。有的表达歌妓们对脱离娼妓和对正常的夫妇生活期盼,如:

"已受君恩顾,好与花为主。万里丹霄,何妨携手同归去。永弃却、烟花伴侣。免教人见妾,朝云暮雨"(《迷仙引》)

"争似和鸣偕老,免教敛翠啼红。眼前时、暂疏欢宴,盟言在、更莫忡忡"(《集贤宾·小楼深巷狂游徧》)

[甲] 陶慕宁. 青楼文学与中国文化[M]. 北京:东方出版社,2006:3-4.

有的描写歌妓对爱情的执着，在被抛弃后仍然痴心等待以及等待中的愁苦心态，如：

"王孙动是经年去，贪迷恋、有何长。万种千般，把伊情分，颠倒尽猜量"（《少年游·一生赢得是凄凉》）

"薄情漫有归消息，鸳鸯被、半香消。试问伊家，阿谁心绪，禁得恁无憀"（《少年游·帘垂深院冷萧萧》）

还有对歌妓的纯洁善良本质的赞咏，如《玉女摇仙配·飞琼伴侣》《夏云峰·宴堂深》等。在词人眼中，她们不再是任人随意玩弄蹂躏、地位低下的烟花女子，而是美和理想的化身，如水之洁净、兰之芬芳一样本质纯洁。另一类以柳永自己为情感主体，或表现与歌妓暂时离别后对她们真挚的思念之情，如：

"衣带渐宽终不悔，为伊消得人憔悴"（《凤栖梧·倚危楼风细雨》）

"如何媚容艳态，抵死孤欢偶。朝思暮想，空恁添清瘦"（《倾杯乐·皓月初圆》）

或表现对娼妓的珍爱、疼惜和永不舍弃之心，如：

"断不等闲轻舍。鸳衾下。愿常恁、好天良夜"（《洞仙歌（嘉景）》）

"祝告天发愿，从今永无抛弃"（《十二时·晚晴初》）

沉溺烟花的柳永，一些青楼词有过于直露的情色描写，如《菊花新》一词，《雨村词话》卷一说："柳永淫词莫逾于《菊花新》一阕"。《两同心》一词前半阕以表现女性美为主，后半阕则表现洞房锦帐的窃窃私语，情深意浓。此外，还有《凤栖梧》《迎春乐》《锦堂春》《小镇西》《斗百花》《昼夜乐》等词，情色描写也较为直露。这些狭邪之作，多少带有故作叛逆之态的意味。柳永落魄江湖、浪迹青楼，自称"奉旨填词柳三变"，漫游名妓之家以填词为业，衣食都由名妓们供给。名妓们都求他赐一词以抬高身价。谢玉英专侍柳永，与柳永如夫妻一般生活。柳永尽情放浪多年，身心俱伤，最后死在名妓赵香香家。他既无家室，也无财产，死后无人过问。谢玉英、陈师师一班名妓念他的才学和情痴，凑一笔钱为他安葬。谢玉英将其入葬后，碰碑而亡。虽然是民间传说，但是流露出的却是佳人对一代才子的爱慕之情。

宋初，词多是酒席宴前娱宾遣兴之作，故有"词为小道、艳科""诗庄词媚"之说。随着词体的发展和创作环境的变化，经柳永、苏轼等逐渐扩大了词的题材，"词至东坡，倾荡磊落，如诗，如文，如天地奇观"（刘辰翁《辛稼轩词序》），词的内涵也不断地充实和提高，至辛弃疾达到高峰，成为和诗歌同等地位的文学体裁。

柳永以长调的兴隆，使宋词作了首次转变。范仲淹的《渔家傲·秋思》改变了以红粉佳人、绮筵公子为主要抒情主人公的词坛格局，为词世界开辟了崭新的审美境界，开启了宋词贴近社会生活和现实人生的创作方向。其沉郁苍凉的风格，成为后来豪放词的滥觞。苏轼则首开豪放词风，后有辛弃疾等人继之，宋词的题材范围几乎达到了与唐诗同样广阔的程度，咏物词、咏史词、田园词、爱情词、赠答词、送别词、谐谑词应有尽有。"东坡词颇似老杜诗，以其无意不可入，无事不可言也"（刘熙载《艺概·词曲概》），词与诗一样，具有充分表现社会生活和现实人生的功能。由此，宋词打破了由婉约词一统词坛的传统局面，彻底跳出了歌舞艳情的巢窠，上升为一种与诗具有同等地位的抒情文体，升华为一种代表了时代精神的文化形式。宋词在艺术风格上也呈现出婉约与豪放并存，清新与秾丽相竞，双峰对峙、两水分流的格局。

思考题

1. 试述青楼与宋代文人的关系及其对词发展的影响。
2. 试述柳永的青楼词在词史上的地位。
3. 试析下列严蕊《卜算子》一词所表达的思想感情。

不是爱风尘，似被前缘误，花开花落自有时，总赖东君主。去也终需去，住也如何住，若得山花插满头，莫问奴归处。

参考文献

[1] 陶慕宁. 青楼文学与中国文化[M]. 北京：东方出版社，2006.
[2] 李建亮. 唐宋词与唐宋歌妓制度[M]. 杭州：浙江大学出版社，2006.
[3] 叶嘉莹. 唐宋词十七讲[M]. 北京：北京大学出版社，2008.
[4] 唐圭璋. 全宋词[M]. 北京：中华书局，1965.

第三节　休闲娱乐与话本小说

一位汉学家曾这样描述宋代的城市生活，他说："宋代的城市生活是自由奢华的。城市不再是由皇宫或其他一些行政权力中心加上城墙周围的乡村组成，相反，娱乐区成了社会生活的中心。在这里可以发现有无数的酒店、茶馆以及精通各种烹调技艺的饭馆，还有与日本后来的艺伎差不多的职业卖笑女人的居处。这些居处和饭馆常常变成妓院，那里还有戏剧、木偶戏、杂技、说书和其他各种娱乐活动。"[甲]宋代城市生活的兴盛促进了娱乐文化的繁荣，在丰富多彩的娱乐文化中孕育并形成了宋词、戏剧、说话等文学艺术形式，尤其是说话作为宋代最大的娱乐项目对中国白话通俗小说的蓬勃发展起着至关重要的作用。明代著名的长篇白话通俗小说几乎都是在宋元话本的基础上长期累积而成的。

[甲] [美]费正清，赖肖尔.中国：传统与变革[M].陈仲丹，等，译.南京：江苏人民出版社，1996：143-144.

宋朝社会的休闲娱乐文化

一、两宋仕宦奢靡享乐之风

两宋三百年间，社会奢侈享乐之风盛行，文化享乐氛围氤氲。宋朝统治者大力倡导奢侈享乐并身体力行，高度繁荣的经济和城市规模的扩大所奠定的物质条件，为宋代文化享乐提供了温床。宋初赵匡胤劝武将："多置歌儿舞女，日饮酒相欢，以终其天年。"此言一出，预示了两宋朝野享乐文化的盛行，全社会侈靡享乐之风的弥漫。《宋史·礼志》记载了喜欢打马球的宋太宗赵光义与诸王大臣们游戏的盛景：球兴一起，皇帝、诸王、大臣及仆从便驰马争击，并以龟兹乐助兴，以教坊击鼓吹角。宋真宗赵恒更是赐钱为大臣买歌妓，供他们享乐。"真宗临御岁久，中外无虞，与群臣燕语，或劝以声妓自乐。王文正公性简约，初无姬侍。……上使内东门司呼二人者，责限为相公买妾，仍赐银三千两。二人归以告公。公不乐，然难逆上旨，遂听之。盖公自是始衰，数岁而捐馆"（宋苏辙《龙川别志》）。北宋司马光曾写过这样一段话："宗戚贵臣之家，第宅园圃，服饰器用，往往穷天下之珍怪，极一时之鲜明。惟意所致，无复分限。以豪华相尚，以简陋相訾。愈厌而好新，月异而岁殊"。由此可见宋朝达官显贵于物质生活的要求之高。

士大夫阶层也崇尚奢靡的风气，流连于歌舞嬉游之乐，纵情享乐成为一时之风。家妓是以色艺博取主人欢心、满足主人享乐需要的家庭艺人。宋以前虽有家妓制度，但只是少数人的行为。至宋代，蓄妓则成为一种时尚，士大夫几乎无人不蓄妓。据《韵语阳秋》等典籍记载，欧阳修有妙龄歌妓"八九妹"，苏轼"有歌舞妓数人"，韩绛"家有女乐二十余辈"，张镃有"歌者、乐者，无虑数百人""名妓数十辈"。有"奉养极约"美誉的名相晏殊，待客"盘馔不预办，客至旋营之"，但"亦必以歌乐相佐""率以为常"。张先本有歌妓十数辈，年过八十五又买一妓，苏东坡有《子野年八十五尚闻买妾述古令作诗》述之。贫士姜夔无力蓄妓，友人范成大把自己的歌妓青衣小红以礼相赠。姜夔有诗云："自琢新词韵最娇，小红低唱我吹箫；曲终过尽松陵路，回首烟波廿四桥"（《过垂虹》）。可见，宋代文人蓄妓成习，且以为荣。

与前代文人一样好饮的宋代士大夫，举杯把盏不是为了消释人生的痛苦，而是作为生活的佐料，以享受"彩袖殷勤捧玉钟"的饮酒过程。忠烈王之后的张镃"其园池声妓服玩之丽甲天下"，所以"一时名士大夫，莫不交游"。张镃一次举行牡丹花会，"众宾既集，坐一虚堂，寂无所有，俄向左右云：'香已发未？''已发'。命卷帘，则异香自内出，郁然满坐。群妓以酒肴丝竹，次第而至。另有名妓辈皆衣白，凡首饰衣领皆牡丹，首带照殿红一枝，执板奏歌侑觞。歌罢作乐乃退。复重帘谈论自如。良久，香起，卷帘如前。别十姬，易服与花而出。大抵簪白花则衣紫，紫花而衣鹅黄，黄花则衣红，如是十杯。衣与花凡二易……。酒竟，歌者、乐者无虑数百十人，列行送客。烛光香雾，歌吹杂作，客皆恍然如仙游也"[甲]。一个士大夫的家庭宴会奢华如此，享乐之风可见一斑。

从宋代酒楼的奢华程度，亦可见享乐之盛。"凡京师酒店门首，皆缚彩楼欢门，唯任店入其门，一直主廊约百余步，南北天井两廊皆小合子，向晚，灯烛荧煌，上下相照。浓妆妓女数百，聚于主廊槏面上，以待酒客呼唤，望之宛若神仙。……白矾楼后改为丰乐楼，宣和间更修三层相高，五楼相向，各有飞桥栏槛，明暗相通，珠帘绣额，灯烛晃耀。……九桥门街市酒店，彩楼相对，绣旆相招，掩翳天日"[乙]。南宋

甲 周密. 齐东野语[M]. 北京：中华书局，1997：374.

乙 孟元老. 东京梦华录笺注：卷二"酒楼"[M]. 伊永文，笺注. 北京：中华书局，2006：174–176.

朝廷偏安苟且，不思进取，满朝文武醉生梦死，享乐趋尚益甚。临安的酒楼：每库设官妓数十人，各有金银酒器千两，以供饮客之用。每库有祇直者数人，名曰"下番"。饮客登楼，则以名牌点唤侑樽，谓之"点花牌"。元夕诸妓皆并番互移他库。夜卖各戴杏花冠儿，危坐花架。然名娼皆深藏邃阁，未易招呼。凡肴核杯盘，亦各随意携至库中，初无庖人。官中趁课，初不藉此，聊以粉饰太平耳。"[甲]"其诸库皆有官名角妓，就库设法卖酒，此郡风流才子，欲买一笑，则径往库内点花牌，惟意所择，但恐酒家人隐庇推托，须是视识妓面，及以微利啖之可也。"[乙]"诸店肆俱有厅院廊庑，排列小小稳便合儿，吊窗之外，花竹掩映，垂帘下幕，随意命妓歌唱，虽饮宴至达旦，亦无厌怠也。"[丙]

官僚士大夫阶级在享乐中消磨时日时，其他社会阶层自然会被习染。随着城市商品经济的发展，财富的增长，两宋时期民间享乐之风自然亦就兴起。"一时人士，相趋以成乎风尚者，章醮也，花鸟也，竹石也，钟鼎也，图画也。清歌妙舞，狭邪冶游，终日疲役而不知倦。"[丁]"夜市直至三更尽，五更又复开张；如要闹处去，通晓不绝"（《东京梦华录》卷三）。宋代民风耽于逸乐，市井生活自然热闹如此。"行都人多易贫乏者，以其无常产。……其或借债筹得钱，首先充饰门户，则有漆器装折，却逐日籴米而食；妻孥皆衣弊衣，跣足，而带金银钗钏，夜则赁而宿。似此者，非不知为费，欲其外观之美而中心乐为之耳"（《说乳》卷二五），足见宋代奢侈享乐之风对下层民众之熏染。市民阶层崇尚自由放纵的享乐生活，为世俗娱乐文化的产生和发展提供了肥沃的土壤。

二、市民的文化娱乐生活

"城市生活，本近声色"[戊]没有城市多层次对娱乐需求的渴望，两宋文化娱乐活动繁荣的局面就不可能出现。随着新兴的市民阶层渐成享受娱乐生活的主体，为迎合不同层次市民的文化需求，各种具有商品化色彩的都市文化娱乐生活随之兴盛。整个社会的奢侈享乐之风又刺激了城市商品经济和娱乐设施的膨胀，推动了城市文化生活商业化、娱乐化、消费化局面的形成。在宋文化语境中，市井已不仅是生意场所，也是诸色人等寓居、游玩、娱乐和各类习俗活动展开的地方。据《东京梦华录》《都城纪胜》《梦粱录》和《武林旧事》

[甲] 周密. 武林旧事：卷六"酒楼"[M]. 上海：上海古典文学出版社, 1956: 441.

[乙] 吴自牧. 梦粱录：卷十"点检所酒库"[M]. 上海：上海古典文学出版社, 1956: 214.

[丙] 吴自牧. 梦粱录：卷十六"分茶酒店"[M]. 上海：上海古典文学出版社, 1956: 266-267.

[丁] 王夫之. 宋论[M]. 北京：中华书局, 2003: 210.

[戊] 萧涤非. 萧涤非说乐府[M]. 上海：上海古籍出版社, 2002: 49.

对宋代都城的描写，宋代娱乐生活主要表现为瓦舍勾栏的文娱活动、娱乐性出游活动和节日性娱乐生活以及其他一些休闲娱乐。以节日性娱乐生活为例，据统计，宋代有70多个节庆日，每个节日都要举行丰富多彩的文化娱乐活动。节庆文化娱乐活动刺激了贸易与商业性文化消费的兴盛，形成了定期的商业市场和文化娱乐市场。

宋代以前的文化娱乐方式为贵族式的享乐，士大夫阶层才能享受专业表演者给予的娱乐满足。宋代瓦市勾栏、酒楼茶肆等城市演艺场所，构成了市民阶层共同参与的公共娱乐文化空间，促进了大众文化娱乐市场的繁荣。据《东京梦华录》卷二"朱雀门外街巷"记载，北宋繁华的都市汴京里酒楼密布，茶坊林立，瓦舍勾栏遍地，歌妓舞女云集。宋代专业娱乐活动场所的出现，标志着文化娱乐活动由社会性活动转变为商业性活动，进入了一个新的历史时期。

瓦舍勾栏是北宋兴起的城市娱乐场所，是市民娱乐生活的主要享受之地。据研究"汴京的瓦舍勾栏兴起于北宋仁宗中期到神宗前期的几十年间"。[甲]瓦舍，亦称瓦子、瓦肆、瓦市，是一种有固定演出地的大型综合性商业娱乐场所，也是百戏艺人的集中地。《梦粱录》上说"瓦舍者，谓其来时瓦合、去时瓦解之义，易聚易散也。"南宋耐得翁《都城纪胜》曰："瓦者，野合易散之意也。不知起于何时，但在京师时，甚为士庶放荡不羁之所，亦为子弟流连破坏之地也。"孟元老《东京梦华录》记载了京城汴梁众多的瓦市名称，周密《武林旧事》卷六"瓦子勾栏"列出了临安二十三个瓦舍的名字。

瓦舍的建筑是由竹木席等搭成的棚，棚内有勾栏。《东京梦华录》中描述汴京"瓦子"："街南桑家瓦子，近北则中瓦，次里瓦。其中大小勾栏五十余座。内中瓦子，莲花棚、牡丹棚。里瓦子，夜叉棚、象棚最大，可容数千人。自丁先现、王团子、张七圣辈，后来可有人于此作场。瓦中多有货药、卖卦、喝故衣、探博、饮食、剃剪、纸画、令曲之类。终日居此，不觉抵暮。"勾栏的舞台狭小，只供三五个艺人活动，甚至仅容一个人演唱。但是"这种小舞台的出现，是艺术史上的一个重大突破。它标志着文化艺术的演出不再囿禁于宫廷、寺院与豪门府第。艺术，开始拥抱社会大众"。[乙]瓦舍勾栏的出现，成为宋代都市大众通俗文化的表征，标志着市民艺术的发展进入了一个新时期。

甲　廖奔. 中国古代剧场史[M]. 郑州：中州古籍出版社，1997：42.

乙　李春荣. 坊墙倒塌以后：宋代城市生活长卷[M]. 长沙：湖南出版社，1996：169.

元代杜仁杰的散曲《庄家不识勾栏》描写了元代的勾栏："要了二百钱放过咱，入得门上个木坡，见层层叠叠团团坐。抬头觑是个钟楼模样，往下觑是人旋涡。见几个妇女向台儿上坐，又不是迎神赛社，不住的擂鼓筛锣。"可见，元代勾栏以木材而建，设有门口，里面有坡，观众分层依排而坐。

瓦舍勾栏中娱乐项目名目繁多，内容丰富，已至市民们"终日居此，不觉抵暮"。[甲]《水浒传》中于勾栏艺人演出场面多有描写，据此可知当时瓦子勾栏的普及状况。《水浒传》第五十一回，写雷横在勾栏里听白秀英说唱《豫章城双渐赶苏卿》，其中写道："雷横答道：'我却才前日来家。'李小二道：'都头出去了许多时，不知此处近日有个东京新来打踅的行院，色艺双绝，叫作白秀英。那妮子来参都头，却值公差出外不在，如今现在勾栏里说唱诸般品调，每日有那一般打散，或是戏舞，或是吹弹，或是歌唱，赚得那人山人海价看。都头如何不去睃一睃？端的是好个粉头！'雷横听了，又遇心闲，便和那李小二径到勾栏里来看。只见门首挂着许多金字帐额，旗杆吊着等身靠背。入到里面，便去青龙头上第一位坐了。……院本下来，只见一个老儿，裹着磕脑儿头巾，穿着一领茶褐罗衫，系一条皂绦，拿把扇子，上来开科道：'老汉是东京人氏，白玉乔的便是，如今年迈，只凭女儿秀英歌舞吹弹，普天下伏侍看官。'锣声响起那白秀英早上戏台，参拜四方。拈起锣棒，如撒豆般点动。拍下一声界方，念出四句七言诗道……说了开话又唱，唱了又说，合棚价众人喝彩不绝。"[乙]这段非常写实的描写可见勾栏内热闹程度和民众热情之高。城市中的某些地名也侧面地印证这一点，"其北为结缚桥。相传宋时，下瓦勾栏，观者云集，时马光祖尹京，令行禁止，得遗物者，结缚于此，以待失者，故名。""下瓦巷，亦曰北瓦，内有勾栏十三座。北有瓦子桥，旧名众乐桥"。[丙]甚至发生战争时也依然如此，"上初欲幸明州，用吕颐浩计，复还杭州，乃下诏亲征。百司有到曹娥江者，有到钱清堰者。御史中丞赵鼎力谏，以为众寡不敌，不可以战，不若为避敌之计。会有边报至，遂复召百司回越州。市井间不时虚惊，有云番人已到者，腰棚瓦市至有夺路而出被践踏而死者。"[丁]作为宋代士庶各阶层经常出入的娱乐场所，游乐瓦舍勾栏的人员构成十分复杂，有军人、贵家子弟、无赖少

[甲] 孟元老. 东京梦华录笺注: 卷二"酒楼"[M]. 伊永文, 笺注. 北京: 中华书局, 2006: 145.

[乙] 施耐庵. 水浒传[M]. 北京: 中华书局, 2005.

[丙] 田汝成. 西湖游览志[M]. 上海: 上海古籍出版社, 1998.

[丁] 徐梦莘. 三朝北盟会编[M]. 上海: 上海古籍出版社, 1987.

年、庄家,等等。文人也是瓦舍勾栏的重要参与者,"临安中瓦,在御街中,士大夫必游之地"。[甲]可见,在瓦舍勾栏"观优""观倡优"的消遣方式也是士子们的重要生活内容。

除瓦舍勾栏外,茶肆酒楼、露天空地(宋人谓之"路歧人",如后来清代之"撂地")、私人府邸、宫廷、乡村等处也都是百戏伎艺的演出场所。宋代的茶肆生意兴旺,分散于城市各处,"以南东西两教坊,馀皆居民或茶坊。""新封丘门大街,两边民户铺席,外馀诸班直军营相对,至门约十里馀,其馀坊巷院落,纵横万数,莫知纪极。处处拥门,各有茶坊酒店,勾肆饮食"。[乙]茶肆也是表演说唱的场所,以下文字突出体现了茶肆作为演艺场所的性质:"乾道六年冬,吕德卿偕其友王季夷崛、魏子正羔如、上官公禄仁往临安,观南郊,舍于黄氏客邸。王、魏俱梦一人,着汉衣冠,通名曰班固。既相见,质问西汉史疑难。临去云:'明日暂过家间少款可乎?'觉而莫能晓。各道梦中事,大抵略同。适是日案阅五辂,四人同出嘉会门外茶肆中坐,见幅纸用绯帖,尾云:'今晚讲说汉书。'相与笑曰:'班孟坚岂非在此邪!'旋还到省门,皆觉微馁。入一食店,视其牌,则班家四色包子也。且笑且叹,因信一憩息一饮馔之微,亦显于梦寐,万事岂不前定乎!"[丙]

此外,还有货郎式流动文化娱乐市场的普及。许多市井细民受制经济因素,不能够进入勾栏中活动。为适应这类市井细民的文化需求,便出现了货郎式的流动文化娱乐市场。这类艺人们吃穿无着,漂泊不定,靠在街头巷尾耍练功夫招徕观众。他们的表演叫"撂地",是娱乐表演群中地位最低的艺人。说唱伎艺依附于市民化、平民化的演艺场所瓦舍勾栏、酒楼茶肆而生存,表演自然要投合市民的价值取向、审美趣味和思想观念,由此,演艺活动从宫廷走向民间,由上层社会的消遣娱乐转向大众性文化娱乐。

文人缙绅作为瓦舍勾栏、酒楼茶肆休闲娱乐生活的重要参与者,"观优"的生活和感受在他们的笔下有许多记录。勾栏中的表演丰富了文人看待世界的角度,某些表演方式给他们留下了深刻的印象。文人与城市中瓦舍勾栏的交际为日后小说、戏曲文学的发展埋下了伏笔。

甲
张端义. 贵耳集[M]. 《丛书集成初编》本. 北京: 商务印书馆, 1937.

乙
孟元老. 东京梦华录笺注: 卷二"酒楼"[M]. 伊永文, 笺注. 北京: 中华书局, 2006.

丙
洪迈. 夷坚志·支志·丁卷三: 班固入梦[M]. 北京: 中华书局, 1981: 991.

四 市井中的"说话"技艺

宋代享乐的市井文化氛围促进了"说话"这门技艺的兴盛,瓦舍勾栏竞行说话及话本,尤为平民百姓所喜爱。所谓"说话",本义是口传故事。宋代"说话"呈现出职业化、商业化的特点,成为一种群众性的娱乐活动。说话在人口密集、交往频繁、民众较多闲暇的地区才能兴起;说话又是一种商业活动,有场地费、艺人的生活费等成本费用,依靠买票或打赏的方式取得收益。这两个条件只有在城市兴起、市民阶层形成之后才能满足。宋代恰好满足了这两个条件。正是有这样的基础和氛围,宋代各大小城市里,有一批"说话人"行走于勾栏瓦舍,酒肆茶楼,靠卖艺为生。他们讲说内容涉及面广、包容量大,有广为人们所熟知的历史典故、名人轶事,也不乏精彩的神话传说、奇闻逸事,故事情节曲折、扣人心弦,语言通俗易懂、明白晓畅,极大地满足了市井百姓的精神需求,成为市民娱乐文化的代表,而说话人也形成了一支庞大的职业艺人队伍。

据宋代灌园耐得翁《都城纪胜》的"瓦舍众伎"条记载:"说话"在宋代有四家。一者小说,谓之银字儿,如烟粉、灵怪、传奇、说公案(皆是朴刀杆棒及发迹变泰之事)、说铁骑儿(谓士马金鼓之事)。说经,谓演说佛书;说参请,谓宾主参禅悟道等事。讲史书,讲说前代书史文传、兴废争战之事。最畏小说人,盖小说者能以一朝一代故事,顷刻间提破。合生,合生与起令随令相似,各占一事。

近代学者对说话的分类持有不同看法。有小说、说经(附说参请、说浑经)、讲史和合生(附商谜)之说,鲁迅《中国小说史略》和《中国小说的历史的变迁》即大致采用这种说法。也有小说、讲史、说经或说参请和说铁骑儿四家(见胡士莹《话本小说概论》)之说。还有认为,小说、说经、讲史以叙述故事见长,合生一类伎艺距说书伎艺较远,而说公案、说铁骑儿应是小说中某一类题材,故宋代说话有小说、讲史和说经三家。

一、小说

宋代小说的概念与今天有些不同,可以看作是与讲史相对的一种说话艺术,至北宋仁宗时特别发达。明人郎瑛在《七修类稿》卷二十二中说："小说起宋仁宗时……国家闲暇，日欲进一奇怪之事以娱之。"说明小说是一种讲述奇谈逸事的口头艺术，具有后世小说的某些特征。宋代小说十分发达，无论是艺人还是书目都很多，在《东京梦华录》中，列出李慥、杨中立等6人，至南宋小说更为繁荣，《武林旧事》所记93名说话艺人中，有52人是小说艺人。从罗烨的《醉翁谈录》、明代晁瑮的《宝文堂书目》和清代钱曾的《也是园书目》中所记宋代小说名录看，就有140多种，但大部分已佚失。

二、讲史

宋代的说话最初是以说经和讲史两家为主。讲史的题材为讲说前代书史文传、战争兴废之事。北宋汴京的霍四究以"说三分"名噪一时，"说三分"即说三国故事，早在唐代已开始在民间流传，北宋仁宗时在瓦市中成为讲史的热点，更为民众所熟知。南宋讲史盛于北宋，临安13座勾栏中，"常是两座勾栏来说史书""也说黄巢拨乱天下，也说赵正激恼京师。说征战有刘项争雄，论机密有孙庞斗智。新话说张、韩、刘、岳，史书讲晋、宋、齐、梁。三国志诸葛亮雄才，收西夏说狄青大略"。

三、说经

说经分为演说佛经、说参请和说诨经三种。演说佛经主要讲佛经中的佛法无边、变化无穷的神术故事，《大唐三藏取经诗话》即是此类说经的发展演变。说参请，"谓宾主参禅悟道等事""按'参请'，禅林之语，即参堂请话之谓。说参请者乃讲此类故事以娱听众之耳。参禅之道，有类游戏，机锋四出，应变无穷，有舌辩犀利之词，有愚欸可笑之事。说话人故借用为题目，加以渲染，以作糊口之道。若其伎艺流行于瓦舍既久，益舍本而逐末，投流俗之所好，自不免杂入市井无赖之语。"认为《东坡居士佛印禅师语录问答》（《问答录》）是说参请的话本。[甲]说诨经是借说佛经故事或"参禅悟道"，讲说适合听众兴趣的戏谑之辞。说诨经是说经的变异，非正式地敷衍佛经故事，属于滑稽说经一类。

至于"小说""讲史""说经"的区别，鲁迅认为："讲史之体，在历叙史实而杂以虚辞。小说之体，在说一故事而立知结局。""说经"虽"演说佛书"，后也发展为专讲佛教史上的有

[甲] 张政烺. 答问录与"说参请"//历史语言研究所集刊·第十七集[M]. 影印版. 北京：中华书局，1987：2.

关故事，向"小说""讲史"靠拢，唯题材有所区别，比如《大唐三藏取经诗话》。关于"合生"，学界有不同看法，一般认为是"指物题咏"应命辄成的捷敏填词，应属"舌辩"一类，属于杂说伎艺，并非演唱伎艺。它与"商谜"伎艺一样有观众参与的性质。商谜是一种猜谜伎艺，"商"是任人商略的意思，《东坡问答录》载："佛印持二百五十钱，示东坡云：'与你商一个谜。'东坡思之。"可见商谜即猜谜。孙楷第先生认为"合声"是介乎杂剧、说书与商谜之间的东西。

可见，宋元市井的说话丰富多彩，是大众主要的娱乐文化生活之一。民间的这项休闲的娱乐活动在长期发展过程中逐渐成熟，其中很多题材成为文人创作的素材，对明清长篇小说的创作产生了很大的影响。郎瑛《七修类稿》卷二十二云："小说起宋仁宗。盖时太平盛久，国家闲暇，日欲进一奇怪之事以娱之；故小说得胜头回之后，即云：'话说赵宋某年'。"施蛰存曾指出"近代型的小说早已出现于宋元时代。"宋元话本小说文体的确立开启了明清通俗小说的发展范式，近代小说的发展也沿袭此种范式。因此，宋元话本小说是中国小说史的一个重要发展阶段，明清小说正是在宋、元话本的基础上发展而达到繁荣与高峰。

四 勾栏瓦舍中表演的话本

话本，又称为"话文"或简称"话"，是说话人演讲故事所用的文字底本。它包括小说、讲史、说经等说话艺人的底本。诸宫调、影戏、傀儡戏的脚本也可以称作话本。话本多数以叙说为主，中间穿插一些诗词。还有一种以唱词为主，以说为辅，这实际上是一种说唱艺术，即明清时流行的弹词和鼓词。说话的底本今存有《清平山堂话本》《全相平话五种》等，明清作家摹拟话本而写的短篇白话小说，称为拟话本。大家熟悉的《三言》和《二拍》就是明末冯梦龙和凌濛初的作品，不过《三言》是冯梦龙在宋元话本的基础上经过加工和雅化的，《二拍》则是凌濛初独立创作的拟话本。

宋元话本有各种不同的家数和名称，而小说和讲史最为重要，对后世的影响也最大。宋元小说话本大体由入话（头回）、正话、结尾几部分构成，这种体制完全是根据说书场地的环境氛围以及受众的审美情趣、理解能力等实际情况制而形成的。比如入话，是话本开端部分，或以一首或若干首诗词"起兴"，说风景，道名胜，往往与故事的发生地点相联系；或与故事的主人公相关联；或先以一首诗点出故事题旨，然后叙述一个与题旨相关的小故事，行话是"权做个'得胜头回'"，实则这个小故事与将要细述的故事有着某种类比关系，或为安稳入座者、等候迟到者的特意安排，也有引导听众领会"话意"动机。正话为话本的主体，情节曲折，细节丰富，人物形象鲜明突出。正话后往往以一首诗总结主题，或以"话本说彻，权做散场"之类套话作结。

宋代话本小说流行，有专门的说书人谈古论今，讲评传闻旧事，吸引着大批市井百姓。元代杭州等都市中，"说话"伎艺仍相当繁盛，并从讲、说发展到唱和演，形成集歌唱、道白、舞蹈、音乐于一体的艺术形式，即金曲子词和元杂剧。与城市娱乐文化密切联系的白话小说，也借助出版商的力量扩大其传播范围，获得更多的接受者。由于"书会才人"参与到讲唱文学的创作，他们接受两宋以来讲唱文学的传统，用民众喜闻乐见的形式编写各种讲唱文学脚本，使元代的叙事文学大放异彩，成为一个时代的标志性文学。

讲史、说经、小说三类话本中，小说话本因直接取材于市民的现实生活，反映市民阶层的思想意识和价值取向而最受市民欢迎。小说从题材上分为灵怪、烟粉、传奇、公案、朴刀、杆棒、神仙、妖术等八类。其中爱情故事多突出女性对爱情生活的主动追求，如《碾玉观音》璩秀秀、《闹樊楼多情周胜仙》周胜仙，表现了平民百姓挑战礼法、追求自由的精神。宋元时官府昏庸、吏治腐败导致公案小说的大量出现，反映了民众对不公平、不合理现象的关注，以及对生存权利、社会治安的深重忧虑，如《错斩崔宁》等。话本小说刻画了小商人、媒婆、青楼妓女、义盗、无赖等各色市井人物群像。如《宋四公大闹禁魂张》中商人张富张员外，"平日发下四条大愿：一愿衣裳不破，二愿吃食不消，三愿拾得物事，四愿夜梦鬼交"，因贪财好利，为富不仁，贪吝闻名，被人称为"禁魂张员外"；《闹樊楼多情周胜仙》中心思细密、乐意成人之美的王婆，《张主管志诚脱奇祸》中贪财好利、心狠奸诈的张媒和李媒；《红白蜘蛛》中的青楼妓女；《张生彩鸾灯传》《闹樊楼多情周胜仙》和《金明池吴清逢爱爱》等小说中敢于追求爱情的市井儿女；《赵旭遇仁宗》

中怀才落第的士子赵旭;《宋四公大闹禁魂张》中市井义士宋四公，《简帖和尚》中市井无赖和尚等。

小说话本中林林总总的人物都是世俗大众日常生活中身边非常熟悉的身影，他们的情感、言行，以及发生在他们身上家长里短的故事被说话艺人信手拈来，不外乎为了满足受众趣味添油加醋增饰些脂粉、灵怪、公案、神仙等佐料。尽管话本很粗鄙简陋，无论是情节描写还是人物形象的刻画都很简单，但是说话人表演的场地与受众是零距离接触的，根据现场的气氛和观众的反应，说话人随机添枝增叶，纵横捭阖。故事虽然简单但是主人公就是身边的普罗大众，而勾栏瓦舍、酒肆茶楼里的受众当中就有怀才落第的士子、市井无赖小儿、和尚道士、义士侠客、媒婆妓女，因此小说话本中的故事能够引起大众的共鸣，最受大众的喜爱。源于民间口头创作的小说话本，继承了民间文学故事性强的特点，情节曲折、注重新鲜感和惊奇感。话本小说多运用偶然、巧合等手法突出情节的故事性，达到引人入胜的效果。追求趣味性的"说话"，离不开虚构，话本小说中的神灵精怪、奇技幻术、因果轮回、梦游还魂等虚幻之事比比皆是。"讲史"也不例外多有虚构成分，皆为满足市井民众猎奇、喜好热闹的情趣。

宋元讲史话本又称"平话"。"平"是说讲史话本脱胎于史书，语言风格却摆脱了艰深的文言而趋于平易。"平话"中穿插的诗词只用于念诵，以平常口语讲述，不施于弹唱。现存宋人编刊讲史话本有《梁公九谏》《五代史平话》《大宋宣和遗事》等。其中《大宋宣和遗事》与明代著名的长篇白话通俗小说《水浒传》有一定的关系，因此受到学界的关注，实际上，《大宋宣和遗事》跟《水浒传》的联系是非常有限的。

一般讲史话本都比小说话本篇幅要长，《大宋宣和遗事》分元、亨、利、贞四集，话本内容主要讲述宋徽宗一朝的兴衰史。改话本语言风格不统一，文言白话交错，而且叙事水平也非常有限，其中略显精彩的部分往往与受众的兴趣紧密相关，通过这个讲史话本可以窥见民众眼中的历史是怎样的状貌。该话本元集篇幅最长，主要讲宋徽宗宠信蔡京、童贯、高俅、杨戬等一批奸狡诡谲的佞臣不理朝纲，沉溺享乐，骄奢淫逸，大兴土木建造宫殿，在民间大肆搜刮花石纲生事扰民,耽迷方术斋醮,重用方士左道,不听贤臣良相的直言正谏,任凭佞臣迫害忠良,导致国势日衰,外有异族侵扰,内有流寇叛乱。其中涉及宋江等人的故事略具《水浒传》雏形,叙事非常简略,类似纲要,没有对人物、情节等内容的描述,如简单讲到杨志卖刀、晁盖劫花石纲、宋江杀惜、九天玄女降天书、三十六人聚义梁山、宋江受诏安、征方腊等情节。但是这三十六员猛将的姓名与后来的《水浒传》略有差异,如把"玉麒麟"卢俊义称为李进义,"智多星"吴用称为吴加亮,"混江龙"李俊称为李海,"大刀"关胜称为关必胜,"没遮拦"穆弘称为穆横,"一丈青"扈三娘则是个男性叫张横,"双鞭"呼延灼则称"铁鞭"。很显然,由于底本根据说书人口音而记,所以会存在口音的误差,底本中的错别字就更多了。另外也可以看到说话人所讲的宋江叛乱的故事还未经过文人最终加工,因此人物没有鲜明的个性,事件没有曲折生动的渲染,而叛乱的性质更没有反压迫替天行道的正义感,仅仅被视为违反社会正常秩序的流寇,说话人没有任何叹赏的态度。

虽然是讲史,但实际上说话人用力最多、描述最详细的地方却是关于各种神奇鬼怪的事件,如宋徽宗夺人所爱情好李师师、元宵赏灯与民同乐等诸如此类世俗大众好奇愉悦之事。尤其是关于皇家宴请宾客的情节极为详细,仅在元集中就出现四五次之多。如写宋徽宗赐宴招待群僚:

> 其所用宫中女乐,列奏于庭,命皇子名楷的,侍侧劝劳。又出嫔女鼓琴玩舞,劝以琉璃玛瑙白玉之杯。京亦上记,略曰:"太清之燕,上曰:'此跬步至宣和。'令子攸披入观焉。东入小术迳,南度碧芦丛,又东入便门,至宣和殿,只三楹;左右披亦三楹;中置图书笔砚古鼎彝罍洗,陈儿案台榻。东西庑侧各有殿,亦三楹。东曰'琼兰',积石为山,峰峦间出,有泉出石窦,注于沼。北有御札'静'字,榜梁间以洗心涤虑。西曰'凝芳',后曰'积翠',南曰'琼林'。北有洞曰'玉宇',石自壁隐出,嶄岩峻立,奇花异木,扶疏茂密。后有沼曰'环碧',两傍有亭曰'临漪'、'华渚';沼次有山殿,曰'云华阁',曰'太宁';左右蹑以登。中道有亭曰'琳霄'、'垂云'、'腾凤',层峦百尺高峻,俯视峭壁攒峰,如深山大壑。次曰'会春阁',下有殿曰'玉华'。前殿之侧,有御笔牓曰:'三洞琼文之殿',以奉高真;有'种玉绿玉轩'相峙。日午,谒者引宰执以下入。女童四百,靴袍玉带,列排场下,肃然无敢謦欬者。宫人珠笼、

巾玉、束带，秉扇、拂、壶、巾、剑、钺，持香球，拥御座以次立，亦无敢离行失次者。上顾谓群臣道：'承平无事，君臣共乐，宜略去烦苛碎礼，饮食坐起，各宜自便，无问。'"执事者以宝器进，徽宗酌酒以赐，命皇子嘉王楷宣劝。又以惠山泉、建溪异毫盏，烹新贡太平嘉瑞茶，赐蔡京饮之。徽宗又道："日未晡，可令奏乐。"殿上筝、筝、琵琶方响，笙、箫登陛合奏，宫娥妙舞。徽宗又曰："可起观。"群臣凭栏以观。又命宫娥抚琴擘阮，群臣终宴尽醉。

秋，九月，宴蔡京父子于保和新殿。京等请见安妃，帝许之。京作记以进，其略曰："皇帝召臣京、臣攸等等燕保和新殿，臣儵，臣翛，臣倖，臣行，臣徽，臣衙等，赐食文字库。于是由临华殿门入，侍班东曲水，朝于玉华殿；上步至西曲水，循酴醾洞，至太宁阁，登层峦、琳霄、寒风、乘云亭至保和。屋三楹，时落成于八月，而高竹崇桧已森阴蓊郁；中楹置御榻，东西二间，列宝玩与古鼎彝、玉芝。左披阁曰'妙有'，右披阁曰'宣道'。上御步前行至稽古阁，有宣王石鼓；历邃古、尚古、鉴古、作古、访古、博古、秘古诸阁，上亲指示，为言其概。抵玉林轩，过宣和殿、列岫轩、太真阁、凝真殿；殿东崇岩峭壁高百尺，林壑茂密，倍于昔见。过翘翠燕处阁，赐茶全真殿，乃出琼林殿。中使传旨留题。乃题曰，诗曰：琼瑶错落密成林，桧竹交加午有阴。恩许尘凡时纵步，不知身在五云深。顷之，就座，女童乐作。坐间香圆、荔子、黄橙、金柑相间，布列前后；命邓文诰剖橙分赐。酒五行，少休。诏至玉真轩。轩在保和殿西南庑，即安妃妆阁。

本是讲史话本，说话人却对皇帝的酒宴如何奢靡，宫殿如何奢华津津乐道，可见是受众老百姓的乐趣所致。世俗大众对皇宫的生活遥不可及而又充满了幻想，宋朝上下又弥漫着追求享乐的社会风气，这部宋元时期的话本对贵族娱乐奢靡生活的详细描写可见当时社会遗风。除了《大宋宣和遗事》中有水浒故事的痕迹，民间还有很多独立的水浒英雄的故事，比如《青面兽》《花和尚》《武行者》《石头孙立》等，可见，水浒题材非常受市井民众的喜爱。元人编刊讲史话本，今存元至治建安虞氏刊印《全相平话五种》：《武王伐纣平话》《七国春秋平话后集》《秦并六国平话》《前汉书平话续集》和《三国志平话》。三国的故事在唐代就流传甚广，著名诗人李商隐的《娇儿》一诗中就曾经写道："或谑张飞胡，或笑邓艾吃。"从文献记载看，北宋时讲说三国故事是很时尚的，并在勾栏瓦舍中形成了专门的一个分支——"说三分"，最有名的艺人叫霍四究，还有讲五代史的尹常卖，在当时都是说话名家。

所谓"说经"，原意是演说佛书。无名氏《大唐三藏取经诗话》（又名《大唐三藏法师取经记》）是宋元时代仅存的说经话本，分上中下共十七回，现存版本缺第一回。该话本韵散结合，每回末尾有唐僧和猴行者的诗赞，性质近似于佛经的偈赞。王国维称"其称诗话，非唐、宋士夫所谓诗话，以其中有诗有话，故得此名。"《大唐三藏取经诗话》的内容似乎就是寺庙为民众宣教的俗讲，为了吸引民众，内容上通俗易懂带有一定的娱乐性质。所以《大唐三藏取经诗话》也是说话人的话本，只不过内容跟宗教有一定的关系。

众所周知，《大唐三藏取经诗话》与明代长篇小说《西游记》具有一定的关系。我们通过这个话本的内容可以看到在当时勾栏瓦舍中人们对唐僧去西天求取真经的故事是充满幻想和好奇心的。说话人铺衍唐僧一行沿途所经历的遐方绝域都带有神奇的色彩，如九龙池盘亘着九条馗龙，蛇子国上下交缠的有佛性的巨蛇，狮子林漫山遍野的狮子麒麟，树人国千奇百怪的千年枯树，当然还得报出几个异域之国，如波罗国、优钵罗国、竺国等。但是毕竟说话人水平有限，唐僧一行的经历并没有《西游记》中描写得那样惊心动魄，说话人就像报站名一样，有些地方寥寥数语而带过，既没有妖怪也没有斗法。当然大部分受众的文化水平也不高，因此话本中唐僧取经故事并没有复杂的宗教色彩，反而带有较为浓厚的世情味。比如话本最后一回"到陕西王长者妻杀儿处第十七"用了大量的笔墨描写了王长老将亡故的前妻留下的儿子痴那交给继室抚育，自己则出外经商三年，可是继室因嫉恨王长老对痴那的疼爱，于是和婢女合谋在家三番五次欲置痴那于死地，痴那一次又一次躲过劫难，但最终还是被推下水。王长老经商回家得知儿子落水而死非常伤心，打算开无遮大会超度亡儿，唐僧一行来到法会用计从大鱼腹中救出痴那。故事前半段非常类似瞽叟杀舜的故事，也是继母和同父异母的弟弟害亲的故事。只不过话本在此处浸染了一些佛祖保佑和救度的色彩。而在《西游记》中根本没有这个故事，可见民间这种继母虐待遗孤的事件大众非常熟悉，因此说话人浓墨重彩地讲这个故事更容易引起世俗大众的兴趣。为了迎合世俗大众的喜好，说话人也不免在其中增添一些迎合大众情趣的内容，比如"入王母池之处第十一"讲到王母池种有能长生不老的蟠桃，可笑的是唐僧一直撺掇猴行者去偷桃子，与高僧形象完全不符，而猴行者却一再婉拒，两者言行形成强烈的违和感。实际上在勾栏瓦舍中表演追求的是现场效果，尽管有些情节不符合逻辑但是滑稽的内容却能博得世俗大众的开怀大笑，尤其是揶揄有知名度的名人更能够获得大众的附和以及高涨的现场气氛。因此具有一定文化的说话艺人常常将一些文化名人信手拈来编撰一些滑稽可笑的故事，来迎合以揶揄名人来获得愉悦的民间思维，最典型的就是关于苏轼在民间流传的故事，很多就是通过勾栏瓦舍传播出去的。

纵观这个在勾栏瓦舍被大众所接受的唐僧故事与《西游记》相比，相似性非常小。首先，《西游记》中的主角是师徒四人，在《大唐三藏取经诗话》中只有唐僧和猴行者，猪八戒和沙和尚都没有出现，并且同行共七人。其次，《西游记》中所经历的九九八十一难在《大唐三藏取经诗话》中几乎没有相同的，仅有女人国有些相似，此外便是途中所遇变成身穿白衣白裙，手拿白牡丹欲引诱师徒的白虎精有点类似《西游记》中的白骨精。另外，猴行者的出处来自于花果山紫云洞，化身为白衣秀士主动向唐僧提出保驾护航同去西天取经，回到东土大唐后被唐太宗封为铜筋铁骨大圣。由此可见，当时市井世俗大众所接受的取经故事完全是另一个西游故事系统，与长篇小说《西游记》几乎没有什么关系。《大唐三藏取经诗话》粗糙、简单，没有什么内涵和底蕴，很明显就是在市井的勾栏瓦舍用来取悦世俗大众的一个娱乐节目而已，而《西游记》则蕴含了非常丰厚的内容，直到今天仍然有挖掘不尽的宝藏。

听众听"说话"是为了娱乐，趣味性是"说话"的第一原则。宋、元"说话"强调市井的趣味，"说话人"必须尽一切可能增添趣味，来吸引听众，因此生动活泼的口语成了话本叙述语言的基础。在叙述时注重诙谐，以使人感到可笑，如小说话本中经常出现的"分开八片顶阳骨，倾下半桶冰雪水"，意思是受到突如其来的意外而大吃一惊，猝不及防的形象跃然纸上；表现逃脱则说"鳖鱼脱却金钩去，摇头摆尾不再来"；还有"怒从心上升，恶从胆边起"，等等，久而久之成了说话艺人惯用的套话。讲史话本中这样的诙谐俏皮的语言相对就少一些，因为讲史话本中较多的诏书、进谏等公文都是用文言写成，而且历史题材涉及的人物大多是上层社会的达官贵人，俚俗的口语也不适合人物的身份，只有描述那些生活在社会底层的老百姓时，说话艺人的俚言俗语才脱口而出，如《五代史平话》叙黄巢等经过一座高岭，"怎见得高？几年颠下一樵夫，至今未颠到地"。再比如《大宋宣和遗事》中叙述宋江三十六人反叛故事的语言跟叙述朝廷君臣之间的进谏上书等文言相比明显通俗易懂，虽然概述简略，但是说书人在现场表演的时候可以随即加入俚言俗语扩充内容，当然这在话本中我们不得而见，但《水浒传》中却把人物描写和诙谐的追求有机结合起来，即是这种传统的进一步发展。如《水浒》五十三回中，戴宗带着李逵用神行法走路，不准李逵吃荤。戴宗发现李逵偷吃牛肉，便作弄他，第二天李逵走路脚停不下来。李逵受不了，说再这样走下去，只能用斧把腿砍掉。戴宗说也只能如此，否则走到明年正月初一也停不下来。李逵说："好哥哥，休使道儿耍我！砍了腿下来，你却笑我。"这话引人发笑。容与堂本《忠义水浒传》的批语："砍了腿下来只怕人笑，不怕自哭，也奇。"这与李逵做事不考虑后果的性情相一致，并非硬加上去的滑稽。

宋元话本中人物的思想感情往往与市井阶层相通，是市井民众可能产生或向往的言行、感情，为市井民众易于理解和接受，并引起他们的共鸣。如《简帖和尚》讲述了皇甫殿直受人欺骗，认为妻子有外遇而休妻。但"在家中无好况……簌地两行泪下，闷闷不已。"又怀念妻子。最后，发现了奸人的阴谋，又与妻子重圆。故事中皇甫殿直觉得妻子有外遇时，基于道德的义愤与自尊心的损害，事后，旧日的感情又难以割舍。这正是市井民众常有的思想感情。这样的思想感情和行为，在士大夫看来是鄙俗的，在英雄人物看来则近于窝囊，但于注重实际的市井民众而言，却是自然的。

此外，宋元话本表现出叙事的口语化、声口的个性化和谈吐的市井化等特点。它第一次用白话文来反映社会日常生活，生动地描绘社会的人情世态，这是我国文学史上的伟大成就。后来的通俗小说如《水浒传》《西游记》《金瓶梅词话》等名著都是沿着宋、元话本的上述特点演进的产物。

思考题

1. 简述宋代瓦舍的创设及其文化意义。
2. 简述小说话本的体制和艺术特点。
3. 简述话本小说对明清小说艺术走向成熟的意义。

推荐书目

[1]　胡士莹. 话本小说概论[M]. 北京：中华书局，1980.
[2]　程毅中. 宋元话本[M]. 北京：中华书局，2003.

第六讲
雅文化与《红楼梦》

"雅"本是相对于"俗"的一个概念，是用于品鉴人物风度、作品风格的审美范畴之一，而"雅文化"则是在专门从事文化生产的知识分子当中产生的，包括科技、政治、道德、文学、艺术、哲学等方面的理论、观念和作品。春秋时期崛起的士大夫不同于未接受教育的劳民阶层，也不能跻身于手握政权的王官当中，作为一个既掌握了文化知识又在政治功利之外的群体，伴随他们的则是介于上层官文化与下层俗文化之间一种自发的新兴文化，即后世雅文化之流。

第一节 《红楼梦》的雅文化精神

作为中国古典小说最高峰，《红楼梦》[甲]不仅构建了一个情节丰富、细腻的文学世界，还呈现了一幅雅俗文化兼具的动人图景。其中，以贾、史、王、薛四大家族为代表的描写体现了清初士大夫阶层的生活场景，大到园林建筑，小到饮食起居，无一不渗透着以典雅为主的文化形态。要进一步了解《红楼梦》雅文化精神的来源和表现，首先不可不知这部作品的书写者曹雪芹。

1924年7月，鲁迅先生在西安讲学时说："《红楼梦》的作者大家都知道是曹雪芹，因为这是书上写着的。至于曹雪芹是何等样人，却少有人提起过；现经胡适之先生的考证，我们可以知道大概了。"[乙]

[甲] 本讲所依底本为人民文学出版社2006年出版的《脂砚斋重评石头记：庚辰本》。庚辰本为晚清状元、协办大学士徐郙旧藏，1933年胡适从徐郙之子徐星曙处得见此抄本，中有脂砚斋批点两千余条，保存完整，价值颇高。

[乙] 宋广波. 胡适与红学[M]. 北京: 中国书店, 2006: 321-322.

1921年11月12日，胡适先生的《红楼梦考证》（改定稿）写定。据他考证，曹雪芹，名霑，字梦阮，为清代名臣曹寅之孙。关于曹寅其人其事，胡适在《红楼梦考证》中得出如下四条结论：

第一，曹寅是八旗的世家，几代都在江南做官。他的父亲曹玺做了二十一年的江宁织造；曹寅自己做了四年的苏州织造，做了二十一年的江宁织造，同时又兼做了四次的两淮巡盐御史。他死后，他的儿子曹颙接着做了三年的江宁织造，他的儿子曹頫接下去做了十三年的江宁织造。曹寅祖孙三代四个人总共做了五十八年的江宁织造。这个织造真成了他家的"世职"了。

第二，康熙帝南巡时，他家曾办过四次以上的接驾的差。

第三，曹寅会写字，会作诗词，有诗词集行世；他在扬州曾领管《全唐诗》的刻印，扬州的诗局归他管理甚久；他自己又刻有二十几种精刻的书（如《周易本义》《施愚山集》等；朱彝尊的《曝书亭集》也是曹寅捐赀倡刻的，刻未完而死）。曹寅家中藏书极多，精本有三千二百八十七种之多（见《楝亭书目》，京师图书馆有钞本）。可见他的家庭富有文学美术的环境。

第四，曹寅生于顺治十五年，死于康熙五十一年（1658—1712）。[甲]

关于曹雪芹，胡适得出如下六条结论：

第一，《红楼梦》的著者是曹雪芹。

第二，曹雪芹是汉军正白旗人，曹寅的孙子，曹頫的儿子，生于极富贵之家，身经极繁华绮丽的生活，又带有文学与美术的遗传与环境。他会作诗，也能画，与一班八旗名士往来。但他的生活非常贫苦，他因为不得志，故流为一种纵酒放浪的生活。

第三，曹寅死于康熙五十一年。曹雪芹大概即生于此时，或稍后。

第四，曹家极盛时，曾办过四次以上的接驾的阔差；但后来家渐衰败，大概因亏空得罪被抄没。

第五，《红楼梦》一书是曹雪芹破产倾家之后，在贫困

[甲] 胡适. 红楼梦考证[M]. 北京：北京出版社，2015: 8.

之中作的。作书的年代大概是乾隆初年到乾隆三十年左右，书未完而曹雪芹故去。

第六，《红楼梦》是作者的自叙传：里面的甄、贾两宝玉，即是曹雪芹自己的化身；甄贾两府即是当日曹家的影子（故贾府在"长安"都中，而甄府始终在江南）。^甲

关于"自叙"一说，鲁迅也颇为赞同，1924年在西安讲学时，他曾提出："是说自叙，说出来最早，而信者最少，现在可是多起来了。因为我们已知道雪芹自己的境遇，很和书中所叙相合……由此可知《红楼梦》一书，说是大部分为作者自叙实是最为可信的一说。"^乙

从曹雪芹的曾祖曹玺开始担任江宁织造，管理宫廷所需丝织品，到祖父曹寅，父叔辈曹颙、曹頫继任并兼两淮盐课监察御史，曹氏家族一直生活在富庶的江南一带。他们还暗中访查吏治民情向康熙汇报，深得清代皇室的信赖与照顾。如此不凡的家世，一方面使得曹家跻身上流社会，一方面也吸引了不少江南名士时相唱和，如画家梅庚、诗人朱彝尊、戏曲家洪昇，等等。这一段亲见亲闻的贵族生活经历，让年幼的曹雪芹见识了何为富丽，何为风雅。

清朝延续了明末已成规模的城市经济体系，在康熙的政策调整下，清初的社会环境逐渐转好，经济得以复苏，手工业、商业大幅度地发展起来。曹家所在的江南地区就活动着不少富商巨贾，而他们也把握着清王朝财政命脉的交易——盐。这些在《红楼梦》里都曾作为背景提及。例如"丰年好大雪，珍珠如土金如铁"的薛家本是"皇商"，但由于薛蟠不学无术，"京都中几处生意，渐亦消耗"，还有林黛玉的父亲林如海，就是"钦点出为巡盐御史"，既拥实权，亦握有财富。官与商，在财富的累积下竞相争奇，置豪宅、建园林、养戏班、收藏各色古董器玩，他们不仅具有丰厚的经济实力，还追求保留文化的气韵，雅致的生活方式。

除了家底，家学的滋养也使得曹雪芹在文艺上颇有见地。他的祖父曹寅通诗词，晓音律，曾主持刊刻过《全唐诗》《佩文韵府》等书，还有《楝亭诗钞》八卷、《诗钞别集》四卷、《词钞》一卷、《词钞别集》一卷、《文钞》一卷传世。若不是自小受传统文化和士大夫精神的洗礼，又怎能借《红楼梦》里的人物之手写出那样文采飞扬的诗词？

甲 胡适. 红楼梦考证[M]. 北京：北京出版社，2015: 13.

乙 宋广波. 胡适与红学[M]. 北京：中国书店，2006: 322.

文人风流的优雅与世俗金钱相融合，使出身名门世家的曹雪芹写作《红楼梦》时有丰富素材可取。而雅文化精神作为贯穿清代社会名流生活的一股力量，在《红楼梦》中也得到了极致的体现。典雅的私家园林如大观园，不仅具有恢宏的形制，各处居所还各有特色；精致的服饰如雀金呢，金翠辉煌，源自俄罗斯国的进贡；还有红楼儿女们的应景联句、吟诗作对，各抒己怀。无论是物质还是行为活动，《红楼梦》对雅文化的渗透和描写都是精到的，它反映了一个时代、一个民族的文明程度，更是文化发展的结晶和精神生活的深层境界。

第二节 《红楼梦》中的雅与逸

一、园林——亭临流水地斯趣

中式园林建筑因其布局构景和文化内涵素来为人称道。《红楼梦》中的园林描写以宁荣二府和大观园为主，恢宏、典雅、秀丽，各处风光大有不同，供省亲、赏花、游园、作诗，是园中人物主要活动场所。

（一）宁国府花园

黄花满地，白柳横坡。小桥通若耶之溪，曲径接天台之路。石中清流激湍，篱落飘香；树头红叶翩翻，疏林如画。西风乍紧，初云莺啼；暖日当暄，又添蛩语。遥望东南，建几处依山之榭；纵观西北，结三间临水之轩。笙簧盈耳，则有幽情；罗绮穿林，倍添韵致。

（第十一回 庆寿辰宁府排家宴 见熙凤贾瑞起淫心）

贾敬寿宴之时，王熙凤去看望病中的秦可卿，当她穿过宁府花园往回走时，此时秋风渐紧、秋景如画，作者用赋体渲染出宁国府花园的一片美好。

（二）大观园题匾一游

只见正门五间，上面桶瓦泥鳅脊，那门栏窗槅，皆是细雕新鲜花样，并无朱粉涂饰，一色水磨群墙，下面白石台矶，凿成西番草花样。左右一望，皆雪白粉墙，下面虎皮石，随势砌去，果然不落富丽俗套，自是欢喜。遂命开门，只见迎面一带翠嶂挡在前面。众清客都道："好山，好山！"贾政道："非此一山，一进来园中所有之景悉入目中，则有何趣。"众人道："极是。非胸中大有丘壑，焉想及此。"说毕，往前一望，见白石崚嶒，或如鬼怪，或如猛兽，纵横拱立，上面苔藓成斑，藤萝掩映，其中微露羊肠小径。贾政道："我们就从此小径游去，回来由那一边出去，方可遍览。"

（第十七回至十八回　大观园试才题对额　荣国府归省庆元宵）

中式建筑有一种含蓄之美，多用藏、挡等方式增加空间感和神秘感，认为尽收眼底的景物太过直露且缺乏旨趣。这里便有"一带翠嶂"，首先横在门口，以自然的苍翠掩映重重房屋。

说着，进入石洞来。只见佳木茏葱，奇花烂灼，一带清流，从花木深处曲折泻于石隙之中。再进数步，渐向北边，平坦宽豁，两边飞楼插空，雕甍绣槛，皆隐于山坳树杪之间。俯而视之，则清溪泻雪，石磴穿云，白石为栏，环抱池沿，石桥三港，兽面衔吐。桥上有亭。贾政与诸人上了亭子，倚栏坐了，因问："诸公以何题此？"诸人都道："当日欧阳公《醉翁亭记》有云：'有亭翼然'，就名'翼然'。"贾政笑道："'翼然'虽佳，但此亭压水而成，还须偏于水题方称。依我拙裁，欧阳公之'泻出于两峰之间'，竟用他这一个'泻'字。"有一客道："是极，是极。竟是'泻玉'二字妙。"贾政拈髯寻思，因抬头见宝玉侍侧，便笑命他也拟一个来。宝玉听说，连忙回道："老爷方才所议已是。但是如今追究了去，似乎当日欧阳公题酿泉用一'泻'字，则妥，今日此泉若亦用'泻'字，则觉不妥。况此处虽云省亲驻跸别墅，亦当入于应制之例，用此等字眼，亦觉粗陋不雅。求再拟较此蕴藉含蓄者。"贾政笑道："诸公听此论若何？方才众人编新，你又说不如述古，如今我们述古，你又说粗陋不妥。你且说你的来我听。"宝玉道："有用'泻玉'二字，则莫若'沁芳'二字，岂不新雅？"贾政拈髯点头不语。众人都忙迎合，赞宝玉才情不凡。贾政道："匾上二字容易。再作一副七言对联来。"宝玉听说，立于亭上，四顾一望，便机上心来，乃念道：

绕堤柳借三篙翠，隔岸花分一脉香。

贾政听了，点头微笑。众人先称赞不已。

（第十七回至十八回　大观园试才题对额　荣国府归省庆元宵）

贾政一干人等入大观园拟题匾，首次展现了大观园的景致。未见房屋，先有假山、石洞、池、桥、亭，自然山水与人工雕琢合二为一，身处如此雅境，才思敏捷的贾宝玉才能在题写匾额配景时不时有佳作吟出，也是在自然当中充分融合了人的智慧和情感。

二、居室——室有幽兰人亦清

区别于以自然景观为主的园林外景，《红楼梦》内各人物的居所也极富特色。当省亲别墅大观园建成，元妃省亲结束后，偌大一个园子便让荣宁二府的小姐、公子居住，众人按自己喜好，挑选了各自居所。这些居室内的布景陈设均是人物性情的侧面反映，各有特色，颇为风雅。

只见林黛玉正在那里，宝玉便问他："你住那一处好？"林黛玉正心里盘算这事，忽见宝玉问他，便笑道："我心里想着潇湘馆好，爱那几竿竹子隐着一道曲栏，比别处更觉幽静。"宝玉听了拍手笑道："正和我的主意一样，我也要叫你住这里呢。我就住怡红院，咱们两个又近，又都清幽。"

两人正计较，就有贾政遣人来回贾母说："二月二十二日子好，哥儿姐儿们好搬进去的。这几日内遣人进去分派收拾。"薛宝钗住了蘅芜苑，林黛玉住了潇湘馆，贾迎春住了缀锦楼，探春住了秋爽斋，惜春住了蓼风轩，李氏住了稻香村，宝玉住了怡红院。

（第二十三回　西厢记妙词通戏语　牡丹亭艳曲警芳心）

（一）宝玉居所——怡红院外景

贾芸看时，只见院内略略有几点山石，种着芭蕉，那边有两只仙鹤在松树下剔翎。一溜回廊上吊着各色笼子，各色仙禽异鸟。上面小小五间抱厦，一色雕镂新鲜花样隔扇，上面悬着一个匾额，四个大字，题道是"怡红快绿"。贾芸想道："怪道叫'怡红院'，原来匾上是恁样四个字。"

（第二十六回　蜂腰桥设言传心事　潇湘馆春困发幽情）

这里以外来者贾芸的视角描写了贾宝玉居所怡红院的外景，山石、芭蕉、仙鹤、异鸟、花样隔扇，生气蓬勃，鲜亮活泼，故称"怡红快绿"。转入怡红院内景则展示出主人典雅的兴趣爱好和审美情趣。

说着，引人进入房内。只见这几间房内收拾的与别处不同，竟分不出间隔来的。原来四面皆是雕空玲珑木板，或"流云百蝠"，或"岁寒三友"，或山水人物，或翎毛花卉，或集锦，或博古，或万福万寿各种花样，皆是名手雕镂，五彩销金嵌宝的。一槅一槅，或有贮书处，或有设鼎处，或安置笔砚处，或供花设瓶，安放盆景处。其槅各式各样，或天圆地方，或葵花蕉叶，或连环半璧。真是花团锦簇，剔透玲珑。

俟尔五色纱糊就，竟系小窗；俟尔彩绫轻覆，竟系幽户。且满墙满壁，皆系随依古董玩器之形抠成的槽子。诸如琴、剑、悬瓶、桌屏之类，虽悬于壁，却都是与壁相平的。众人都赞："好精致想头！难为怎么想来！"

（第十七回至十八回　大观园试才题对额　荣国府归省庆元宵）

怡红院是贾宝玉的温柔富贵乡，花花绿绿的器玩无数，各处铺排极尽工巧、皆具匠心。各种装饰虽多且杂但丝毫不见凌乱，处处皆有章法，足见主人生活态度之高雅精致。

（二）黛玉居所——潇湘馆

苏轼曾说"宁可食无肉，不可居无竹"，竹坚韧挺拔，超然独立，不与群芳为伍，清秀质朴，与林黛玉孤傲清高的性情相似，翠竹的清丽修长也正如林黛玉纤巧婀娜的身姿。竹不惧霜寒，秋斗风霜，冬傲冰雪，也与林黛玉的卓尔不群、叛逆的性格相契合。

忽抬头看见前一带粉垣，里面数楹修舍，有千百竿翠竹遮映。众人都道："好歌所在！"于是大家进入，只见入门便是曲折游廊，阶下石子漫成甬路。上面小小两三间房舍，一明两暗，里面都是合着地步打就的床几椅案。从里间房内又得一小门，出去则是后院，有大株梨花兼着芭蕉。又有两间小小退步。后院墙下忽开一隙，得泉一派，开沟仅尺许，灌入墙内，绕阶随屋至前院，盘旋竹下而出。

（第十七回至十八回　大观园试才题对额　荣国府归省庆元宵）

说着，顺着脚一径来至一个院门前，只见凤尾森森，龙吟细细。举目望门上一看，只见匾上写着"潇湘馆"三字。宝玉信步走入，只见湘帘垂地，悄无人声。走至窗前，觉得一缕幽香从碧纱窗中暗暗透出。宝玉便将脸贴在纱窗上，往里看时，耳内忽听得细细的长叹了一声道："每日家情思睡昏昏。"

（第二十六回　蜂腰桥设言传心事　潇湘馆春困发幽情）

因偏爱几竿翠竹，林黛玉选择居住于宁静清幽的潇湘馆，院内"竹影参差，苔痕浓淡"，一是契合她孤清的性情，二是暗寓还泪之说。"潇湘"本是湖南境内二水，在旧诗当中也常指泪水。娥皇女英因思念舜帝，泪水落于竹上形成斑痕，林黛玉作为还泪的绛珠仙草转世，也常感于自身境况与宝黛之情而落泪。

（三）宝钗居所——蘅芜苑

贾母忙命拢岸，顺着云步石梯上去，一同进了蘅芜苑，只觉异香扑鼻。那些奇草仙藤愈冷愈苍翠，都结了实，似珊瑚豆子一般，累垂可爱。及进了房屋，雪洞一般，一色玩器全无，案上只有一个土定瓶中供着数枝菊花，并两部书，茶奁茶杯而已。床上只挂着青纱帐幔，衾褥也十分朴素。……说着叫过鸳鸯来，亲吩咐道："你把那石头盆景儿和那架纱桌屏，还有个墨烟冻石鼎，这三样摆在这案上就够了。再把那水墨字画白绫帐子拿来，把这帐子也换了。"

（第四十回　史太君两宴大观园　金鸳鸯三宣牙牌令）

蘅芜苑乃薛宝钗居所，屋内陈设极简，仅一案、一床等有限家具，如"雪洞"一般，贾母看了直摇头，认为年轻姑娘房里这样素净是犯忌讳的。但这样精简的室内风格恰与宝钗性情相符，也与她未来的命运相关。

（四）探春居所——秋爽斋

探春素喜阔朗，这三间屋子并不曾隔断。当地放着一张花梨大理石大案，案上磊着各种名人法帖，并数十方宝砚，各色笔筒，笔海内插的笔如树林一般。那一边设着斗大的一个汝窑花囊，插着满满的一囊水晶球儿的白菊。西墙上当中挂着一大幅米襄阳《烟雨图》，左右挂着一付对联，乃是颜鲁公墨迹，其词云：

烟霞闲骨格，泉石野生涯。

案上设着大鼎。左边紫檀架上放着一个大观窑的大盘，盘内盛着数十个娇黄玲珑大佛手。右边洋漆架上悬着一个白玉比目磬，旁边挂着小锤。……东边便设着卧榻，拔步床上悬着葱绿双绣花卉草虫的纱帐。

（第四十回　史太君两宴大观园　金鸳鸯三宣牙牌令）

探春居住于大观园中秋爽斋，一囊白菊点出了居所之名"秋爽"。屋中器具高雅，说明探春工诗善书，才华满腹，为她后来发起海棠诗社做了铺垫。在二十七回中，探春托宝玉给她带些诸如"柳枝儿编的小篮子，整竹子根抠的香盒儿，胶泥垛的风炉儿"之类的轻巧玩意儿，嘱咐宝玉要"拣那朴而不俗，直而不拙者"。她喜爱园外的朴实灵动之物，由此可见探春气韵高古，阔朗爽直，是超凡脱俗一女子。

三、诗文——腹有诗书气自华

雅文化作为中国古代士阶层独有的精神文化财富，其存在、发展的过程是极其漫长的，具体的表现形式在不同历史时期有所差异。但自先秦时起，以"诗骚"起首的"诗"体文学便延续千年，长盛不衰。作为古代文学末期的雅文化高峰，《红楼梦》里的诗文不仅数量繁盛，才情也极高。书中最为人津津乐道的章节当属"海棠诗社""湘黛联诗"和"香菱学诗"了。

（一）结社吟诗

第三十三回宝玉挨打之后，不久贾政点了学差到外省公出，宝玉得了"解放"，在大观园内"任意纵性的逛荡，真把光阴虚度，岁月空添"。这时，探春忽然雅兴大发，写信给宝玉提议结社作诗。恰好贾芸孝敬了宝玉两盆珍贵的白海棠，他们便借此成立了海棠诗社。诗社成立目的旨在"宴集诗人於风庭月榭，醉飞吟盏於帘杏溪桃。作诗吟辞以显大观园众姊妹之文采不让桃李须眉"。诗社成员有林黛玉、薛宝钗、史湘云、贾迎春、贾探春、贾惜春、贾宝玉及李纨，各人在诗社中皆有别称，多以其大观园中居住之院宇为名：宝玉是怡红公子、绛花洞主，黛玉是潇湘妃子，宝钗是蘅芜君，李纨是稻香老农，迎春是菱洲，探春是秋爽居士、蕉下客，惜春是藕榭，湘云是枕霞旧友。李纨为社长，迎春、惜春为副社长，一人出题，一人监场。众人第一次起社作诗就是咏白海棠：

珍重芳姿昼掩门，自携手瓮灌苔盆。胭脂洗出秋阶影，冰雪招来露砌魂。

淡极始知花更艳，愁多焉得玉无痕。欲偿白帝凭清洁，不语婷婷日又昏。

李纨笑道："到底是蘅芜君。"……李纨才要推宝钗这诗有身分，因又催黛玉。黛玉道："你们都有了？"李纨等看他写道是：

半卷湘帘半掩门，碾冰为土玉为盆。

看了这句，宝玉先喝起彩来，只说"从何处想来！"又看下面道：

偷来梨蕊三分白，借得梅花一缕魂。

众人看了也都不禁叫好，说"果然比别人又是一样心肠。"又看下面道是：

月窟仙人缝缟袂，秋闺怨女拭啼痕。娇羞默默同谁诉，倦倚西风夜已昏。

众人看了，都道是这首为上。李纨道："若论风流别致，自是这首，若论含蓄浑厚，终让蘅稿。"探春道："这评的有理，潇湘妃子当居第二。"

（第三十七回　秋爽斋偶结海棠社　蘅芜苑夜拟菊花题）

首次咏白海棠花，众人才情文思各有不同，黛玉之"借得梅花一缕魂"虽精妙，但宝钗之诗相较而言格调更高远，当场被评为魁首。她笔下的白海棠是端庄矜持的淑女化身，也是她日常的自我形象的写照。此次结社时湘云不在场，宝玉随后特地将她请来依韵附了两首，众人皆评绝妙，应为第一：

其一

神仙昨日降都门，种得蓝田玉一盆。

自是霜娥偏爱冷，非关倩女亦离魂。

秋阴捧出何方雪，雨渍添来隔宿痕。

却喜诗人吟不倦，肯令寂寞度朝昏。

其二

蘅芷阶通萝薜门，也宜墙角也宜盆。

花因喜洁难寻偶，人为悲秋易断魂。

玉烛滴干风里泪，晶帘隔破月中痕。

幽情欲向嫦娥诉，无奈虚廊夜色昏。

（第三十七回　秋爽斋偶结海棠社　蘅芜苑夜拟菊花题）

第一首里的"自是霜娥偏爱冷""秋阴捧出何方雪"，隐指吃"冷香丸"的冷美人薛宝钗；"非关倩女亦离魂""雨渍添来隔宿痕"，隐指在苦恋中魂牵梦萦、泪渍难干的林黛玉。第二首里，为"悲秋"而"断魂"的是林黛玉。被"晶帘"隔破的花影，也很容易令人联想起"水中月""镜中花"之类关于宝、黛爱情的判词。相对的，花难寻偶、玉烛滴泪等句，也像是隐指宝钗未来的"寡居"生活。湘云的诗说了宝钗，又说了黛玉，也就等于说了她自己。虽然我们已无法知道曹雪芹如何写她的结局的具体情节，但"湘江水逝楚云飞""云散高唐、水涸湘江"等判词已说明了她的结局同样是凄惨的。

第二回作诗，起因于薛姨妈请贾母等人吃螃蟹赏桂花。宝钗邀湘云至蘅芜苑歇下，并计划如何设东拟题。宝钗思虑周全，理趣共得，拟出十二个应时应景的菊花诗题。

湘云看了一遍，又笑道："十个还不成幅，越性凑成十二个便全了，也如人家的字画册页一样。"宝钗听说，又想了两个，一共凑成十二。又说道："既这样，越性编出他个次序先后来。"湘云道："如此更妙，竟弄成个菊谱了。"宝钗道："起首是《忆菊》，忆之不得，故访，第二是《访菊》，访之既得，便种，第三是《种菊》，种既盛开，故相对而赏，第四是《对菊》，相对而兴有余，故折来供瓶为玩，第五是《供菊》，既供而不吟，亦觉菊无彩色，第六便是《咏菊》，既入词章，不可不供笔墨，第七便是《画菊》，既为菊如是碌碌，究竟不知菊有何妙处，不禁有所问，第八便是《问菊》，菊如解语，使人狂喜不禁，第九便是《簪菊》，如此人事虽尽，犹有菊之可咏者，《菊影》《菊梦》二首续在第十第十一，末卷便以《残菊》总收前题之盛。这便是三秋的妙景妙事都有了。"

（第三十七回　秋爽斋偶结海棠社　蘅芜苑夜拟菊花题）

此次黛玉《咏菊》《问菊》《菊梦》三首皆名列前茅：

咏菊

无赖诗魔昏晓侵，绕篱欹石自沉音。

毫端蕴秀临霜写，口齿噙香对月吟。

满纸自怜题素怨，片言谁解诉秋心？

一从陶令评章后，千古高风说到今。

问菊

欲讯秋情众莫知，喃喃负手叩东篱。

孤标傲世偕谁隐？一样花开为底迟？

圃露庭霜何寂寞？雁归蛩病可相思？

休言举世无谈者，解语何妨话片时。

菊梦

篱畔秋酣一觉清，和云伴月不分明。

登仙非慕庄生蝶，忆旧还寻陶令盟。

睡去依依随雁断，惊回故故恼蛩鸣。

醒时幽怨同谁诉？衰草寒烟无限情。

黛玉三首诗中，《咏菊》又列为第一。由于小说里众人的议论，容易使我们觉得这首诗之好，就好在"口齿噙香对月吟"一句上。其实，诗的后半首写得更自然、更有感染力。"满纸自怜题素怨，片言谁解诉秋心？"我们从林黛玉的诗中，又听到了曹雪芹的心声。它难道不就是作者写在小说开头的那首"自题绝句"在具体情节中所激起的回响吗？这实在比之于让林黛玉夺魁菊花诗这件事本身，更能说明作者对人物的倾向性。此回目中宝钗的一首"咏螃蟹"也是传唱千古的佳作：

> 桂霭桐阴坐举觞，长安涎口盼重阳。
>
> 眼前道路无经纬，皮里春秋空黑黄。
>
> 酒未敌腥还用菊，性防积冷定须姜。
>
> 于今落釜成何益，月浦空余禾黍香。

文中写道："众人看毕，都说这是食螃蟹绝唱，这些小题目，原要寓大意才算是大才，只是讽刺世人太毒了些。"小中见大、绵里藏针，一首小诗也足见宝钗其人，不得不感叹作者用心！

清代方浚颐《梦园丛说》曾记都门赏花情况说："极乐寺之海棠，枣花之牡丹，丰台之芍药，什刹海之荷花……自春徂秋，游踪不绝于路。又有花局，四时送花，以供王公贵人之玩赏。冬则，招三五良朋，作消寒会，煮卫河银鱼，烧膳房鹿尾，佐以涌金楼之佳酿，南烹北炙，杂然陈前，战拇飞花，觥筹交错，致足乐也。"而大观园中公子小姐咏花咏物、彼此唱和，恰恰反映了当时的都城社会习俗和贵族阶层的文化生活情趣。

湘云在咏海棠时艳压群芳，黛玉三首菊花诗皆获众人交口称赞，而在后面讽和螃蟹咏时宝钗之作又成"绝唱"，作者让所咏之物的"品质"——暗合吟咏之人，以物喻人，合情合理。

大观园中诗酒酬唱，赋有诗文才情的公子小姐们无时无刻不散发出的风雅气质，营造出醇厚典雅的文化气氛，这不仅令大观园里的主人们感到自在快乐，就连大观园中身份卑微的女孩子们也沾染了风雅，颇有情趣。芳、蕊、藕、荳四官原本是十二个伶人之中的，戏班出身，理应没受过多少文化教育，但却能给寻常花草起出"观音柳""罗汉松""君子竹"，等等别具雅趣之名目。从她们身上，大观园生活里的风雅旨趣也可见一斑：

外面小螺和香菱、芳官、蕊官、藕官、荳官等四五个人，都满园中顽了一回，大家采了些花草来兜着，坐在花草堆中斗草。这一个说："我有观音柳。"那一个说："我有罗汉松。"那一个又说："我有君子竹。"这一个又说："我有美人蕉。"这个又说："我有星星翠。"那个又说："我有月月红。"这个又说："我有《牡丹亭》上的牡丹花。"那个又说："我有《琵琶记》里的枇杷果。"荳官便说："我有姐妹花。"众人没了，香菱便说："我有夫妻蕙。"

（第六十二回　憨湘云醉眠芍药裀　呆香菱情解石榴裙）

说到香菱，她身世可怜，出身书香门第却自小被人贩子拐卖，后来辗转卖给颟顸的薛蟠做小妾受尽蹂躏和磨难。宝钗见她可怜带她进入大观园，大观园浓厚的文化氛围激活了她内心潜在的灵性，偷偷学着作诗乐在其中，小说在四十八回中就用了大量篇幅描述了香菱向黛玉学诗的过程：

香菱因笑道："我这一进来了，也得了空儿，好歹教给我作诗，就是我的造化了！"黛玉笑道："既要作诗，你就拜我作师。我虽不通，大约也还教得起你。"香菱笑道："果然这样，我就拜你作师。你可不许腻烦的。"黛玉道："什么难事，也值得去学！不过是起承转合，当中承转是两付对子，平声对仄声，虚的对实的，实的对虚的，若是果有了奇句，连平仄虚实不对都使得的。"香菱笑道："怪道我常弄一本旧诗偷空儿看一两首，又有对的极工的，又有不对的，又听见说'一三五不论，二四六分明'。看古人的诗上亦有顺的，亦有二四六上错了的，所以天天疑惑。如今听你一说，原来这些格调规矩竟是末事，只要词句新奇为上。"黛玉道："正是这个道理，词句究竟还是末事，第一立意要紧。若意趣真了，连词句不用修饰，自是好的，这叫作'不以词害意'。"香菱笑道："我只爱陆放翁的诗'重帘不卷留香久，古砚微凹聚墨多'，说的真有趣！"黛玉道："断不可学这样的诗。你们因不知诗，所以见了这浅近的就爱，一入了这个格局，再学不出来的。你只听我说，你若真心要学，我这里有《王摩诘全集》你且把他的五言律读一百首，细心揣摩透熟了，然后再读一二百首老杜的七言律，次再李青莲的七言绝句读一二百首。肚子里先有了这三个人作了底子，然后再把陶渊明、应玚、谢、阮、庾、鲍等人的一看。你又是一个极聪敏伶俐的人，不用一年的工夫，不愁不是诗翁了！"

香菱听了，笑道："既这样，好姑娘，你就把这书给我拿出来，我带回去夜里念几首也是好的。"黛玉听说，便命紫鹃将王右丞的五言律拿来，递与香菱，又道："你只看有红圈的都是我选的，有一首念一首。不明白的问你姑娘，或者遇见我，我讲与你就是了。"香菱拿了诗，回至蘅芜苑中，诸事不顾，只向灯下一首一首的读起来。宝钗连催他数次睡觉，他也不睡。宝钗见他这般苦心，只得随他去了。

（第四十八回　滥情人情误思游艺　慕雅女雅集苦吟诗）

经过数日苦吟，香菱先后作得三首诗，经过大家的点拨，诗艺循序渐进，第四十八回和四十九回中写她学诗的情形，三首诗分别是：

月挂中天夜色寒，清光皎皎影团团。诗人助兴常思玩，野客添愁不忍观。

翡翠楼边悬玉镜，珍珠帘外挂冰盘。良宵何用烧银烛，晴彩辉煌映画栏。

非银非水映窗寒，拭看晴空护玉盘。淡淡梅花香欲染，丝丝柳带露初干。

只疑残粉涂金砌，恍若轻霜抹玉栏。梦醒西楼人迹绝，余容犹可隔帘看。

精华欲掩料应难，影自娟娟魄自寒。一片砧敲千里白，半轮鸡唱五更残。

绿蓑江上秋闻笛，红袖楼头夜倚栏。博得嫦娥应借问，缘何不使永团圆！

香菱本是聪慧之人，无奈命运多舛，为薛蟠所得。大观园的环境和众才子佳人的格调引发了她的诗情，遂拜黛玉为师，沉迷作诗。为了吟月一诗，屡次删改，第一首诗后，黛玉笑评"意思却有，只是措辞不雅"；第二次宝钗笑评"不像吟月了，月字底下添一个'色'字倒还使得，你看句句倒是月色"；第三次终于吟得一首意境与情趣兼备的咏月诗而获得众人的称赞。

四、茶酒——烹茶煮酒显雅趣

曹雪芹以如椽巨笔淋漓尽致地描绘了一个封建贵族大

家庭生活细节的方方面面。吃茶饮酒虽是中国古代随处可见的日常生活内容,但在《红楼梦》中却也别具一番雅致情趣。下面就来探讨其中关于"茶、酒"的高雅情调和文化内涵。

(一)茶

只见妙玉亲自捧了一个海棠花式雕漆填金云龙献寿的小茶盘,里面放一个成窑五彩小盖钟,捧与贾母。贾母道:"我不吃六安茶。"妙玉笑说:"知道。这是老君眉。"贾母接了,又问是什么水。妙玉笑回"是旧年蠲的雨水。"贾母便吃了半盏,便笑着递与刘姥姥说:"你尝尝这个茶。"刘姥姥便一口吃尽,笑道:"好是好,就是淡些,再熬浓些更好了。"贾母众人都笑起来。然后众人都是一色官窑脱胎填白盖碗。

那妙玉便把宝钗和黛玉的衣襟一拉,二人随他出去,宝玉悄悄的随后跟了来。只见妙玉让他二人在耳房内,宝钗坐在榻上,黛玉便坐在妙玉的蒲团上。妙玉自向风炉上扇滚了水,另泡一壶茶。宝玉便走了进来,笑道:"偏你们吃体己茶呢。"二人都笑道:"你又赶了来饧茶吃。这里并没你的。"妙玉刚要去取杯,只见道婆收了上面的茶盏来。妙玉忙命:"将那成窑的茶杯别收了,搁在外头去罢。"宝玉会意,知为刘姥姥吃了,他嫌脏不要了。又见妙玉另拿出两只杯来。一个旁边有一耳,杯上镌着"㼆瓟斝"三个隶字,后有一行小真字是"晋王恺珍玩",又有"宋元丰五年四月眉山苏轼见于秘府"一行小字。妙玉便斟了一斝,递与宝钗。那一只形似钵而小,也有三个垂珠篆字,镌着"点犀盉"。妙玉斟了一盉与黛玉。仍将前番自己素日吃茶的那只绿玉斗来斟与宝玉。宝玉笑道:"常言'世法平等',他两个就用那样古玩奇珍,我就是个俗器了。"妙玉道:"这是俗器?不是我说狂话,只怕你家里未必找的出这么一个俗器来呢。"宝玉笑道:"俗说'随乡入乡',到了你这里,自然把那金玉珠宝一概贬为俗器了。"妙玉听如此说,十分欢喜,遂又寻出一只九曲十环一百二十节蟠虬整雕竹根的一个大盉出来,笑道:"就剩了这一个,你可吃的了这一海?"宝玉喜的忙道:"吃的了。"妙玉笑道:"你虽吃的了,也没这些茶糟踏。岂不闻'一杯为品,二杯即是解渴的蠢物,三杯便是饮牛饮骡了'。你吃这一海便成什么?"说的宝钗,黛玉,宝玉都笑了。妙玉执壶,只向海内斟了约有一杯。宝玉细细吃了,果觉轻浮无比,赏赞不绝。妙玉正色道:"你这遭吃的茶是托他两个福,独你来了,我是不给你吃的。"宝玉笑道:"我深知道的,我也不领你的情,只谢他二人便是了。"妙玉听了,方说:"这话明白。"黛玉因问:"这也是旧年的雨水？"妙玉冷笑道："你这么个人，竟是大俗人，连水也尝不出来。这是五年前我在玄墓蟠香寺住着，收的梅花上的雪，共得了那一鬼脸青的花瓮一瓮，总舍不得吃，埋在地下，今年夏天才开了。我只吃过一回，这是第二回了。你怎么尝不出来？隔年蠲的雨水那有这样轻浮，如何吃得。"黛玉知他天性怪僻，不好多话，亦不好多坐，吃完茶，便约着宝钗走了出来。

（第四十一回　栊翠庵茶品梅花雪　怡红院劫遇母蝗虫）

刘姥姥游大观园之时到栊翠庵吃了妙玉的茶，妙玉便不要她用过的杯子了。与宝钗、黛玉这些懂得的人却拿出了精致的器皿，用隔年梅花上的雪泡茶奉上。这一短小篇幅即写出了妙玉之"洁"。

而曹雪芹透过妙玉之口的一番"茶论"，亦使我们得以管窥清代文人茶文化的主要特征：鉴水讲究，水清，茶淡；饮茶器具崇尚古道，即以古典为美；注重外部环境美感，主张环境与茶的清雅精神相契合；品茗在于追求幽趣，以茶示雅。

（二）酒

在中国，从远古以来，诗与酒就交织在一起。诗，是人类精神劳动产生的高雅的文学奇葩；酒，是人类物质生产的精华琼浆。

《红楼梦》中充满了关于宴饮、配酒、酒仪、酒德、酒趣等知识与描写，尤其是对于酒令的描写十分精彩。酒令是筵席上助兴取乐的饮酒游戏，酒令分雅令、通令、筹令等。雅令的行令方式是：先推一人为令官，行雅令时，必须引经据典，分韵联吟，当席构思，即席应对，这就要求行酒令者既有文采和才华，又要敏捷机智，因而对行令者的文化素养要求颇高。小说第二十八回就写了一处行雅令的场景：

宝玉笑道："听我说来：如此滥饮，易醉而无味。我先喝一大海，发一新令，有不遵者，连罚十大海，逐出席外与人斟酒。"冯紫英、蒋玉菡等都道："有理，有理。"宝玉拿起海来一气饮干，说道："如今要说悲、愁、喜、乐四字，却要说出女儿来，还要注明这四字原故。说完了，饮门杯。酒面要唱一个新鲜时样曲子，酒底要席上生风一样东西，或古诗、旧对、《四书》《五经》、成语。"薛蟠未等说完，先站起来拦道："我不来，别算我。这竟是捉弄我呢！"云儿也站起来，推他坐下，笑道："怕什么？这还亏你天天吃酒呢，难道你连我也不如！我回来还说呢。说是了，罢，不是了，不过罚上几杯，那里就醉死了。你如今一乱令，倒喝十大海，下去斟酒不成？"众人都拍手道妙。薛蟠听说无法，只得坐了。听宝玉说道："女儿悲，青春已大守空闺。女儿愁，悔教夫婿觅封侯。女儿喜，对镜晨妆颜色美。女儿乐，秋千架上罗衫薄。"

……

宝玉笑道："押韵就好。"薛蟠道："令官都准了，你们闹什么？"众人听说，方才罢了。云儿笑道："下两句越发难说了，我替你说罢。"薛蟠道："胡说！当真我就没好的了！听我说罢：女儿喜，洞房花烛朝慵起。"

（第二十八回　蒋玉菡情赠茜香罗　薛宝钗羞笼红麝串）

一边吃酒一边行令方有雅趣。在此次宴饮集会上，宝玉、冯紫英、蒋玉菡、艺妓云儿的令都言之有物，独有薛蟠莽人一个，被罚了不少酒，可即便似薛大少这般不学无术，也能吟得一句"洞房花烛朝慵起"。

酒令中的通令主要有掷骰、抽签、划拳、猜数等玩法。因通令很容易在酒宴中制造热闹的气氛，并且玩法简单，因而较为流行。《红楼梦》六十三回中的"花名签"诗句多取自旧时十分流行的《千家诗》，以此作为通令签文，使这样一个在民间显得较为粗俗、嘈杂的通令变得文雅：

说着，晴雯拿了一个竹雕的签筒来，里面装着牙花名签子，摇了一摇，放在当中。又取过骰子来，盛在盒内，摇了一摇，揭开一看，里面是五点，数至宝钗。宝钗便笑道："我先抓，不知抓出个什么来。"说着，将筒摇了一摇，伸手掣出一根，大家一看，只见签上画着一支牡丹，题着"艳冠群芳"四字，下面又有镌的小字一句唐诗，道是：

任是无情也动人。

又注着："在席共贺一杯，此为群芳之冠，随意命人，不拘诗词雅谑，道一则以侑酒。"众人看了，都笑说："巧的很，你也原配牡丹花。"说着，大家共贺了一杯。宝钗吃过，便笑说："芳官唱一支我们听罢。"芳官道："既这样，大家吃门杯好听的。"于是大家吃酒。芳官便唱："寿筵开处风光好。"众人都道："快打回去。这会子很不用你来上寿，拣你极好的唱来。"芳官只得细细的唱了一支《赏花时》：

翠凤毛翎扎帚叉，闲踏天门扫落花。您看那风起玉尘沙。猛可的那一层云下，抵多少门外即天涯。您再休要剑斩黄龙一线儿差，再休向东老贫穷卖酒家。您与俺眼向云霞。洞宾呵，您得了人可便早些儿回话，若迟呵，错教人留恨碧桃花。

……黛玉也自笑了。于是饮了酒，便掷了个二十点，该着袭人。袭人便伸手取了一支出来，却是一枝桃花，题着"武陵别景"四字，那一面旧诗写着道是：

桃红又是一年春。

注云："杏花陪一盏，坐中同庚者陪一盏，同辰者陪一盏，同姓者陪一盏。"众人笑道："这一回热闹有趣。"大家算来，香菱、晴雯、宝钗三人皆与他同庚，黛玉与他同辰，只无同姓者。芳官忙道："我也姓花，我也陪他一钟。"于是大家斟了酒，黛玉因向探春笑道："命中该着招贵婿的，你是杏花，快喝了，我们好喝。"探春笑道："这是个什么，大嫂子顺手给他一下子。"李纨笑道："人家不得贵婿反挨打，我也不忍的。"说的众人都笑了。

（第六十三回　寿怡红群芳开夜宴　死金丹独艳理亲丧）

贾宝玉此次生日是在大观园的女儿群中度过的。开夜宴的众姊妹称"群芳"，当晚行的酒令是"花名签"，唱的曲子叫"赏花时"，作者显然是有意关合。"红楼十二支曲"曲名都有深意，"赏花时"之名含义也可深思。"群芳"所抽到的花签都是对每个人自己的"判词"，其深意大都隐藏在其前后未引出来的诗句中，预示了众人的命运。可谓是继第五回的判词之后，作者又一用意精深之处！

比之雅令，筹令玩法相对简单，饮者只需依次掣签，按照酒筹上已编好的酒令饮酒即可。贾母领刘姥姥游大观园当天的晚饭也是人多热闹，由鸳鸯念骨牌行令，诗词歌赋，成语俗话，只要押韵即可。

鸳鸯道："有了一副了。左边是张'天'。"贾母道："头上有青天。"众人道："好。"鸳鸯道："当中是个'五与六'。"贾母道："六桥梅花香彻骨。"鸳鸯道："剩得一张'六与幺'。"贾母道："一轮红日出云霄。"鸳鸯道："凑成便是个'蓬头鬼'。"贾母道："这鬼抱住钟馗腿。"说完，大家笑说："极妙。"贾母饮了一杯。鸳鸯又道："有了一副。左边是个'大长五'。"薛姨妈道："梅花朵朵风前舞。"鸳鸯道："右边还是个'大五长'。"薛姨妈道："十月梅花岭上香。"鸳鸯道："当中'二五'是杂七。"

薛姨妈道:"织女牛郎会七夕。"鸳鸯道:"凑成'二郎游五岳'。"薛姨妈道:"世人不及神仙乐。"说完,大家称赏,饮了酒。鸳鸯又道:"有了一副。左边'长幺'两点明。"湘云道:"双悬日月照乾坤。"鸳鸯道:"右边'长幺'两点明。"湘云道:"闲花落地听无声。"鸳鸯道:"中间还得'幺四'来。"湘云道:"日边红杏倚云栽。"鸳鸯道:"凑成'樱桃九熟'。"湘云道:"御园却被鸟衔出。"说完饮了一杯。鸳鸯道:"有了一副。左边是'长三'。"宝钗道:"双双燕子语梁间。"鸳鸯道:"右边是'三长'。"宝钗道:"水荇牵风翠带长。"鸳鸯道:"当中'三六'九点在。"宝钗道:"三山半落青天外。"鸳鸯道:"凑成'铁锁练孤舟'。"宝钗道:"处处风波处处愁。"说完饮毕。鸳鸯又道:"左边一个'天'。"黛玉道:"良辰美景奈何天。"宝钗听了,回头看着他。黛玉只顾怕罚,也不理论。鸳鸯道:"中间'锦屏'颜色俏。"黛玉道:"纱窗也没有红娘报。"鸳鸯道:"剩了'二六'八点齐。"黛玉道:"双瞻玉座引朝仪。"鸳鸯道:"凑成'篮子'好采花。"黛玉道:"仙杖香挑芍药花。"说完,饮了一口。鸳鸯道:"左边'四五'成花九。"迎春道:"桃花带雨浓。"众人道:"该罚!错了韵,而且又不像。"迎春笑着饮了一口。

(第四十回 史太君两宴大观园 金鸳鸯三宣牙牌令)

上至一家之主贾母,中至各位夫人、小姐,下至丫鬟鸳鸯,人人都能行一雅令,虽才情有高下、内涵有丰瘠,但具备如此风雅旨趣的阖家欢乐的景象,已成绝唱。

五、四时——四时闲情与逸致

《红楼梦》中人的生活时时处处都充满了闲情逸致。四季轮回,年月更替,流逝的是时间,不变的是他们的生活美学和高雅旨趣。大观园里形形色色各样人物,各个皆有一套自己独到的审美观念,体现在寻常生活的点点滴滴中。下面将从大观园中四季轮回的细节之处,来分析"红楼梦中人"的闲情与逸趣:

(一)春——芳蝶纸鸢斗妍情

春天,芒种时节,闺中女儿祭拜花神,大观园中丫鬟小姐一齐出动,莺歌燕语,花香袭人:

至次日乃是四月二十六日,原来这日未时交芒种节。尚古风俗:凡交芒种节的这日,都要设摆各色礼物,祭饯花神,言芒种一过,便是夏日了,众花皆卸,花神退位,须要饯行。然闺中更兴这件风俗,所以大观园中之人都早起来了。那些女孩子们，或用花瓣柳枝编成轿马的，或用绫锦纱罗叠成干旄旌幢的，都用彩线系了。每一颗树上，每一枝花上，都系了这些物事。满园里绣带飘飖，花枝招展，更兼这些人打扮得桃羞杏让，燕妒莺惭，一时也道不尽。

（第二十七回　滴翠亭杨妃戏彩蝶　埋香冢飞燕泣残红）

春和日暖，风景宜人，连素日端庄大方、温柔敦厚的宝姐姐见了两只玉蝶也情不自禁放下一贯的矜持做派，显现出娇羞可人的小女儿情态：

忽见前面一双玉色蝴蝶，大如团扇，一上一下迎风翩跹，十分有趣。宝钗意欲扑了来玩耍，遂向袖中取出扇子来，向草地下来扑。只见那一双蝴蝶忽起忽落，来来往往，穿花度柳，将欲过河去了。倒引的宝钗蹑手蹑脚的，一直跟到池中滴翠亭上，香汗淋漓，娇喘细细。

（第二十七回　滴翠亭杨妃戏彩蝶　埋香冢飞燕泣残红）

丫鬟莺儿心灵手巧，几枝寻常柳条，经她的巧手一番侍弄，竟成了一个玲珑精致的花篮，放上园中鲜花，连素来挑剔的林妹妹见了，也脱口称赞：

因见柳叶才吐浅碧，丝若垂金，莺儿便笑道："你会拿着柳条子编东西不会？"蕊官笑道："编什么东西？"莺儿道："什么编不得？顽的使的都可。等我摘些下来，带着这叶子编个花篮儿，采了各色花放在里头，才是好顽呢。"说着，且不去取硝，且伸手挽翠披金，采了许多的嫩条，命蕊官拿着。他却一行走一行编花篮，随路见花便采一二枝，编出一个玲珑过梁的篮子。枝上自有本来翠叶满布，将花放上，却也别致有趣。喜的蕊官笑道："姐姐，给了我罢。"莺儿道："这一个咱们送林姑娘，回来咱们再多采些，编几个大家顽。"说着，来至潇湘馆中。

黛玉也正晨妆，见了篮子，便笑说："这个新鲜花篮是谁编的？"莺儿笑说："我编了送姑娘顽的。"黛玉接了笑道："怪道人赞你手巧，这顽意儿却也别致。"

（第五十九回　柳叶渚边嗔莺咤燕　绛云轩里召将飞符）

风筝又称风琴、纸鹞、鹞子、纸鸢。晚唐时期，人们在风筝上加上风笛，在空中"呜呜"作响，像弹奏古筝的声音。大观园中的众人竞相纵筝，花样各不相同，比寻常人家放筝除晦更添一份雅致。文章行至第七十回，已渐转悲凉，虽时令又是暮春，时隔一年再起诗社，却早不是先前那样轻松愉悦的祥和氛围。大观园中众人放风筝，看似其乐融融，飘摇远去的风筝却暗合了各人流离的命运终局，以物和人，作者用心良苦：

  这里小丫头们听见放风筝，巴不得七手八脚都忙着拿出个美人风筝来。也有搬高凳去的，也有捆剪子股的，也有拨籰子的。宝钗等都立在院门前，命丫头们在院外敞地下放去。宝琴笑道："你这个不大好看，不如三姐姐的那一个软翅子大凤凰好。"宝钗笑道："果然。"因回头向翠墨笑道："你把你们的拿来也放放。"翠墨笑嘻嘻的果然也取去了。宝玉又兴头起来，也打发个小丫头子家去，说："把昨儿赖大娘送我的那个大鱼取来。"小丫头子去了半天，空手回来，笑道："晴姑娘昨儿放走了。"宝玉道："我还没放一遭儿呢。"探春笑道："横竖是给你放晦气罢了。"宝玉道："也罢。再把那个大螃蟹拿来罢。"丫头去了，同了几个人扛了一个美人并籰子来，说道："袭姑娘说，昨儿把螃蟹给了三爷了。这一个是林大娘才送来的，放这一个罢。"宝玉细看了一回，只见这美人做的十分精致。心中欢喜，便命叫放起来。此时探春的也取了来，翠墨带着几个小丫头子们在那边山坡上已放了起来。宝琴也命人将自己的一个大红蝙蝠也取来。宝钗也高兴，也取了一个来，却是一连七个大雁的，都放起来。……黛玉听说，用手帕垫着手，顿了一顿，果然风紧力大，接过籰子来，随着风筝的势将籰子一松，只听一阵豁刺刺响，登时籰子线尽。黛玉因让众人来放。众人都笑道："各人都有，你先请罢。"黛玉笑道："这一放虽有趣，只是不忍。"李纨道："放风筝图的是这一乐，所以又说放晦气，你更该多放些，把你这病根儿都带了去就好了。"……那风筝飘飘摇摇，只管往后退了去，一时只有鸡蛋大小，展眼只剩了一点黑星，再展眼便不见了。众人皆仰面睃眼说："有趣，有趣。"宝玉道："可惜不知落在那里去了。若落在有人烟处，被小孩子得了还好，若落在荒郊野外无人烟处，我替他寂寞。想起来把我这个放去，教他两个作伴儿罢。"于是也用剪子剪断，照先放去。探春正要剪自己的凤凰，见天上也有一个凤凰，因道："这也不知是谁家的。"众人皆笑说："且别剪你的，看他倒像要来绞的样儿。"说着，只见那凤凰渐逼近来，遂与这凤凰绞在一处。众人方要往下收线，那一家也要收线，正不开交，又见一个门扇大的玲珑喜字带响鞭，在半天如钟鸣一般，也逼近来。众人笑道："这一个也来绞了。且别收，让他三个绞在一处倒有趣呢。"说着，那喜字果然与这两个凤凰绞在一处。三下齐收乱顿，谁知线都断了，那三个风筝飘飘摇摇都去了。

（第七十回 林黛玉重建桃花社 史湘云偶填柳絮词）

（二）夏——配色调羹彰雅兴

盛夏时节，潇湘馆中竹影斑斑、翠阴深深，黛玉独坐月洞窗下，逗弄鹦哥儿。鹦鹉学舌，学的不是村野俗语，而是主人历来所作之诗文。鹦鹉尚且具有如此高雅才情，其人之雅更是不言而喻：

> 那鹦哥仍飞上架去，便叫："雪雁，快掀帘子，姑娘来了。"黛玉便止住步，以手扣架道："添了食水不曾？"。那鹦哥便长叹一声，竟大似林黛玉素日吁嗟音韵，接着念道："侬今葬花人笑痴，他年葬侬知是谁？试看春尽花渐落，便是红颜老死时。一朝春尽红颜老，花落人亡两不知！"黛玉紫鹃听了都笑起来。紫鹃笑道："这都是素日姑娘念的，难为他怎么记了。"黛玉便令将架摘下来，另挂在月洞窗外的钩上，于是进了屋子，在月洞窗内坐了。吃毕药，只见窗外竹影映入纱来，满屋内阴阴翠润，几簟生凉。黛玉无可释闷，便隔着纱窗调逗鹦哥作戏，又将素日所喜的诗词也教与他念。

（第三十五回　白玉钏亲尝莲叶羹　黄金莺巧结梅花络）

宝玉托宝钗的丫鬟莺儿打络子，莺儿详细问明所配之物，才决定要用何种颜色、何种样式，心思细致。由此，莺儿也发表了一番自己关于色彩美学的认知。后宝钗又就此提出了自己关于色彩搭配的建议。莺儿的配色斑斓多姿、俏丽青春，宝钗崇尚大气端庄、奢华精巧：

> 莺儿道："汗巾子是什么颜色的？"宝玉道："大红的。"莺儿道："大红的须是黑络子才好看的，或是石青的才压的住颜色。"宝玉道："松花色配什么？"莺儿道："松花配桃红。"宝玉笑道："这才娇艳。再要雅淡之中带些娇艳。"莺儿道："葱绿柳黄是我最爱的。"宝玉道："也罢了，也打一条桃红，再打一条葱绿。"莺儿道："什么花样呢？"宝玉道："共有几样花样？"莺儿道："一炷香，朝天凳，像眼块，方胜，连环，梅花，柳叶。"
>
> ……
>
> 宝钗笑道："这有什么趣儿，倒不如打个络子把玉络上呢。"一句话提醒了宝玉，便拍手笑道："倒是姐姐说得是，我就忘了。只是配个什么颜色才好？"宝钗道："若用杂色断然使不得，大红又犯了色，黄的又不起眼，黑的又过暗。等我想个法儿：把那金线拿来，配着黑珠儿线，一根一根的拈上，打成络子，这才好看。"

（第三十五回　白玉钏亲尝莲叶羹　黄金莺巧结梅花络）

所谓莲叶羹，不过面食而已，寻常人家也可做得，为何贾府所做就与众不同，且为后世之人念念不忘？原来要用四套模具将面团一点儿点儿脱出三四十种各样形状，用几只鸡熬得那一碗高汤，荤腥之气不能带，还得有荷叶的清香。小小一碗羹汤，足见贾府人生活态度之精致：

薛姨娘先接过来瞧时，原来是个小匣子，里面装着四副银模子，都有一尺多长，一寸见方，上面凿着有豆子大小，也有菊花的，也有梅花的，也有莲蓬的，也有菱角的，共有三四十样，打的十分精巧。因笑向贾母王夫人道："你们府上也都想绝了，吃碗汤还有这些样子。若不说出来，我见这个也不认得这是作什么用的。"凤姐儿也不等人说话，便笑道："姑妈那里晓得，这是旧年备膳，他们想的法儿。不知弄些什么面印出来，借点新荷叶的清香，全仗着好汤，究竟没意思，谁家常吃他了。那一回呈样的作了一回，他今日怎么想起来了。"说着接了过来，递与个妇人，吩咐厨房里立刻拿几只鸡，另外添了东西，做出十来碗来。

（第三十五回　白玉钏亲尝莲叶羹　黄金莺巧结梅花络）

（三）秋——一轮明月笛音清

贾母作为大观园里的最高领袖，有着自己独特的审美情趣和生活品位，关于音乐欣赏，她也有自己独到的心得。如在四十回中，史太君听闻大观园戏班子中的女孩们演习吹打，就建议"铺排在藕香榭的水亭子上，借着水音更好听"。四十一回中，果如贾母所说："只听得箫管悠扬，笙笛并发。正值风清气爽之时，那乐声穿林渡水而来，自然使人神怡心旷。"第七十六回，时值中秋：

贾母因见月至中天，比先越发精彩可爱，因说："如此好月，不可不闻笛。"因命人将十番上女孩子传来。贾母道："音乐多了，反失雅致，只用吹笛的远远的吹起来就够了。

……

这里贾母仍带众人赏了一回桂花，又命换暖酒来。正说着闲话，猛不防只听那壁厢桂花树下，呜呜咽咽，悠悠扬扬，吹出笛声来。越显得这明月清风，天空地净，真令人烦心顿解，万虑齐除，都肃然危坐，点头相赏。听约两盏茶时，方才止住，大家称赞不已。于是遂又斟上暖酒来。贾母笑道："果然可听么？"众人笑道："实在可听。我们也想不到这样，须得老太太带领着，我们也得开些心胸。"贾母道："这还不大好，须得拣那曲谱越慢的吹来越好。"

......

　　只听桂花阴里，呜呜咽咽，袅袅悠悠，又发出一缕笛音来，果真比先越发凄凉。大家都寂然而坐。夜静月明……众人彼此都不禁有凄凉寂寞之意。

　　　　（第七十六回　凸碧堂品笛感凄清　凹晶馆联诗悲寂寞）

　　两次写到大观园之秋时，曹雪芹都安排了一场以贾母为首的宴饮：第四十回时，刘姥姥二进大观园，整部小说的欢乐氛围也达到了顶点，此次宴饮中，贾母提倡"隔水听笛音"，箫管悠扬、笛音清脆，风清气爽；至第七十六回，故事已渐转悲凉之境，此时桂花阴下笛音呜咽，丝丝缕缕，悲凉之意透入骨髓。

　　除却高雅的音乐品位，贾母对家居摆设、服饰配色等均有自己独到的见解，她对潇湘馆窗纱的配色就是一处很好的例证：

　　贾母因见窗上纱的颜色旧了，便和王夫人说道："这个纱新糊上好看，过了后来就不翠了。这个院子里头又没有个桃杏树，这竹子已是绿的，再拿这绿纱糊上反不配。我记得咱们先有四五样颜色糊窗的纱呢，明儿给他把这窗上的换了。"凤姐儿忙道："昨儿我开库房，看见大板箱里还有好些匹银红蝉翼纱，也有各样折枝花样的，也有流云卍福花样的，也有百蝶穿花花样的，颜色又鲜，纱又轻软，我竟没见过这样的。拿了两匹出来，作两床绵纱被，想来一定是好的。"贾母听了笑道："呸，人人都说你没有不经过不见过，连这个纱还不认得呢，明儿还说嘴。"薛姨妈等都笑说："凭他怎么经过见过，如何敢比老太太呢。老太太何不教导了他，我们也听听。"凤姐儿也笑说："好祖宗，教给我罢。"贾母笑向薛姨妈众人道："那个纱，比你们的年纪还大呢。怪不得他认作蝉翼纱，原也有些像，不知道的，都认作蝉翼纱。正经名字叫作'软烟罗'。"凤姐儿道："这个名儿也好听。只是我这么大了，纱罗也见过几百样，从没听见过这个名色。"贾母笑道："你能够活了多大，见过几样没处放的东西，就说嘴来了。那个软烟罗只有四样颜色：一样雨过天晴，一样秋香色，一样松绿的，一样就是银红的，若是做了帐子，糊了窗屉，远远的看着，就似烟雾一样，所以叫作'软烟罗'。那银红的又叫作'霞影纱'。如今上用的府纱也没有这样软厚轻密的了。"薛姨妈笑道："别说凤丫头没见，连我也没听见过。"凤姐儿一面说，早命人取了一匹来了。贾母说："可不是这个！先时原不过是糊窗屉，后来我们拿这个作被作帐子，试试也竟好。明儿就找出几匹来，拿银红的替他糊窗子。"凤姐答应着。众人都看了，称赞不已。

（第四十回　史太君两宴大观园　金鸳鸯三宣牙牌令）

从"软烟罗""霞影纱"二名即可见纱的轻柔，贾府贮藏的纱颜色样式不少，依贾母的雅兴和周围景致相配才可装上。

林黛玉因不大吃酒，又不吃螃蟹，自命人掇了一个绣墩倚栏杆坐着，拿着钓竿钓鱼。宝钗手里拿着一枝桂花玩了一回，俯在窗槛上掐了桂蕊掷向水面，引的游鱼浮上来唼喋。湘云出一回神，又让一回袭人等，又招呼山坡下的众人只管放量吃。探春和李纨惜春立在垂柳中看鸥鹭。迎春又独在花阴下拿着花针穿茉莉花。

（第三十八回　林潇湘魁夺菊花诗　薛蘅芜讽和螃蟹咏）

大观园中绝非只有贾母有这样超然的审美情趣，三十八回中这一段为我们展现了这样一幅精妙的"众美图"，在读者看来真是赏心悦目。对于大观园中的众小姐而言却是生活常态，绝非刻意的矫揉造作。众美人在这满园秋色中各安其事，怡然自得，尽享生活的细枝末节里的雅与美。

（四）冬——雪中赏梅上元节

隆冬时节，大观园里银装素裹，众人以"雪"联诗。宝玉输了，对他的惩罚不是喝酒之类俗不可耐之事，而是罚他去折一枝栊翠庵里的红梅。妙玉高洁，她庵里的梅花想必也非凡俗之花可比拟。果然宝玉折来之后，获得众人一致称赏："原来这枝梅花只有二尺来高，旁有一横枝纵横而出，约有五六尺长，其间小枝分歧，或如蟠螭，或如僵蚓，或孤削如笔，或密聚如林，花吐胭脂，香欺兰蕙。"大家遂以"红梅"为题，咏了一回梅花诗。

曹雪芹笔下的薛宝琴，天真烂漫，娇俏的像个"外国美人儿"。她手捧红梅，屹立于白雪皑皑的大观园中，美的就像一幅画，连仇十洲的名画《双艳图》都难以比拟。而贾母的眼光也是独到，一眼就看得出人与景的搭配由内而外散发出的和谐美感：

一看四面粉妆银砌，忽见宝琴披着凫靥裘站在山坡上遥等，身后一个丫鬟抱着一瓶红梅。众人都笑道："少了两个人，他却在这里等着，也弄梅花去了。"贾母喜的忙笑道："你们瞧，这山坡上配上他的这个人品，又是这件衣裳，后头又是这样梅花，像个什么？"众人都笑道："就像老太太屋里挂的仇十洲画的《双艳图》。"贾母摇头笑道："那画的那里有这件衣裳？人也不能这样好！"

（第五十回　芦雪庵争联即景诗　暖香坞雅制春灯谜）

灯谜是我国独有的富有民族风格的一种文学形式，因为谜语能启迪智慧又饶有兴趣，所以流传过程中深受社会各阶层的欢迎。元妃省亲结束后，特从宫里传出话来，让众姊妹兄弟制元宵灯谜，除了贾环作的俗不可耐之外，其余公子、小姐连灯谜都能作得颇具才情。这次元宵集会，连平时威严慑人的贾政都参与其中，好一幅阖家欢乐的图景。可细看各人所作灯谜的谜底，这些物件的寓意都属不祥，竟与第五回中各人的判词相暗合。其意味之凄凉悲哀，使贾政看了都深感不安：

贾政答应，起身走至屏前，只见头一个写道是：

能使妖魔胆尽摧，身如束帛气如雷。一声震得人方恐，回首相看已化灰。

贾政道："这是炮竹嗄。"宝玉答道："是。"贾政又看道：

天运人功理不穷，有功无运也难逢。因何镇日纷纷乱，只为阴阳数不同。

贾政道："是算盘。"迎春笑道："是。"又往下看是：

阶下儿童仰面时，清明妆点最堪宜。游丝一断浑无力，莫向东风怨别离。

贾政道："这是风筝。"探春笑道："是。"又看道是：

前身色相总无成，不听菱歌听佛经。莫道此生沉黑海，性中自有大光明。

贾政道："这是佛前海灯嗄。"惜春笑答道："是海灯。"

贾政心内沉思道："娘娘所作爆竹，此乃一响而散之物。迎春所作算盘，是打动乱如麻。探春所作风筝，乃飘飘浮荡之物。惜春所作海灯，一发清净孤独。今乃上元佳节，如何皆作此不祥之物为戏耶？"心内愈思愈闷，因在贾母之前，不敢形于色，只得仍勉强往下看去。只见后面写着七言律诗一首，却是宝钗所作，随念道：

朝罢谁携两袖烟，琴边衾里总无缘。

晓筹不用鸡人报，五夜无烦侍女添。

焦首朝朝还暮暮，煎心日日复年年。

光阴荏苒须当惜，风雨阴晴任变迁。

贾政看完，心内自忖道："此物还倒有限。只是小小之人作此词句，更觉不祥，皆非永远福寿之辈。"

（第二十二回　听曲文宝玉悟禅机　制灯迷贾政悲谶语）

第二十二回作元宵灯谜，谜底都还是物件儿。第五十回大观园里再起灯谜，直接取材"四书"，格调之高雅又上了一层。为了大家同乐，宝钗提议作些雅俗共赏的，湘云想到一"浅近的俗物"——"耍的猴儿"，可配这般俗物的谜面，竟也是一首富有才情的《点绛唇》。"红尘游戏""名利犹虚"两句传达出的超脱之意竟与第一回里跛足道人的《好了歌》中的意境暗暗契合，作者用意深远啊！

第三节　《红楼梦》中的梦与情

《红楼梦》中梦作为该书的重要组成部分，值得十分关注。关于《红楼梦》一书诸多标题的描述，第一回就有：

从此空空道人因空见色，由色生情，传情入色，自色悟空，遂易名为情僧，改《石头记》为《情僧录》。（至吴玉峰题曰《红楼梦》。）东鲁孔梅溪则题曰《风月宝鉴》。后因曹雪芹于悼红轩中披阅十载，增删五次，纂成目录，分出章回，则题曰《金陵十二钗》。[甲]

（第一回甄士隐梦幻识通灵贾雨村风尘怀闺秀）

学者对这些题目多有考证研究，认为它们对作品的主旨有所指向，例如"如果说《石头记》围绕的是心，那么其他名字所围绕的依序就是情、欲、世界、人"。而作为主要名称之一的"红楼梦"至今仍然沿用，一是得益于该书最早排印本乾隆五十六年（公元1791年）的程伟元排印本（程甲本）就舍本名"石头记"而用"红楼梦"，二是甲戌本第五回写到《红楼梦》仙曲十二支时，脂批说："点题，盖作者自云所历不过红楼一梦尔。"[乙]三是该书内容亦真亦幻，如大梦一场。第四十八回就有脂砚斋双行夹批：

一部大书起是梦，宝玉情是梦，贾瑞淫又是梦，秦氏家计长策又是梦，今作诗也是梦，一并风月鉴亦从梦中所有，故"红楼梦"也。余今批评亦在梦中，特为梦中之人特作此一大梦也。脂砚斋。

（第四十八回滥情人误思游艺慕雅女雅集苦吟诗）

[甲] 括号内为笔者增补甲戌本多出文字。

[乙] 朱一玄. 红楼梦脂评校录[M]. 济南：齐鲁书社，1986：92.

《红楼梦》的主要素材是本书著者的亲身经历见闻，至少一部分有自传性，这点已是不争之论。《红楼梦》的作者对世界与人生的看法，若单就书中明白说到的和暗示的来看，很容易发现是受了《庄子》和佛教禅宗以至魏晋玄学的影响。一切皆是梦幻，一切皆空，甚至"空空"。若真把人生看破如此，未来也就无话可说，没什么文章可做了。然而他虽知一切皆梦幻与空，事实上却未能解脱，只觉"愧则有余，悔又无益"，唯有浸沉在"大无可奈何之日"里。正是这"无可奈何"的苦痛感，才加深了他对人生悲剧的意识，催逼他写出这伟大动人的杰作。至于这个"无可奈何"之感的形成、根源与过程，却正贴切生动地呈现在小说里。《红楼梦》或《石头记》的"根由"，据首回所说，是因为女娲氏炼石补天之时剩了一块石头未用，弃在青埂峰下，此石"性灵已通，因见众石俱得补天，独自己无才，不堪入选，遂自怨自叹，日夜悲号惭愧。"由于这块石头，也就是所谓"顽石""通灵宝玉"或"蠢物"在书里是故事叙述者，或暗示就是作者，又或说就是男主角贾宝玉，连名字也相同，并非偶然，所以石头自怨不能入选补天，应该是映射作者设计的故事之根由。

　　可是《红楼梦》所反映的世界观与人生观远远超越了"补天济世，利物济人"与"落堕情根"这一矛盾层面。实际上，他已认定现实世界是"无常"而不能长期圆满的，人生乐极悲生，终如梦幻，永远是个大悲剧。但这个悲剧却总会在情欲血泪中扮演下去，因为人永远包含着对荣华富贵、美好乐事享受的追求，因此也就带有喜剧的成分。

　　由于对梦的范畴划分和定义不同，针对前八十回，目前学界认为共有十几梦到三十多梦不等，这些梦或预示后事发展，或体现人物深情。探讨《红楼梦》中情与梦的关系，可以让我们更好地理解这本小说。

一、甄士隐梦一僧一道携玉而来

　　一日，炎夏永昼，士隐于书房闲坐，至手倦抛书，伏几少憩，不觉朦胧睡去。梦至一处，不辨是何地方。忽见那厢来了一僧一道，且行且谈。

　　只听道人问道："你携了这蠢物，意欲何往？"那僧笑道："你放心，如今现有一段风流公案正该了结，这一干风流冤家，尚未投胎入世。趁此机会，就将此蠢物夹带于中，使他去经历经历。"那道人道："原来近日风流冤孽又将造劫历世去不成？但不知落于何方何处？"那僧笑道："此事说来好笑，竟是千古未闻的罕事。只因西方灵河岸上三生石畔，有绛珠草一株，时有赤瑕宫神瑛侍者，日以甘露灌溉，这绛珠草始得久延岁月。后来既受天地精华，复得雨露滋养，遂得脱却草胎木质，得换人形，仅修成个女体，终日游于离恨天外，饥则食蜜青果为膳，渴则饮灌愁海水为汤。只因尚未酬报灌溉之德，故其五内便郁结着一段缠绵不尽之意。恰近日这神瑛侍者凡心偶炽，乘此昌明太平朝世，意欲下凡造历幻缘，已在警幻仙子案前挂了号。警幻亦曾问及，灌溉之情未偿，趁此倒可了结的。那绛珠仙子道：'他是甘露之惠，我并无此水可还。他既下世为人，我也去下世为人，但把我一生所有的眼泪还他，也偿还得过他了。'因此一事，就勾出多少风流冤家来，陪他们去了结此案。"

那道人道："果是罕闻。实未闻有还泪之说。想来这一段故事，比历来风月事故更加琐碎细腻了。"那僧道："历来几个风流人物，不过传其大概以及诗词篇章而已；至家庭闺阁中一饮一食，总未述记。再者，大半风月故事，不过偷香窃玉，暗约私奔而已，并不曾将儿女之真情发泄一二。想这一干人入世，其情痴色鬼、贤愚不肖者，悉与前人传述不同矣。"那道人道："趁此何不你我也去下世度脱几个，岂不是一场功德？"那僧道："正合吾意，你且同我到警幻仙子宫中，将蠢物交割清楚，待这一干风流孽鬼下世已完，你我再去。如今虽已有一半落尘，然犹未全集。"道人道："既如此，便随你去来。"

却说甄士隐俱听得明白，但不知所云"蠢物"系何东西。遂不禁上前施礼，笑问道："二仙师请了。"那僧道也忙答礼相问。士隐因说道："适闻仙师所谈因果，实人世罕闻者。但弟子愚浊，不能洞悉明白，若蒙大开痴顽，备细一闻，弟子则洗耳谛听，稍能警省，亦可免沉伦之苦。"二仙笑道："此乃玄机不可预泄者。到那时不要忘我二人，便可跳出火坑矣。"士隐听了，不便再问。因笑道："玄机不可预泄，但适云'蠢物'，不知为何，或可一见否？"那僧道："若问此物，倒有一面之缘。"说着，取出递与士隐。

士隐接了看时，原来是块鲜明美玉，上面字迹分明，镌着"通灵宝玉"四字，后面还有几行小字。正欲细看时，那僧便说已到幻境，便强从手中夺了去，与道人竟过一大石牌坊，上书四个大字，乃是"太虚幻境"。两边又有一幅对联，道是：

假作真时真亦假，无为有处有还无。

士隐意欲也跟了过去，方举步时，忽听一声霹雳，有若山崩地陷。士隐大叫一声，定睛一看，只见烈日炎炎，芭蕉冉冉，所梦之事便忘了大半。

（第一回　甄士隐梦幻识通灵　贾雨村风尘怀闺秀）

女娲补天弃下的一块顽石曾动了凡心，在青埂峰下求得茫茫大士与渺渺真人带入红尘，后由空空道人等人将其故事编纂立书，是此梦展开之前的情节。姑苏甄士隐一梦，既承接上文叙述了一僧一道一石（茫茫大士、渺渺真人、通灵宝玉）的去向，道出绛珠仙草与神瑛侍者的一段还泪情缘为宝黛等故事埋下伏笔，又沟通了人世与幻境，在题写着"假作真时真亦假，无为有处有还无"的石牌坊处戛然而止。

行文至此，渐将叙述重心由神仙幻境转移到人间俗世。直到失意的甄士隐解注了跛足道人一曲《好了歌》并随之而去，便有了第一个在风月名利场中大彻大悟之人。金陵四家的故事尚未道来，第一回已有警醒告诫之语。

二、贾宝玉梦太虚幻境访警幻仙姑

受邀至东府赏花的宝玉午时困倦，便随贾蓉之妻秦氏入房休息。赏完其"大约神仙都可住的了"的屋子，宝玉梦到一处"人迹希逢，飞尘不到"的所在，随警幻仙姑一游太虚幻境：转过牌坊，便是一座宫门，上面横书四个大字，道是："孽海情天"。又有一副对联，大书云：厚地高天，堪叹古今情不尽。痴男怨女，可怜风月债难偿。

宝玉看了，心下自思道："原来如此。但不知何为'古今之情'，何为'风月之债'？从今倒要领略领略。"宝玉只顾如此一想，不料早把些邪魔招入膏肓了。

（第五回　游幻境指迷十二钗　饮仙醪曲演红楼梦）

第一回中，甄士隐到太虚幻境门口便猛然惊醒了，贾宝玉此次则真正进入了这一有"古今情""风月债"的世界。明代汤显祖认为一往而深的至情让"生者可以死，死可以生"，贯通于虚实之间又如影随形，继而有之。曹雪芹笔下这与生俱来的情，则是在人间充分演绎的同时，也在幻境由仙姑司掌。而从人世经由一场大梦刚刚踏入幻境的宝玉，已经"把些邪魔招入膏肓了"。"邪魔"何指？痴情？滥情？

随后来到配殿。"痴情司""结怨司""朝啼司""夜怨司""春感司""秋悲司"下贮有天下女子过去未来的簿册，宝玉看到自己家乡封条上写着"金陵十二钗正册"，下首又有"金陵十二钗副册""金陵十二钗又副册"：

宝玉便伸手先将"又副册"厨开了，拿出一本册来，揭开一看，只见这首页上画着一幅画，又非人物，也无山水，不过是水墨滃的满纸乌云浊雾而已。后有几行字迹，写的是：霁月难逢，彩云易散。心比天高，身为下贱。风流灵巧招人怨。寿夭多因毁谤生，多情公子空牵念。

宝玉看了，又见后面画着一簇鲜花，一床破席，也有几句言词，写道是：

枉自温柔和顺，空云似桂如兰，堪羡优伶有福，谁知公子无缘。

宝玉看了不解，遂掷下这个，又去开了副册厨门，拿起一本册来，揭开看时，只见画着一株桂花，下面有一池沼，其中水涸泥干，莲枯藕败，后面书云：

根并荷花一茎香，平生遭际实堪伤。自从两地生孤木，致使香魂返故乡。

宝玉看了仍不解。便又掷了，再去取"正册"看，只见头一页上便画着两株枯木，木上悬着一围玉带，又有一堆雪，雪下一股金簪。也有四句言词，道是：

可叹停机德，堪怜咏絮才。玉带林中挂，金簪雪里埋。

宝玉看了仍不解。待要问时，情知他必不肯泄漏，待要丢下，又不舍。遂又往后看时，只见画着一张弓，弓上挂着香橼。也有一首歌词云：

二十年来辨是非，榴花开处照宫闱。三春争及初春景，虎兔相逢大梦归。

后面又画着两人放风筝，一片大海，一只大船，船中有一女子掩面泣涕之状。也有四句写云：

才自精明志自高，生于末世运偏消。清明涕送江边望，千里东风一梦遥。

后面又画几缕飞云，一湾逝水。其词曰：

富贵又何为，襁褓之间父母违。展眼吊斜晖，湘江水逝楚云飞。

后面又画着一块美玉，落在泥垢之中。其断语云：

欲洁何曾洁，云空未必空。可怜金玉质，终陷淖泥中。

后面忽见画着个恶狼，追扑一美女，欲啖之意。其书云：

子系中山狼，得志便猖狂。金闺花柳质，一载赴黄粱。

后面便是一所古庙，里面有一美人在内看书独坐。其判云：

勘破三春景不长，缁衣顿改昔年妆。可怜绣户侯门女，独卧青灯古佛傍。

后面便是一片冰山，上面有一只雌凤。其判曰：

凡鸟偏从末世来，都知爱慕此生才。一从二令三人木，哭向金陵事更哀。

后面又是一座荒村野店，有一美人在那里纺绩。其判云：

势败休云贵，家亡莫论亲。偶因济刘氏，巧得遇恩人。

后面又画着一盆茂兰，旁有一位凤冠霞帔的美人。也有判云：

桃李春风结子完，到头谁似一盆兰。如冰水好空相妒，枉与他人作笑谈。

后面又画着高楼大厦，有一美人悬梁自缢。其判云：

情天情海幻情身，情既相逢必主淫。漫言不肖皆荣出，造衅开端实在宁。

宝玉还欲看时，那仙姑知他天分高明，性情颖慧，恐把仙机泄漏，遂掩了卷册，笑向宝玉道："且随我去游玩奇景，何必在此打这闷葫芦！"

（第五回　游幻境指迷十二钗　饮仙醪曲演红楼梦）

然而宝玉并未参透图画判词之意。如此铺排已将全书构架和主要人物命运遭际安排确定。这些女子终其一生，或是深情款款，或是超凡脱俗，却多以悲剧作结。其后的《红楼梦》十二支曲"或咏叹一人，或感怀一事"娓娓道来，亦是总领后续故事的文字。警幻欲令宝玉忘情，而宝玉终不能悟，判词与曲词字里行间藏着作者多少人生体验和历史感受。

警幻道："……今既遇令祖宁荣二公剖腹深嘱，吾不忍君独为我闺阁增光，见弃于世道，是以特引前来，醉以灵酒，沁以仙茗，警以妙曲，再将吾妹一人，乳名兼美字可卿者，许配于汝。今夕良时，即可成姻。不过令汝领略此仙闺幻境之风光尚如此，何况尘境之情景哉？而今后万万解释，改悟前情，留意于孔孟之间，委身于经济之道。"说毕便秘授以云雨之事，推宝玉入房，将门掩上自去。

那宝玉恍恍惚惚，依警幻所嘱之言，未免有儿女之事，难以尽述。至次日，便柔情缱绻，软语温存，与可卿难解难分。因二人携手出去游顽之时，忽至一个所在，但见荆榛遍地，狼虎同群，迎面一道黑溪阻路，并无桥梁可通。正在犹豫之间，忽见警幻后面追来，告道："快休前进，作速回头要紧！"宝玉忙止步问道："此系何处？"警幻道："此即迷津也。深有万丈，遥亘千里，中无舟楫可通，只有一个木筏，乃木居士掌舵，灰侍者撑篙，不受金银之谢，但遇有缘者渡之。尔今偶游至此，设如堕落其中，则深负我从前谆谆警戒之语矣。"话犹未了，只听迷津内水响如雷，竟有许多夜叉海鬼将宝玉拖将下去。吓得宝玉汗下如雨，一面失声喊叫："可卿救我！"吓得袭人辈众丫鬟忙上来搂住，叫："宝玉别怕，我们在这里！"

（第五回　游幻境指迷十二钗　饮仙醪曲演红楼梦）

宝玉听罢《红楼梦》十二支曲只觉索然无味，更不谈顿悟其中深意。警幻仙姑所为乃是遵宁荣二公所嘱，意欲通过游园、观册、品茗、听曲、成姻让宝玉看彻尘缘回归读书正经，哪知宝玉更耽于情与乐，堕入迷津，这也象征着现实世界中的宝玉坠入情网，不立正业之意。

小说第十三回中有段描写宝玉梦中惊闻秦可卿病逝，惊醒后只觉心中似戳了一刀，哇的一声口吐鲜血。这一段叙述看似轻描淡写，实则是与第五回宝玉梦游太虚幻境与可卿一段情缘交相呼应，再一次将人世与幻境勾连起来。秦氏的身份是许多学者尤为热衷讨论的话题，单依《红楼梦》本身来看，她应是导致贾宝玉情欲被触发的对象之一。此外，在可卿现身太虚幻境的闺房之时还有这样一段描述："更可骇者，早有一位女子在内，其鲜艳妩媚，有似乎宝钗，风流袅娜，则又如黛玉。"将宝钗黛玉并提，更是点出了情窦初开的宝玉与此二人的纠葛。

三、王熙凤梦秦氏临别警言

凤姐方觉星眼微朦，恍惚只见秦氏从外走来，含笑说道："婶子好睡！我今日回去，你也不送我一程。因娘儿们素日相好，我舍不得婶子，故来别你一别。还有一件心愿未了，非告诉婶子，别人未必中用。"

凤姐听了，恍惚问道："有何心愿？你只管托我就是了。"秦氏道："婶婶，你是个脂粉堆里的英雄，连那些束带顶冠的男子也不能过你，你如何连两句俗语也不晓得？常言'月满则亏，水满则溢'，又道是'登高必跌重'。如今我们家赫赫扬扬，已将百载，一日倘或乐极悲生，若应了那句'树倒猢狲散'的俗语，岂不虚称了一世的诗书旧族了！"凤姐听了此话，心胸大快，十分敬畏，忙问道："这话虑的极是，但有何法可以永保无虞？"秦氏冷笑道："婶子好痴也。否极泰来，荣辱自古周而复始，岂人力能可保常的。但如今能于荣时筹画下将来衰时的世业，亦可谓常保永全了。即如今日诸事都妥，只有两件未妥，若把此事如此一行，则后日可保永全了。"

凤姐便问何事。秦氏道："目今祖茔虽四时祭祀，只是无一定的钱粮，第二，家塾虽立，无一定的供给。依我想来，如今盛时固不缺祭祀供给，但将来败落之时，此二项有何出处？莫若依我定见，趁今日富贵，将祖茔附近多置田庄房舍地亩，以备祭祀供给之费皆出自此处，将家塾亦设于此。合同族中长幼，大家定了则例，日后按房掌管这一年的地亩，钱粮，祭祀，供给之事。如此周流，又无争竞，亦不有典卖诸弊。便是有了罪，凡物可入官，这祭祀产业连官也不入的。便败落下来，子孙回家读书务农，也有个退步，祭祀又可永继。若目今以为荣华不绝，不思后日，终非长策。眼见不日又有一件非常喜事，真是烈火烹油，鲜花着锦之盛。要知道，也不过是瞬息的繁华，一时的欢乐，万不可忘了那'盛筵不散'的俗语。此时若不早为后虑，临期只恐后悔无益了。"凤姐忙问："有何喜事？"秦氏道："天机不可泄漏。只是我与婶子好了一场，临别赠你两句话，须要记着。"因念道：

三春去后诸芳尽，各自须寻各自门。

凤姐还欲问时，只听二门上传事云板连叩四下，将凤姐惊醒。人回："东府蓉大奶奶没了。"凤姐闻听，吓了一身冷汗，出了一回神，只得忙忙的穿衣，往王夫人处来。

（第十三回　秦可卿死封龙禁尉　王熙凤协理宁国府）

可见秦氏与宝玉（通灵宝玉）一样，都是来自幻境仙界。王熙凤作为贾府管事人之一，吃穿用度的出纳几乎都经由她手，她深知光鲜的排场下贾府的气数。平时交好的秦可卿去世前托梦于王熙凤，再次预警了富贵繁华后的深层危机。

四、贾宝玉梦甄宝玉疑真假

宝玉心中便又疑惑起来：若说必无，然亦似有，若说必有，又并未目睹。心中闷了，回至房中榻上默默盘算，不觉就忽忽的睡去，不觉竟到了一座花园之内。宝玉诧异道："除了我们大观园，更又有这一个园子？"正疑惑间，从那边来了几个女儿,都是丫鬟。宝玉又诧异道:"除了鸳鸯,袭人,平儿之外,也竟还有这一干人?"只见那些丫鬟笑道:"宝玉怎么跑到这里来了?"宝玉只当是说他,自己忙来陪笑说道:"因我偶步到此,不知是那位世交的花园,好姐姐们,带我逛逛。"众丫鬟都笑道:"原来不是咱们的宝玉。他生的倒也还干净,嘴儿也倒乖觉。"宝玉听了,忙道:"姐姐们,这里也更还有个宝玉?"丫鬟们忙道:"宝玉二字,我们是奉老太太,太太之命,为保佑他延寿消灾的。我叫他,他听见喜欢。你是那里远方来的臭小厮,也乱叫起他来。仔细你的臭肉,打不烂你的。"又一个丫鬟笑道:"咱们快走罢,别叫宝玉看见,又说同这臭小厮说了话,把咱熏臭了。"说着一径去了。

宝玉纳闷道:"从来没有人如此涂毒我,他们如何更这样?真亦有我这样一个人不成?"一面想,一面顺步早到了一所院内。宝玉又诧异道:"除了怡红院,也更还有这么一个院落。"忽上了台矶,进入屋内,只见榻上那个少年叹了一声。一个丫鬟笑问道:"宝玉,你不睡又叹什么?想必为你妹妹病了,你又胡愁乱恨呢。"宝玉听说,心下也便吃惊。只见榻上少年说道:"我听见老太太说,长安都中也有个宝玉,和我一样的性情,我只不信。我才作了一个梦,竟梦中到了都中一个花园子里头,遇见几个姐姐,都叫我臭小厮,不理我。好容易找到他房里头,偏他睡觉,空有皮囊,真性不知那里去了。"宝玉听说,忙说道:"我因找宝玉来到这里。原来你就是宝玉?"榻上的忙下来拉住:"原来你就是宝玉?这可不是梦里了。"宝玉道:"这如何是梦?真而又真了。"一语未了,只见人来说:"老爷叫宝玉。"唬得二人皆慌了。一个宝玉就走,一个宝玉便忙叫:"宝玉快回来,快回来!"

袭人在旁听他梦中自唤,忙推醒他,笑问道:"宝玉在那里?"此时宝玉虽醒,神意尚恍惚,因向门外指说:"才出去了。"袭人笑道:"那是你梦迷了。你揉眼细瞧,是镜子里照的你影儿。"宝玉向前瞧了一瞧,原是那嵌的大镜对面相照,自己也笑了。

(第五十六回　敏探春兴利除宿弊　时宝钗小惠全大体)

江南甄家亦有一个宝玉,与金陵贾家的宝玉同样性情,一甄一贾相互照应。在后来抄检大观园的同时,有人传报甄家已被治罪并抄没了家私,亦预示着贾府的衰落。而这一段描写对《红楼梦》的自叙说也是一个佐证。

五、尤二姐梦尤三姐赠剑解劝

那尤二姐原是个花为肠肚雪作肌肤的人，如何经得这般磨折，不过受了一个月的暗气，便恹恹得了一病，四肢懒动，茶饭不进，渐次黄瘦下去。夜来合上眼，只见他小妹子手捧鸳鸯宝剑前来说："姐姐，你一生为人心痴意软，终久吃了这亏。休信那妒妇花言巧语，外作贤良，内藏奸狡，他发恨定要弄你一死方罢。若妹子在世，断不肯令你进来，即进来时，亦不容他这样。此亦系理数应然，你我生前淫奔不才，使人家丧伦败行，故有此报。你依我将此剑斩了那妒妇，一同归至警幻案下，听其发落。不然，你则白白的丧命，且无人怜惜。"尤二姐泣道："妹妹，我一生品行既亏，今日之报既系当然，何必又生杀戮之冤。随我去忍耐。若天见怜，使我好了，岂不两全。"小妹笑道："姐姐，你终是个痴人。自古'天网恢恢，疏而不漏'，天道好还。你虽悔过自新，然已将人父子兄弟致于麀聚之乱，天怎容你安生。"尤二姐泣道："既不得安生，亦是理之当然，奴亦无怨。"小妹听了，长叹而去。尤二姐惊醒，却是一梦。

（第六十九回　弄小巧用借剑杀人　觉大限吞生金自逝）

不同于三姐的烈性，尤二姐到了贾府只是一味地含辱忍垢，纵有情意，生活却难以为继。吞金自尽前的一梦，一面是三姐的刚硬和劝解，一面是二姐的痴软和无奈，又侧面写出凤姐的妒恨逼迫，极见二姐的衷情和委屈。

除了上述梦境之外，还有若干亦真亦幻的零星小梦贯穿于文中，尤其作为小说主角贾宝玉的梦境颇多，其梦醒时分和梦中话语也颇值得关注。如贾宝玉梦晴雯临死一别：

宝玉又翻转了一个更次，至五更方睡去，只见晴雯从外头走来，仍是往日形景，进来笑向宝玉道："你们好生过罢，我从此就别过了。"说毕，翻身便走。宝玉忙叫时，又将袭人叫醒。袭人还只当他惯了口乱叫，却见宝玉哭了，说道："晴雯死了。"袭人笑道："这是那里的话，你就知道，别胡闹了，被人听见什么意思。"宝玉那里肯听，恨不得一时亮了就遣人去问。

（第七十七回　俏丫鬟抱屈夭风流　美优伶斩情归水月）

若不是情深意长，宝玉睡去时怎会在梦中心心念念。宝玉探望晴雯时见她家条件恶劣，身体也一日坏似一日，不免担忧而生出临死相别一梦。

第三十四回，宝玉挨打之后还念念不忘蒋玉菡和投井的金钏，在梦中出走的蒋玉涵和死去的金钏恍恍惚惚向他倾诉着苦衷，半梦半醒间被黛玉推醒，黛玉心疼他因优伶和丫鬟伤到不能起身，犹是安慰她，宝玉心意相通地说出"便为这些人死了，也是情愿"的话来。与之相对的，宝钗在宝玉旁安静刺绣时，梦中的宝玉更是喊出了让宝钗始料不及的话，当宝钗听到宝玉梦中喊骂"和尚道士的话如何信得？什么是金玉姻缘，我偏说是木石姻缘！"宝钗懵怔，内心纠结可想而知。梦中呓语多是做梦之人现实生活当中挂念的事，或长期压抑在心的隐情。"金玉姻缘"是之前数次提到宝钗的金锁和宝玉的通灵宝玉相配的事情，并且屡屡让黛玉耿耿于怀。"木石姻缘"则与三生石畔绛珠仙草还泪故事遥相呼应，通过梦话将幻境之中的故事呈现在人世当中。绛芸轩此梦，正是宝玉两难抉择中的真实感受，弃门第而从内心。

梦中的情绪也从侧面反映了生活好坏的趋势。贾府的繁华将尽时，宝玉的梦也不安宁起来，比如第七十九回中写道：

> 一夜不曾安稳，睡梦之中犹唤晴雯，或魇魔惊怖，种种不宁。次日便懒进饮食，身体作热。此皆近日抄检大观园、逐司棋、别迎春、悲晴雯等羞辱惊恐悲凄之所致，兼之风寒外感，故酿成一疾，卧床不起。

（第七十九回　薛文龙悔娶河东狮　贾迎春误嫁中山狼）

正如脂砚斋所评"《红楼》写梦章法总不雷同"，其中的大小梦境或是勾勒出了故事框架，预示情节发展，或是写出了人物的逼真形态和内心活动。如甄士隐、贾宝玉的太虚幻境之梦，既贯穿了人间俗世与幻境仙界，将情置于可以安排命定的地位，又融入了作者的人生哲理和历史体验，呈现了全书的格局，预示了故事的发展。宝玉梦晴雯、梦中呓语要木石姻缘等事，更是衬托出了此一痴情之人。还有小红遗帕一梦、香菱作诗一梦、湘云醉卧吟诗一梦、尤二姐吞金前一梦，等等，也都刻画出大观园里各式各样的女儿情。

人因有情才有梦，梦中所念为心中所想，梦幻泡影虽为虚幻，但其中潜在的情感却往往意味深长，耐人寻味，故而阅《红楼》一书，安能不探寻其梦？正如出现在小说中的那首诗所言：

浮生着甚苦奔忙？盛席华筵终散场。

悲喜千般同幻渺，古今一梦尽荒唐。

谩言红袖啼痕重，更有情痴抱恨长。

字字看来皆是血，十年辛苦不寻常。

思考题

1. 你认为《红楼梦》中的"雅与逸"还体现在哪些方面？

2. 你认为《红楼梦》的梦与情有怎样的关系？

3. 列举《红楼梦》中给你留下深刻印象的诗词，并说明哪里打动了你？

推荐书目

[1] 周汝昌. 红楼梦新证[M]. 上海：上海三联书店，2008.

[2] 俞平伯. 红楼梦研究[M]. 上海：上海古籍出版社，2011.

[3] 胡适. 红楼梦考证[M]. 北京：北京出版社，2015.

第七讲
新文化与"五四"新文学

1915年9月15日，陈独秀主编的《青年杂志》（第二卷起更名为《新青年》）在上海创刊，标志着新文化运动的诞生。在发刊辞《敬告青年》中，陈独秀呼吁青年在以下六个方面做出抉择："自主的而非奴隶的""进步的而非保守的""进取的而非退隐的""世界的而非锁国的""实利的而非虚文的""科学的而非想象的"。[甲]这些主张较陈独秀后来所说的"德先生"（民主）和"赛先生"（科学）其实更为全面，也反映出新文化运动是以人的改造为目标的启蒙运动。

有趣的是，"新文化"的名称最初并非来自于新文化运动的倡导者，而是来自于反对者阵营。[乙]反对者加诸"新文化"的罪状正如陈独秀在《本志罪案之答辩书》中所列举的，"破坏孔教，破坏礼法，破坏国粹，破坏贞节，破坏旧伦理（忠节孝），破坏旧艺术（中国戏），破坏旧宗教（鬼神），破坏旧文学，破坏旧政治（特权人治）"。[丙]从这些罪状中可以看出，新文化试图对旧中国社会进行全面的、彻底的批判和革新。因此，新文化运动后来也常常被认为是全盘反传统的，造成了中国传统的断裂。[丁]实际上，这种看法是片面的，新文化运动正如胡适所概括的那样"只是一种新态度"，即"评判的态度"，其实践包括"研究问题""输入学理""整理国故"和"再造文明"。[戊]

白话文运动和文学革命是新文化运动中成绩最好的。1917年1月，胡适在《新青年》上发表《文学改良刍议》，提

甲
陈独秀. 敬告青年[J]. 青年杂志, 1915, 1 (1).

乙
陈平原. "新文化"如何"运动"：关于"两代人的合力"[J]. 中国文化, 2015.

丙
陈独秀. 本志罪案之答辩书[J]. 新青年, 1919, 6 (1).

丁
林毓生. 五四式反传统思想与中国意识的危机：兼论五四精神、五四目标与五四思想[M]//中国传统的创造性转化. 北京：三联书店, 1996: 147–159.

戊
胡适. 胡适全集（第1卷）[M]. 合肥：安徽教育出版社, 2003: 691–700.

出文学改良的"八事"：须言之有物，不模仿古人，须讲求文法，不作无病之呻吟，务去滥调套语，不用典，不讲对仗，不避俗字俗语。^甲《文学改良刍议》通常被看作是中国现代文学的起点，中国现代文学也常称为"新文学"，以区别于古典文学。新文学经过陈独秀《文学革命论》、周作人的《人的文学》《平民文学》等理论推进，逐渐获得了更为清晰的界定。1920年1月，中华民国教育部颁布法令，规定国民学校低年级国文课教育统一运用语体文（白话），标志着白话文成功地进入了教材和课堂。白话文学创作虽然尚在最初的探索阶段，但也取得了丰硕的成果，如现代第一部白话诗集胡适的《尝试集》（1920）、郭沫若的诗集《女神》（1920）、鲁迅的小说集《呐喊》（1923）和《彷徨》（1926）、郁达夫的小说集《沉沦》（1921），以及丁西林、田汉等人的话剧创作等。白话散文方面，创作队伍和创作量都最为突出，也创作出了足以与古典散文媲美的"美文"，并开拓了多种多样的散文风格。

甲 胡适. 文学改良刍议[J]. 新青年，1917, 2 (5).

第一节　鲁迅小说对奴隶文化的批判

鲁迅被誉为"中国现代文学之父"，他的《呐喊》《彷徨》是"五四"新文学乃至中国现代文学、20世纪中国文学最重要的收获。这两部小说集尽管只收入了25篇小说，除《阿Q正传》篇幅稍长外，其他都是短篇小说，但是这些小说在形式、主题上都不尽相同，每篇都包含着作家的艺术创新，因"表现的深切和格式的特别"^乙而成为现代小说创作的巅峰。

文化和现实批判是《呐喊》《彷徨》中最为重要的主题。鲁迅研究学者王富仁认为"《呐喊》和《彷徨》主要是反封建思想革命的一面镜子"，^丙这当然是对的。不过，需要注意的是，鲁迅所批判的并不限于封建文化。早在留日后期，鲁迅即在《文化偏至论》中批判了西方19世纪末期的文化"偏至"——"物质"和"众数"，并提出了"立人"——"尊个性而张精神"作为拯救之道。^丁也就是说，鲁迅同时看到了现代文化的弊病，他并不是以西方文化为模本建立中国的现代文化，而是试图寻找更为健全的文化。这种理想文化的核心在于"人"，有"自觉"和独立性的人。"人"的对立面便是奴隶，即缺乏真正主体性的人。显然，鲁迅所说的"奴隶"偏重的是人的

乙 鲁迅.《中国新文学大系》小说二集序[M]//鲁迅全集（第6卷）. 北京：人民文学出版社，1981: 238.

丙 王富仁.《呐喊》《彷徨》综论[M]//汪晖，钱理群，等. 鲁迅研究的历史批判：论鲁迅（二）. 石家庄：河北教育出版社，2000: 206.

丁 鲁迅. 文化偏至论[M]//鲁迅全集（第1卷）. 北京：人民文学出版社，1981: 44-62.

自主性，与人的精神息息相关，而不是从经济意义上来讲的。正因为如此，鲁迅后期更偏爱使用"奴才"一词。

四 "吃人"文化

《狂人日记》（1918）是现代文学中第一篇白话文小说，也可以看作是鲁迅文学的一个总纲。它揭示了历史与礼教的"吃人"本质："我翻开历史一查，这历史没有年代，歪歪斜斜的每页上都写着'仁义道德'几个字。我横竖睡不着，仔细看了半夜，才从字缝里看出字来，满本都写着两个字是'吃人'。"作家借狂人之口道出了历史的秘密，在"仁义道德"的涂饰之下，是一场延续了几千年的"吃人"的筵席。

"吃人"当然是个比喻性的说法，既指强者吞噬弱者，也指社会全体对于个别觉醒者、离经叛道者的扼杀。"狂人"是一个觉醒者，他不但看出了别人吃人，也没有把自己排除在外，"四千年来时时吃人的地方，今天才明白，我也在其中混了多年"，发现了自己的"四千年吃人履历"。

鲁迅在与挚友许寿裳的通信中谈到《狂人日记》时说："前曾言中国根柢全在道教，此说近颇广行。以此读史，有多种问题可以迎刃而解。后以偶阅《通鉴》，乃悟中国人尚是食人民族，因成此篇。此种发现，关系亦甚大，而知者尚寥寥也。"[甲]可以看出，鲁迅对自己所发现的历史的秘密颇有几分自得。《狂人日记》中"这历史没有年代"的说法与黑格尔对中国历史的观察不谋而合。黑格尔指出："中国很早就已经进展到了它今日的情状；但是因为它客观的存在和主观运动之间仍然缺少一种对峙，所以无从发生任何变化，一种终古如此的固定的东西代替了一种真正的历史的东西。……客观性和主观自由的那种统一已经全然消弭了两者间的对峙，因此，物质便无从取得自己反省，无从取得主观性。"[乙]中国的历史尽管悠久，但是由于缺少主观与客观之间的对峙，历史没有真正的进步，而只是朝代的更替。从这个角度来看，历史是"没有年代"的原地踏步。

《狂人日记》发表之后，"吃人的礼教"一语便渐渐流传开来，也是因鲁迅发现之功。比如吴虞在《吃人与礼教》一文的结尾写道："我们应该觉悟！我们不是为君主而生的！不是为圣贤而生的！也不是为纲常礼教而生的！什么'文节

[甲] 鲁迅. 180820致许寿裳[M]//鲁迅全集（第11卷）. 北京：人民文学出版社，1981：353.

[乙] 黑格尔. 历史哲学[M]. 上海：上海书店出版社，2001：117-118.

公'呀,'忠烈公'呀,都是那些吃人的人设的圈套,来诳骗我们的!我们如今应该明白了!吃人的就是讲礼教的!讲礼教的就是吃人的呀!"[甲]

"仁""义""礼""智""信"是儒家的"五常",是中国人特别是士大夫阶层的安身立命的伦理准则。按照思想史家蔡尚思的说法,"礼教,即以礼为教。古代也叫作名教,即以名分为教"。礼教在中国社会中扮演着类似于宗教的功能,它肇始于先秦儒家,在汉代被"天神化",在宋元明清又被"天理化"。礼教与中国的宗法制度紧密相连,形成了一套"宗法礼制","是古代维护男子中心社会贵族血缘统治的严分等级制度,以嫡庶、长少、亲疏的关系,决定贵贱、尊卑、高下的地位,使天下国家由父系家长统治而推广扩大为贵族世袭统治的一种制度"[乙]。说到底,礼教是为维持一定的社会等级制度服务的,这显然与新文化运动所标举的自由、平等、民主等现代价值观格格不入。正因为引入了现代的价值观,新文化运动的倡导者们包括鲁迅才洞察了礼教吃人的本质。

从女性的角度来看,礼教吃人的本质就分外明显。鲁迅的《祝福》勾勒了一位普通女性祥林嫂的悲剧人生:她在丈夫死后被迫改嫁,生了一个男孩。不幸新嫁的丈夫又死于伤寒,后来儿子阿毛也被狼吃掉。祥林嫂的悲剧并不在于这些多少带有偶然性的意外,而在于她对于死后要被"两个死鬼的男人"分,要被"阎罗大王"锯成两半分给两个男人的恐惧。她听从柳妈的建议,用积攒了近一年的工钱在土地庙里捐了一条门槛,本以为自己就此获得了救赎,但是冬至祭祖的时节,却仍被禁止去触碰祭祀物品。祥林嫂最终沦为半死的乞丐,并在新年的祝福声中凄惨地死去。祥林嫂悲剧的核心是女性的贞节观念,一女不嫁二夫、从一而终、嫁鸡随鸡嫁狗随狗等是这种观念的通俗表达方式,也说明它深入到了即使是像祥林嫂、柳妈这样下层的受苦女性内心之中。

毛泽东在《湖南农民运动考察报告》中指出,"中国的男子,普通要受三种有系统的权力的支配",即"政权""族权"和"神权";"至于女子,除受上述三种权力的支配以外,还受男子的支配(夫权)"。"这四种权力——政权、族权、神权、夫权,代表了全部封建宗法的思想和制度,是束缚中国人民特别是农民的四条极大的绳索"[丙]。祥林嫂的悲剧印证了毛泽东的观察。鲁迅在描写农民的时候,并没有多少关于生活贫

[甲] 吴虞. 吃人与礼教[J]. 新青年, 1919, 6(6).

[乙] 蔡尚思. 中国礼教思想史[M]. 上海: 上海古籍出版社, 200: 1-3.

[丙] 毛泽东. 湖南农民运动考察报告[M]//毛泽东选集(第1卷). 北京: 人民出版社, 1991: 31.

穷的渲染，往往特别关注他们精神上的苦难。《故乡》中的"闰土"从少年时代的机敏、活泼，变成中年时代的沉默、木讷。这种转变不仅在于外貌上，而是集中体现在对儿童时代的玩伴口口声声叫"老爷"，体现在他在生活用品之外特别挑选了"一副香炉和烛台"。闰土成长的过程也是把社会等级结构内化的过程，无法摆脱的贫穷命运只能让他寄希望于虚无缥缈的神的佑护。

除了农民之外，鲁迅还写到了"吃人"文化中的知识分子。《孔乙己》中的孔乙己即是一例，这篇小说也是鲁迅本人最为钟爱的。孔乙己是封建时代的读书人，却"连半个秀才也捞不到"，"又不会营生；于是愈过愈穷，弄到将要讨饭了"。在鲁镇的社会等级结构中，他只能是个边缘人，"是站着喝酒而穿长衫的唯一的人"，既不属于"穿长衫"阶层，也不属于站着喝酒的下层人。他是科举文化的牺牲品，小说中将他的迂阔——满口"之乎者也"、争辩"窃书不能算偷"、显弄"回字有四样写法"，与他的善良品性——从不拖欠酒钱、给孩子们分茴香豆吃对照来写，彰显了科举文化是如何将一个好人变成一个无用之人的。孔乙己最终因偷到丁举人家中而被打断了腿，再后来就从人们的视线中消失了，"大约孔乙己的确死了"。

《孔乙己》中对丁举人只是一带而过，他与《祝福》中的鲁四老爷、《阿Q正传》中赵太爷一样，是"吃人"文化和秩序的维系者，也是统治阶层的象征。他们决定了孔乙己、祥林嫂、阿Q们的悲剧命运，但是有意思的是，鲁迅对这些人却着墨不多。鲁迅真正关心的问题是"吃人"文化并不仅仅依靠这些"吃人"者才得以延续的，而是需要将这种文化与秩序内化到被统治者的意识之中，这样被统治者事实上也就成为"吃人"文化链条中最为坚固的环节。因此，单纯的政治革命比如辛亥革命，即使是推翻了统治阶层和封建制度，也不能终结"吃人"文化。鲁迅从而将革命的问题转化为新人的塑造问题，后者远比前者要缓慢、艰巨得多。这正是鲁迅花费很多笔墨去写民众群体形象的重要原因，在《孔乙己》中尤为明显。鲁迅精心地选择了咸亨酒店的小伙计作为小说的叙述者，巧妙地传达了孔乙己在人们眼中可有可无的笑料角色。反过来看，这些冷漠的看笑话的人们又成为鲁迅所要针砭的对象，他们与故事中的主要人物一样具有重要性。

四 "看客"文化

《孔乙己》中反复写到了咸亨酒店里"众人也都哄笑起来",这"哄笑"者包括掌柜和伙计,也包括听到笑声来赶热闹的孩子们,他们吃了孔乙己分食的茴香豆之后"在笑声里走散了"。这些情节让人想起《祝福》中众人听祥林嫂诉说自己的故事的反应,从同情到厌烦,再到把她的故事当成笑料。在鲁迅看来,"众人"的集体无意识也是扼杀孔乙己、祥林嫂们的罪魁祸首。真正的自觉应该像觉醒时期的"狂人"一样,从处身于"吃人"文化之中看到自己也是有罪的,而非将自我排除在外。《狂人日记》的结尾是"救救孩子",鲁迅从进化论的思想的出发,显然寄希望于未受"吃人"文化濡染的新人。然而,在哄笑孔乙己的人群中却已包含孩子在内。这对鲁迅来说应该是一个恐怖的经验了:他面对的是清一色的"看客",到哪里寻找真的"人"和新的"人"?

"看客"批判是鲁迅的文化批判中最为重要的内容之一,甚至构成了鲁迅文学的起点。在为人熟知的"幻灯片事件"中,鲁迅发现了"看客":"有一回,我竟在画片上忽然会见我久违的许多中国人了,一个绑在中间,许多站在左右,一样是强壮的体格,而显出麻木的神情。据解说,则绑着的是替俄国做了军事上的侦探,正要被日军砍下头颅来示众,而围着的便是来赏鉴这示众的盛举的人们。""幻灯片事件"让鲁迅产生了弃医从文的想法,鲁迅学医本想"救治像我父亲似的被误的病人的疾苦",但是"看客"却让他想到:"医学并非一件紧要事,凡是愚弱的国民,即使体格如何健全,如何茁壮,也只能做毫无意义的示众的材料和看客,病死多少是不必以为不幸的。所以我们的第一要著,是在改变他们的精神,而善于改变精神的是,我那时以为当然要推文艺,于是想提倡文艺运动了。"^甲

因此,"看"与"被看"同样是鲁迅的文学所审视的内容,"看"由于和群体联系在一起而显得格外重要。鲁迅在现实中非常重视对"看客"的观察,他认为,"群众,——尤其是中国的,——永远是戏剧的看客。……北京的羊肉铺前常有几个人张着嘴看剥羊,仿佛颇愉快,人的牺牲能给予他们的益处,也不过如此。而况事后走不几步,他们并这一点愉快也就忘却了。"^乙直至30年代,鲁迅仍然坚持批判"看客"文化:"假使

甲

鲁迅. 《呐喊》自序[M]//鲁迅全集(第1卷). 北京: 人民文学出版社, 1981: 416–417.

乙

鲁迅. 娜拉走后怎样[M]//鲁迅全集(第1卷). 北京: 人民文学出版社, 1981: 163.

有一个人，在路旁吐一口唾沫，自己蹲下去，看着，不久准可以围满一堆人；又假使又有一个人，无端大叫一声，拔步便跑，同时准可以大家都逃散。"[甲]鲁迅不只是在爱看热闹这一层面去批判"看客"，他发现，"吃人"文化中的被吃者并不是挺身而出，一起来掀掉"大小无数的人肉的筵宴"[乙]，而是在悲苦的人生中赏玩别人的不幸，作为自己人生的调料。被吃者感到自己的境况并非最糟，由此获得了心理满足，从而忘却了自己的不幸，泯灭了反抗精神。

鲁迅的小说《示众》描摹了一群看客的情态，它被鲁迅研究学者钱理群称为"20世纪20年代的中国实验小说、先锋小说"，[丙]因为它挑战了小说的边界，没有具体的情节，而且其中的人物连名字也没有。显然，鲁迅是想要把普遍化的看客形象呈现出来，而非某几个个体的看客。小说开篇写北京夏天的沉闷与单调的生活氛围，这种氛围由于一个巡警牵着一名示众者（白背心）的出现而增添了些生气。"刹那间，也就围满了大半圈的看客"，有"秃头老头子""赤膊的红鼻子胖大汉""十一二岁的胖孩子""抱着孩子的老妈子""一个小学生""一个工人似的粗人""一个挟洋伞的长子""一个瘦子""一个猫脸的人""一个弥勒佛似的更圆的胖脸""车夫""一个戴硬草帽的学生模样的头"。看客看"白背心"，"白背心"看看客，看客们互相看，直到他们的注意力被另一个情景吸引，看客们四散走开，一切又恢复了原状。

《示众》的先锋意义在于：什么事也没有发生，但小说发生了。这也是现代小说发生的秘密之一，它不再以事件或情节取胜，而是将笔触转移到了人的精神状态，将无意义本身变成了小说的主题。《示众》的主题是"看"，在一场无意义的互看中呈现人们精神世界的无聊。看客几乎构成了中国的基层社会，这个共同体在类似仪式性的观看中传递着共同的麻木与冷酷。值得注意的是，看客中有幼儿、孩子和小学生，他们也在类似的反复地观看中被塑造成"看客"社会的一员。

福柯指出，"公开惩罚是直接重新灌输符码的仪式"[丁]。示众便是将惩罚公开展示，从而完成意识形态的灌输，将其内化于大众的意识之中。这样的大众在生成之后，在日常生活中便会扮演类似"警察"的角色，成为权力统治机器的一个有机组成部分。鲁迅的名篇《药》同样写到了一场看客的表演：

甲 鲁迅. 一思而行[M]//鲁迅全集（第5卷）. 北京：人民文学出版社，1981：474.

乙 鲁迅. 灯下漫笔[M]//鲁迅全集（第1卷）. 北京：人民文学出版社，1981：217.

丙 钱理群. 鲁迅作品十五讲[M]. 北京：北京大学出版社，2003：33.

丁 [法]福柯. 规训与惩罚：监狱的诞生[M]. 刘北成，杨远婴，译. 北京：三联书店，1999：124.

一群人聚焦在华老栓的茶馆中闲聊，茶馆在这里就是中国社会的一个缩影。闲聊由康大叔叙述革命者夏瑜的事作为主导，众茶客附和。当康大叔说到夏瑜在狱中觉得打他的管牢的红眼睛阿义可怜时，"听着的人的眼光，忽然有些板滞；话也停顿了"。茶客们显然无法理解夏瑜话中的逻辑，直至他们把它当成疯话、把夏瑜当成疯子，"店里的坐客，便又现出活气，谈笑起来"。这个情节呼应了《狂人日记》中觉醒者被当成了疯子和异类扼杀的主题。夏瑜革命的失败是必然的，他不仅被封建统治者视为敌人，也是民众眼中的疯子，这民众中就包括他自己的堂伯，正是夏三爷的告官让夏瑜锒铛入狱。任何的政治革命，如果不改变民众对于革命的恐惧、冷漠和敌视，必然是失败的。这是鲁迅反复思考辛亥革命所获得的认识，也是他在第一篇小说《怀旧》（1912）中即揭示的主题。从这个角度来说，鲁迅的"看客"是非常广泛的，包括所有置身于变革、进步之外的人，甚至可以作为民众的代名词。

"看客"文化的本质在于鲁迅所说的"瞒和骗"。在《论睁了眼看》中，鲁迅写道："中国人的不敢正视各方面，用瞒和骗，造出奇妙的逃路来，而自以为正路。在这路上，就证明着国民性的怯弱，懒惰，而又巧滑。一天一天的满足着，即一天一天的堕落着，但却又觉得日见其光荣。"鲁迅看到了"瞒和骗的文艺"在其中的作用，"由这文艺，更令中国人更深地陷入瞒和骗的大泽中，甚而至于已经自己不觉得"。由此出发，鲁迅开始了对于自称为"无枪阶级"的文人的批判，让种种"帮忙""帮闲"和"帮凶"文学无处遁形。"文艺是国民精神所发的火光，同时也是引导国民精神的前途的灯火"。鲁迅呼唤"作家取下假面，真诚地，深入地，大胆地看取人生并且写出他的血和肉来"。甲"睁了眼看"即是正视现实，并努力改变现实。

在鲁迅的散文诗集《野草》中有两篇与"复仇"有关的文章——《复仇》及《复仇（其二）》。"复仇"的对象都是看客：《复仇》中的一对男女对立于旷野之上，"裸着全身，捏着利刃，然而也不拥抱，也不杀戮，而且也不见有拥抱或杀戮之意"。看客们"从四面奔来，而且拼命地伸长颈子，要赏鉴这拥抱或杀戮。他们已经豫觉着事后的自己的舌上的汗或血的鲜味"。然而这对男女仍然"毫不见有拥抱或杀戮之意"，

甲

鲁迅. 论睁了眼看[M]//鲁迅全集（第1卷）. 北京：人民文学出版社，1981: 241.

"路人们于是乎无聊;觉得有无聊钻进他们的毛孔,觉得有无聊从他们自己的心中由毛孔钻出,爬满旷野","终至于面面相觑,慢慢走散;甚而至于居然觉得干枯到失了生趣"。《复仇(其二)》采用的是《圣经》中耶稣被钉十字架的故事,耶稣在被施刑前不愿意喝麻药,为的是"要分明地玩味以色列人怎样对付他们的神之子,而且较永久地悲悯他们的前途,然而仇恨他们的现在"。

看客们期待看到某种预期的结局:男女的拥抱或杀戮,耶稣的忏悔或痛苦。被看者逆其意而行之,使看客们的期望落空,进而觉察到自己的无聊,这便是对看客的复仇。鲁迅的小说《孤独者》中也写到了类似的复仇。小说主人公魏连殳是个新式人物,从小由祖母抚养成人。祖母去世时,族人预料魏连殳一定反对旧式丧葬仪式,商议等他回来后一定全力说服他"全都照旧"。等到魏连殳回村的那一天,"村人们都咽着唾沫,新奇地听候消息;他们知道连殳是'吃洋教'的'新党',向来就不讲什么道理,两面的争斗,大约总要开始的,或者还会酿成一种出人意外的奇观"。未曾想魏连殳全盘答应了族人的安排,"打听新闻的村人们也很失望";等到大殓完毕,"大家都快快地,似乎想走散"时,"忽然,他流下泪来了,接着就失声,立刻又变成长嚎,像一匹受伤的狼,当深夜在旷野中嗥叫,惨伤里夹杂着愤怒和悲哀"。这出于大家先前的预料,"大家都手足无措了",去劝魏连殳,"他却只是兀坐着号咷,铁塔似的动也不动","大家又只得无趣地散开"。通过向看客复仇,使得看客变成被看者,揭示看客的集体无意识和精神世界的空虚、无聊,这同样是鲁迅文学的意义。

四 奴隶 = 奴隶主

鲁迅对奴隶文化的批判,是建立在对于这种文化的深刻认知的基础之上的。鲁迅从一位德国心理学家、哲学家的著作中获得启发,发展出了"奴隶=奴隶主"这一论断:"Th. Lipps在他那《伦理学的根本问题》中,说过这样意思的话。就是凡是人主,也容易变成奴隶,因为他一面既承认可做主人,一面就当然承认可做奴隶,所以威力一坠,就死心塌地,俯首帖耳于新主人之前了。"[甲]奴隶和奴隶主,他们在承认既定的权力秩序、等级结构方面是一致的。因此,革命同时也

甲 鲁迅. 论照相之类[M]//鲁迅全集(第1卷). 北京: 人民文学出版社, 1981: 193–194.

意味着要创造出一种新的阶级意识和文化，这也是衡量革命是否成功的一个重要标准。也就是说，伴随着政治革命的进程，必须要有社会革命、意识革命和文化革命，这些革命过程甚至于比政治革命更为艰难、更为漫长。

在马克思主义传入中国之后，"革命"逐渐被狭窄化为阶级斗争，而工人阶级被视作是推翻资产阶级统治的主体力量。马克思、恩格斯在《共产党宣言》中的论述是，"只有无产阶级是真正革命的阶级，其余的阶级都随着大工业的发展而日趋没落和灭亡，无产阶级却是大工业本身的产物"。"中等阶级，即小工业家、小商人、手工业者、农民，他们同资产阶级做斗争，都是为了维护他们这种中间等级的生存，以免于灭亡。所以他们不是革命的，而是保守的。不仅如此，他们甚至是反动的，因为他们力图使历史的车轮倒转"。中等阶级只有转入无产阶级队伍中来，才是革命的。^甲从阶级意识的角度来说，马克思、恩格斯的断言是正确的。但是，阶级意识却不能被简单地等同于经济上的阶级地位。在中国革命发生、发展的过程中，恰恰是一些知识分子成为"绅士阶级的逆子贰臣"，^乙变成了革命的倡导者，鲁迅本人也是如此。阶级意识被等同于经济上的阶级地位，阶级身份进而被庸俗化为"出身论"甚至于"血统论"，也给中国革命带来了惨痛的经验教训。如果历史发展能够珍视鲁迅的智慧，也许就可以避免一些不必要的曲折吧。

甲 马克思, 恩格斯. 共产党宣言[M]//马克思, 恩格斯. 马克思恩格斯文集(第2卷). 北京: 人民出版社, 2009: 41–42.

乙 此处借用瞿秋白对鲁迅的判断, 参见: 何凝(瞿秋白). 《鲁迅杂感选集》序言[M]. 上海: 青光书局, 1933: 20.

从以上关于《祝福》《孔乙己》《故乡》等作品的分析中可以看出，祥林嫂们的悲剧并不仅仅是外界因素的结果。其中非常重要的一点是，这些处于奴隶文化中的被奴役者已经把统治者的意识形态内化为自身的意识，从而成为奴隶文化中不可或缺的一部分。从祥林嫂的经历来看，她人生中最幸福的一段时光是改嫁贺老六之后，生了孩子，"母亲也胖，儿子也胖；上头又没有婆婆；男人所有的是力气，会做活；房子是自家的"。然而，这段婚姻原先却是祥林嫂拼死抵抗的，"一路只是嚎，骂，抬到贺家墺，喉咙已经全哑了"；还"一头撞在香案角上，头上碰了一个大窟窿，鲜血直流"，直到被和男人反锁到新房里，"还是骂"。当然，祥林嫂后来的悲剧仍然是与她的封建贞节、报应等观念直接相关的。

换言之，奴隶并不一定反抗奴隶文化，也可能是奴隶文化坚定的捍卫者。鲁迅自然看到了被压迫者改变现状的诉求,但是这种诉求可能混杂着统治阶级的意识形态,不是要取消奴隶文化,而是要取奴隶主而代之。鲁迅在《暴君的臣民》一文中指出,"暴君治下的臣民,大抵比暴君更暴;暴君的暴政,时常还不能餍足暴君治下的臣民的欲望"。"暴君的臣民,只愿暴政暴在他人的头上,他却看着高兴,拿'残酷'做娱乐,拿'他人的苦'做赏玩,做慰安。自己的本领只是'幸免'"。^甲后一层意思又集中到"看客"文化上,事实上,"看客"正是奴隶文化制造出来的。暴君治下的臣民比暴君更暴的故事在现实中并不缺乏,比如中国文化中"多年媳妇熬成婆"说法,媳妇熬成婆后往往又变本加厉地虐待新媳妇,历史于是陷入无止尽的循环之中。

鲁迅的名篇《阿Q正传》生动地刻画了奴隶的灵魂。阿Q在未庄的社会层级中处于最底层,是无地、无住所的雇农,属于典型的奴隶阶层。作家考察了奴隶在面对压迫时的反应——"精神胜利法",从吹嘘"我们先前——比你阔的多啦",到"我总算被儿子打了",再到认输自己是"虫豸",阿Q其实一直保持着对人上人的艳羡。他想与赵太爷一样姓赵,对假洋鬼子的假辫子"深恶而痛绝之"等行为和心理,也都是出于正统的统治阶级意识形态。阿Q的奴隶主意识还集中表现在他对"革命"成功之后的"憧憬"中:

"这时未庄的一伙鸟男女才好笑哩,跪下叫道,'阿Q,饶命!'谁听他!第一个该死的是小D和赵太爷,还有秀才,还有假洋鬼子,……留几条么?王胡本来还可以留,但也不要了。……

"东西,……直走进去打开箱子来:元宝,洋钱,洋纱衫,……秀才娘子的一张宁式床先搬到土谷祠,此外便摆了钱家的桌椅,——或者也就用赵家的罢。自己是不动手的了,叫小D来搬,要搬得快,搬得不快打嘴巴。……

"赵司晨的妹子真丑。邹七嫂的女儿过几年再说。假洋鬼子的老婆会和没有辫子的男人睡觉,吓,不是好东西!秀才的老婆是眼胞上有疤的。……吴妈长久不见了,不知道在那里,——可惜脚太大。"

阿Q的"革命"愿景非但限于地位、钱财和女人,而且他表现得比赵太爷还要残暴,连本是受压迫者的小D和王胡也不放过。在他对"没有辫子的男人"和脚大女人的嫌恶中,又

甲 鲁迅. 暴君的臣民[M]//鲁迅全集(第1卷). 北京:人民文学出版社,1981: 366.

体现出十足的王权文化和礼教卫道士的色彩。

《阿Q正传》中渗透着鲁迅对于辛亥革命以及由此引发的关于革命本身的思考。鲁迅曾对这场革命报以极大的期望，但不久就失望了："我觉得革命以前，我是做奴隶；革命以后不多久，就受了奴隶的骗，变成他们的奴隶了。我觉得有许多民国国民而是民国的敌人。"[甲]因此，思想革命、"立人"重新作为问题又被提了出来，而这正是鲁迅的文学开始的地方。

鲁迅从奴隶文化和奴隶根性的角度，抓住了中国旧的等级文化和国民性的本质。直至今天，这种文化也没有完全消失，权力崇拜思想仍然有着广泛的社会基础。这正是鲁迅作品在当下所具有的现实意义和生命力所在。鲁迅关于新旧文化、新旧思想的划分，依据的并非是社会制度的转变，或者传统与现代的时代分隔，而是是否产生了具有真正主体性、独立性的人这一标准。以此标准衡量，当代社会包括西方社会距离鲁迅所期望的社会还有很长的路要走。因此，鲁迅对于奴隶文化持久而又深入的批判，其实是为了呼唤新的、真正的人的产生。这与新文化运动、新文学中所标举的"人的文学"是一致的，而且极大地推进了关于真正的"人"的思考。

第二节　郭沫若《女神》中的新文化精神

在"五四"新文化中，如果说鲁迅的作品以对于旧文化的批判而著称的话，那么从正面反映出新文化特质的则非郭沫若的《女神》莫属了。中国现代最早的白话诗集是胡适的《尝试集》，恰如其名称所显示的，《尝试集》中的作品往往给人以"放大的小脚"之感，相比于中国古典诗歌中那些脍炙人口的作品，二者高下优劣自不待言。《尝试集》中的作品虽然证明了白话可以作诗，但是要么无法完全摆脱旧诗的樊篱，要么是"作诗如作文"、缺乏诗意，无法凸显现代白话的长处。《女神》以自由体诗的形式出现，展现了现代新诗的自由与瑰丽的想象力，在题材和主题上都开辟了新的空间，为新诗的发展奠定了重要的基础。

[甲] 鲁迅. 忽然想到（三）[M]//鲁迅全集（第3卷）. 北京：人民文学出版社，1981: 16.

《女神》歌颂了新的创造精神，为了创造一个新的世界和自我，展现了与旧的世界和自我决绝的姿态。这是中国的"狂飙突进"精神，没有异域文化的引介，没有世界眼光，它的产生是无法想象的。《女神》既可以看作是现代个人的颂歌，也可以看作是整个民族复兴的史诗，它们都经历了同样的过程：从觉醒、阵痛到旧的毁灭，再到新的确立。

四 对自我的颂扬

郭沫若在《少年时代（沫若自传·第1卷）》中说，他写作自传的目的在于，"通过自己看出一个时代"。的确，个人经历往往也可以折射出时代的缩影。郭沫若很自觉地把个人与时代联系起来，例如说到自己出生时写道："一八九二年的秋天生出了我。这是甲午中东之战的三年前，戊戌政变的七年前，庚子八国联军入京的九年前。在我的童年时代不消说就是大中华老大帝国的最背时的时候。"[甲]郭沫若小时候在家塾中也是读经读诗，庚子事变后，读物中增加了世界地理和中国历史的启蒙书。不久科举废而兴学校，他的哥哥们进了新式学堂，从成都把新书籍源源不断地带回了故乡，如《启蒙画报》《经国美谈》《新小说》《浙江潮》等。郭沫若最爱读的是《启蒙画报》，对其中拿破仑、俾斯麦的传记最感兴趣。上海出版的蒙学教科书，涉及格致、地理、地质、东西洋史、修身、国文等广泛的内容，也成了他在家塾中学习的课本，家塾的墙壁上就挂着一大幅《东亚舆地全图》。可以说，在未入小学之前，郭沫若已经真正开蒙了，开始向往更为广阔的世界了，加之受自己大哥去日本留学的影响，他对于外面世界的向往就格外强烈了。

像同时代的许多知识分子一样，郭沫若在中学时代受到了章太炎、梁启超和林译小说的巨大影响。通过梁启超的《意大利三杰》，郭沫若在拿破仑、俾斯麦之外，开始崇拜加富尔、加里波蒂和玛志尼了。郭沫若回忆说，林译小说对他以后的文学倾向有决定性的影响，特别是《撒克逊劫后英雄略》，"他的误译和省略处虽很不少，但那种浪漫主义的精神他是具象地提示给我了"。[乙]郭沫若少年时代的经历说明，他在清末即已开始了启蒙，清末的洋务运动为"五四"新文化运动的发生准备了条件。这是日本学者沟口雄三反对在"洋务—变法—革命"这种"三阶段论"的框架中看待晚清洋务运

甲 郭沫若. 少年时代（沫若自传·第1卷）[M]//郭沫若全集·文学编（第11卷）. 北京：人民文学出版社，1992：3，17.

乙 郭沫若. 少年时代（沫若自传·第1卷）[M]//郭沫若全集·文学编（第11卷）. 北京：人民文学出版社，1992：123.

动的缘故，"无论如何，作为革命的对象一味被否定的清朝才是统合或者说并吞了新疆、内蒙古、西藏等地，将国土扩张到现在的中国版图的王朝，同时也是创造出了最高水准的文学和美术，造就了末代王朝名副其实的繁荣的王朝。而无论是祸是福，近代中国最直接地继承的也正是这一王朝的遗产"。甲王德威所说的"没有晚清，何来'五四'"也表达了相似的意思。乙

《女神》出版于1921年，包括三辑，是郭沫若的第一部诗集。闻一多在《〈女神〉之时代精神》中评价说："若讲新诗，郭沫若君的诗才配称新呢，不独艺术上他的作品与旧诗词相去最远，最要紧的是他的精神完全是时代的精神——二十世纪底时代的精神。有人讲文艺作品是时代底产儿。《女神》真不愧为时代的一个肖子。"丙《女神》所反映的时代精神最显著的一点在于对自我的颂扬。其中的诗篇，含有大量以"我"开头的句子，像《天狗》和《我是一个偶像崇拜者》更是全篇每句诗行均以"我"开头，不但在旧诗词中绝无仅有，即使是放在新诗之中，也是不太常见的。

中国的儒家文化讲求"克己复礼"，所谓的"克己复礼为仁"，是以礼来约束自己，从而达到仁的要求。这种对自我的约束与现代文化中对自我的颂扬是大异其趣的。在后者中，"我"才是世界的立法者。《我是一个偶像崇拜者》中前面抒发了诗人对于一系列崇高事物的崇拜，太阳、山岳、海洋、水、火、火山、江河、生、死、光明、黑夜、苏伊士、巴拿马、万里长城、金字塔，以及"创造的精神"和"破坏"，最后写道："我崇拜偶像破坏者，崇拜我！/我又是个偶像破坏者哟！"从雄伟的自然到人类伟大的创造物，人类展现了征服自然的强大力量，因此人类才是真正值得歌颂的。人类是世界的立法者，"我"作为人类的一员因而具有了至高无上的地位，"我"同样成为世界的立法者，无论是创造还是破坏，都是生命力和智慧的体现。因此，《梅花树下的醉歌》中写道："我赞美我自己！/我赞美这自我表现的全宇宙的本体！"

《天狗》被斯洛伐克汉学家高利克认为是"泛神论的自我表现倾向登峰造极"之作。高利克认为，郭沫若的"天狗"中有北欧神话的影子。"在北欧神话中，'天狗'（The Hound of Heaven）是一些狼的别名，这些狼在诸神没落之日将追逐太

甲
[日]沟口雄三. 作为方法的中国[M]. 北京：三联书店，2011：251.

乙
[美]王德威. 被压抑的现代性：晚清小说新论[M]. 北京：北京大学出版社，2005：1-16.

丙
闻一多.《女神》之时代精神[M]//闻一多全集（第2卷）. 武汉：湖北人民出版社，1993：110.

阳和月亮，追上它们以后就吞掉它们"。[甲]事实上，中国神话中也有"天狗"的记述，民间也时常以天狗吃太阳、月亮来解释日食和月食现象。郭沫若应该综合运用了东西方文化中关于天狗的传说，赋予了新的时代内涵。在诗人的笔下，"天狗"成为新时代觉醒、重生的自我的象征。它汲取日月宇宙精华和一切能量，"我飞奔，/我狂叫，/我燃烧。/我如烈火一样地燃烧！/我如大海一样地狂叫！/我如电气一样地飞跑！/我飞跑，/我飞跑，/我飞跑，/我剥我的皮，/我食我的肉，/我吸我的血，/我啮我的心肝，/我在我神经上飞跑，/我在我脊髓上飞跑，/我在我脑筋上飞跑。//我便是我呀！我的我要爆了！"

诗人大胆运用复沓和排比，营造了一种跌宕起伏的雄浑气势，表现了现代自我诞生的激昂过程。现代自我的诞生伴随着对于旧我的扬弃，因此是一个痛烈的过程。但是，诗中丝毫没有挥别旧我时的感伤，而是显现出决绝的姿态。这便是对新我——新文化的坚定信念。在新文化运动旗手们的文章中，我们也能明显感受到这种对旧事物的决绝和对于新事物的坚定信念。比如陈独秀在1916年的开端，把"一九一六年"当作了新旧甚至是新旧纪元的分界点，"自开辟以讫一九一五年，皆以古代史目之。从前种种事，至一九一六年死；以后种种事，自一九一六年生。吾人首当一新其心血，以新人格、以新国家、以新社会、以新家庭、以新民族必迨民族更新。吾人之愿始偿，吾人始有与晳族周旋之价值，吾人始有食息此大地一隅之资格。青年必怀此希望，始克称其为青年而非老年；青年而欲达此希望，必扑杀诸老年，而自重其青年；且必自杀其一九一五年之青年，而自重其一九一六年之青年"。[乙]文中一连串的"新"字很容易让人联想起梁启超在《新民说》《小说与群治之关系》等文章中的修辞，但是陈独秀所显露出的激进姿态却远远超过了梁启超。"扑杀"之类的字眼（李大钊的《青春》一文中也使用了多个带"杀"的字眼，如"追杀"[丙]）表现了强烈的跃进式的变革意愿。

"五四"新文化主要内容通常被形象地概括为"德先生"和"赛先生"，但是二者显然并不能完全反映"五四"的时代精神。与晚清的思想启蒙相比，新文化运动的"激进"之处在于对"个人"价值和独立性的强调。个人甚至被抬到了高于国家的地位，如高一涵否定国家有机体说或"国家官品之说"，认

[甲] [斯洛伐克]马立安·高利克. 中西文学关系的里程碑(1898—1979)[M]. 2008年重排. 北京：北京大学出版社, 1990: 52.

[乙] 陈独秀. 一九一六年[J]. 青年杂志, 1916, 1(5).

[丙] 李大钊. 青春[J]. 新青年, 1916, 2(1).

为个人是与国家平等甚至是高于国家的主体，个人爱国不过是"在扩张一己之权利"。^甲"先有小己后有国家"，国家只是为了保护"小己"自由权利的一种"人类创造物"。^乙易白沙以"我"为题作文一篇，有趣的是，易白沙不是由"我"推及国家和世界，而是绕过了"国家"。"世界先于国家，是之谓先后。世界主义，人群福禄之门；国家名词，蟊贼兵戎之首"。"爱国者不如爱世界，忧国者不如忧世界。世界者，我之我与他人之我所归宿也"。"国家"仅仅被比喻为"人生之逆旅"。^丙

这些看法尽管放到晚清无政府主义的思潮中看并不突出，但是相比于晚清思想界的主流声音，如严复、梁启超等人对于"群己"关系的论述显然有了较大的推进。晚清时期，严复将约翰·穆勒的《自由论》译作《群己权界论》，小心翼翼地区分二者的界限，念兹在兹的实际上是"群"。正如本杰明·史华兹所说，"假如说穆勒常以个人自由作为目的本身，那么，严复则把个人自由变成一个促进'民智民德'以及达到国家目的的手段"。^丁如果说晚清最为重要的论述都是围绕着"国民"的，那么"五四"时代的重心则是"人"这一带有世界性的概念了。正是"人"的发现，一定程度上把人从国家的束缚中解放出来，从而促进了个人的觉醒。

四 创造与新生

旧我的毁灭与新我的重生彰显了新时代的破坏与创造精神，这是《女神》中最为重要的主题。郭沫若在《我们的文学新运动》中说，"光明之前有浑沌，创造之前有破坏。新的酒不能盛容在旧的革囊。凤凰要再生，要先把尸骸火葬。我们的事业，在目下浑沌之中，要先从破坏做起。我们的精神为'反抗'的烈火燃得透明。我们反抗资本主义的毒龙。我们反抗不以个性为根底的既成道德。我们反抗否定人生的一切既成宗教。我们反抗藩篱人世的一切不合理的畛域。我们反抗由以上种种所派生的文学上的情趣。我们反抗盛容那种情趣的奴隶根性的文学。我们的运动要在文学之中爆发出无产阶级的精神，精赤裸裸的人性。我们的目的要以生命的炸弹来打破这毒龙的魔宫"。^戊这段宣言式的文字显示了"五四"时代反抗一切旧事物的风气，该文作于1923年，新文化运动虽已接近尾声，但是反抗却并没有结束，而是增加了一个新的内容——无产阶级对于资本主义社会的反抗。

甲 高一涵. 国家非人生之归宿论[J]. 青年杂志, 1915, 1 (4).

乙 高一涵. 共和国家与青年之自觉[J]. 青年杂志, 1915, 1 (3).

丙 易白沙. 我[J]. 青年杂志, 1916, 1 (5).

丁 [美]本杰明·史华兹. 寻求富强：严复与西方[M]. 南京：江苏人民出版社, 2010: 96.

戊 郭沫若. 我们的文学新运动//郭沫若全集·文学编（第16卷）[M]. 北京：人民文学出版社, 1992: 5.

破坏不是目的，破坏是为了创造。《女神》的首篇诗剧《女神之再生》从中国古代神话和典籍中取材，以共工、颛顼争帝故事为基础，抒写了世界因战争而毁灭之后，女神们创造新世界的诗篇。面对世界的战争、黑暗、混乱与黑恶，女神们奋身而起，"我们要去创造个新鲜的太阳，/不能再在这璧龛之中做甚神像！"在这里，"女神"如同该诗前引歌德笔下的"永恒之女性"，领导人们走向光明。显然，人并不是坐享其成，人本身应该是这个创造过程中的主体力量。正如在诗篇的最后，诗人通过舞台监督向观众所说的话："诸君！你们在乌烟瘴气的黑暗世界当中怕已经坐倦了吧！怕在渴慕着光明了吧！作这幕诗剧的诗人做到这儿便停了笔，他真正逃往海外去造新的光明和新的热力去了。诸君，你们要望新生的太阳出现吗？还是请去自行创造来！我们待太阳出现时再会！"

　　《女神之再生》是诗集《女神》的总纲，"女神"是创造者的象征，创造与新生精神贯穿了诗集中的所有作品。《凤凰涅槃》借凤凰自焚重生的故事歌颂了时代的新生精神。诗人借凤凰诅咒了现存的世界秩序："啊啊！/生在这样个阴秽的世界当中，/便是把金钢石的宝刀也会生锈！/宇宙呀，宇宙，/我要努力地把你诅咒：/你脓血污秽着的屠场呀！/你悲哀充塞着的囚牢呀！/你群鬼叫号着的坟墓呀！/你群魔跳梁着的地狱呀！"同时也缅怀生命力的消逝："啊啊！/我们年青时候的新鲜哪儿去了？/我们年青时候的甘美哪儿去了？/我们年青时候的光华哪儿去了？/我们年青时候的欢爱哪儿去了？"诗人以群鸟嘲笑凤凰，安于现有秩序，来反衬凤凰的伟大进取精神。"我们更生了。/我们更生了。/一切的一，更生了。/一的一切，更生了。/我们便是他，他们便是我。/我中也有你，你中也有我。/我便是你。/你便是我。/火便是凰。/凤便是火。/翱翔！翱翔！/欢唱！欢唱！"在"凤凰更生歌"部分，诗人以此段结构反复歌咏了光明、新鲜、华美、芬芳、和谐、欢乐、热诚、雄浑、生动、自由、恍惚、神秘、悠久和欢唱，形成了类似于交响乐的气势磅礴的节奏。

　　《女神》中歌颂了太阳、光明及类似的崇高事物如"解放、自由、平等、安息"（《夜》），也歌颂了光明的缔造者们，如"田地里的农人"，"他们是全人类的保母"；"炭坑里的工人"，"他们是全人类的普罗美修士"（《地球，我的母亲！》）。

尽管诗人在《地球,我的母亲!》中说"我想除了农工而外,/一切的人都是不肖的儿孙,/我也是你不肖的儿孙",但是他实际上用了更多的篇幅歌颂了艺术家和诗人,如"惠特曼呀!惠特曼呀!太平洋一样的惠特曼呀!"(《晨安》),这与郭沫若早期的"天才论"的艺术观有关,艺术家是天才,而艺术品则是天才的创造。同时,郭沫若受中国古代传统儒学的影响,"相信艺术有巨大的力量"。^甲

正是对创造的崇尚,郭沫若在日本时期与郁达夫、成仿吾、张资平等人成立了创造社。创造社的宗旨是"为艺术而艺术",却不是将艺术排除在社会之外,恰恰相反,艺术创造旨在以艺术改造生活。这种艺术观带有很强的唯美主义的色彩。郭沫若在《创造季刊》的首期上刊发的《创造者》可以看作是刊物的发刊辞,也反映了创造社的艺术追求是如何与世界改造融为一体的。"我唤起周代的雅伯,我唤起楚国的骚豪,我唤起唐世的诗宗,我唤起元室的词曹,作《吠陀》的印度古诗人哟!作《神曲》的但丁哟!作《失乐园》的米尔顿哟!作《浮士德》悲剧的歌德哟!……你们是永不磨灭的太阳,永远高照着时间的大海,人文史中除却了你们的光明,有什么存在的价值存在?"在诗人之外,他还呼唤"开辟天地的盘古""高赞这开辟鸿荒的大我"。^乙

《女神》中的很多"我"都可以读作是"大我",即"五四"时期觉醒的中华民族的形象。按照郭沫若自己的供述,"《凤凰涅槃》便是象征着中国的再生。'眷念祖国的情绪'的《炉中煤》便是我对于她的恋歌。《晨安》和《匪徒颂》都是对于她的颂词"。^丙《炉中煤——眷念祖国的情绪》中,将祖国比喻成"年轻的女郎",把自己比喻成炉中燃烧的煤,"我为我心爱的人儿,燃到了这般模样!"《匪徒颂》的创作背景是抗议日本新闻界把五四运动中的学生称为"学匪",诗中赞美了"古今中外的真正的匪徒们",包括克伦威尔、华盛顿、黎萨尔等政治革命的匪徒,马克思、恩格斯、列宁等社会革命的匪徒,释迦牟尼、墨子、马丁路德等宗教革命的匪徒,哥白尼、达尔文、尼采等学说革命的匪徒,罗丹、惠特曼、托尔斯泰等文艺革命的匪徒,卢梭、裴斯泰洛齐和泰戈尔等教育革命的匪徒。全方位的革命才能带来一个新生的中国,所谓的"匪徒"实际上是新国家的缔造者,他们代表了民族的希望。

甲 [斯洛伐克]玛利安·高利克. 中国现代文学批评发生史(1917—1930)[M]. 北京: 社会科学文献出版社, 1997: 33.

乙 郭沫若. 创造者[J]. 创造季刊, 1921, 1(1).

丙 郭沫若. 创造十年[M]//郭沫若全集·文学编(第12卷). 北京: 人民文学出版社, 1992: 73.

三、世界视野

闻一多曾经批评郭沫若的《女神》缺乏"地方色彩",其中所用的典故大多是西方的,"他所讴歌的东方人物如屈原,聂政,聂荌,都带几分西方人的色彩。他爱庄子是为他的泛神论,而非他的全套的出世哲学。他所爱的老子恐怕只是托尔斯泰所爱的老子。墨子底学说本来很富于西方的成分,难怪他也不反对"。^甲事实上,《女神》的这种"缺陷"恰恰展现了新文化的世界与人类视野。新文化运动是一场民族革新和爱国运动,但是它却并没有以民族、国家的富强为其最终归宿,否则它很可能在学习西方的过程中,无意中也蹈袭了西方的殖民主义、帝国主义逻辑。新文化运动自发生以来,一直都有批评其"全盘西化"的声音,林毓生认为,"五四"式的反传统主义恰恰植根于"一项来自传统的,认为思想为根本的整体观思想模式(holistic-intellectualistic mode of thinking)来解决迫切的社会、政治与文化问题"。^乙这些批评都没有充分注意到新文化运动的世界主义倾向,对于新文化运动的提倡者来说,民族、国家都不再是自明的,所谓的传统自然也就成问题了。因此,反传统一定程度上可以说反映了新文化运动的特质。

《立在地球边放号》颂扬的是力量,正如标题所显示的,诗人站在了俯视整个地球的高度:"无数的白云正在空中怒涌,啊啊!好幅壮丽的北冰洋的情景哟!无限的太平洋提起他全身的力量来要把地球推倒。啊啊!我眼前来了的滚滚的洪涛哟!"郭沫若的诗歌时常显示出这种开阔的视野,《日出》中"我"要做20世纪的"亚坡罗"(太阳神)的助手,把一切的暗云驱除干净;《晨安》中问候大海、晨光、白云、丝雨、海山,进而是祖国、扬子江、黄河、万里长城、雪的旷野,还有俄罗斯、帕米尔高原、喜马拉雅山、恒河、印度洋、尼罗河、金字塔、比利时、爱尔兰、大西洋、太平洋以及扶桑,展现了诗人自由不羁的想象力。这些事物要么是巨大的生命力的象征,要么联系着人类的文明和生生不息的奋斗精神。由于泛神论的影响,《女神》中的一切事物似乎都具有了生命,共同构成了一个力的世界。

诗人呼唤20世纪的现代文明,"黑沉沉的海湾,停泊着的轮船,进行着的轮船,数不尽的轮船,/一枝枝的烟筒都开着朵黑色的牡丹呀!/哦哦,二十世纪的名花!/近代文明的

甲 闻一多. 《女神》之地方色彩//闻一多全集(第2卷)[M]. 武汉: 湖北人民出版社, 1993: 122-123.

乙 林毓生. 五四式反传统思想与中国意识的危机: 兼论五四精神、五四目标与五四思想[M]//中国传统的创造性转化. 北京: 三联书店, 1996: 156.

严母呀！"(《笔立山头展望》)准确地说，诗人感怀的是现代文明的奋进精神。当他面对中国现代化程度最高的上海时，他感到了幻灭的悲哀。"游闲的尸，/淫嚣的肉，/长的男袍，/短的女袖，/满目都骷髅，/满街都是灵柩，/乱闯，/乱走。/我的眼儿泪流，/我的心儿作呕。//我从梦中惊醒了。/Disillusion的悲哀哟！"(《上海印象》)他从上海的男女身上，看不到精神的力量，感觉满街都是行尸走肉。

现代文明的精神是自由、进取和创造，因此，昭示了这种精神的历史文明同样是具有现代精神的。现代文明不限于西方，也包括比利时的遗民和爱尔兰的诗人，他们正为国家的自由而奋斗。现代文明的精神在于汲取一切历史和现代的滋养，为达成美好的世界而努力。诗人从伟大的自然事物之中同样感受到了这种精神："黄河与扬子江是自然暗示于我们的两篇伟大的杰作。承受天来的雨露，摄取地上的流泉，融化一切外来之物于自我之中，使为自我之血液，滚滚而流，流出全部之自我。有崖石的抵抗则破坏！有不合理的堤防则破坏！提起全部的血力，提起全部的精神，向永恒的平和之海滔滔流进！"^甲

汇万物为我所有，体现了新文化的开放、包容精神。新文化运动的倡导者们由于受社会达尔文主义和社会有机体观的影响，确实常常采用"东方/西方""传统/现代"二元对立的视野，一定程度上也存在着将"东方"等同于"传统"、"西方"等同于"现代"的倾向，以及东西方化绝不相容的看法。如汪叔潜在《新旧问题》中所言，"吾以为新旧二者，绝对不能相容"，而"所谓新者无他，即外来之西洋文化也；所谓旧者无他，即中国固有之文化也"，由此推导出西洋文化与中国文化"根本相违，绝无调和折衷之余地"，"旧者不根本打破，则新者绝对不能发生"。^乙陈独秀同样认为，"东西洋民族不同，而根本思想亦各成一系，若南北之不相并，水火之不相容也。"^丙不过，无论是社会有机体说还是社会达尔文主义，都非始于"五四"一代知识分子，而是在晚清严复、梁启超等人那里已经出现。整体性的文化观以及东西文化不相容的看法也非新文化运动的提倡者所独有，比如梁漱溟在《东西文化及其哲学》中也持同样观点，因此，毫不奇怪的是，梁漱溟在著作中对"新青年一班人"尤其是陈独秀称誉有加，而他对西方文化"塞恩斯"(科学)"德谟克拉西"(民主)的概括

甲
郭沫若. 我们的文学新运动[M]//郭沫若全集·文学编(第16卷). 北京：人民文学出版社，1992：4-5.

乙
汪叔潜. 新旧问题[J]. 青年杂志，1915, 1 (1).

丙
陈独秀. 东西民族根本思想之差异[J]. 青年杂志，1915, 1 (4).

也与陈独秀如出一辙。[甲]

值得注意的是,新文化运动的旗手们用以衡量东方或中国的"西方"含有理想和现实两个不同的维度,其理想化的层面即世界各国发展所遵循的共同"精神","各国之制度文物,形式虽不必尽同,但不思驱其国于危亡者,其遵循共同原则之精神,渐趋一致,潮流所及,莫之能违"。[乙]这种理想化的"西方"反过来同样可以成为批判西方现实的依据。尽管他们往往整体上否定中国传统,但是他们在不经意间往往又调用儒家的某些知识资源,如"立德立功"。这同样体现在杂志《社告》的措辞中——"本志之作,盖欲与青年诸君商榷将来所以修身治国之道"。[丙]中国文化传统中向来不太为人注意的资源也被重新赋予了生命力,最显著的就是提倡"兼爱""非攻"的墨家思想。

尽管《新青年》杂志上出现过最极端的提倡"军国主义"的文章,把德国"军国主义"视为"日耳曼之民族精神"的体现,"扩观世界之潮流,深知军国主义为立国根本,救亡之至计"。[丁]但是,总体上看,《新青年》上反"军国主义"的态度是鲜明的。《新青年》第2卷第1号中有读者来信,以杂志上常见的东西方对照的方式立论,"中西国民强弱不同之故虽多,而中人爱和平,西人尚武勇,实足为其总因。故窃谓德之军国主义最适于今日之中国"。"记者"在答复中明确反对了这一看法,他比较了英、法、德三国的教育:英国教育重自由和习惯,但也会失去"进步之精神";德国重视"人为",但也会"戕贼人间个性之自由活动力";而法国居于两者之间,"为可矜式"。"军国主义"正是德国教育弊端的体现。其次,"国之强盛,各种事业,恒同时进步,决无百务废弛,一事独进之理"。"以今之中国而言,军国主义,殊未得当。若夫慈悲博爱非战诸说,为人类最高之精神。然非不武之被征服民族,所可厚颜置诸脑出诸口"。[戊]

追寻各国发展所遵循的共同"精神""人类最高之精神",体现了《新青年》派的人类、世界视野,这才是他们理想化的"西方"的实质。因此,与其将其称为"西方的",不如称之为"人类的""世界的"。对这种共同"精神"的信仰与探索源于进化论的影响,也带有儒家文化传统中所描述的"大同"社会的印记。正如新文化汲取了世界文化的优秀滋养一样,中国的新文学也借鉴了世界文学的优秀遗产,从而成为世界文学

[甲] 梁漱溟. 东西文化及其哲学[M]. 2版. 北京:商务印书馆,1999:13–33.

[乙] 陈独秀. 敬告青年[J]. 青年杂志,1915,1(1).

[丙] 社告[J]. 青年杂志,1915,1(1).

[丁] 刘叔雅. 军国主义[J]. 新青年,1916,2(3).

[戊] "通信"栏中读者程师葛来信及"记者"回复[J]. 新青年,1916,2(1).

的一部分。就此而言,《女神》不失为中国新文学这一特质的注脚。

思考题

1. 鲁迅对于封建文化的批判深刻性何在?对于我们今天认识当代文化有何启发?

2.《女神》抒情主人公形象体现了什么样的时代特征?

推荐书目

[1] 林毓生. 中国传统的创造性转化[M]. 北京:三联书店,1996.

[2] 陈平原. 触摸历史与进入五四[M]. 北京:北京大学出版社,2010.

第八讲
都市和民间：新文化的流变与传播

"五四"新文化运动批判了旧文化，传播了新文化，但是它很快就落潮了。其中标志性的事件即是《新青年》阵营的解体，用鲁迅的话来说，就是"有的高升，有的退隐，有的前进"。甲鲁迅的《题〈彷徨〉》一诗反映了作家面对新文化运动落潮时的落寞："寂寞新文苑，平安旧战场。两间余一卒，荷戟独彷徨。"新文学舞台上新的创作不多，佳作更是寥寥无几；反对旧文化的战场则呈现出一片平安景象，仿佛新旧势力已经握手言和了。更为令人心痛的是，新文化斗士不少又回到了传统的怀抱里，忘却了曾经壮怀激烈的战斗。鲁迅《彷徨》集中的作品，如《在酒楼上》《孤独者》都以此为主题，也表现了作家本人刻骨铭心的寂寞体验。如果说新文化运动是一场中国现代的启蒙运动的话，那么它的短暂与不彻底性也遗留了很多的问题，以至于在随后的历史中，每逢封建遗毒卷土重来，造成了大的历史灾难，有识之士都会重提再来一场启蒙运动的话题。

从积极的一面来看，新文化迅速站稳了脚跟，新文化获得了对于旧文化斗争的胜利。"五四"时期的论争主要是新旧之间的，如对于"选学妖孽，桐城谬种"的批判，对于鸳鸯蝴蝶派消遣娱乐文学的针砭，与林纾、章士钊和"《学衡》派"关于传统/现代文化的争论等等。到了20年代中期，随着旧派文化势力这一共同的敌人的消失，新文化运动阵营本身的分歧就

甲 鲁迅.《自选集》自序[M]//鲁迅全集(第4卷). 北京：人民文学出版社，1981：456.

凸显出来了。因此，《新青年》阵营的解体也可以说是必然的。新文化展现出内部的丰富性，新的不再是不证自明的。对于新文化、现代文化的批判增多了，新文化本身的发展中也产生了多种多样的变体，譬如都市消费文化，但即使是表现都市消费生活的作品中往往也含有批判性。另一方面，新文化对于都市之外的广大乡村区域而言，仍然是有待完成的一个过程。整体上看，新文化的传播与流变展现了中国作为后发型现代化国家处于过渡时代之中的特殊文化景观。

第一节　沈从文的城乡二元对立文化视野

说到沈从文，自然会想起他笔下的"湘西世界"。然而，"湘西世界"却不能孤立地理解，而必须被置于与都市、现代文化的对照之中，才能显示其意义，以及作家对于现代进程的独特思考。也就是说，"湘西世界"不能完全视作一种现实，其中寄寓了作家对于理想人性与生活方式的期许；但是它也不全是虚构的，其中的确又含有前现代生活方式的影子，可以作为衡量现代文化破坏性的一面镜子。作为沈从文的学生，汪曾祺曾经对沈从文的《边城》有非常出色的概括："'边城'不只是一个地理概念，意思不是说这是一个边地的小城。这同时是一个时间概念，文化概念"；"《边城》是一个怀旧的作品，一种带着痛惜情绪的怀旧。《边城》是一个温暖的作品，但是后面隐伏着作者的很深的悲剧感"；"《边城》的生活是真实的，同时又是理想化了的，这是一种理想化了的现实"。[甲]

> 甲 汪曾祺. 又读《边城》[M]//汪曾祺全集（第5卷）. 北京：北京师范大学出版社，1998：445–446.

将汪曾祺的评价拿来概括沈从文的整体文学创作，也是非常准确的。"湘西世界"同样是时间概念和文化概念。作为时间概念，它可以是过去式，但更主要的应该是将来时，即未来理想的现代生活方式；作为文化概念，它可以是前现代的田园文化，但更主要的应该是一种替代性的现代文化，即超越了现代文化弊端的理想文化。

一　健康、自然的乡村文化

沈从文一直以"乡下人"自居，他说："我实在是个乡下人。说乡下人我毫无骄傲，也不在自贬，乡下人照例有根深蒂固永远是乡巴佬的性情，爱憎和哀乐自有它独特的式样，与城市中人截然不同！他保守，顽固，爱土地，也不缺少机警，却不甚懂诡诈。"[甲]这里的"乡下人"也不是地理意义上的，而是性情上的。从地域上讲，沈从文算不上乡下人。他出生于湘西凤凰县城中，祖父沈洪富曾是湘军将领，任过云南昭南镇守使和贵州总督。家族中对后代的期望是"再来一个将军"，不过沈从文从小就对书本以外的大自然和生活中的一切充满了好奇，常常逃学去读自然和生活这本大书。"我自己总以为读书太容易了点，把认得的字记记那不算什么稀奇。最稀奇处应当是另外那些人，在他那份习惯下所做的一切事情"。[乙]

> 甲 沈从文. 习作选集代序[M]//沈从文全集（第9卷）. 太原：北岳文艺出版社，2002：3.

> 乙 沈从文. 从文自传[M]//沈从文全集（第13卷）. 太原：北岳文艺出版社，2002：260.

童年及之后在当地土著部队中的经历，让沈从文对故乡及沅水流域的风土人情有了深刻的记忆。自他离开故乡去北京谋生，及至在文坛确立名声、定居城市多年，这种记忆反而被现实映照得更为清晰了。作家晚年总结道："我人来到城市五、六十年，始终还是个乡下人，不习惯城市生活，苦苦怀念我家乡那条沅水和水边的人们，我感情同他们不可分。虽然也写都市生活，写城市各阶层人，但对我自己的作品，我比较喜爱的还是那些描写我家乡水边人事哀乐故事。因此我被称为乡土作家。"[丙]不过，沈从文和鲁迅及在鲁迅影响下所涌现出来的乡土作家有着明显的差异，他的作品是一曲湘西的抒情诗，而不是从启蒙者的立场出发，揭示乡村社会和农民的愚昧、落后。反过来，他以湘西的人和事为坐标，来衡量知识者精神的偏枯和变态。在他看来，知识本身便是对人性的压抑。

> 丙 沈从文. 自我评述[M]//沈从文全集（第13卷）. 太原：北岳文艺出版社，2002：397–398.

我们可以比较一下沈从文的两篇小说——《柏子》和《十四夜间》。两者在题材上有些类似，都是写男人找妓女。《柏子》写一名叫"柏子"的水手，冒着危险在水上讨生活，攒了钱就在一个妓女那里花光，然后再去过船上的生活，周而复始。"花了钱，得到些什么，他是不去追究的。钱是在什么情形下得来，又在什么情形下失去，柏子不能拿这个来比较。总之，比较有时象也比较过了，但结果不消说还是'合算'"。《十四夜间》写一个叫"子高"的先生，让当差的伙计帮忙叫了个妓女来陪夜。"是平常的事，世界上，就是北京城一个地方，这种事情随时随地就知有许多！但是，子高一点可不平常的。虽然不是神秘,终究同平常是相反,本应她凡事由他,事实却是他凡事由她,她凡是作了主,把子高处置到一个温柔梦里去,让月儿西沉了"。

表面上看,柏子和子高都是找妓女,实质上却有着天壤之别。区别并不仅仅在于柏子每次都找相同的妓女,而子高只是临时起意,想找个妓女发泄欲望。柏子固然是出于情感,他与妓女间并不是买卖关系,柏子还给妓女带去了"一瓶雪花膏,一卷纸,一条手巾"和一罐粉。尽管"在子高心中,总而言之是女人:女人就是拿来陪到男人睡或者玩,说好一点便是爱。一种要钱的,便算娼;另一种,钱是要,但不一定直接拿,便算是比娼不同一类的人",但是他也想着和妓女在月下谈话,从中"得到一种类乎情人相暗的味道",不全是欲望。子高的问题在于,他不能摆脱名誉、地位的考虑,因此他才对伙计谎称自己结过婚,装得对于情爱"老成""内行"。实际上,他毫无经验,只能学着电影中"一个悲剧主人公对他情妇的举动"和妓女接吻。城市人或知识人从书上或电影上习得的关于爱情的可怜知识,反而构成了正常情爱行为的阻碍,倒不如乡下人凭借着直觉和本能表达出的爱轰轰烈烈。

柏子对于妓女的爱,是情与欲的完美融合。在沈从文看来,将情与欲分开是现代的产物、知识的产物,这本身就是病态的。现代爱情对于情感性的强调,同样压抑了人的正常的本能欲望,导致了欲望演变为无法餍足的、不及物的欲念。从现代的、理性的角度来说,柏子的行为是不可理喻的。他理性的选择,是把冒着生命危险挣来的钱攒下来、娶妻生子,另择一份稳定、安全的职业。现代人觉得柏子不可理喻,反过来恰恰证明了现代理性文化的偏颇。沈从文喜欢从情爱的视角来考察乡下人与城市人的差别,是因为情爱是最需要遵循内心的真实情感和直觉的,而现代人则在情爱之上附加了太多的东西,包括金钱、地位、身份等等利益的考虑。

在《媚金,豹子和那羊》中,"白脸苗中顶美的女人"媚金和"凤凰相貌极美又顶有一切美德的一个男子"豹子,"因唱歌成了一对",两人约定"夜间往一个洞中相会"。因为是初次见面,豹子"预备牵一匹小山羊"送给媚金。豹子因为找合适的小羊耽误了时间,媚金以为他爽约便自杀了,豹子到达约会地点后也自杀殉情。如果说这个情爱故事还带有传奇色彩的话,那么《三个男人和一个女人》则取材于沈从文的亲身见闻。故事讲述了"我"、一个号兵和一个豆腐铺年轻老板同时爱上了商会会长的女儿，后来这个女孩不知何故吞金自杀，"新坟刚埋好就被人抛掘，尸骸不知给谁盗了"。还有人传说，"这少女尸骸有人在去坟墓半里的石洞里发现，赤光着个身子睡在洞中石床上，地下身上各处撒满了蓝色野菊花"。故事的原型据《从文自传》中的记载与此相似：一个商会会长的女儿因病死去，埋葬后当夜即被一个卖豆腐的年轻男子从坟墓中挖出，背到山洞中去睡了三天，方又送回坟墓去。事情败露后，年轻男子被送到沈从文所在的军队正法：

> 临刑稍前一时，他头脑还清清楚楚，毫不胡涂，也不嚷吃嚷喝，也不乱骂，只沉默地注意到自己一只受伤的脚踝。我问他："脚被谁打伤的？"他把头摇摇，仿佛记起一件极可笑的事情，微笑了一会，轻轻的说："那天落雨，我送她回去，我也差点儿滚到棺材里去了。"我又问他："为什么你做这件事？"他依然微笑，向我望了一眼，好像当我是个小孩子，不会明白什么是爱的神气，不理会我，但过了一会，又自言自语的轻轻的说："美的很，美的很。"另一个兵士就说："疯子，要杀你了，你怕不怕？"他就说："这有什么可怕的。你怕死吗？"那兵士被反问后有点害羞了，就大声恐吓他说："癫狗禽的，你不怕死吗？等一会儿就要杀你这癫子的头！"那男子于是又柔弱的笑笑，便不作声了。那微笑好像在说："不知道谁是癫子。"我记得这个微笑，十余年来在我印象中还异常明朗。[甲]

这段描写可以说比小说还要精彩。正如夏志清所说，沈从文早年为生活所迫，疯狂写作卖文，"把自己丰富的想象力都滥用了"。[乙]《三个男人和一个女人》应该算是一例。《从文自传》中对这个故事的回忆尽管很短，但突出了男子的微笑，同时留下了一个值得深思的问题：卖豆腐的年轻男子和我们，到底谁是疯子？或者，从接受的角度来说，是什么使得我们不能把这个年轻男子看成是一个疯子或变态？当我们以"健康""自然""优美"之类的字眼来形容沈从文笔下的湘西世界时，我们需要进一步追问：什么是"健康""自然"和"优美"？什么是"美"？为什么湘西的小儿女们比现代的知识人更懂得"美"？这些都是无法回避的问题。

问题恰恰出在知识、道德上，这并不是说知识和道德就是罪恶，而是说当它们成为真实生活的阻碍时，它们就成为恶的了。知识与道德是为了追寻美德、为了寻求更美好的生

甲
沈从文. 从文自传//沈从文全集(第13卷)[M]. 太原：北岳文艺出版社, 2002: 304–305.

乙
夏志清. 中国现代小说史[M]. 香港：香港中文大学出版社, 200: 167.

活而产生的，而不是反过来，以牺牲生活和人性为代价来达成的东西。麦金太尔指出，"除非有一种目的，它通过构成整体人生的善（被设想为一个统一体的人生的善）而超越实践的有限利益，否则，不仅某种毁灭性的专断将侵犯道德生活，而且我们也将无法充分地澄清某些美德的语境"。湘西世界中的人们并非没有利益的考虑，只不过利益的考虑并未影响"整体人生的善"；有时反而是利益的考虑成全了整体人生的善。

甲
[美]阿拉斯戴尔·麦金太尔. 追寻美德：道德理论研究[M]. 南京：译林出版社，2011：257.

在《边城》中，作家并未急于向我们讲述一个美丽而又哀愁的爱情故事，而是用了很多的笔墨描写了当地的风俗人情。"爷爷"正直、慷慨，虽然摆渡为生、收入微薄，但他从来不收取过客的钱财，还准备了茶叶和草烟，免费供来往的人享用。他把自己新打的酒送给别人尝，因为善良慷慨也得到别人的回馈，买肉的时候别人不要他的钱，还给他最好的肉。"爷爷"当然不会接受，一定会把预先准备好的钱留下。船总顺顺也是一样，喜欢结交朋友，慷慨仗义，洒脱爽快。作者没有掩饰顺顺"爱利"的一面，顺顺确实想让二老傩送娶王团总的女儿，这样便可以得到一座新碾坊作为陪嫁。但是当他明白二老的真正心思之后，也就不强求了。爷爷死后，顺顺甚至想把翠翠接到家中，等到二老回来就娶她。天保豪放豁达，不拘小节。二老聪明漂亮，感情丰富，也如翠翠一样用情专一。

情和义在生活中被赋予了最高的价值，甚至是高于生命的价值。当情义两难时，人们可以献出生命，如翠翠的母亲。翠翠母亲年轻时也不缺少追慕者，像作品里的杨马兵年轻时就常常给她唱歌，但她都无动于衷，她爱上了一个屯戍士兵。翠翠母亲怀了翠翠后，这个士兵既不愿意毁掉自己的军人名誉，也不愿放弃自己的爱情，选择了服毒自杀。翠翠母亲在生下女儿后，故意到河边喝了很多凉水也追随士兵而去。这是一个用生命去阐释的爱情故事，非但表现出爱情的专一性，也表现了爱情的崇高性。二老面临情义两难时，选择了暂时离开，他要把自己的哥哥找回来，而不是趁机与翠翠结合。翠翠则选择了守望，表现出与她母亲当年一样的痴情。

《萧萧》是关于一个叫"萧萧"的童养媳的故事。萧萧十二岁时，嫁给了一个不到三岁的小丈夫。"她喊他做弟弟。

她每天应做的事是抱弟弟到村前柳树下去玩，到溪边去玩，饿了，喂东西吃，哭了，就哄他，摘南瓜花或狗尾草戴到小丈夫头上，或者亲嘴，一面说：'弟弟，哪，再来。'在那肮脏的小脸上亲了又亲，孩子于是便笑了"。和现代文学中千篇一律痛斥童养媳制度罪恶的作品相比，这里的描写更像是一个青梅竹马的故事。萧萧到了发育的年龄，做起了"女学生"的梦，在家里长工花狗的引诱下，与他发生了关系并怀孕了。萧萧要花狗带她"到城里去自由，帮帮人过日子"，花狗吓得不辞而别。萧萧到庙里吃香灰、到溪里喝冷水，用尽一切办法也未能堕胎。萧萧想逃走，未及动身就被家里人发现了。按照当地的风俗，萧萧会被"沉潭"或者"发卖"。萧萧的伯父和她的婆家人商量后，都倾向于将萧萧发卖。"这处罚好像也极其自然，照习惯受损失的是丈夫家里，然而却可以在改嫁上收回一笔钱，当作赔偿损失的数目"。一时没有人上门来娶萧萧，"萧萧次年二月间，十月满足坐草生了一个儿子，团头大眼，声响洪壮，大家把母子二人照料得好好的，照规矩吃蒸鸡同江米酒补血，烧纸谢神。一家人都欢喜那儿子。生下的既是儿子。萧萧不嫁别处了"。故事发生了戏剧性的转变，看上去像是陈旧的"母凭子贵"的情节，但是这里的"子"却是私生子。儿子"平时喊萧萧丈夫做大叔，大叔也答应，从不生气"。

据"沉潭"或"发卖"来看，这里的乡村也是处于礼教的笼罩之下。萧萧之所以侥幸避免了这样的命运，除了婆家人利益方面的考虑外，人与人之间的情感也是重要的因素。"丈夫并不愿意萧萧去，萧萧自己也不愿意去，大家全莫名其妙，只是照规矩像逼到要这样做，不得不做"。情感最终战胜了习俗。

虚伪、病态的都市文化

沈从文创作的都市作品并不多，但是对于理解他的乡土文学作品却非常重要，它们提供了从反面理解乡村文化特性的视角。在湘西系列作品中，沈从文塑造了一组灵动、美妙的少女形象，如《边城》中的翠翠、《萧萧》中的萧萧、《三三》中的三三、《长河》中的夭夭，等等。这些少女基本上十四五岁，未受世俗的濡染，展现出特有的清纯、灵逸的女儿性。《绅士的太太》则表现了一种妇人性。

女儿性与妇人性也可以看成是作家对乡村文化和都市文化的高度概括。

作家将都市的妇人当作高等人的代名词，在《绅士的太太》开篇，沈从文写道："我不是写几个可以用你们石头打他的妇人，我是为你们高等人造一面镜子。"小说勾勒了绅士家庭生活的情景，孩子们交给下人们带，绅士太太们的重要任务就是待客和打牌。碰到丈夫在外面有外遇，太太赌气离家出走；绅士找到朋友家中，发现妻子在与人打牌，如果赢钱了，"绅士不必多说什么，只站在身后看牌，到满圈，绅士一定就把太太接回家了"；若是输钱了，"绅士懂得自己应做的事，是从皮包里甩一百八十的票子，一面放到太太跟前去，一面挽了袖子自告奋勇，为太太扳本"。绅士太太去另一个绅士家里打牌，无意中发现绅士的三姨太太和美国留学回来的大少爷有私情。大少爷给绅士太太送美国带回来的贵重小金表，还试图和绅士太太调情，三姨太则谎称赌钱赢了钱，把一半分给绅士太太，以让她保守秘密。最终，在三姨太和大少爷的合谋下，大少爷和绅士太太发生了关系。一年后，绅士太太给绅士生了个儿子，认三姨太太作干妈。在绅士阶层的家庭生活中，充满了尔虞我诈，人们以金钱、乱伦、奸情和享乐填补精神上的空虚。这里没有情感，有的只是逢场作戏；这里也没有精神生活，尽管绅士们一心向佛，那不过是对他们奢靡、腐败生活的掩饰。

妇人性之中是缺乏母性的，就像绅士太太很少照看自己的孩子一样。《都市一妇人》写了妇人性向母性的回归。小说中的妇人原是一个小家碧玉，相貌俏丽，"随了母亲往来于旗人贵家，以穿扎珠花，缝衣绣花为生"。后来她被一个老外交家收为养女，"学了些华贵气派，染了些娇奢不负责任的习惯"。她先是未经养父同意，嫁给了一位在外交部办事的年轻科长。年轻科长丢了职业，原来的情热也慢慢褪去，"在某次小小争持上，拂袖而去，从此不再见面了"。第二次，她又被养父的一个朋友引诱，作了他的姨太太。不久，丈夫又被刺杀身亡。妇人去了上海，"带了一种复仇的满足，很奢侈很恣肆地过了一些日子"，成了闻名一方的交际花。如此过了十年，她得了性病，把身边的人纷纷吓跑了。她选择去了长江中部的一个镇子，"那里她知道有的是大商人同大傻子，两者之中，她还可以得到机会，较从容地选取其一，自由地把终身交付与他，结束了这青春时代的狂热，安静消磨下半生日子"。没想到这里除了大商人与大傻子之外，"还有大军人拜倒这妇人的脚下"，她再次成为男人们众星捧月的对象。直到"一个大傻子同一个军籍中人，在她住处弄出了流血命案"，她被送上军人法庭，一位将军救了她，她就跟随了这位将军。过了两年，将军也在一次事变中死去。"她需要休息，需要安静，还需要一种节欲的母性的温柔厚道的生活"。最后，她与一个年轻的上尉相爱，为了防止自己因为老去而再次被弃，她从瑶人那里得到了用草木制成的毒药，毒瞎了爱人的双眼。当两人坐船回家时，船却失事，他们与船上的所有人都葬身河底。

作家在小说的最后感慨道：

也许我所见到的妇人，都只象一只蚱蜢，一粒甲虫，生来小小的，伶便的，无思无虑的。大多数把气派较大、生活较宽、性格较强，都看成一种罪恶。到了春天或秋天，都能按照时季换上它们颜色不同的衣服，都会快乐而自足的在阳光下过它们的日子，都知道选择有利于己有媚于己的雄性交尾；但这些女子，不是极平庸，就是极下贱，没有什么灵魂，也没有什么个性。……那个妇人如一个光华眩目的流星，本体已向不可知的一个方向去毁灭多日了，在我眼前只那一瞥，保留到我的印象上，就似乎比许多女人活到世界上还更真实一点。

这个都市的妇人从上层社会的玩物到最终以不乏极端的方式选择自己的爱人，在作家看来，却是展现了自己的个性、灵魂与真实。沈从文以蚱蜢及交尾比喻大多数的妇人和她们的爱情，即像动物一样出卖自己的身体，换得一份安稳的生活。人与动物的不同在于，人珍视情感，并在追求、呵护这些高贵的情感中展现出特有的生命力。这便是沈从文经常谈到"人性"的缘故，"人性"也是理解他的作品的一个重要概念。

在《习作选集代序》中，沈从文说："这世界上或有想在沙基或水面上建造崇楼杰阁的人，那可不是我。我只想建希腊小庙。选山地作基础，用坚硬石头堆砌它。精致，结实，匀称，形体虽小而不纤巧，是我理想的建筑。这神庙供奉的是'人性'。"譬如《边城》，沈从文说："我要表现的本是一种'人生的形式'，一种'优美，健康，自然，而又不悖乎人性的人生形式'。"[甲]两段话中均涉及了一个核心概念——"人性"，

[甲] 沈从文. 习作选集代序[M]//沈从文全集(第9卷). 太原：北岳文艺出版社，2002：2, 5.

其实不管在何时、何地出现，"人性"一词都不太容易界定，在沈从文的话中也是如此。直到今天，关于人性善恶的问题也仍然是一个无法辩明的问题。

有意思的是，在30年代的中国文坛，恰恰发生了一场围绕"人性"的论争。一方以梁实秋为代表，认为"普遍的人性是一切伟大的作品之基础"；一方以鲁迅为代表，认为"如果生物真会进化，人性就不能永久不变。……要写永久不变的人性，实在难哪"[甲]。沈从文当然不会赞同左翼文学关于人的阶级性的判定，他应该比较接近梁实秋一派的观点，但是他肯定不同意梁实秋的"人性根本是不变的"这一说法。因为他从自己的生活经验和观察中，看到了现代文明对于人性的扭曲。

小说《八骏图》中的八位教授"为人显得很庄严，很老成。但这就同人性有点冲突，有点不大自然"，以至于嘴上仁义道德，心中男盗女娼。以"八骏"喻八个"千里马"和社会栋梁，讽刺意味不言而喻。在沈从文看来，教授们的问题不在于他们对性感兴趣，而是因为知识、道德的束缚，造成了人格的分裂。小说采用了一种别出心裁的形式，通过达士先生给两千里之外的美丽未婚妻的书信，来表现其他七位教授。物理学教授甲桌上放着全家福，枕旁却放着《五百家香艳诗》，帐子里挂着"一幅半裸体的香烟广告美女画""窗台上放了个红色保肾丸小瓶子、一个鱼肝油瓶子、一贴头痛膏"。通过这些陈设，教授甲污秽的内心世界得以呈现出来。生物学家教授乙在海边散步时，脑子里全是时髦女郎，还从一个美丽的穿浴衣的女人的脚印下"拾起一枚放珍珠光泽的小小蚌螺壳，用手指轻轻地很情欲地拂拭着壳上粘附的沙子"；他把妻子与孩子都放在外地，一谈到家人就顿时沉默了。道德哲学家教授丙声称自己是老人了，"没有恋爱观"，却对达士先生房中的希腊爱神照片看了又看，"好像想从那大理石雕像上凹下处凸出处寻觅些什么，发现些什么"。汉史专家教授丁的恋爱哲学是喜欢许多女人，却不会同一个女人结婚。等到所爱的女人嫁给别人，人生中最美丽的时光消逝时，再去告诉她"我的爱一定还新鲜而活泼"。六朝文学史专家教授戊是个结婚一年即离婚的人，他谈了一通女人的坏处，他离婚便是"想把女人的影响、女人的牵制，尤其是同过家庭生活那种无趣味的牵制，在摆脱得开时趁早摆脱开"。历史学者教授辛

[甲] 黎照，编注. 鲁迅梁实秋论战实录[M]. 北京：华龄出版社，1997：134，136-137.

与平时为人大为不同,"简直是个疯子"。经济学教授庚被认为与以上几人都不一样,他的美丽的女朋友常常来看他,两人看上去感情很好。

达士先生自己则成了作家表现的对象。他不间断地给未婚妻写信,似乎爱情专一,却保留着两年前写给前女友的信,在前女友嫁作他人妇时,他曾经痛苦得无以复加,打算远离尘嚣,"到乡下生活十年"。他自诩是"医生",要刻画出其他教授的"病",课程结束时他本已给未婚妻拍了电报,买好了回程票,却因为一位女性的暗示留了下来,向未婚妻谎称自己生病,要在海边多住三天。"这个自命为医治人类灵魂的医生,的确已害了一点儿很蹩脚的病"。而引诱他的女性正是经济学教授庚的女朋友。

沈从文通过勾勒八位教授的漫画像,表现了知识分子的变态的性观念和性道德。"这些人虽富于学识,却不曾享受过什么人生。便是一种心灵上的欲望,也被抑制着、堵塞着。……十多年大家叫喊着'恋爱自由'这个名词,这些过渡人物所受的刺激,以及在这种刺激之下,藏了多少悲剧,这悲剧又如何普遍存在"。透过这种"近于被阉割过的寺宦观念",作家看到的是都市人生命力的萎缩,是"社会与民族的堕落"。甲

"五四"时期,对传统性道德的批判是作为反礼教斗争的一部分而存在的,目的也是要建立新的性道德。沈从文显然走得更远一些,他甚至把知识与道德——无论新的还是旧的都看作了性的反面。这种看法与弗洛伊德一派的学说相当接近,实际上沈从文以及"京派"的元老周作人都是英国性心理学家霭里士的信徒。"艺术是情绪的体操"这一法则在"京派"文人间流传甚广,正是来源于霭里士,最早便由周作人翻译过来。它的含义是:"正如我们需要体操以伸张和谐那机体中不用的较粗的活力一样,我们需要美术文学以伸张和谐那较细的活力。"具体到艺术与道德的关系,则"艺术的道德化之力,并不在他能够造出我们经验的一个怯弱的模拟品,却在于他的超过我们经验以外的能力,能够满足而且调和我们本性中不曾充足的活力"。霭里士还有一句话几乎可以拿来评判沈从文的作品:"在文明的人为制度之下,鉴赏那些英雄得自然的人物之生活与行事,是一种含有精妙的精神作用的练习。"乙

甲 沈从文.《八骏图》题记[M]//沈从文全集(第8卷). 太原: 北岳文艺出版社, 2002: 195.

乙 周作人. 文艺与道德[M]//周作人散文全集(第3卷). 桂林: 广西师范大学出版社, 2009: 62-64.

也就是说，在京派看来，艺术不应是现实世界的拙劣模仿，而应该是人类精神和本性的一种有益的、必要的补充。作为京派中最为重要的小说作家，沈从文的"人性"概念也需要从这个意义上的"艺术"的角度去理解，而且"艺术"也是其中重要的内容；它并不是某种已经完成的存在物，而是有待完成的某种理想。沈从文自己曾经坦承说："我不明白一切同人类生活相联结时的美善，另外一句话说来，就是我不大能领会伦理的美。接近人生时我永远是个艺术家的感情，却绝不是所谓道德君子的感情。"甲尽管沈从文在很多地方都指出了人的美好天性在现代社会中逐渐丧失，但是他其实并不是想把我们带回到自然经济下的小农社会之中。正如沈从文虽然自称为"乡下人"，后来却一直生活在城市中一样，乡下和都市也都不仅仅是地理概念。

因此，沈从文湘西作品中的哀愁在更深层次上来源于作家的"人性"理想与作家所处的现实世界的对照。《边城》中一开始便出现的"白色小塔"正是作家"人性"理想的象征，却在一场暴雨中坍塌，也是在那个雷雨之夜，爷爷撒手人寰。"碧溪岨的白塔，与茶峒风水有关系，塔圮坍了，不重新作一个自然不成"。于是作家让茶峒的人们又一起重新修好了白塔，也寄托了他重塑人的精神和"人性"理想的愿望。然而，现实世界正在无可避免地堕落，这个白色小塔还能挺立多久呢？从30年代的《丈夫》到40年代的《长河》，沈从文都写到了现代文明对于乡村社会的纯朴人情与风俗的冲击。正因为城乡文化的交锋注定以后者的瓦解而告终，所以对于乡土文化、"乡下人"立场的坚持和颂扬，就显得尤其难能可贵了，同时也具有了现代文明批判的意味。随着现代文明的日益发展和深入，这种批判愈发珍贵，它把什么才是优美的人性和生活这一古老的问题重新带回了我们的思考之中。

第二节　新感觉派小说与都市消费文化

中国新感觉派是20世纪20年代末期至30年代活跃在上海文坛的一个流派，代表作家有刘呐鸥、施蛰存和穆时英等人。该派被研究者认为是"中国第一个现代主义小说流派"，乙其命名源于日本新感觉派，后者是日本带有现代主义

甲　沈从文. 从文自传[M]//沈从文全集（第13卷）. 太原：北岳文艺出版社，2002：323.

乙　严家炎. 中国现代小说流派史[M]. 北京：人民文学出版社，1985：125.

色彩的小说流派，代表作家有横光利一、片冈铁兵、川端康成等。现代主义文学的一个重要特征是"向内转"，即将笔触伸向人的内心世界，比较典型的如意识流文学。新感觉派小说在挖掘都市人的精神世界方面也做出了重要的贡献，但是它的另一个特征是与都市消费文化间的复杂关系，展现了中国这个现代主义小说流派的复杂性。

按照一般的看法，现代主义文学是拒绝大众的，也拒绝流行。约翰·凯瑞（John Carey）在《知识分子与大众——1880—1939年间的文人知识分子的傲慢与偏见》一书中认为，现代主义产生于文人知识分子对大众崛起的恐惧，现代主义即是一种拒绝大众的姿态，现代主义文本的晦涩等特征也可以从这方面得到解释。[甲]美国著名知识分子欧文·豪（Irving Howe）也曾对现代主义作过经典的概括，他认为现代主义存在于对流行方式的反叛之中，它是对正统秩序永不减退的愤怒攻击。现代主义一定要不断抗争，但绝不能完全获胜；随后，它又必须为确保自己不成功而继续奋斗。[乙]但是，中国新感觉派非但不拒绝大众和流行，在30年代的文坛上甚至引起一股模仿之风，新感觉派作家自身也存在自我重复的问题。这些都标示着中国新感觉派与西方现代派、日本新感觉派作品的差异。

都市风景线

1928年，台湾人刘呐鸥与施蛰存、戴望舒创办《无轨列车》杂志，标志着中国新感觉派的形成。刘呐鸥早年留学日本，对日本文艺界正在流行的新感觉派作品很感兴趣，同时也对这一时期兴起的无产阶级文艺颇为关注。这种艺术趣味的混杂既影响了该派的其他作家，也体现在《无轨杂志》的内容之中。新感觉派作品和无产阶级艺术二者看似矛盾，其实对于刘呐鸥来说，它们有一个共同点，即都是"新兴"和"尖端"。也就是说，无论是现代主义，还是社会主义，吸引这些作家的并非是其具体的实践和目标，而是被当作某种时髦接受了。刘呐鸥、施蛰存、穆时英三位中国新感觉派主将，早年都曾实验过无产阶级的文艺，或翻译或创作，穆时英甚至一度被左翼作家寄予厚望，但最终都浅尝辄止，转向了新感觉风的作品；刘呐鸥和穆时英后来的兴趣还转向了电影。这些都表明了该派作家追求新奇、时髦艺术的特点，而追求新

甲 John Carey. The intellectuals and the masses: pride and prejudice among the literary intelligentsia, 1880–1939[M]. Chicago: Academy Chicago Publishers, 2002: 21.

乙 Irving Howe. Decline of the New[M]. New York: Harcourt, Brace & World, 1970: 3–4.

奇和时髦也是消费文化的主要特质。正如西美尔在《时尚的哲学》中指出的,"时尚的本质存在于这样的事实中:时尚总是只被特定人群中的一部分人所运用,他们中的大多数只是在接受它的路上"。[甲]

[甲] [德]齐奥尔格·西美尔. 时尚的哲学[M]. 北京: 文化艺术出版社, 2001: 76–77.

新感觉派作家最热衷的还是以印象主义的笔触描写上海光怪陆离的都市景观。30年代的上海呈现出一种畸形繁荣的景象:一方面是以英美租界、法租界为代表的租界上海,高楼耸立,商场、电影院、咖啡馆等消费娱乐场所一应俱全。殖民者汇聚在这里,享受着治外法权的庇护,过着天堂般的生活;另一方面,是以弄堂、贫民窟为代表的非租界上海,一切都维持着老旧中国的模样。"造在地狱上的天堂"是30年代都市文学与电影中经常出现的主题,展现的都是都市上海的矛盾性。上海在当时有"魔都""东方巴黎"之称,指的都是租界上海,这也是新感觉派作家所着力表现的上海。

1930年,刘呐鸥出版了自己的第一部也是唯一一部小说集《都市风景线》。《都市风景线》中开创了一个小说情节模式——单身男女邂逅,也为后来的新感觉派作家所接续。大都市生活为陌生男女创造了邂逅的机会,而值得注意的是,新感觉派小说的都市邂逅故事总是以男性的挫败收场。这事实上传达了新感觉派作家的都市感受,从外表和生活习惯上看,新感觉派作家作风新派,经常出入于电影院、舞厅、回力球场、赛马场等都市消费娱乐场所,堪称"摩登少年"。但是他们内心深处感受到了大都市急剧生活节奏所带来的压力,尤其敏感于都市生活道德和伦理层面的变化。因此,男女邂逅故事实际上可以读作是他们的现代体验、都市体验,他们作品中的"摩登女郎"俨然就是都市、现代的化身,男性挫败的故事表达了人们由传统、乡村生活进入现代、都市世界时的惊异、恐慌和不适应。

《都市风景线》中的首篇《游戏》写一个都市女性同时与两位男性"相爱"的故事。当男性主人公还沉浸在分别的伤感之中时,女性却笑着对他说:"忘记了吧!我们愉快地相爱,愉快地分别了不好么?"小说让人印象深刻的还不只是这种游戏爱情的态度,还有借女性主人公之口说出的现代体验:"我或者明天起开始爱着他,但是此刻,除了你,我是没有爱谁的。"这是一种以"此刻"来衡量的时间,也是只有现代才有的时间感。马克思、恩格斯在《共产党宣言》中这样描述"资产阶级时代":"生产的不断变革,一切社会状况不停地动荡,永远的不安定和变动,这就是资产阶级时代不同于一切时代的地方。一切固定的僵化的关系以及与之相适应的素被尊崇的观念和见解都被消除了,一切新形成的关系等不到固定下来就陈旧了。一切等级的和固定的东西都烟消云散了,一切神圣的东西都被亵渎了。"[甲]事实上,这也是对于现代的精彩描绘,美国学者马歇尔·伯曼(Marshall Berman)就曾借用"一切坚固的东西都烟消云散了"这句话作为他关于"现代性体验"著作的标题。[乙]

现代是尼采所说的"上帝死了"的时代,以宗教的式微为象征,标志着永恒价值观的丧失。人都会死,死后也不再有天堂与地狱之别,这是现代人必须面对的生命短暂和永恒失落之感。现代人于是拼命地抓住能够抓住的一切东西,仿佛溺水者抓住救命稻草,而这种反应从反面恰恰证明了人生的短暂与空虚。现代当然也会塑造新的价值,如民族、国家、自由、幸福等,来填补终极价值观缺失所引起的空虚,但是无论创造出什么样的价值观,它们注定也只能涵括有限的一生。因此,现代人的空虚感是深入骨髓的,最多只能找到一些暂时的替代物。消费某种程度上也是诸多替代物中的一种,人们在琳琅满目的商品中进行自由选择,体会到了生命存在的自主感和切实感。也就是说,现代人通过消费生产自己的身份,正如波德里亚所说,"消费的真相在于它并非一种享受功能,而是一种生产功能——并且因此,它和物质生产一样并非一种个体功能,而是即时且全面的集体功能"。[丙]

《游戏》也开启了新感觉派写都市消费娱乐场所的先河。这是经过主观印象变形后的都市"风景":"忽然空气动摇,一阵乐声,警醒地鸣叫起来。正中乐队里一个乐手,把一枝Jazz的妖精一样的Saxophone朝着人们乱吹。继而锣,鼓,琴,弦发抖地乱叫起来。这是阿弗利加黑人的回想,是出猎前的祭祀,是血脉的跃动,是原始性的发现,锣,鼓,琴,弦,叽咕叽咕……"舞厅中的一切似乎都沾染了魔力,把人们从道德的束缚中释放出来,剩下的只是原始的欲望和放纵。研究者注意到,消费场所的主题环境常常通过创造物质背景控制消费者的行为,延长其身体和心理沉浸于其中的时间,以达到吸引消费的目的。比如赌场会利用设施、摆设物

[甲] 马克思,恩格斯. 共产党宣言[M]//马克思,恩格斯. 马克思恩格斯文集(第2卷). 北京:人民出版社,2009:34–35.

[乙] [美]马歇尔·伯曼. 一切坚固的东西都烟消云散了:现代性体验[M]. 北京:商务印书馆,2003.

[丙] [法]让·波德里亚. 消费社会[M]. 南京:南京大学出版社,2001:69.

使赌博者从其正常环境里脱离出来，赌博者离日常现实越远，他越会由传统的责任和控制中释放出来。^甲

刘呐鸥在给戴望舒的信中展现了现代生活的变化以及由此而来的审美领域的变化：

> ……最好的就是内容的近代主义，我不说Romance是无用，可是在我们现代人，Romance究未免缘稍远了。我要faire des Romances，我要做梦，可是不能了。电车太噪闹了，本来是苍青色的天空，被工厂的炭烟而得黑濛濛了，云雀的声音也听不见了。缪赛们，拿着断弦的琴，不知道飞到那儿去了。那么现代的生活里没有美的吗？那里，有的，不过形式换了罢，我们没有Romance，没有古城里吹着号角的声音，可是我们却有thrill, carnal intoxication，这就是我说的近代主义，至于thrill和carnal intoxication，就是战栗和肉的沉醉。^乙

刘呐鸥信中所说的"近代主义"就是现代主义，作家走向现代主义与他对都市和现代生活的感知密切相关。但是，他对现代主义的理解显然是偏狭的，仅仅停留于"战栗和肉的沉醉"。虽然如有的研究者所指出的，新感觉派所属的海派小说"第一次使得都市不再简单地背负本民族百年受辱的重担，城市不仅仅是历史的鞭笞物，而且是独立地真正成为审美的对象，可供品味，同时进行一定的文化思索"，^丙但是即使是海派小说中品格较高的新感觉派小说，对都市生活的认识也是狭窄的，往往局限于单身男女的社交生活，这也限制了它们的成就。

这种限制在刘呐鸥的《风景》中也表现出来。小说写一位去外地采访的记者和一位去外地陪丈夫过周末的太太在火车上邂逅、相识，中途下车偷欢后又各奔前程的故事。情节比较简单，令人印象深刻的是其中的女性——"男孩式的断发和那欧化痕迹显明的短裙的衣衫，谁也知道她是近代都会的所产，然而她那个理智的直线的鼻子和那对敏活而不容易受惊的眼睛却就是都会里也是不易找到的"。李欧梵指出了刘呐鸥小说中女性的短发、肤色和健壮的身体与当时社会时尚间的关联，^丁当然是正确的，然而更重要的是，这些女性的身体时刻透露出如下的信息：她们一改传统女性的柔弱形象，不再像过去一样温驯，容易控制和支配。《风景》里写道："自由和大胆的表现像是她的天性，她像是把几世纪

甲 Mel McCombie. Art Appreciation at Caesars Palace//Harrington C L, Bielby D D. Popular Culture: Production and Consumption. Malden: Blackwell Publishers Ltd, 2001: 55-56.

乙 刘呐鸥. 刘呐鸥致戴望舒（1932, 7）[M]//孔另境. 现代作家书简[. 生活书店, 1936: 266.

丙 吴福辉. 都市漩涡中的海派小说[M]. 长沙：湖南教育出版社, 1995: 146.

丁 李欧梵. 上海摩登[M]. 北京：北京大学出版社, 2001: 208.

来被压迫在男性底下的女性的年深月久的积愤装在她口里和动作上的。"在陌生男女的交往中,女性充当了主动者的角色,男性则是"吓了一下""惊愕"等,完全颠倒了过去男女间的主被动关系。

女性解放是新文化运动中一个重要的议题,易卜生的《玩偶之家》被译介进来并广为阅读,一时间走出家庭的牢笼和摆脱男性的玩偶地位成为新式女性争取解放的精神指引。鲁迅《伤逝》中的子君则喊出了几千年女性未曾有过的呼声,"我是我自己的,他们谁也没有干涉我的权利"。新感觉派小说中的摩登女郎仿佛轻松地就把传统女性的诸多束缚抛弃了,但是她们显然不能算作是真正自由的、独立女性,而是偏离了女性解放的轨道,一变而成为欲望、身体的奴隶。

同样地,《风景》中在写到男女主人公在野外偷欢时,附带了对于都市机械生活的批判:"直线和角度构成的一切的建筑和器具,装电线,通水管,暖气管,瓦斯管,屋上又要方棚,人们不是住在机械的中央吗?今天,在这样的地方可算是脱离了机械的束缚,回到自然的家里来的了。他不禁向空中吸了两口没有煤气的空气,勃然觉得全身爽快起来。同时又觉得一道原始的热火从他的身体上流过去。"不过,这里所谓的摆脱机械,只不过是脱掉身上的衣服,显然未能从现代都市生活所造成的物化、人的异化角度进行真正的批判。正如小说结尾忽然换成了车站站长的视角,微带讽刺,"这天傍晚,车站的站长看见他早上看见过的一对男女走进上行的列车去———一个是要替报社去得会议的知识,一个是要去陪她的丈夫过个空闲的week-end",但是这种讽刺是微乎其微的。从道德的角度是无法对现代都市生活作出真正的批判的。另外,新感觉派作家本身对于这种生活的态度也是暧昧的,诅咒之中又带着爱恋。

诅咒与爱恋

刘呐鸥开拓的描写都市生活的一些模式都被穆时英接续下来,并真正走向成熟。穆时英因此也被誉为"新感觉派的圣手"。穆时英大胆地运用重复,以印象主义的方式,形象地再现了都市娱乐场所纸醉金迷的世界。比如《夜总会里的五个人》中对夜总会的描写:

白的台布，白的台布，白的台布，白的台布，白的台布……白的——

　　白的台布上面放着：黑的啤酒，黑的咖啡，……黑的，黑的……

　　白的台布旁边坐着的穿晚礼服的男子：黑的和白的一堆：黑头发，白脸，黑眼珠子，白领子，黑领结，白的浆褶衬衫，黑外褂，白背心，黑裤子……黑的和白的……

　　白的台布后边站着侍者，白衣服，黑帽子，白裤子上一条黑镶边……

　　白人的快乐，黑人的悲哀。非洲黑人吃人典礼的音乐，那大雷和小雷似的鼓声，一只大号角呜呀呜的，中间那片地板上，一排没落的斯拉夫公主们在跳着黑人的踢跶舞，一条条白的腿在黑缎裹着的身子下面弹着：——

　　得得得——得达！

　　通过黑白两种色彩的铺陈，作家勾勒了夜总会热闹、狂欢的场面，更传达了一个重要的主题：都市是黑白颠倒的世界，有钱人的纵情声色是建立在下层人的苦难的基础上的。这种主题是穆时英在第一个小说集《南北极》中即已确立的，那时他因善于模仿《水浒传》等小说中描写三教九流人物的功夫，曾被左翼文学界寄予厚望。但是，正如作家自己所坦诚的，《南北极》中的作品不过是"一种试验及锻炼自己的技巧的目的写的"，他真正关心的"只是'应该怎么写'的问题"。甲"怎么写"和"写什么"有时也被认为是现代主义文学与现实主义文学的重要分野之一，但是，在现代主义文学中，"怎么写"即通常所说的文学形式问题其实是与"写什么"联系在一起的，现代主义文学试图表明形式即内容。

　　穆时英对技巧与内容的划分，实际上是为自己创作风格的转变找的借口。他在第二部小说集《公墓》中即将兴趣转向都市娱乐生活，正如作家自己所说，"我却就是在我的小说里的社会中生活着的人"，穆时英本人常常出入于都市娱乐场所，并娶了一位舞女为妻。与此同时，穆时英对自己曾经模仿过的左翼作品表现出了反感："我是比较爽直坦白的人，我没有一句不可对大众说的话，我不愿像现在许多人那么地把自己的真面目用保护色装饰起来，过着虚伪的日子，喊着虚伪的口号，一方面却利用着群众心理，政治策略，自我宣传那类东西来维持过去的地位，或是抬高自己的

甲
穆时英.《南北极》改订本题记[M]//穆时英全集(第1卷).北京：北京十月文艺出版社，2008年：97.

身价。我以为这是卑鄙龌龊的事，我不愿意做。"[甲]穆时英的错误不仅仅在于他对于大众生活的隔阂，还在于他从个人的角度否定了所有的群体实践，这也让他在人生的航道上越走越偏。

相比于刘呐鸥，穆时英对于都市生活的异化特征有较为深入的把握。他洞察了都市人的精神病态，塑造了一种特定的人物类型——"戴了快乐的面具"的都市人。悲哀的都市人并不是表现出悲哀，恰恰相反，却要戴上快乐的面具。因为都市是以成败论英雄的场所，愈是悲哀、失势的人，愈得不到他人的同情。从人格的角度来说，这便是人格分裂，属于都市特有的病态。《夜总会里的五个人》写了五个"从生活上跌下来的"人，分别是破产的金子大王、美人迟暮的交际花、失业的市府秘书、怀疑主义的学者和失恋的大学生。五个人在夜总会里纵情欢乐，以暂时地忘却失败的创伤。然而，失败和孤独在喧嚣的场所又格外清晰地被衬托出来。应该说，穆时英触及了都市文化的悖论：都市作为人群聚集的繁荣之所，却造成了人与人之间交流的缺失。小说以金子大王开枪自杀，其他四人为他送葬而告终，传达了强烈的厌世感。"辽远的城市，辽远的旅程啊！大家太息了一下，慢慢儿地走着——走着，走着。前面是一条悠长的，寥落的路……辽远的城市，辽远的旅程啊！"

西美尔洞察了大都市生活中精神生活的危机，"无限地追求快乐使人变得厌世，因为它激起神经长时间地处于最强烈的反应中，以至于到最后对什么都没有了反应"。"厌世态度的本质在于分辨力的钝化，这倒并非意味着知觉不到对象，而是指知觉不到对象的意义与不同价值，对象本身被毫无实质性地经验，这与白痴与事物之间的关系一样"。[乙]有趣的是，穆时英笔下也有一类"白痴"人物。小说《PIERROT——寄呈望舒》的正标题即是法文"傻瓜""白痴"之意。这个词也出现在《〈公墓〉自序》之中，"末了，我把这本书敬献给远在海外嘻嘻地笑着的pierrot，望舒"。[丙]可见，"pierrot"应该是朋友之间对戴望舒的称呼，并非贬义，而是带有一种自嘲的意味，即不合时宜之人。不过，自嘲也是一种矛盾的态度，同时包含着融入都市生活的意愿。

穆时英揭示了都市生活和文化中的病态，比如《白金的女体塑像》中对人的物化的描写，《父亲》《旧宅》《百日》

[甲] 穆时英.《公墓》自序[M]//穆时英全集（第1卷）.北京：北京十月文艺出版社，2008年：233–234.

[乙] [德]齐奥尔格·西美尔.大都会与精神生活[M]//时尚的哲学.北京：文化艺术出版社，2001：190.

[丙] 穆时英.《公墓》自序[M]//穆时英全集（第1卷）.北京：北京十月文艺出版社，2008年：235.

等篇中对于都市人与人之间疏离感的表现等。但是，和刘呐鸥一样，这种揭示往往流于道德上的谴责，未能深入到现代文化的深层。《都市的狐步舞》写到了有闲阶级的生活，其中有儿子与继母的乱伦，有风月场上的逢场作戏。"一位在年龄上是他的媳妇，在法律上是他的妻子的夫人""法律上的母亲偎在儿子的怀里""儿子在父亲吻过的母亲的小嘴上吻了一下"，从作家的这些语句中可以看出，他对都市罪恶的理解很大程度上是伦理层面的，"道德给践在脚下，罪恶给高高地捧在脑袋上面"。尽管小说试图在更大的空间上展现上海这一"造在地狱上面的天堂"，写到了街头的暗探、"主义者和党人"、工地上殒命的工人、老鸨、替儿媳妇拉客的老婆子、巡捕、醉酒的水手，等等，但基本上都未能突破道德审判的限度。

新感觉派作家对于都市罪恶的诅咒，又是与对于都市生活尤其是消费生活的爱恋缠绕在一起的。穆时英的《黑牡丹》中写一位舞女厌倦了自己的生活，"我是在奢侈里生活着的，脱离了爵士乐，狐步舞，混合酒，秋季的流行色，八汽缸的跑车，埃及烟……我便成了没有灵魂的人。那么深深地浸在奢侈里，抓紧着生活，就在这奢侈里，在生活里我是疲倦了"。一次她由于躲避舞客的纠缠，误入一幢郊外的别墅，装起了"牡丹妖"，暂时和别墅的主人过起了隐士般的生活。穆时英的小说中时常会写到城市的郊区，比如《公墓》中位于郊区的墓地。郊区在城乡之间，为疲倦的都市人提供了短暂的休憩、调整之所，又很方便都市人随时回到都市生活之中。逃往郊区也不是对都市生活的逃离，只不过是暂时的告别罢了。

《黑牡丹》的结尾写道："生活琐碎到像蚂蚁。一只只的蚂蚁号码3似的排列着。有啊！有啊！有33333333333……没结没完的四面八方地向我爬来，赶不开，跑不掉的。压扁了！真的给压扁了！"创作这篇小说时，穆时英仅仅21岁，但却已经透露出了浓厚的中年心态。这种给生活"压扁了"之感，其实不是为生存而挣扎的血泪，而是在娱乐生活中的精疲力竭。没有经历过真正的苦难，没有为此作过勇毅的抗争，当然也就不可能真正体会到生活的艰难。穆时英笔下时常流露出的生活的疲倦感，自然也就显得轻佻了。

穆时英对都市生活的诅咒与爱恋的矛盾态度，集中表现在他作品中的男女恋情上。与刘呐鸥一样，穆时英笔下的都市男女关系总是以男性的挫败告终。《被当作消遣品的男子》单看标题即可知道故事的结局，其中的女性被喻为"危险的动物""有着一个蛇的身子，猫的脑袋，温柔和危险的混合物"，而男性只不过是她的"朱古力糖似的"刺激品和消遣品。受伤的男性于是产生了"女性嫌恶症"，但是这不过是一种装腔作势，遇到新的女性之后就不攻自破了。正如《骆驼·尼采主义者与女人》中的故事一样，男性主人公一开始自诩为"尼采主义者"，信奉尼采《查拉图斯屈拉如是说》中所说的灵魂应该像骆驼一样顽强背负着沉重的东西。在碰到女主人公——"绘着嘉宝型的眉，有着天鹅绒那么温柔的黑眼珠子，和红腻的嘴唇，穿了白绸的衬衫，嫩黄的裙"的女人之后，不久就缴械投降，嘲笑"尼采是阳痿患者"了。

穆时英像他笔下的很多主人公一样，沉溺于都市的灯红酒绿生活之中不能自拔，却又时常感受到精神的压力、麻木和空虚。1934年5月，穆时英年纪轻轻就出版了自己的第三部小说集《白金的女体塑像》，其成就与才华可谓让人羡慕。然而，这部小说集的整体基调更加阴郁了，作家在《自序》中说："二十三年来的精神上的储蓄猛地崩坠了下来，失去了一切概念，一切信仰；一切标准，规律，价值全模糊了起来；于是，像在弥留的人的眼前似地，一想到'再过一秒钟，我就会跌倒在铁轨上，让列车的钢轮把自己辗成三段的吧'时，人间的欢乐，悲哀，烦恼，幻想，希望……全万花筒似的聚散起来，播摇起来。"[甲]作家在价值观上的模糊也为他后来的附逆行为埋下了伏笔。

沈从文指出，穆时英"适宜于写画报上的作品，写装饰杂志作品，写妇女电影游戏刊物作品"，"这些作品若登载上述各刊物里，前有明星照片，后有'恋爱秘密'译文，中有插图，可说是目前那些刊物中标准优秀作品"。"'都市'成就了作者，同时也就限制了作者"。[乙]的确，穆时英尽管在表现都市生活方面作了不少有益的探索，为中国现代主义小说的发展做出过贡献，但从根本上来说，他的作品仍然是一种大众的文化消费品，本身也是都市消费文化的产物，这在很大程度上又制约了他的作品价值。

甲 穆时英.《白金的女体塑像》自序[M]//穆时英全集（第2卷）. 北京：北京十月文艺出版社，2008年：3.

乙 沈从文. 论穆时英[M]//沈从文全集（第16卷）[M]. 太原：北岳文艺出版社，2002：234.

😃 消费"崇高"

波德里亚认为，当一个文化实体，"其内容并不是为了满足自主实践的需要，而是满足一种社会流动性的修辞、满足针对另一种文化外目标、或者干脆就只针对社会编码要素这种目标的需求"时，这种文化实体就"被消费了。"[甲]新感觉派作家从追求新奇的动机出发，模仿过左翼文学和现代主义文学，但是他们对这些文学背后的实践并不感兴趣，事实上是将"革命""反抗"等消费了。就新奇而言，左翼文学和现代主义文学对他们而言，与当时上海流行的都市文化如好莱坞电影、流行歌曲等并无二致。实际上，新感觉派小说的主题、情节，以及人物类型比如摩登女郎，都受到了好莱坞电影的深刻影响。有学者指出，"二三十年代的欧美电影的确深刻地改造了人们，包括作家在内的思想观念、审美情趣、观察事物的方式和接触外部世界的习惯等等方面"。这种改造在新感觉派作家那里表现得尤其明显。[乙]

新感觉派的另一位代表作家施蛰存的创作风格与刘呐鸥、穆时英的风格差异很大，后者被称为新感觉主义，而前者则是典型的新心理主义。在日本新感觉派作家的创作中，也能看出这两个探索的方向。所谓的新心理主义，是指运用弗洛伊德的精神分析学说，开掘人的潜意识的作品。弗洛伊德将人的心理现象分为意识、前意识和潜意识三个领域，又将人格分为本我、自我和超我三个层次。在人的潜意识和本我层面，起主导作用的是"里比多"或"性力"等本能力量。人的超我则是由教育、理想人物等所塑造出来的理想人格，自我处于本我与超我之间，无时不处于冲突之中。[丙]弗洛伊德的精神分析学说呈现了向来为人忽视的潜意识世界，深刻地影响了文艺创作，人的梦境、幻觉等成为重要的表现对象。更为关键的是，它也改变了我们关于人的认知。相比于马克思对于"社会人"的界定——"人的本质不是单个人所固有的抽象物，在其现实性上，它是一切社会关系的总和"，[丁]弗洛伊德更为强调"生物人"及作为个体的人，显然是有其局限性的。

施蛰存并不喜欢自己的"新感觉主义者的头衔"，认为他的小说"不过是应用了一些Freudism的心理小说而已"。[戊]不过，施蛰存也不是一开始即走上了这种"心理小说"的创作道

甲
[法]让·波德里亚. 消费社会[M]. 南京：南京大学出版社，2001：111.

乙
李今. 海派小说与现代都市文化[M]. 合肥：安徽教育出版社，2000：154.

丙
[奥]弗洛伊德：精神分析引论新编[M]. 北京：商务印书馆，1987：56-62.

丁
马克思. 关于费尔巴哈的提纲[M]//马克思，恩格斯. 马克思恩格斯文集（第2卷）. 北京：人民出版社，2009：41-42.

戊
施蛰存. 我的创作生活之历程[M]//十年创作集. 上海：华东师范大学出版社，1996：804.

路的，他的第一部小说集《上元灯》中的作品及早期的《娟子》《阿秀》《花》等，是他模仿期的产物，既有现实主义的作品，也有类似于日本"私小说"的作品，还有所谓的"普罗小说"。真正让作家产生影响的是他的第二部小说集《将军的头》中的四篇作品，它们的共同特点是"以古事为题材"写人格冲突，"《鸠摩罗什》是写道与爱的冲突，《将军的头》却写种族与爱的冲突了。至于《石秀》一篇，我是只用力在描写一种性欲心理，而最后的《阿褴公主》，则目的只简单地在乎把一个美丽的故事复活在我们眼前"。甲

  《石秀》使用的题材是《水浒传》中石秀的故事：石秀与杨雄结拜为兄弟，发现杨雄的妻子潘巧云与和尚裴如海有奸情，杀了裴如海，并将潘巧云和帮忙通奸的使女迎儿带到翠屏山质问，杨雄知道真相后杀了潘巧云和迎儿。在《水浒传》中，石秀的举动是出于兄弟义气，是惩恶扬善的英雄。而在《石秀》中，石秀则被塑造成了饱受情欲折磨的普通人。他寄住在杨雄家中，对潘巧云产生了非分之想。这种情欲是与"兄弟妻不可欺"的义气相冲突的，也是无法实现的。按照弗洛伊德的理论，被压抑的原欲会以变形的方式获得替代性的满足。石秀去勾栏找娼女，娼女成了潘巧云的替身——潘巧云也出身于勾栏，在这一点上，她们是一致的。娼女不小心弄破了手指，石秀则被血激发了情欲，"诧异着这样的女人的血之奇丽，又目击着她皱着眉头的痛苦相，石秀觉得对于女性的爱欲，尤其在胸中高涨着了"。石秀对潘巧云的无法实现的欲念，最终在杨雄杀掉潘巧云的一幕中得到了变形的满足，"看着这些泛着最后的桃红色的肢体，石秀重又觉得一阵满足的愉快了。真是个奇观啊！分析下来，每一个肢体都是极美丽的"。《水浒传》中义薄云天的英雄变成了一个嗜血的变态狂。

  在随后的小说集《梅雨之夕》中，施蛰存将心理分析与意识流结合，创作了一些意识流小说。比如与小说集同名的小说《梅雨之夕》描写了一位男性在雨中的邂逅与狂想，可以看作是戴望舒《雨巷》的小说版，其中也含有《雨巷》一样的都市人的乡愁。欲望总是折射了人在现实中的不满足，但是施蛰存未能从更大的层面去把握都市人的精神困境。在弗洛伊德看来，文艺也是达成欲望的一种形式，作品是作家的"白日梦"。乙 二三十年代，带有较强弗洛伊德色彩的文艺

甲 施蛰存. 《将军的头》自序[M]//十年创作集. 上海：华东师范大学出版社，1996：793.

乙 弗洛伊德. 创作家与白日梦[M]//伍蠡甫，胡经之. 西方文艺理论名著选编（下卷）. 北京：北京大学出版社，1987：1–10.

论——厨川白村的《苦闷的象征》曾产生过很大的影响，鲁迅和丰子恺都翻译过这本书。不过，厨川白村所说的"苦闷"主要不止于性苦闷，而是包含着"人间苦""社会苦"和"劳动苦"等广阔的内容。[甲]纵观施蛰存的创作也可发现，当他突破弗洛伊德的限制，赋予作品以更多的社会内容时，他才创作出了真正优秀的作品。

甲
[日]厨川白村. 苦闷的象征[M]. 鲁迅, 译. 北京：北新书局, 1925: 11.

施蛰存的第四部小说集《善女人行品》明显增加了社会和现实的内容，其中尤以《春阳》为最佳，它与张爱玲的《金锁记》一样，都反映了金钱对人性的扭曲。《春阳》讲述了昆山的婵阿姨到上海银行办事的一段经历，通常她取完利息就会返回火车站，坐下午三点钟的列车回去。但是，春天和煦的阳光让她决定到街上走走，她进了冠生园吃午饭，隔壁一家三口其乐融融的景象触动了她的记忆。十几年前，婵阿姨未婚夫死了，"经过了二日二夜的考虑之后，她决定抱牌位做亲而获得了这大宗财产的合法的继承权"。这些财产是她拿自己的青春和孤独换来的，让她格外珍视和节约。婵阿姨一边用餐，一边幻想餐馆中的一个单身男性食客坐到自己的对面，邀请自己去看电影。在虚拟的对话中，对方回答说自己"在上海银行做事"。原来，这个幻想中的中年男子不过是银行保管库那个年轻职员的变形，也是使她在潜意识中决定在上海走走甚至留宿的根本原因。婵阿姨决定回去看看保险箱锁好了没有，这是她潜意识中欲望的又一次变形。结果，银行职员一声"太太"的称呼，让婵阿姨立即回到了现实之中。婵阿姨坐上了去火车站的黄包车，在车上专心地核算起自己在冠生园的消费了。

《春阳》尽管不像《金锁记》那样惊心动魄，但主题上却有异曲同工之处。金钱或物质是现代社会中价值观空缺的一种替代性的补偿形式，金钱对人的异化因此成为现代文学中重要的主题。文学上关于这个主题的探索，其最终指向也是现代人生的价值问题。遗憾的是，施蛰存并未在这个线索上继续前进，并由此走向更为广阔的文学探索，究其原因，则是与弗洛伊德学说的限制有关。弗洛伊德学说将超我乃至文明都看成了人的本性的压抑性力量，本身含有强烈的消解崇高的倾向，然而，一旦剥离道德、理想、文明这些内容，人性即使存在，也便离动物性不远了，愈发枯窘了。

第三节　赵树理对民间文化的创造性运用

现代的发生，从根本上来说也是发现民间的过程。民间及民间文化亘古以来即已存在并生生不息，它们与精英及高雅文化也时常交叉、纠缠在一起，但在历史的长河中，它们又常常被排斥在典籍之外。从文化的起源上来看，起初并无民间、精英之分，它们最初都源于劳动人民的生活和创造。作为中国文学的一个源头，《诗经》中的"风"中即采集自各地的民歌。但是，在文化和文学发展的过程中，民间文化与精英文化逐渐出现分疏，文学也逐渐文人化、职业化。

新文化运动中，"走向民间"非但在理论上被提了出来，也落实为具体的实践。1918年，北京大学的刘半农、周作人、顾颉刚等人成立了"歌谣征集处"。1922年12月，《北京大学日刊》发展成为《歌谣》周刊，"吸引了知识界的广泛关注，引发了1923年5月北京大学'风俗调查会'的成立。很快，其他报刊接踵而至，纷纷追随北大《歌谣》周刊，开辟专栏和专号，刊登民间文学资料，中国民间文学研究的热浪由此掀起，并迅速蔓延到其他省份"。[甲]"到民间去"也成为二三十年代的报刊和电影中经常出现的字眼。然而，这种"走向民间"仍然有其局限性，更多的是知识分子在城市和大学象牙塔之中研究，或者是采风式地吸取民间文化和文学的滋养。知识分子所接触和了解的"民间"也是有限的，起初往往是人力车夫——这是他们在城市中最常接触的下层民众，产生了一批被梁实秋戏谑地称为"人力车夫派"的作品。[乙]真正地将民间文化带到新文学创作之中，则需要等到四十年代赵树理的出现。

一、"文摊"文学

赵树理走上文坛时就有着与众不同的"志愿"："我不想上文坛，不想做文坛文学家。我只想上'文摊'，写些小本子夹在小唱本的摊子里去赶庙会，三两个铜板可以买一本，这样一步一步地去夺取那些封建小唱本的阵地。做这样一个文摊文学家，就是我的志愿。"[丙]"文摊"谐音"文坛"，一字之差，

[甲] [美]洪长泰. 到民间去：中国知识分子与民间文学，1918—1937[M]. 北京：中国人民大学出版社，2015：4.

[乙] 梁实秋. 现代中国文学之浪漫的趋势[M]//梁实秋批评文集. 珠海：珠海出版社，1998：42.

[丙] 杨义. 中国现代小说史（第三卷）[M]. 北京：人民文学出版社，1986：534.

却表达了相当不同的含义。"文坛"中的创作者与读者都具备较好的教育背景，读者甚至还需要一定的文学欣赏能力，才能很好地理解文学作品。通过"文摊"，赵树理幽默地表达了自己创作的理想读者，即农村中识字不多的人，这些读者通常是被小唱本之类的通俗读物占据的。四十年代，距新文化运动的发生已经有二十余年，但是新文化及新文学读物主要仍然局限在城市，未能渗透到广大的农村，更不用说占领农村的文化空间了。

随着抗日战争的爆发，知识分子和高校、文化机构开始向内地转移，客观上造成了新文化向边远区域的传播，在原先的新文化中心北京和上海之外，延安、重庆、桂林、昆明等地方成为新的文化重镇。此外，抗战赋予了知识分子新的使命，即自觉地将自己的工作与抗日救亡联系起来。1938年3月，中华全国文艺界抗敌协会（简称"文协"）在武汉成立，提出了"文章下乡，文章入伍"的口号。一些作家也运用通俗、易懂的艺术形式创作出宣传抗战的故事、鼓词、唱本等。1938年，毛泽东在党的六届六中全会上作了题为《中国共产党在民族战争中的地位》的报告，提出了将马克思主义在中国具体化即"民族形式"的问题，强调要把"国际主义的内容和民族形式"结合起来，创造"新鲜活泼的，为中国老百姓所喜闻乐见的中国作风和中国气派"。[甲]1940年，国统区发生了关于"民族形式"问题的争论，争论的焦点是："民间形式"是否是民族形式的"中心源泉"。1942年，延安召开文艺座谈会，毛泽东作了《在延安文艺座谈会上的讲话》，提出了革命文艺的核心问题，即"为群众"以及"如何为群众"的问题。

以上的历史背景、理论探讨和初步的艺术实践，都呼唤着新的民族形式的文学的产生。赵树理做"文摊"文学家的志向与这些背景有着直接的联系，也与他自身的成长经历、教育背景密切相关。赵树理出生于山西省沁水县尉迟村一个农民家庭，祖父在家乡务农兼教私塾，父亲则是农村中典型的能人，通晓易卜星象、医术拳术，还是农村中"吹吹打打"团体"八音会"的成员。赵树理从小即在祖父和父亲的影响下，熟悉农村中的各种民间艺术形式。另一方面，赵树理1925年考入长治第四师范，受到了新文化思潮的影响，并走上了文学创作之路。这样的经历让他可以将新文学的内容与民间形式结合起来，创作出农民喜闻乐见的文艺作品。

[甲] 毛泽东. 中国共产党在民族战争中的地位[M]//毛泽东选集(第2卷). 北京：人民出版社，1991: 534.

赵树理对于"通俗化"问题有着较为深刻的认识。他看到了"旧的'小书',却不声不响地始终盘踞着绝大的读者地盘"。在这些旧的民间艺术中,存在着一些糟粕的东西。"通俗化"不仅仅是利用旧形式的问题,"在敌人的宣传品里面,不是也可以见到一些'大仙道说略','万国和平会须知'等类的东西吗?"通俗化"也不仅仅是抗战动员的宣传手段","它应该是'文化'和'大众'中间的桥梁,是'文化大众化'的主要道路;从而也可以说是'新启蒙运动'的一个组成部分——新启蒙运动,一方面应该首先拆除文学对大众的障碍;另一方面是改造群众的旧的意识,使他们能够接受新的世界观"。[甲]赵树理将"通俗化"与"新启蒙运动"联系起来,抓住了问题的本质。这也是中国共产党解放区实践成功的关键,它不只是一场广泛的抗战动员,更为根本的则在于新人的塑造,只有这种新人才能真正成为抗战的主体力量和胜利的保障。因此,解放区的乡村改造运动几乎涵盖了农民生活的方方面面,从生产运动、减租减息、土地改革到识字运动、民主选举、妇女解放,等等,可以说是在农村进行的新文化运动和新启蒙运动。

从以上的角度来看,"通俗化"正如赵树理说的,并不像通常所想象的那样简单,它是新文化的普及过程,通俗文艺不过是其中的一个部门而已。"通俗化"中所涉及的普及与提高的辩证关系问题在实践中往往是困难的,不太容易把握分寸。赵树理观察到当时解放区的通俗文艺作品中时常出现迎合大众的倾向,比如使用"阴曹""黄泉""阎王老爷"等迎合大众"有鬼论"和"宿命论"的字眼;使用"见青天""遵王法"等字眼,却对其中透露的"凡事靠官做主"思想习焉不察;利用农民对于文字的神秘感,写藏头诗"把'日落西山'四个字分配到四句诗的头上,算成日本鬼子必定死到山西的预兆";还有"无条件采用旧形式""随便抄袭旧小说唱本的'套数'"。赵树理也反对使用"过土的'土话'""有严密的科学含义的术语,不可随便翻译:'资本家'不可翻译为'大财东','无产阶级'也不可翻译为'穷光蛋'"。[乙]可见,赵树理反对无原则的"大众化",注意到"大众化"与"化大众"结合的问题。他希望自己的作品可以在路边的小摊上与通俗唱本之类的文化产品争夺市场,而不是提供与这些唱本同类的产品。

甲 赵树理. 通俗化"引论"[M]//赵树理全集(第4卷). 太原:北岳文艺出版社, 1986: 140-144.

乙 赵树理. 通俗化与"拖住"[M]//赵树理全集(第4卷). 太原:北岳文艺出版社, 1986: 145-150.

四 民间形式

民间文化不同于大众文化，后者是"现代都市中的流行文化，它通过模式化制作，广告式宣传，倾销式的发行，推向广大民众。它有消费性，满足民众休闲、娱乐的需求；它有时尚性，此唱彼随，变动不居；它有商业性，以获利为目的，是以市场导向而制作的文化产业"；而前者则是"非模式化的，它起自民众自发的创作，缘情而发，因地制宜，有乡土性，民族性，千里不同俗，各有千秋，这些都不是集约化的制作，因而具有个性化的特征"。"民间文化又是群体性的集体智慧，它往往通过口耳相传，言传身教，层层加码，由众人渲染、烘托，为层叠式发展的成果，人人都可以成为传承者或创作者"。[甲]

民间文化以前往往被称为民俗，实际上它的范畴较民俗更为广泛，"包括了民间工艺、民间艺术、民间科学技术和民间组织等许多方面"。[乙]民间文艺是民间文化的一个组成部分，钟敬文指出，民间文艺具有口传性、集团性、类同性和素朴性等主要特点。[丙]民间文化包括民间文艺为农民所喜闻乐见，不仅因为他们是在其中滋养长大的，民间文化是他们生活中不可缺少的一部分，也是因为民间文化表现了他们的思想、情感和信仰，符合他们的审美心理和接受习惯。因此，运用民间形式的问题就不是简单套用民间流行的艺术样式的问题，而主要的是通过人物、语言、心理等塑造活生生的农村人物的问题，这显然要比单纯地借鉴民间形式难得多，要求作家熟悉农民的生活、思想和情感。

赵树理在总结自己的创作经验时说，他的小说材料"大部分是拾来的，而且往往是和材料走得碰了头，想不拾也躲不开"。比如《小二黑结婚》中的二诸葛就是他父亲的缩影，兴旺、金旺则是他工作过地区里的"旧渣滓"；"《李有才板话》中老字和小字辈的人物就是我的邻里，而且有好多是朋友；我的叔父，正是被《李家庄的变迁》中六老爷的'八当十'高利贷逼得破了产的人；……"。语言方面，他自己曾遭遇过因带着学生腔与父老乡亲说话而被议论的情形，久而久之，就习惯于将知识分子的话翻译成农民的话了。此外，还有增强小说的故事性，讲连贯的故事少用剪裁等方面。[丁]

[甲] 刘志琴.民间文化与思想史研究(代序)[M]//近代中国社会与民间文化.北京：社会科学文献出版社，2007：1.

[乙] 陶立璠.突破与深化：中国民俗学研究面临的新课题[M]//上海民间文艺家协会，上海民俗学会.中国民间文化：民间仪俗文化研究.上海：学林出版社，1993：3.

[丙] 钟敬文.民间文艺学的建设[M]//钟敬文学术论著自选集.北京：首都师范大学出版社，1994：9.

[丁] 赵树理.也算经验//赵树理全集（第4卷）[M].太原：北岳文艺出版社，1986：182184—144.

从赵树理代表性的作品中，能够看出他在尝试民间形式方面所做的努力。《小二黑结婚》写小二黑与小芹是如何冲破父母和村中黑恶势力金旺、兴旺兄弟的阻碍，自由恋爱结婚的故事。现代小说的一个重要特征是淡化情节，但是《小二黑结婚》的情节性、故事性却很强。这篇短篇小说被分成了十二节，每节的篇幅都较短且有一定的独立性，并被冠以标题，环环相扣，易于读者理解。整个故事被分成了若干小故事，循着冲突—解决—更大的冲突—最终解决的线索发展，类似于过去章回体小说的设置悬念的手法。作家很注重故事情节的叙述和语言描写，却很少有心理和景色描写，突出了小说的情节密度，也与中国古典小说的一个源头——话本、拟话本小说追求情节性有相似之处。话本是说话人的底本，符合说话的需要，是一种可以听的小说，与供人阅读现代小说有很大的不同。赵树理将自己作品的理想读者预设为农村中识字不多的人，并且可以由这些人读给农村中不识字的人听，这也就决定了他的作品需要如话本一样是可以用来说的。

《小二黑结婚》中小二黑的父亲二诸葛、小芹的母亲三仙姑都是农村中常见的人物，他们所代表的"阴阳八卦"和"天神"在农村中则更是支配性的力量。赵树理喜欢给人物起外号，外号往往能够形象地概括人物的主要特征，也是中国古典小说如《水浒传》中惯于使用的手法。按照英国学者福斯特的观点，小说中的人物可以划分为"扁平"和"圆形"两种："扁平人物"有时又被称为"类型人物"或"漫画人物"，是"按照一个简单的意念或特性而被创造出来的"；"圆形人物"则很难用一句话去概括性格，表现出丰富性和多面性。对于小说中所塑造的人物，很难简单判断"扁平人物"和"圆形人物"孰优孰劣。福斯特指出，"扁平人物"有两大长处，一是"容易辨认"，二是"事后容易为读者所记忆"。"一个作家如果想竭尽全力去扣动读者的心扉，扁平人物对他是十分有用的"。[甲]显然，二诸葛和三仙姑都属于扁平人物，他们往往比赵树理小说中的新式人物更令人印象深刻。

两位人物在小说第一节"神仙的忌讳"中即登场，"刘家峧有两个神仙，邻近各村无人不晓：一个是前庄上的二诸葛，一个是后庄上的三仙姑"。这里的介绍方式类似于说话中经常使用的"花开两朵，各表一枝"，线索很清晰。作家通过

[甲] [英]爱·摩·福斯特. 小说面面观[M]. 广州：花城出版社，1984：59-61.

人物的语言、行为，在具体的事例中呈现他们的性格。尽管都是农民，但二人性格上也有不同之处。二诸葛胆小怕事，长期生活在封建专制社会之中，使得他心理中有着强烈的怕官思想。当区长给他做工作，要求他退掉童养媳时，他反复地"请区长恩典恩典"。三仙姑属于农村中"老来俏"式的人物，性格则较二诸葛泼辣、刁蛮。除了人物语言外，赵树理的叙述语言也很有特点，运用一些通俗易懂的北方方言和农民经常使用的农业术语，比如"有一年春天太旱，直到阴历五月初三才下了四指雨"中的"四指雨"。作家使用比喻句时，喻体也常是农村中司空见惯的事物，比如说三仙姑，"顶门上的头发脱光了，用黑手帕盖起来，只可惜宫粉涂不平脸上的皱纹，看起来好像驴粪蛋上下上了霜"。

在《李有才板话》中，赵树理还对农民可能不理解的地方加以解释，如"作诗的人，叫'诗人'；说作诗的话，叫'诗话'。李有才作出来的歌，不是'诗'，明明叫作'快板'，因此不能算'诗人'，只能算'板人'。这本小书既然是说他作快板的话，所以叫作'李有才板话'"。作家不仅给农民读者解释文学术语，也给其他地域的读者解释方言，李有才所编的歌，"在阎家山一带叫'圪溜嘴'，官话叫'快板'"。《李有才板话》讲述的是阎家山的农民如何在老杨同志的领导下，通过农救会推翻村里的反动势力的故事。作家将快板夹入到叙述之中，与叙述互补，形式独特。快板中的不少内容是对情节的概括，对于有文化的读者来说，可能会觉得重复、累赘，但是却利于农民读者传唱和记忆。例如小说结尾部分的快板：

> 阎家山，翻天地，
>
> 群众会，大胜利，
>
> 老恒元，泄了气，
>
> 退租退款又退地。
>
> 刘广聚，大舞弊，
>
> 犯了罪，没人替。
>
> 全村人，很得意，
>
> 再也不受冤枉气，
>
> 从村里，到野地，
>
> 到处唱起"干梆戏"。

四 "问题小说"

"问题小说"是指"五四"时期出现的一类以揭示人生和社会问题为主旨的小说，它们涉及具有时代特色的诸多问题，如家族礼教、婚恋家庭、妇女贞操、劳工、战争、知识者，等等。[甲]"问题小说"的兴起显示了一代青年对社会、人生的困惑与思考，完全不同于过去那种把小说当作休闲、消遣品的态度，体现了新文学认识人生、改造人生的"为人生"精神。时隔二十年之后，赵树理开始自觉实践新的"问题小说"。作家写道："我的作品，我自己常常叫它是'问题小说'。为什么叫这个名字，就是因为我写的小说，都是我下乡工作时在工作中所碰到的问题，感到那个问题不解决会妨碍我们工作的进展，应该把它提出来。例如我写《李有才板话》时，那时我们的工作有些地方不深入，特别对于狡猾地主还发现不够，章工作员式的人多，老杨式的人少，应该提倡老杨式的做法，于是，我就写了这篇小说。"[乙]

赵树理的"问题小说"反映的都是农村改造过程中的实际问题，与中国共产党在解放区开展的农村实践密切相关。《小二黑结婚》涉及的是农村男女自由恋爱的问题；《李有才板话》反映的是农村中的压迫问题、民主选举问题以及个别共产党基层干部的作风问题；《地板》中表现的是减租减息过程中租佃关系的问题；《福贵》写的是抗日政府"改造流氓、懒汉小偷"的问题；特写《孟祥英翻身》则表现了女性翻身解放的故事。

作为实际农村工作的从事者，赵树理清楚农村问题的复杂性，各种问题往往是盘根错节地纠缠在一起。比如男女自由恋爱问题，它会遇到传统的"父母之命""命相"和"八字"是否相合等阻力，也会触及农村中固有的权力结构；妇女解放会涉及婆媳关系、夫妻关系问题，也与农村的文化习俗冲突。《孟祥英翻身》中写到的地方是偏远山村，"离区公所还有四五十里"。"这里的风俗还和前清光绪年间差不多：婆媳们的老规矩是当媳妇时候挨打受骂，一当了婆婆就得会打骂媳妇，不然的话，就不像个婆婆派头；男人对付女人的老规矩是'娶到的媳妇买到的马，由人骑来由人打'，谁没有打过老婆就证明谁怕老婆"。孟祥英有次被丈夫拿镰刀在眉上打了个血窟窿，打架的人虽然说她丈夫不对，但"差不多都说：

[甲] 钱理群，温儒敏，吴福辉. 中国现代文学三十年(修订本)[M]. 北京：北京大学出版社，1998：62.

[乙] 赵树理. 当前创作中的几个问题[M]//赵树理全集(第4卷). 太原：北岳文艺出版社，1986：424.

'要打打别处,为什么要打头哩?'这不过只是说打的地方不对罢了"。

因此,具体问题的根本解决必然会指向农民思想和农村文化的改造。这离不开解放区政权的强制力量,在赵树理的小说中,问题的最终解决往往都需要依赖解放区政权的介入。解放区政权可以说是赵树理小说的主角。国家权力向基层社会的渗透通常被认为是破坏了农村社会的自治结构。费孝通曾指出,中国传统政治结构存在着中央集权和地方自治两层,除了自上而下的政治轨道外,还存在自下而上的政治轨道。在后者中,绅士发挥着很重要的职能,可以在一定程度上把下层的意愿传达给上层。民国时期,以保甲制度的实行为标志,中央集权向地方社会的渗透,破坏了基层的自治单位。"保甲制度不但在区位上破坏了原有的社区单位,使许多民生所关的事无法进行,而且在政治结构上破坏了传统的专制安全瓣,把基层的社会逼入了政治死角"。[甲]

[甲] 费孝通. 乡土重建[M]//乡土中国 生育制度 乡土重建. 北京: 商务印书馆, 2011: 381-386.

《李家庄的变迁》开头写到了抗战前八九年的一场"说理","村里人有了事请村首说理。说的时候不论是社首、原被事主、证人、庙管、帮忙,每人吃一斤面烙饼,赶到说完了,原被事主,有理的摊四成,没理的摊六成"。这看上去像是村民自治方式,但是由于村长和大多参与调解者沾亲带故,他们实际上控制着说理的结局,根本无法做到主持正义。加之,族人中有县里、省上的权贵撑腰,农民遭遇不公也呼告无门。外来户铁锁与村长的一个本家因为一棵桑树产生纠纷,虽然有契据和证人证明自己有理,却被判没理,并因此破产。赵树理对农村中的宗族势力有着清醒的观察,《小二黑结婚》中的金旺、兴旺兄弟,《李有才板话》中阎家山原有的乡村权力团体,都体现了宗族势力对乡村权力的控制。农村中的这种权力结构特征与费孝通所说的乡村社会的自治性相去甚远。

中国共产党在边区进行的农村解放实践,必然会触及到原先的乡村权力结构。最终也只有推翻这种权力结构,才能真正解放农民。因此,赵树理的不少小说中都贯穿着农民与乡村原权力阶层间的斗争,并往往以农民的胜利而告终。然而,边区政府权力在向农村渗透的过程中,也积累了不少经验教训。大多农民都老实本分,甚至有些保守,因此,在农村变革的过程中,乡村权力一开始往往落入到农村中的投机

分子手中。《小二黑结婚》里揭示了金旺兄弟攫取村中权力的过程:

> 山里人本来就胆子小,经过几个月大混乱,死了许多人,弄得大家更不敢出头了,别的村子都成立了村公所、各救会、武委会,刘家峻却了县府派来一个村长以外,谁也不愿意当干部。不久县里派人来刘家峻工作,要选举村干部,金旺跟兴旺两个人看出这又是掌权的机会,大家也巴不得有人愿干,就把兴旺选为武委会主任,把金旺选为村政委员,连金旺老婆也被选为妇救会主席,其他各干部,硬捏了几个老头子出来充数。只有青抗先队长,老头子充不得。兴旺看见小二黑这个小孩子漂亮好玩,随便提了一下名就通过了,他爹二诸葛虽然不愿,可是惹不起金旺,也没有敢说什么。

《李有才板话》中的阎家山,抗战以前是阎恒元"年年连任村长";抗战后,"当过兵、卖过土,又偷牲口又放赌,当牙行,卖寡妇,什么事情都敢做"的阎喜富,"趁着兵荒马乱抢了个村长"。阎喜富是阎恒元的本家侄子,背后仍然有阎恒元撑腰,两人利用基层政权为己谋利,逼得不少人家破产。这是民国时期中国农村中经常出现的情形,美国学者杜赞奇(Prasenjit Duara)将其称为"赢利型经纪体制"。杜赞奇从克利福德·吉尔茨(Cliffford Geertz)那里借用了"内卷化"的念,"用'国家政权的内卷化'这一概念来说明20世纪前半期中国国家政权的扩张及其现代化过程"。所谓的"内卷化"是指"一种社会或文化模式在某一发展阶段达到一种确定的形式后,便停滞不前或无法转化为另一种高级模式的现象"。"国家政权内卷化是指国家机构不是靠提高旧有或新增(此处指人际或其他行政资源)机构的效益,而是靠复制或扩大旧有的国家与社会关系——如中国旧有的赢利型经纪体制——来扩大其行政职能"。[甲]

中国共产党在解放区所进行的乡村实践,重要的内容便是改造中国乡村原有权力结构,发动农民推翻赢利型经纪,同时在斗争中增强农民的政治意识,发挥他们的政治主体性,形成真正的代表群众利益的乡村政权。这个过程需要了解农村实际情形的干部来引导,如《李有才板话》中的老杨同志那样,而非章工作员那样的形式主义、教条主义的干部。阎喜富犯了错误,村里在章工作员的主持下选举新村长,结果仍然是阎恒元暗中支持的干儿子刘广聚当选。他们在减租和清丈土地过程中玩弄伎俩,还得了个"模范村"的称号,继

甲 [美]杜赞奇. 文化、权力与国家:1900—1942年的华北农村[M]. 南京:江苏人民出版社,2004:51.

而拉拢新任的武委会主任陈小元。直到老杨同志以县农会主席身份到村里检查督促秋收工作，重新组织农救会，召开群众大会，清退了阎恒元霸占的土地和钱租，并选出了新的村政权。这样，中国共产党的边区政策才真正地得到了落实，受到实惠的农民才真正参与到政治之中。

《李有才板话》还从另一个侧面反映了农民思想改造问题的长期性和艰巨性。村中生活最困难的老秦不仅胆小怕事，还有着根深蒂固的等级观念。他一听说老杨同志"是个住长工出身"，"马上就看不起他了"。这实际上是农民长期处于权力、压迫之下的结果，农民也已将其内化和自然化了，并以自轻自贱的形式呈现出来。鲁迅在农民身上早已洞察了这一点，胡风在40年代发挥鲁迅的遗产也提出了"精神奴役创伤"说，"他们的生活欲求或生活斗争，虽然体现着历史的要求，但却是取着千变万化的形态和复杂曲折的路径；他们的精神要求虽然伸向着解放，但随时随地都潜伏着或扩展着几千年的精神奴役的创伤"。[甲]就此而言，赵树理是秉承了鲁迅以来的新文化遗产的。他虽然并不像鲁迅那样以启蒙主义的视角审视农民身上的劣根性，基本上采用平视的角度来看待农民，但是他对于农民由于几千年封建统治和文化而带有的精神创伤是熟悉的，也并没有因为对新一代农民的歌颂而遮蔽这一点。

一旦涉及农民精神世界的改造，涉及新的主体意识的塑造，农村的政治斗争就不仅仅是政治性的了，而是升华到了更为广阔的文化领域。因为正是文化体现了也影响着农民对于自身的认识，通过日常生活形塑着农民的精神世界。赵树理希望自己的作品也汇入到这种文化之中，创造性地改造这种文化，并最终生成新的文化。赵树理对民间形式的创造性运用，在于以民间形式的"旧瓶"装新文化的"新酒"。从农村在此之前都被隔离于新文化运动之外来说，赵树理的小说所传播的新文化精神对于农民读者也是具有先锋性的。

> 甲 胡风. 置身在为民主的斗争里面[M]//胡风评论集（下册）. 北京：人民文学出版社，1985：21.

📖 思考题

1. 如何理解"《边城》的生活是真实的，同时又是理想化了的，这是一种理想化了的现实"？

2. 中国新感觉派作家对于都市的矛盾态度在作品中有何体现?

3. 赵树理的作品中创造性地运用了哪些民间文化的遗产?

推荐书目

[1] 夏志清. 中国现代小说史[M]. 上海：复旦大学出版社，2005.

[2] 李欧梵. 上海摩登[M]. 北京：北京大学出版社，2001.

[3] 洪长泰. 到民间去：中国知识分子与民间文学，1918–1937[M]. 北京：中国人民大学出版社，2015.

第九讲
当代文化与转型期文学

第一节　当代文化与转型期文学的特点

中国当代文学与社会转型

20世纪80年代末到90年代初，中国社会发生了急剧的转型，国家经济领域的改革开放步伐正在加快，商品经济意识不断渗透到各个社会文化领域，社会经济体制也随之转轨，统治了中国近四十年的社会主义计划经济体制向社会主义的市场经济体制转型。在这种情形下，传统意识形态的格局也相应地发生了调整，知识分子原先所处的社会文化的中心地位渐渐失落，向社会文化空间的边缘滑行。但要探究这种变化的根源，除了经济因素之外还有一些不容忽视的政治文化方面的事实背景。知识分子的社会理想激情受到一而再的挫败以后，一方面难以很快地重新获得明确统一的追求方向和动力，另一方面也暴露了精英意识自身浮躁膨胀的缺陷。来自这两方面的原因促成了90年代初基本的文化特征："五四"传统中的知识分子启蒙话语受到质疑，个人性的多元文化格局开始形成以及出现了知识分子在精神上的自我反省。在文学创作上则体现为对于传统的道德理想的怀疑，转向对个人生存空间的真正关怀,特别是由此走向了民间立场的重新发现与主动认同。

在这诸种变化中,市场经济迅速发展所带来的一系列人文意识的变化是关键性的。在当代文学史上,文学艺术一向是作为国家政治权力的宣传工具而存在的,作家和艺术家都是作为国家干部编制的人员进行写作活动,某种意义上说,长达四十年的文学创作中,公开发表的作品只能是国家意志的体现,作家可能在具体创作过程中渗透了有限的主体意识,但不可能持真正的个人观点进行创作。而所谓"文艺为工农兵服务"的口号也只是对如何使国家意识形态的宣传更为有效的思考,并非真正对工农兵审美要求的满足。随着市场经济的迅猛发展,来自群众性的审美要求越来越多样化,而较为僵硬的传统政治宣传方式也相应地发生了变化,当代文学史上第一次出现了无主潮、无定向、无共名的现象,几种文学走向并存,表达出多元的价值取向。如宣传主旋律的文艺作品,通常是以政府部门的经济资助和国家评奖鼓励来确认其价值;消费型的文学作品是以获得大众文化市场的促销成功为其目的;纯文学的创作则是以圈子内的行家认可和某类读者群的欢迎为标志,等等。由于多种并存的时代主题构成了相对的多层次的复合文化结构,才有可能出现文学多种走向的局面。

但是,在这种看似自由多元的创作格局下,知识分子及其文学创作仍然面对严峻的考验。市场经济下的文化建设仍然是不平衡的,现代传播媒体和大众文化市场在现代城市文化发展中起了越来越重要的作用,其背后仍然体现着强大的国家意志与商业利润双重力量的制约,而知识分子所坚持的特立独行的社会批判立场和纯文学的审美理想,在越来越边缘化的文化趋势中相对处于比较艰难的境地,这就迫使作家们重新思考和探索文学与市场经济体制的关系。90年代相对多元的文化格局和文化论争,都与这样一种关系的调整有关。

四 转型期文学的特点

中国当代文学向前发展,由一元走向多元格局。除了创作实践、理论探讨领域,当代文学思潮多元化体现得更为鲜明。当代文学观念、文学价值的嬗变,借鉴、探索迭起,风格、流派争妍，文坛空前的活跃，呈现出多元、开放的格局。同时，转型期也是一个探索与困惑并存的时代。随着社会的进步，各种文化差异和文化矛盾逐渐展示出来。当代文学的主要冲突从80年代针对文学与政治关系的提倡文学独立，更多地转移到如今文学创作与商业操作之间的冲突上来。在市场体制下，纯文学与通俗文学都无法离开出版运作和文化消费市场的选择。知识分子在整个社会中的作用和位置趋向"边缘化"，他们开始对自身的价值、曾经持有的文化观念产生怀疑。因而，20世纪90年代以来，在文学表现的内容中，乐观情绪受到很大的削弱，犹豫困惑、批判反省的基调得到凸现，形成了一个探索与困惑并存的重要特点。

一、体现商业价值的文学读物的兴起

由表浅到深层来看，市场经济对于文学的影响首先表现为流行性的现代文学读物的大量兴起。本来在一个精英文化向市场、文化转移的社会环境里，现代读物包括了各种各样的文化类别，其中文学性的读物最接近审美的意义。由于市场运作方式进入到文学生产领域，同时形成了对创作起明显制约作用的读者消费市场，所以相应产生了适应于这种运作方式及消费市场的文学作品，其中主体性或精神性的成分大大受到压抑，因而明显强化了物化的因素，使写作含有较为直接的追逐商业利润的目的。这里所说的文学读物，是与纯文学（或说严肃文学）作品相对立存在的，包括两者的艺术观念、写作方式和审美趣味都截然不同，市场经济下的文学读物不是一种尽到现代知识分子批判责任与使命的精神产品，也不是一种民族生命力的文化积淀，并通过新奇的审美方式表现出来的象征体，更不是凭一己之兴趣，孤独地尝试着表达各种话语的美文学，后者林林总总，都以作家的主体性为精神前导，是知识分子占有的一片神秘领地。然而，文学读物的存在则是以现代社会的需要为前提，它将帮助人们在现代社会中更适宜地生存，是可提供给读者消闲、益智、娱乐的精神消遣品。自20世纪80年代以来，大陆地区文学读物的兴盛受到过港台地区、国外及民国时期同类作品的刺激与导引，像琼瑶、亦舒的言情小说，金庸、梁羽生、古龙的新武侠小说，普佐、谢尔顿等的黑社会犯罪小说，以及林语堂、梁实秋、张爱玲、苏青的闲适型或市民气的消闲散文，它们都率先占据了大陆文化消费市场，并培养和形成了后来的文学时尚。正是踏着它们的足印，当代文学才在90年代之后产生出了庞大驳杂的读物型作品。这类作品中较有影响的大致包括以下这些：王朔的"顽主"系列小说，春风文艺出版社策划编辑的布老虎丛书（包括洪峰的《苦界》、王蒙的《暗杀》、张抗抗的《情爱画廊》、铁凝的《无雨之城》等），余秋雨的《文化苦旅》等大文化散文，叶永烈等的政治人物传记，黄蓓佳等女作家的言情小说，秦文君和陈丹燕的青春小说，彭懿的恐怖小说，张中行等前辈文人的学者随笔，等等。随着社会转型的进一步深入，文学读物的种类及内容日益变得丰富多彩，其可读性和吸引力也逐渐增强。相反的，纯文学作品正在失去读者，成为一种精神奢侈品，文学读物作为现代读物的一个较为高级的品种，堂而皇之地接管了各个社会阶层的读者，与影视文化、流行音乐鼎足而立，共向左右着现代城市的文化消费市场。

应该指出的是，文学性的现代读物与传统意义上的通俗文学不能完全等同起来，虽然读物也包括了不同档次的通俗读物，但也确实有许多相当严肃地普及高雅文化的文学性读物，如余秋雨的散文就是体现了这种高雅文化精神的文学读物。它是追求城市文化品格和商业效应两方面同时获得成功的少数例子之一，让人想起30年代的海派文人林语堂。余秋雨的《文化苦旅》和《山居笔记》里有许多令人读之难忘的作品，如《遥远的绝响》是一篇追怀魏晋文人风度以及讨论其与时代、与政治关系的散文，作者一开始就把魏晋时代描写成英雄时代消失后的一个无序和黑暗的后英雄时期，在这样的时代里，专制与乱世像两个轮子载着国家狂奔在悬崖峭壁上，文人是这辆车上唯一头脑清醒的乘客，但他们稍稍有所动作，就立刻被两个轮子压得粉碎。所以当一代文豪嵇康被杀后，他的朋友阮籍、向秀等不得不向司马氏的政治权力屈服，有的郁闷而死，有的忍辱而活，风流云散。为什么这么一篇涉及古代知识分子生存状况的散文，会在当下物质欲望与感官欲望支配下的大众文化市场上引起广泛的兴趣？其阅读对象显然已经从学者的书斋转移到一般社会上追求文化品位的青年中间。究其原因，除了作者的文笔通俗浅显外，更重要的是城市文化性格的多元发展滋生了一种对雅致文化的精神需求。二三十年代的现代都市形成之初，教育不普及，知识分子的精英文化与大众的通俗文化尖锐地对立着，但现代城市里中等和高等教育相当普遍，在知识分子精英教育与追求色相的粗鄙文化以外，还存在着大量高雅文化的中间地带，需要有大量高雅的现代读物来满足这种精神需要。现代读物是一种多层次的文化现象，高雅是其中某个层次的标记。从梁实秋的小品到张爱玲的小说，从米兰·昆德拉小说的译本到余光中的诗集，从金庸的武侠小说到余秋雨的散文，都可以被纳入到现代文学读物的范畴里加以考察。

二、人文精神的失落

市场经济影响文学的另一个方面，是作为创作主体的知识分子在精神上受到了剧烈冲击，这也就是所谓的"人文精神的失落"。事实上，由于旧有计划经济体制下文化工作长期都回避了利益问题，因而当商品经济大潮袭来之后，知识分子顿时失去了经济地位（也包括心理适应）上的平衡，最浅显的表现即是坚持纯粹精神劳动的作家不能凭此来改善自己的生活，而与此同时，他所从事的事业在经济体制改革的过程中也日益被挤向了社会的边缘。这些切身相关的价值及生存难题，造成了90年代以来知识分子内部出现的一种商业化倾向，有的知识分子主动地放弃了自己的岗位和使命，而把所谓生存放在第一位，为了生存（事实上，也就是为了在商品经济的大潮中也能获得相应的经济利益），部分作家争相下海经商，摇身变成经济型文化人，也有些作家为追逐商业利润，而丧失了精神上必需的内敛与自律，炮制了大量媚俗的作品。深入来看这种文化现象，可以发现其中暴露出中国知识分子长久处在计划经济体制下所产生的某些痼疾，也就是其独立人格的萎缩与丧失，正是这种精神上的巨大残缺才导致知识分子主体精神在商业冲击下那样不堪一击，并进而形成了愈加恶劣与粗鄙的物质拜物教。当然，这仅仅是在社会转型过程中出现的问题，由此引发了90年代初由相当多的坚守岗位的知识分子参与的人文精神大讨论，与之有关的深思与探讨表明，人文精神的保持与坚守不应该要求于变动中外在的社会规范（即不应要求市场经济的社会环境如何来迁就自己），而是首先需要知识分子在此情境下反省自己并坚固内在的心理规范。

社会转型中的知识分子所面对的主要困境，并不是选择还是拒绝市场经济的问题,而是如何在市场经济的社会体制下保持和发扬知识分子原有的精神传统。"五四"以来知识分子在长期与现实社会的批判斗争中形成的人文精神,在一个启蒙话语受到质疑的时代里,究竟能否利用相对宽松多元的文化环境进一步发扬开去,还是在随波逐流的淘金梦里销蚀散尽?市场经济以表面上的自由放任来消解传统意识形态的一元性规范,但同时对整体性的人文精神也起着腐蚀的作用,它具有"双面刃"的效用,既能消解意识形态的遮蔽,但也会消解一切精神性的存在,显现为一种破坏性及粗鄙化的向度。这就使知识分子利用市场经济规律来争取文化消费对象、弘扬人文精神的努力始终像在走钢丝,充满了冒险的刺激和失落自己的危险。80年代以来,从崔健的摇滚、王朔的小说到苏童等先锋作家走影视的道路,都可以看到这样一条反叛到归顺的艰辛路。

以被称为"中国当代写作第一人"的王朔的创作情况为例,从作家个体层面上来看市场对文学的影响力。王朔早期致力于写作言情及犯罪题材的小说,包括《空中小姐》《一半是海水,一半是火焰》《玩的就是心跳》在内的一系列作品,均成为80年代以来最畅销的文学读物,其后他发展了极为个性化的调侃风格,在《顽主》《千万别把我当人》《一点正经没有》等小说中十分成功地触动了读者的阅读兴奋点,他的文学创作的商业倾向愈加明显,并促使他最终放弃小说,转入纯粹商业性的影视剧创作,经他策划和编剧的作品有《渴望》《编辑部的故事》《爱你没商量》等,都曾经轰动一时,成为开拓中国当代商业影视创作的先锋。在此过程中,王朔始终明确标榜他的商业化倾向(及相应的"躲避崇高"和"我天生就是一个俗人"的创作理论),在开始写作的时候,他以北京下层社会的市民立场对虚伪的道德意识和社会时尚作了辛辣的讽刺,顺应了当代社会中骚动不安的主导社会情绪,具体表现在作品里的,正是他无所顾忌地亵渎神圣的放肆、撒野以至于颓废的语言艺术。但王朔在嘲讽理想主义的同时已经显露出不分青红皂白一概拒绝人类理想的暗疾。90年代以后,在理想主义受到普遍唾弃的风气下,他在致力于影视剧制作时很快就暴露了媚俗的倾向,表现出来的是对知识分子精神传统的破坏力。

第二节　现代化转型中的乡土文学叙事

作为农业大国，中国具有长达数千年的乡土文化，乡村的发展与变化成为中国文明进步程度的重要标杆，因而顺理成章地成为中国文学创作的重要题材之一。可以说，乡土文学作为一种独特的文学样式，在中国文学的历史长河中具有重要的文学地位。乡土文学在其产生、发展的道路上，走过了艰难的岁月，也取得了令人瞩目的辉煌成就。然而，时至当代，以传统文化、民间文化为载体的乡土文学受到"现代化"进程的影响和制约，遭遇瓶颈、经典匮乏，为其寻谋发展出路成为作家们日益关注的焦点。时代变迁为文学带来了重大的冲击，但即使这样，乡土文学依旧不会绝迹。对于中国来说，乡土文学的话题永不过时。乡村文明的终结不等于乡村小说题材的终结。乡村文明的崩溃，使作家们开始书写新的乡土文学。回归民间，关注民生，深入到乡村真实的环境里，贴近农民的真实心境，升华作品内在的主题表现力，深化乡土文化的审美体验，将乡土文学的表现手法加以创新，是当代乡土文学重生的必经之路。

四　当代乡土文学的发展

乡土文学自20世纪20年代出现后，经历了长时间的发展，其内涵也发生了相应的变化。最初的乡土文学由鲁迅提出，其初期往往具有悲剧性的美学特点，在沈从文的笔下诞生了浪漫主义书写，这是乡土文学的经典范式。革命文学出现后，乡土文学的美学特点弱化，中华人民共和国成立后经孙犁以文人视角，赵树理以民间视角对乡土文学传统予以延伸，但到90年代后，随着乡村经验的分裂，乡土叙事呈现出将悲剧情感幽默化的特点，如在莫言、阎连科、刘震云的笔下出现了炸裂化与狂欢化的乡土写作。当下转型时期乡土文学对应的三种经济状况：前现代、现代、后现代。基于此，分别存在着传统的西部农耕文明小说、农业向工业过渡的"新移民文学"、渔村变城市的东南沿海小说。

作为中国新文学重要组成部分的乡土小说创作，其影响与意义，不仅在于它自身的长足发展使乡土小说写作绵延不断，更在于它极大地促动了小说创作的其他倾向，积极地影响了当代文学的整体发展。

新时期以来的30多年，小说与文学中许多看似与"乡土"并无干系的现象，稍作分析就会发现它们与"乡土"有着这样或那样的关联，如"改革文学"与"寻根文学"。"改革文学"有两个题材重心，工业和农业，前者的代表作是蒋子龙的《乔厂长上任记》，张洁的《沉重的翅膀》，李国文的《花园街五号》，后者则有柯云路的《新星》，贾平凹的《浮躁》，张贤亮的《男人的风格》等。20世纪90年代中后期，又繁衍出以河北的"三驾马车"：何申、谈歌、关仁山，及刘醒龙等为代表的"现实主义冲击波"倾向，这种写作的着眼点虽然越出了农村与农民，扩展到乡镇、学校、城市，但基层干部、小学教师、打工妹等人物表现的依然是"剪不断，理还乱"的乡镇生活与乡土社会，折射着乡村变革的种种阵痛。

出现于20世纪80年代初期，至今余波不息的"知青文学"，其实是以青春回望和精神还乡的方式，对乡土生活进行别样再现，乃至对乡土中国的深情致敬。知识青年上山下乡影响的不只是知识青年个人的命运，还有当地的农村、农场。因此仅仅从命运的变异、成长的苦痛的角度来看待"知青文学"是不够全面，也不够完整的。它们确实是真实而难忘的青春记忆，同时也是动荡时期的时代记忆，窒闷时期的乡土记忆。像竹林的《生活的路》，叶辛的《蹉跎岁月》，孔捷生的《在小河那边》，张蔓菱的《有一个美丽的地方》，史铁生的《我的遥远的清平湾》，陈村的《我曾经在这里生活》，梁晓声的《这是一片神奇的土地》《今夜有暴风雪》等，在着意表现知识青年的理想主义与英雄主义的同时，也较多地描写了知青与农民、牧民的深长情谊。之后的如乔雪竹的《寻麻崖》，彭瑞高的《贼船》，阿城的《棋王》《树王》《孩子王》，张抗抗的《隐形伴侣》，张承志的《金牧场》等作品，则超越了"知青文学"，由"插队"生活所导致的艰难处世，扩展到人的生存价值、生活意义，由农村生活凸现出物质世界和精神世界之间的关系。

因为"乡土"一词既有"家乡"与"故乡"的第一层含义，又有"乡间"与"地方"的第二层含义，重在描写地域民俗风情的小说也与乡土文学一起，得到了长足发展，甚至有研究者把这种写作直接列入乡土文学行列。这种写作的典型代表是汪曾祺、林斤澜等,他们的小说写作讲究用看不见技巧的方式,把一切融化于温馨的诗情或写意的小品之中。近年来越来越为人们关注的地域作家群落,如河南的"南阳作家群",宁夏的"西海固作家群",云南的"昭通作家群",四川的"达州作家群",贵州的"黔北作家群",无一不是由立足于乡土开始,从扎根于地方起势,逐渐形成自己的特色和优势的。

与乡土小说有着直接的渊源,或由此出发另树一帜并取得重大成就的,是以长篇小说为主的家族小说写作。这一路小说写作,先由张炜的《古船》现出端倪,继由陈忠实的《白鹿原》、莫言的《丰乳肥臀》、阿来的《尘埃落定》联袂冲刺,掀起长篇小说波澜不断的创作新潮与高潮。从囊括生活、审察人性、反思历史、反观传统等方面看,如许作品已达到或近乎达到家族小说,乃至长篇小说在这个时代少有的艺术高峰。即以《白鹿原》为例,作品以乡镇村社为舞台,在白、鹿两家的世代纠葛中,既折射了农耕文明的遗风,传统文化的影响,又映衬了中国社会近代变迁,家庭与家族,家族与民族,民族与家国,水乳交融地交织在一起,使作品在引人入胜中充满咀嚼不尽的内力。有论者认为,"《白鹿原》,为当代乡土小说的史诗性写作树立了难以企及的标高"(张懿红《缅想与徜徉——跨世纪乡土小说研究》),这说明,乡土小说的写作完全可能开辟新天地,营构大作品,关键在于作者自身的生活累积、文学造诣与艺术天分。

因为有广大的乡土社会的比邻与映衬,有雄厚的乡土文学的比照与参酌,近年来以描写都市生活为主的一些小说作品,也走出了以往的题材界限,在表现生活的广度与反思历史的深度上,取得了少有的拓展。这些作品或者把都市与乡村勾连起来,书写城乡生活在消弭差异中的互动,以及给人们带来的人生与精神的变化;或通过走出乡村的主人公的命运遭际,描绘随着历史前进的乡村变异,以及乡下农人走向现代文明的缓慢进程。前一种写作,可以孙慧芬的《吉宽的马车》、贾平凹的《高兴》等为代表;后一种写作,则以铁凝的《笨花》、赵本夫的《无土时代》最为典型。这些作品在乡土小说的写作上,有继承,有突破,有跨越,有创新,均为传统的乡土小说在新世纪的新成果。

经过30年的探索与跋涉,当代乡土小说已呈现出多意蕴、多旨趣、多主题的基本趋向。但若钩玄提要地加以梳理，也可以概括出三个相对集中的主题意向来，即直书现状、反思历史和回望家园。直书现状的写作，或者直面杂沓纷乱的现实，或者探悉躁动不安的心理，在向人们传导乡村变动真实情景的同时，表现出对民生的深切关怀；反思历史的写作，或者回思远去的年代，或追忆逝去的乡土，看重在启蒙民性中审问传统；回望家园的写作，更带有浪漫主义气息，他们或者怀恋旧时的田园风情，或者寻索现时的淳朴人性人情，背后起支撑作用的，既有朴素的理想主义色彩，也有对抗现代性的民族主义情味。这样一个三大主题的交叉并存又彼此互动，构成当今乡土小说写作的大致格局，也使它构成自具活力的艺术体系。

乡土文学是中国传统农业社会在特殊历史阶段转型时所出现的一种文明状况的反映，这在世界上也是独一无二的。我们在思索乡土文学时，首先应该思考的是，"乡土文学"其实是与西方现代文明相对应的一个提法，是在现代性转型压力下产生的。当研究者、读者对乡土小说中所呈现出的"乡土"形态及其审美形态表示质疑时，它传达出的是一种双重焦虑。首先是对现实乡土中国的焦虑；其次是对乡土小说的审美焦虑。乡土中国的现实状态是所有具有公共关怀意识的知识分子心中的症结，巨大的现实苦难和千疮百孔的问题超越了一切艺术的游戏与从容，也压倒了研究者对艺术的渴望和审视。

四 莫言的乡土叙事

在当代中国小说创作中，莫言的小说取得了令人瞩目的文学成就。在莫言的小说中，"乡土意识"作为一个明显的存在已经被很多研究者所发现并讨论。在莫言三十余年的小说创作中，农村题材、农民形象和童年视角屡屡出现，并且小说中的自然环境、故乡景物、动物牲畜等描写都具有高度的拟人化特征，这一切在莫言的笔下变成了具有生命力的鲜活存在。这样独特的写作方式与审美追求与莫言的"乡土意识"紧密相连。

一、莫言小说中的"故乡情结"

童年是一个人成长的重要时期，人在童年时期就开始了对于世界与自身的感悟与认知。西方精神分析学派尤其认定，一个人的童年经历对于他以后的成人生活具有决定性影响。奥地利学者弗洛伊德常常用个体的童年经历来解释其成年以后的异常行为。法国学者拉康也认为，人不过是在模仿人自身之外的"他者"。一个人对于世界的最初的感受与记忆，以及童年生活的环境与环境中的人，对其往往有异常深远的影响，这在人的一生中都占有非常重要的位置。一个作家的童年经验与记忆，对于其创作的影响是巨大的，对于莫言，更是如此。

在莫言20岁参军之前，他是个完全在农村里长大的孩子，连热水澡都没有洗过。他的《红高粱》《天台蒜薹之歌》《丰乳肥臀》《檀香刑》《四十一炮》以及《生死疲劳》都是清一色的农村题材，主要人物也是农民。他的中篇小说中的《司令的女人》《透明的萝卜》《欢乐》《三十年前一场赛跑》以及短篇小说中的《初恋》《苍蝇与门牙》也都是地道的乡土小说。莫言的乡土小说，从乡间生活入手，以乡土生活的内部为出发点。他的写作姿态并不凌驾于在那片土地上人们的本土逻辑之上，甚至是带有返璞归真式的眷恋以及发自肺腑的崇拜。

在当代乡土小说中，不同作家的作品之间也存在明显差异。莫言之前的当代乡土小说作家，比如赵树理，他的小说中透露出的是自然而然的，对于农村与农民的亲切。在与莫言同时期的贾平凹的小说里，体现出了作者义无反顾地用地道农民习惯与品性写作，顽固地拒绝了当下日新月异的都市现代化文明习气。同样是乡土小说，同样是农村题材，莫言小说中的"乡土味"与其他作家的乡土小说相比较而言，则显得更加复杂且有多元化。20年的农村生活带给莫言的印象并不是鲁迅眼中的"阿Q精神"与"愚昧不化"，也不是赵树理笔下的"津津有味"与"农村新貌"，更不是贾平凹所推崇的非城市化的价值观与生活理念，而是一种眷恋中夹杂着反感，疼痛中伴随着崇拜的、复杂的、爱恨交织的情感。

二、莫言小说的创作魅力

读过莫言小说，能够深深体味其中的浓郁乡土气息，尤其是对故土的多彩描述，更是吸引着读者，而这种氛围则来源于莫言对故乡的复杂情感。莫言将故乡描述为美丽与丑陋、超脱与世俗、圣洁与龌龊、英雄好汉与无耻之徒共生共存的地方。故乡在他身上和作品中都深深地烙上了印记，对于这片他付出了辛劳、汗水，却如此贫瘠、干涸的土地，莫言曾经试图摆脱他的烙印。虽然后来他如自己所愿，离故乡越来越远，但事实却是，他时刻没有忘记那片令他又爱又恨的土地。

莫言对于自己故乡的怀想，并不只是描写那些低矮破旧的茅屋、干枯的河流和贫瘠的土地。他从民众的情感和体验出发，以一种最平等的姿态去展现故乡的人情风貌，从少时的经历与传说中寻找创作的灵感。《红高粱》中写爷爷和父亲去伏击日本鬼子的情节就有其故事原型。《生死疲劳》中蓝脸的原型是莫言家乡的一个"单干户"。莫言把对故乡的惦念渗透在文字中，树立了"高密东北乡"这一文学地理概念。莫言对故土黏稠而纠结的情感，爱恨莫辩，无法解脱，这是他乡土小说独特之处的来源，从而构成他作品的独特魅力。

莫言小说中语言的恣肆给了我们太多的空间，通感的使用，古典语言的化用，人物独白与戏曲歌词的结合，对人物和事件的细腻刻画，无不令人慨叹。对于莫言的作品，向来多有争议。有人大加赞赏，也有人对其文字中的审"丑"有所指摘，但莫言每次看似审"丑"，却也有独特用意。《红高粱》中详细描写了日本兵活剥罗汉大爷的场景，"耳朵和眼睛都是新鲜的，就好像信佛的看到了西天的极乐世界，天花乱坠；又好像满身尘土的人进了澡堂子，洗去了满身的灰尘，又喝下去一壶热茶，汗水从每个毛孔里冒出来。"这样的描述读来令人对那神秘的地方戏曲不禁神往，内心产生了想去一探究竟的冲动。在这样的语言领导下，那极致的刑罚"阎王闩""檀香刑"，各色人、事、物在读者面前展现了一个宏大广阔的天地，充满力量而又具有魔幻色彩。这部小说属于莫言作品中以每段落主人公第一人称现身叙述。这种写作形式，莫言不讳言灵感来自福克纳的《喧哗与骚动》，但是莫言在使用这种手法时，给不同的人物身份加以区别。全过程，一张完整的人皮剥下，百姓对于侵略者的刻骨仇恨也达到了极致。还提到了"爷爷的尿液进了酒，经历过现代语言洗涤，竟然酿成了芳香馥郁闻名遐迩的酒。"这些细节处理为第一人称带入绚丽神奇的魔法，叙述的恣意扬洒，做了最实际的铺垫。莫言文中"檀"闻到了荷花香，如果用心体会一下，就如同身临一个魔幻世界，残酷得不现实。这就是莫言用他的文字、语言构建出的奇幻世界。

《檀香刑》是莫言作品中尤其震撼人心的一部。小说的语言风格，是具有代表性的莫言式叙述法。《檀香刑》以1900年德国人在山东修建胶济铁路、袁世凯镇压山东义和团运动、八国联军攻陷北京、慈溪仓皇出逃为背景，重新演绎了在莫言家乡流传的"孙丙抗德"的传说。笔触摇曳多姿，情绪大喜大悲，思想高瞻远瞩。小说写的农民、地方戏，语言也好像戏词，充满了戏词的韵律美。

莫言笔下悲多于喜，但他书写的与故乡有关的悲剧中蕴含着力量。那种力量源于莫言对故乡的期冀，在历史的推进中，悲壮的声音有着不可替代的意义。莫言通过自己独特的创作，把高密东北乡这样一个默默无闻的、隐秘在胶东平原边缘的丘陵和平原过渡地带的微地，扩展为世界性的中心舞台。在这片普通而神奇的土地上，以"我爷爷"余占鳌为代表的高密东北乡子民们上演了一出出慷慨激昂的人生大剧，一如高密地方戏茂腔演唱时的凄凉悲戚，一如电影《红高粱》里"酒神曲"吼诵时的高亢鹰扬。在文学的世界里，莫言成功地建立了自己的高密东北乡文学王国。

四 阎连科的乡土世界

在当下的乡土小说创作中，阎连科及他的小说无疑又是一种独特的存在。阎连科是从20世纪80年代以来一直活跃在文坛上的一位极富实力的作家，他自1988年发表《两程故里》引起了强烈反响之后，一直笔耕不辍，创作了瑶沟系列、九流人物系列、和平军人系列等作品，这一时期的作品侧重对中国乡土社会生存体制的理性批判，虽力度不够但已初显思想锋芒。90年代中期以后，随着作家本人世界观、人生观的逐渐改变和创作思想的日益成熟，作家为自己选择了耙耧山脉作为精神上的故乡。《耙耧天歌》《黄金洞》《日光流年》《年月日》等作品标志着作家由对乡土的理性批判转向民间乡土社会挖掘人的生命本能的原始正义，以此拯救现代社会日益萎顿的生命个体，唤醒他们原初的生命意识。这些作品通过苦难化背景的营造，人在极端生存条件下的生命韧性的展示，以及不无悲壮色彩的悲剧结局的设置，表明了作家对个体生命本能爆发出的生命强力的赞美和对生命终极意义的思考。正当人们担心作家困守在苦心经营的苦难世界里而无法自拔的时候，作家又将笔锋重新对准了政治文化批判的主题，《坚硬如水》《受活》等几部近作的相继问世，都给当代文学界带来了不小的震动。作家改变了前一阶段对生命存在状态和命运的思考，把笔锋转向对人与社会关系的关注，着重展示社会、文明对人的规定性以及对历史的反思，作品中充满了荒诞、残酷，令人难以置信的激情和象征意味。从瑶沟世界到耙耧世界，阎连科对创作手法的探索一直没有停息。在瑶沟世界时期，作家基本上还是沿用传统写实的、线形的叙述方式，到了耙耧世界，作家开始有意识地融多种创作手法于作品中，小说中写实的部分被逐渐淡化，荒诞、黑色幽默和神秘、魔幻的成分被大量加入进去，而且作品结构上也别出心裁，加之源自河南土语的方言化叙述，总体上形成了作家自己的独特风格。

一、阎连科笔下的"农民与土地"

在阎连科的作品中，不难发现作者对土地文化的开掘经历了一个由浅入深的过程，特别是近几年来他的乡土小说创作达到了一个令人惊喜的新高度。在阎连科近几年的乡土小说创作中，作者以直面和回望的双重姿态，在对乡土现实和乡土历史之间构筑起他的乡土世界，在乡土现实和乡土历史的直面和回望中，交织着作者褒扬和贬抑复合的文化心态。在《黄金洞》这部直面当下乡土现实的作品中，阎连科通过对当下农民的一种类型——贡贵以及贡贵一家种种生存景观的展示，深刻剖析了当下农民与土地关系的异化状态。贡家以一种新的谋生方式——挖金沙——迅速改变了生存处境。

对人与土地关系的思考，是阎连科乡土小说创作中始终贯穿着的母题之一。在阎连科早期的乡土小说中，旨在对乡村社会的宗法制权利结构进行剖露，但其中也描写了乡民期盼逃离土地的意识。《乱石盘》中的小娥在收购站小伙子面前的激动和渴望，是逃离土地的潜意识的表现；《瑶沟人的梦》中姐弟之间为了升学的一线生机争得不可开交，其实就是为了能有逃离土地的机会；《往返土梁塬》中父亲为了让孩子走出土塬，肉体上的折磨、精神上的侮辱都变得可以忍受。作者曾在一篇创作谈中说："我们谁都想从那泥潭里走出来，朝着我们向往的粉红色的境界走过去，洒脱地走过去，可是我们始终走不出那泥潭。"正是这种"始终走不出泥潭"的土地情结才使得已经逃离了土地的中士做出了返回乡土的自觉选择（《中士还乡》）。

毋庸讳言，阎连科早期的这种"逃离——返还"的人与土地关系的思考还没有达到很高的层面。《寻找土地》的出现预示了作者对农民与土地的关系的思考有了一个重要突破口。小说用对比的手法表达了作者的这一思考："人只有在寻找到土地和进入土地后灵魂才会安宁。"遗憾的是作者的这一思考被作品中对于冥婚风俗的过多渲染和描写给冲淡了。直到《黄金洞》和《年月日》的出现，我们才惊喜地发现阎连科在直面乡土现实和回望乡土历史中，对人与土地的关系的思考进入了一个更高更深的维度。

二、阎连科语言中的乡土特质

阎连科的作品中有着独特的叙事风格、迥异的乡土理念以及对传统现实主义的批判和重置。在小说《受活》中充满了超现实主义与绝望现实主义的意味，被誉为中国的《百年孤独》，体现出了其文本阐释的多解和评价的艰难。

《受活》叙述了一段乌托邦的激越与幻灭，正如吴晓东所说："《受活》一方面展示出了乌托邦图景的巨大诱惑力量，同时这部小说的矛盾性以及丰富性还体现在把乌托邦和反乌托邦因素集于一身，两者悖论一般地统一在《受活》的话语世界中。"在作品中，县长的乌托邦幻想破产，茅枝婆实现夙愿而安然瞑目，受活庄也终于归于天堂般的安静。无论是从小说的构思还是主题来讲，《受活》都为当代鲜见。以什么样的角度来解读这部被评论家认为是不可说的小说，是理解《受活》别具特色的关键，也是理解阎连科小说中乡土特质的一个关键。首先，小说中有着独特的叙事风格，有着极其明显的荒诞和夸张成分，对生活的强烈干预色彩也异常突出。正如阎连科在谈论《受活》时所说："在当下的写作中，方言遭受到了前所未有的压迫，已经被普通话挤得无影无踪。"无论这种语言表述是否对应真实的现实处境，它透露出作家自身语言观上的一种思考。这种焦灼般的态度，成为作者在文本中大量使用方言的出发点。在《受活》中，一方面对于方言的运用力度和开掘深度要比之前的小说表现得更为浓烈，另一方面，由此带来的精神视阈的开拓以及表达力的增强，具有一定的超越性。其次，《受活》全书又依次以"毛须""根""干""枝""叶""花儿""果实""种子"等作为卷名来完成整个文本架构的布置。对章节名称的选用，在《受活》之前的几部小说中都有所体现。这些词语的选用仿佛一首"家乡诗"，给读者一种溢于纸上扑面而来的乡土气息。

其次，《受活》的故事情节也隐含着一种完整性的形式特质。即整个文本故事围绕着"安静—癫狂—复归安静"这样一个类似轮回的过程来叙述，安静的受活庄在经历了天翻地覆的折腾后又恢复了天堂般的安静。这种形式上的安排建立在作者对历史的深思之上，特别是对乡民、乡土、乡事的理解和看待。

阎连科塑造了众多生活于乡土的普通民众，他们身上所蕴含的文化特性集中地承载了阎连科乡土小说的文化意蕴。对于乡土之民的展现阎连科是不遗余力的，这些人物性格丰富多异，却也显露出一定的乡土文化共性。朴实而狡黠、倔强而顽强的秉性是生存于中原大地乡土之民的群体特征，这使得阎连科的小说创作显露出浓郁的豫西乡土文化特色，从中我们也可以窥探出作者对农民文化性格的思考。然而，乡土之民的文化共性特征掩盖不住人物的个性特质，他的小说中出现两组对比鲜明的人物形象：在出走与坚守中共存的男性形象和在缱绻与决绝中对照的女性形象。阎连科借此表达了对乡土文化在现代经济体制变革背景下的思考，其中既有对乡土传统美德的留恋，也有对乡土现代变革的积极展望。另外一个值得我们注意的是，阎连科笔下的乡土之民多处于在"苦难"中的挣扎的状态，"苦难"是其小说中乡土之民生存的底色。他们的尊严被践踏，情感被扭曲，甚至连风俗也成了对他们人生的桎梏。这其中寄寓着阎连科对中国农民的生存状况的反思，希冀乡土之民在苦难的生存状况下的自我拯救。阎连科在中国当代文坛以乡土之民作为文化价值观照核心的独特追求，显示了其强烈的社会责任感和人文关怀。

第三节　当代文学与新媒体帝国

20世纪90年代以来，媒体文化的繁荣以及媒体趣味对文学创作的深层渗透，导致了文学生产的审美转型与结构调整。

新媒体帝国崛起使文学审美趣味转向

一、"都市"取代"乡村"成为文学想象的中心

文学从乡土走向都市后，关注视角、表达内容发生变化，小资情调、白领趣味等审美取向随之出现。90年代中期以来，传统的乡村和农民形象日渐淡出我们的文学视野，即便出现也多被定位为城市价值的附庸者。一种完全脱离了乡村的"都市性"正在成熟，闹市与商海，侦破与悬念，时尚与另类，女性与言情，知识者与从政者成为文学图画的中心，而以上种种迹象，显然都与乡土和农民毫无瓜葛。伴随着都市化而来的最突出的审美观念变革，就是时尚杂志引导的白领趣味（或曰小资情调）的盛行。

"空气中偶尔也会有伤感味道淡淡地弥漫，但那伤感的调子是明快的，勾不起你的愁绪。这是个玻璃小屋，淡桔色的灯光温馨柔和，几何图案的橡胶桌椅色彩鲜艳而跳跃，屋外是上百台电子游艺机，乒乒乓乓的敲键声、打杀声、胜利的唿哨、失败的叹息，闪烁的光线会侵入这小小的屋子，并不惹人烦，倒为这里平添几分愉快、明亮和生动的气氛。"

——林峥《青涩季节》

上述语段是青春校园小说的典型文风，文字追求温暖透明的质感，即使是疼痛，也是温暖而美丽的疼痛。可以说这种文风巧妙暗合着小资写作中的氛围：在世俗生活圈子外的玻璃屋中生活着，没有风雨，没有焦灼、胜利和失败的折磨，只有热情勤快，活力充沛，无忧无虑。伤感的调子也是明快的，勾不起你的愁绪。但透过小资的玻璃屋我们仍然可以感受到人世诸种气息，因而小资的世界不是与世隔绝的，小资因"小"而具超脱性，因"资"而具有人间性。小资情调就是一种这样面对物质时代的人生态度。白领阶层在中国虽然尚在发育过程中，白领趣味却先期而至，时尚杂志是这一趣味最抢眼的表征。它温情脉脉地呈现出梦幻般的一切，用巴黎香水、米兰时装、欧式别墅和日系轿车装饰当代人华丽梦想，遮蔽或偷换现实问题。这些信息的消费和占有暗示，是在对雅致、教养、自尊的强调中得以实现的。它显示了一种身份、一种时尚，一种与普通人拉开距离的虚假界限，它在诱导一种趣味和消费的同时，也激发了一种极端享乐个人主义倾向。它代表着物质时代的某种萎靡而精致、桀骜与脆弱、狂野与低迷、犀利与诡异的精神气质。

二、当代文学依赖传媒同时受制传媒

（一）对不同媒介的选择会影响文学文本的意义走向

不同媒介讲述同一故事时会产生不同的修辞效果。口语传播，会力求叙述语言口语化、词汇生动和句式简易，使用可以唤起听众兴趣的重复性套语；以手抄本媒介传输小说可能会照顾文人读者的阅读习惯，使用一些富于文采或带有个人性格特征的复杂词语和句式。以机械印刷媒介大批量地印制小说，需兼顾媒体的商业利益，就更多地具有某种商业性，可能就会考虑要兼顾不同阶层读者的阅读需要，寻求"雅俗共赏"。以连续剧的剧本形式去讲述，就可能会注意投合"黄金档期"家庭成员的观看兴趣。而网上连载小说，则会顾及网上传输速度而力求简易，考虑上网的日常性而力求通俗，鉴于没有编辑把关而无所顾忌，同时也满足匿名的各阶层网友的私人隐私渴望或公共领域幻想。而无论选择哪种媒介，都无法改变这一事实：文本的意义及修辞效果因媒介不同而或多或少呈现差异。

（二）传媒体制从根本上限制了具有传统审美倾向的文体

被古典文学观所承认的诗、戏曲已淡出现代传媒视野。现代传媒的体制使它必须要面对读者的阅读需要，它的时间性、功利性决定了与其密切联系在一起的文学文体的现实性和针对性，例如连载小说是与定期出版物的出现相一致的，杂感的出现是与知识分子报刊的出现联系在一起的。外部的力量主要是媒体的作用改变了文体的样式和审美风格。媒体的介入通过媒介文化市场对主流文化、精英文化以及大众文化形态进行协调和整合，初步形成文化多元格局；另一方面，随着政治话语的淡出，媒体的话语力量对文学又构成了另一种威胁，即商业色彩的加重。传媒为文学提供了生成空间和消费场所的同时，也应该看到它在不断地限制着文学生产的自由与个性。

四 大众传媒时代文学风光不再

一、曾经风光无限的纯文学

有人曾经这样回忆："金敬迈《欧阳海之歌》当初在小说出版以后，陈毅副总理和陶铸副总理都说这部书写得好。然后在《人民日报》，包括《文汇报》和《解放日报》都用整版的篇幅选登了这部书的相关章节。我记得《欧阳海之歌》出版那一年，我正上初三年级，读书的中学离南京路的第一书店相当近，每天去问这部书都会得到'新书没到'的回复，后来就是说'到也卖光了'。"长篇小说《红岩》从初版到八十年代，共发行了八百多万册。刘知侠的《铁道游击队》从诞生至今，仅上海人民出版社就先后印行了60多次，累计达到262万册之多。1995年纪念抗日战争胜利50周年期间，又被全国八个出版社同时以各种版本出版，总印行量超过300万册，2005年抗日战争胜利60周年时，人民文学出版社又出版发行新版长篇小说《铁道游击队》，上海文艺出版社也同时再版。丁斌曾、韩和平所绘的《铁道游击队》连环画曾被重印47次，发行数量居全国各类图书之冠，创造了我国连环画发行史上的奇迹，现今仍是收藏市场上的宠儿。1956年的黑白电影，仍还沉淀在人们的记忆里，而不断重拍的电影、电视剧更让《铁道游击队》的影响不断延续下去。就连影片插曲《弹起我心爱的土琵琶》也依然响遏流云，在网络中又有了新的传播方式。

二、市场经济背景下大众文化的勃兴

在社会主义市场经济的氛围里，一定程度上承认个人利益和物质需求，并把这种物质需求当作推动经济发展的动力，其结果就是原来打造的精神领域的乌托邦神话远离人们的灵魂。过去那些发表于纸质传媒，见诸报纸期刊，完全使用文字手段进行传播，以强大的教化意义和政治功能见长的文学作品，不复昔日风光。换言之，大众文化代替传统文学占据了文化的中心和领导地位。

20世纪八九十年代以来，是我国大众传媒飞速发展的20年。以经济建设为中心的主流话语支配了社会生活及其发展方向，也为大众文化的生长、发展提供了空间和合法性。大众传媒的发展与大众文化的勃兴相生相随。如果说，传统社会是一个英雄主导的社会，是一个经典文化主导的时代，那么，现代社会则是一个以大众为主体的社会，一个大众文化崛起的时代。在大众文化时代里，传统的文化传承模式，如师道模式、家传模式、精英授业模式已不再起决定性作用，人们通过大众媒体获得的信息在总量上已远远超过传统的文化授受模式。大众文化通过现代化的大众传媒进行承载和传递，大众传媒对大众文化的兴起和流行，起推波助澜的作用。

三、纯文学衰落的原因

纯文学的衰落与现代传媒成为文化权力中心、取得文化领导权地位有直接关系，原因主要有如下几点：

（一）文学需求被信息需求取代

当代社会对多元信息的需求，决定了大众传媒的主导地位，也形成了大众传媒以信息为中心的传播观念，由此也决定了文学只是作为一种特殊的信息形态处于被挑选的地位，对大众传媒做出或积极或消极的反应。随着知识更新的迅速，生活节奏的加快以及生产追求高效，一切都更倾向于实用性。这时，各种不同种类、不同形态的多元信息成为社会的需要，因此以信息传播为核心的大众传媒的繁荣是这一时代最突出的特征，而丰富的信息使现代社会中居重要地位的文学风光不再。

（二）传媒时代文学必被忽略的宿命

对于实用和娱乐信息的需要，决定了文学成为此时的大众传媒中被忽略或被改造的内容。从中国大众传媒发展的历史来看，中国的大众传媒开始较迟、起步较晚，而且也没有达到高度发达的阶段。经验的缺乏使今日获得发展良机的大众传媒急迫地致力于那些在内容上最易于见效的、能够使受众获得即时享受的东西，所以大众传媒迎合人们的需要，提供各式各样的快餐式文化。马尔库塞说："大众传播限制着升华的领域，同时也降低了对升华的需要。"而文学是力图实现人类超越的一种努力，其任务是进行灵魂的升华，注重的是个体人格的提升和净化，需要的是宁静以致远的空灵境界，这样的文学宗旨与当下的传媒追求显然格格不入。因此在如今的大众传播媒体上，这个意义上的文学已相当少见。

（三）工具理性与文学感性体验的排斥

大众传播技术发展的基本特点是越来越大众化，而非精英化。从口语传播到文字传播到印刷传播再到电子传播及网络传播，人类的传播行为也从部落到民族到国家再到整个地球，每一次技术更新带来的基本变化就是传播范围的扩大。与大范围的受众相适应，传播内容上就要具有普遍的适用性,通俗易懂是最基本的要求。文学理解需一定专业性,读者须具有一定的文学修养、文学品位,否则难以真正实现接受和理解。传播的历史发展是知识变得越来越非人性化非地方化,越来越具物理特征。文学以感性为基本表现方式,显然与当下大众传播需求互相矛盾。于是新的传播技术所带来新的传播样式如影视文学、网络文学及其他纪实类文体的诞生,都是文学技术联姻的结果,传统的书面文学则陷入冷清。

四 媒介化环境下的文学特征

一、文学的市场化

现代传媒大众化、世俗化、社会化的发展方向,使文学从特权阶层解放出来,伴随着大众传媒走进了千家万户。长久以来,文学作品是那些刊载于权威期刊的名家著作,文学创作是少数创作才华被肯定的文人干的事儿,文学传播、文学接受及文学认同,首先是从准入严格、形态固定的文人圈子开始的。自从大众传媒介入文学的产生传播机制后,文学的传播渠道扩大,表现内容丰富,表现形式趋于多样;再有就是文本创造者身份的普泛化、文学传播机制的市场化、文化接受的大众化等,这些都是前所未有的变革。文学终于突破了条条框框,突破了等级限制,走下神坛,走向市场。这是大众传媒带给文学最直接也是最宏观的变化。文学不能完全市场化,但在现实社会,文学又确实存在一个市场问题,只不过有它特有的规律——这一点基本已形成共识。由于中国市场化的进程刚刚开始,加之文学市场的特殊性,健康文学市场的形成尚有待时日。

二、作家明星化,作品IP化

(一)市场化使文学写作退守边缘

营销成为维系文学作品生存的重要一环。作者、出版社、编辑、评论家和书商、媒体一起粉墨登场,联手打造明星作家。女作家出书一般都配张个人写真照片,卫慧《上海宝贝》的卷首玉照就成为商家的大卖点,也是大众的买点、兴奋点。在媒体欠发达的时代,优秀的作家成就的往往是"身后名""身后利"。对于刚面世的文学作品来说,它短期的市场前景(评奖也是市场的一部分),如其他商品一样,相当程度上要依赖于"广告"。如今的文学市场上,充斥着作家、作品的"新闻发布会""研讨会""讨论会",都免不了广告的嫌疑。

(二)"80后"作家全明星化

"80后"作家成就于一个多元化社会,其本身也是多元的。韩寒是作家,也是职业赛车手、编剧;郭敬明当作家、当主编、当董事长,直至当导演。韩寒在2005年就签约环球唱片,于2006年9月推出了个人新专辑《十八禁》,并开始把自己的大部分时间投入到赛车运动中,在BMW亚洲方程式一系列赛事中有着非常出色的表现,2014年韩寒拍摄了自己的导演处女作《后会无期》。号称"青春文学领军人"的郭敬明在2005年发行了自己的首部音乐小说《迷藏》,除担纲《迷藏》总体策划和文字部分的写作外,自己也唱了一首名为《九月·摩天轮》的歌曲;2013年由郭敬明自编自导的同名电影《小时代》问世,他因此获得第16届上海国际电影节中国新片"最佳新人导演"奖。李傻傻、蒋方舟、春树、张悦然等也越来越多地出现在报纸娱乐版。以韩寒和郭敬明为代表的新概念作家更多倾向于成为明星,而作为作家并不成熟。他们的转向既有来自才华过度开发,人生经历有限导致文学创作上陷入停滞的压力,也有其主动出击寻求多方位发展的动因。

(三)网络文学超级IP变现

IP英文全称为Intellectual property知识产权,目前狭隘的IP指能够变现为影视文化价值的原创文学作品。自2014年中国市场缔造了诸多超级IP,如《甄嬛传》《盗墓笔记》《琅琊榜》《花千骨》等网络文学。2016年到2017年火热的《花千骨》《微微一笑很倾城》《三生三世十里桃花》如破竹之势,成为又一拨叫好又叫座的影视作品。这些网络文学超级IP的变现,得益于从1994年以来20多年中国互联网的勃发展。尤其是互联网从2001年到2010年十年的发展,培育了早期的小说网站和网络作家。如起点中文网(创建于2002年)、创世中文网、红袖添香等这样一批小说网站,同时,培育了一批网络读者。经过10年的积累,一些受欢迎的网络文学浮出水面,成为超级IP。当前的中国正呈现前所未有的网络小说创作井喷期,现在一部热门网络小说的版权在200~500万元不等,一些点击率极高的网络小说甚至能卖到上千万元。那时明月、南派三叔、天下霸唱等知名网络明星作家，都在探索和尝试形成一套系统性的上下游产业链，以谋求IP商业价值的最大化。十几年前，网络文学是个贬义词。盘点网络文学，除了《第一次亲密接触》外，再难找出更有意义的作品。如今，《明朝那些事儿》《鬼吹灯》《盗墓笔记》《何以笙箫默》《芈月传》……历史的、玄幻的、言情的网络文学以呼啸之势扫荡天南海北，正在裹挟银幕与荧屏。

三、影视传媒对文学产生的影响

（一）文学刊物的种类和发行量减少

20世纪80年代，以报纸、杂志和书籍为代表的文本传播还扮演着文学的主导型传播媒介的角色。许多文学期刊发行量都高达数十万份，甚至上百万份。进入20世纪90年代以来，随着电影和电视等电子媒介成为占主导地位的核心媒介，原来高踞艺术家族霸主宝座、主要依赖文本传播的文学，由于远离核心媒介而不可避免地发生深刻的角色变化。具体表现为文学的文本传播情况发生了明显改变。有人做过统计，在1952~1966年间，文学艺术类书籍在我国当时的出版图书总量所占比例为27.6%，1979年为12.2%，1985年为8.6%，1994年仅占3.3%。1995年一份关于上海作家现状的调查，统计数字最明确不过地反映了文本传播的变化：王安忆的作品，80年代初作品印数几万册，1995年只有几千册；陆星儿的作品，原来作品印数七八万册，1995年也只有几千册。《收获》在80年代中期以前发行最高达百万份，90年代中期2万份；《上海文学》原来发行量40万份，90年代中期2万份。如今，大多数文学杂志的发行量只在几千册，有的甚至只有几百册。几份经改版的文学刊物，都被业内人士称之为"媚俗的大众读物"，而不再承认它们的"文学"特性，而即使这样，其生存空间也逐步被挤压着并不断缩小。例如，90年代末以来，曾经发行量高达50万份、对中国青年深具影响力的一本原创文学杂志《萌芽》，以1999年联合13所著名高校合办中国权威作文大赛——新概念作文大赛而著称，自2015年7月起也宣布《萌芽》（下半月刊）休刊，《萌芽》由半月刊调整为月刊。随着媒介权力的移位，文学的文本传播情况发生了明显的改变。随着网络新媒体的崛起，一个杂花生树、群莺乱飞的文学自媒体、全媒体时代正在到来。据艾瑞统计，2017年微博平台内拥有10万人以上粉丝的KOL

数量较2016年增长了57.3%，而微信公众号数量也早已突破1000万大关。自媒体数量急剧增长，有人大胆预言：自媒体将会取代传统媒体。

（二）影视文学繁荣异常

反观影视传媒等电子媒介事业却日益兴盛。从20世纪80年代起，我国电视事业获得高速发展。就全国而言，目前，约有13亿电视观众，电视人口覆盖超过96.95%。而中国电影市场从2012年已开始成为世界第二大电影市场，预计一到两年时间就会赶上北美市场。中国电影市场的年票房从2002年不足10亿元，到2017年仅用324天就突破500亿元大关，观影人次突破16亿。从2016年数据看，全国制作广播节目771万小时、电视节目352万小时；生产电影故事片772部，国产电视剧334部14912集，电视动画片近12万分钟；电视纪录片产量超过1万小时。国产电视剧动画片、电影故事片产量均居世界前列。推出了一大批传播当代中国价值观念、体现中华文化精神的优秀作品。领跑国产电影票房的《战狼2》票房超过56亿元；《人民的名义》《白鹿原》《平凡的世界》《鸡毛飞上天》等一批电视剧广受观众好评；《中国诗词大会》《开讲啦》《朗读者》等一大批文化类、公益类创新的节目点亮了电视荧屏。中国影视在新时期的崛起有着异常深刻的文学背景，导演们普遍重视影视的文学性，甚至把它看成影片成功与否的重要砝码，影视为文学做着锦上添花的努力。影视的繁荣，在为文学提供新的传播方式的同时进一步丰富了文学的表现形式，塑造出多种新的文学形态。这些新的文学形态反映出文学在影视传播语境下的内在变化，显示了文学的生命力。如今，只要走进书店，我们很容易看到标有"影视小说"的售书专柜。小说的影视改编通常的流程是：小说—剧本—影视剧；而影视同期书的操作流程则为：剧本—影视剧—小说。影视作品走红后或是正在热播中，就会有出版社出版发行它的影视同期书，以期凭借影视剧的人气获得可观的利益。比如电影《英雄》《无间道》《海角七号》等。

（三）文学刊物读者数量和阅读时间减少

随着影视成为大众文艺生活中最重要的部分，人们逐步疏离书刊，把更多时间交给电影、电视或家庭影院等，在快节奏的当代生活中，大众很少每天花2到3个小时来阅读文学作品；但花2到3个小时看电视、看影碟、追网剧却是当今大部分人的正常休闲方式。90年代以来依靠文本传播的传统意义上的文学呈现出日益没落的态势，而影视文艺传播则随着电子媒介特别是电视事业的发展赢得越来越多的观众。影视已经进入大众的日常生活，家家户户都把电视机作为必不可少的家用电器，人们已经习惯了通过影视传媒来获取咨询、休闲娱乐。另外，截至2017年6月，我国网民规模达到7.51亿，手机网民规模达7.24亿，其中，网络游戏用户规模达到4.22亿，网络直播用户规模达到3.44亿，人均周上网时长26.5小时，传统阅读时间被不断挤压和稀释，

（四）影视艺术使纯文学审美日常化

传统意义的艺术欣赏活动，是盛装素面端坐音乐厅中用心聆听大师作品，是月下清茶一杯、细细品味书中幽兰，是安安静静、心无旁念极其个人化的一种审美享受。到了20世纪，各种技术的运用，使传统审美活动越来越曲高和寡，纸质、平面、传统的艺术形式让位于立体和动感、刺激的多媒体，视像的阅读成为主流。另外，网络阅读早已普及，而且无时无刻、无所不在，其阅读量、阅读的便捷、阅读内容的五花八门，不能不说远远超过了传统阅读。海量信息对人是冲击，更是诱惑。谁不想了解天下奇闻，谁不想知道观点、想法？可如此泛滥的信息和观点，如何筛选？事实上，代替多数阅读者筛选的只能是标题和推手们。甚至，网络阅读还要费眼费工夫，于是，如今网络视频脱口秀最时兴。从脱口秀中获取知识，其妙处是，不妨一心二用，有一搭无一搭亦无不可。如今有上千的公号视听节目替代了无数人的阅读，这样的方式比网络阅读还省事，当然比阅读更加快餐化，一听了之，别说查阅、思辨，就是走脑有时都可以省略，讲什么就接受什么。

（五）影视"阅读"成为一种当然选择

影视艺术因以视、听为传达手段更接近平常人对世界的感知，在人们心中所产生的冲击力量超过文字阅读。《三国演义》《红楼梦》这样的长篇小说在今天这个时代里要想通读下来必得有一定的耐心，特别是小说中那些大段的场景、服饰描写，更令人望而生畏。如是，以影视的方式阅读名著无疑是一种当然的选择。影视艺术应用整体的、历史的、动态的观点去追寻整个社会文化发展的方向，既保留了文学作

品的特色,又具有独特的视听艺术效果。应该说,成功的电影、电视改编会起到升华原作的审美功效,一方面使经典作品更加大众化、商业化;另一方面又使原本应反复咀嚼的文字、意义和思想变成一种满足快感的视觉享受,再由这种视觉快感来冲击审美心理,提升读者对作品的理解。影视传播文学作品的结果是精英阶层可以从中获得启迪,普通大众也可以从中得到最直接的体验。所以,从这个意义上说,影视作品与文学可谓相辅相成。影视文学在某种意义上对文学作品的普及做出了一定的贡献则是不可否认的。

(六)影视以大众化姿态引导文学接受

影视必须是综合运用语言、图像和音响三种因素的合成品,注定影视天生就必然抛弃对高尚和优雅的追逐,而代之以大众化的姿态。影视文学不需要经过具有"能指"与"所指"双重功能的符号的中介转换,观众经过视听感官能直接感受到鲜明生动的艺术形象,受众不仅可如临其境、如闻其声,其特殊手段的使用(如特写镜头)甚至还可以使受众的感知能力比日常生活更加细微细腻。细微到以至感知到屏幕上人物最微妙的表情和最隐秘的内心。获得这样体验所借助的视听语言形象的塑造,在其他文学表现类型中无迹可寻。理性表现为深沉,延伸出生活的张力;感性表现为灵动,丰富生活的节奏,各自成为生活中不可替代的方面。影视文学是感性文化的典型代表,它快速而活跃,无疑为文学的价值实现和功能达成,寻找到了一条带有鲜明的现代气质的大众化途径。影视通过独具特色而又通俗的视听语言反映社会生活的各个层面,易于被大众接受。正因如此,以海岩《便衣警察》《玉观音》为代表的"公安爱情"题材;以石钟山《父亲进城》改编为《激情燃烧的岁月》为代表的军旅题材;以二月河《雍正王朝》《康熙大帝》为代表的历史宫廷题材;以张成功《黑洞》《黑雾》《黑冰》为代表的反腐题材;以池莉《来来往往》《小姐,你早》《生活秀》为代表的市井题材等都炙手可热。据统计,一部小说最多能有5人传阅,那么发行10万册的小说会有50万的读者;而一部好的电视剧,重播几次,大概会拥有上亿甚至几亿观众。因此,如果热播的影视剧是由小说改编的,小说也会随着影视剧而为人知晓,并且被阅读的机会大大提高。许多作家的作品人们可能之前都没有读过甚至没有听说过,但是由它们改编成电影电视后就一炮走红。比如钱钟书的《围城》，本来只流行于知识分子圈内，而拍成电视剧后几乎家喻户晓；张爱玲的《色戒》原本只是一部不被大众所熟悉的作品，由李安拍成电影后，一时成为大众关注的焦点；石康在电视剧《奋斗》播出前，也没有现在的知名度。影视媒体的传播效果是传统的文本传播所做不到的。

影视传媒对文学影响的具体途径

一、文学与影视联姻

文学与电影、电视的联姻，从某种意义上讲，已成为一种维系文学生存、避免读者流失的特殊方式，文学不再独立成阵，我们时时可在电视、电影上看到文学优雅而时尚的身影；而影视也通过吸收文学养分发展壮大。从这个意义上说，影视艺术与文学相辅相成，共同满足社会大众的审美需要。

（一）文学作品是电影的乳母

普希金、托尔斯泰、屠格涅夫、奥斯特洛夫斯基、谢德林、契诃夫、高尔基、司汤达和巴尔扎克、福楼拜、莫泊桑、鲁迅、茅盾、巴金等中外伟大的小说家的创作已经成了现当代电影文化中人们认识各国的民族传统、伦理传统的一个非常重要的基准和不可缺少的视角。从20世纪20年代起中国银幕就从文学作品中取材。五六十年代电影《祝福》《林家铺子》以及《青春之歌》《林海雪原》《红岩》等均实现了电影对文学资源的共有和分享。谢晋执导的影片几乎都是根据当代中长篇小说改编的，如《天云山传奇》《牧马人》《高山下的花环》《芙蓉镇》等。"第五代导演"的电影在国际电影节上频频获奖，《红高粱》《大红灯笼高高挂》《菊豆》《秋菊打官司》《活着》《一个都不能少》《黄土地》《一个和八个》《孩子王》等，都是从纸质文学改编的作品。所以说没有原创的文学文本，这些电影的诞生是不可想象的。历届"金鸡奖"获奖影片，绝大多数也是改编作品，像《被爱情遗忘的角落》《人到中年》《骆驼祥子》《红衣少女》《被告山杠爷》《芙蓉镇》《秋菊打官司》《野山》《老井》《凤凰琴》《那山，那人，那狗》，等等。有的改编甚至深受原作者的喜爱，谌容对电影《人到中年》，余华对电影《活着》，都曾经做过高度的评价。

（二）电视剧与文学的共谋

电视剧对中国现当代文学的取材也是不遗余力，从纯文学的《我这一辈子》《磋跎岁月》《四世同堂》《雷雨》《家春秋》到雅俗共赏的《金粉世家》以及《半生缘》，从言情的琼瑶作品到武侠的金庸著作，高收视率可以显现影视与文学联姻的实力。另外时下电视剧题材的开放性与雷同性使我们还可以通过对热播电视剧的考察来审视文学题材的变迁：凭借《永不瞑目》《一场风花雪月的事》《你的生命如此多情》《拿什么拯救你，我的爱人》《便衣警察》《玉观音》六部小说的成功影视化而成为"最有影视缘的作家"海岩以公安戏的悬念、爱情戏的缠绵成为作家商业化的榜样；这些成功的联姻虽为捍卫文学形式独立性的作家所不屑，但却为面向大众读者的通俗文学开辟了大有可为的疆域。

（三）电视诗歌散文：影视与文学联姻

电视诗歌、散文源于却又超越于纯文学意义上的诗歌、散文。电视诗歌、散文的编导充分利用电视直观、视觉功能强的特点，以诗歌和散文的"神"为圆心，调动各种电视手段，张扬其"形"。冠名"德宏印象"的《树包塔》《梦里水乡》《楠溪江畅想》的一组电视散文就非常成功地融合了两种艺术形式的优长。编导以原作为脚本，选取几组有地域特色的标志性景点，连线构图。在色彩的处理上，以绿色为主色调，展示江南绿的大地、绿的河水、绿的林木，再衬上赭红的山、湛蓝的天、红黄的路，让人们看到的是几帧镶嵌在屏幕上的江南风景画。透过那秀美的山川、幽静的水乡、树影塔身、房舍人群，仿佛触摸到了那里的人们生生不息的生活情景。

二、影视媒体影响下的文学传媒化

影视文学在创作上更注重场景的描写、形象的塑造以及动作的刻画，而文学创作擅长的抒发情感、暗拟心理等却因为受到影视制作规律的制约而不得不放弃，或仅仅在一个极小的范围内偶一为之、不敢为常。电视小说、电视散文、电视诗歌的出现，则意在要将二者的优点加以熔铸，小说、散文和诗歌的要素与电视的要素相互介入与生发，是其具有可视性与可读性的重要原因。由于影视文学成为文学大家庭中新的一类，因此，一个作家要想创造影视文学，那他就不能不遵循影视传播的规律行事，不得不在影视与文学的共谋中来实现自己的创作目的，背离这一共谋而取单向度的设计，或者是仅仅依靠文学的经验而无视影视传播的经验或规律，则其创作必定会归于失败。

四 网络媒体影响下的文学传媒化

网络文学近年来声名鹊起。网络文学因界面的多维化（读、听、视共存），超文本的链接（相关资料、环境、历史的广泛联系）和自由的阅读（复制、发送、重新编辑等），为读者提供了不同于传统文学样式的新的发展可能。网络文学的欣赏不仅更便捷，更灵活，也更加富有想象与感受的空间。网站只提供空间平台，既不充任文学教练，也不负责审美裁判。网络文学创作的自由和随意，导致了文学创作手法的日益多样化。网络文学在与传统文学一起表现各种时代意识形态冲突的同时，写手间相互评点，三言两句的跟帖和聊天室内的即兴闲谈，取代了传统媒体一本正经的作家创作谈和专业评论家追求逻辑深度的侃侃而谈，而网络写手们不乏灵性的评点式对话甚至言语打架，则全面代替了传统批评家构架恢弘的煌煌大论。

网络文学和传统文学是以所依附媒介的不同做区分的。当代文学的第一次革命是70年代末，改革开放后，以纸媒为传播媒介的生机勃勃的新时期文学；第二次革命是互联网，互联网实际是媒介的革命，事实上更符合全球的发展方向。因此，研究网络文学要把它放在一个更辽阔的背景，它是互联网全球化尤其是在东亚的格局当中的产物。最早80年代表现为日本的动漫，然后90年代是韩国的计算机游戏，到90年代末期则是中国大陆的网络文学，网络文学与新媒体帝国的崛起息息相关。从外部环境来看，网络文学是一个全球发展方向，从内部环境来看，网络文学不仅仅继承了五四新文化的传统，还继承了中华文化当中更加久远的民族文化传统。

网络文学是直面读者的文学，网络文学在线更新，和读者及时互动，作者知读者之痛痒，读者为作者建言，作者和读者趣味相投，更重要的是网络文学所写的内容与读者的生活紧密相关。优秀的网络文学作品接地气、树正气、有情趣，它往往能拨动读者的情感之弦，帮助读者树立正确的价值观，激发读者的内在潜能，激起读者追求幸福生活的勇气。

表面上看，那些玄幻、穿越、历史架空小说所构筑的想象世界似乎离现实生活很远，但它离读者的情感其实很近。它通过升级、奇遇、金手指、开挂等途径让主人公由"废柴"变成可以"逆天"的世间强者，这个过程中主角会经历各种磨难，但凭借过人的智慧、坚强的毅力和顽强的意志闯过一道道关，其中还会有友情、爱情等方面的故事，涉及团队精神、家国情怀、人生境界等精神层面的问题，给人留下深刻印象的是主角不畏强权、不畏困难、永不放弃、永不言败的奋斗精神。这样的故事给读者的精神影响是积极正面的，它给读者以梦想，也强化了所有的幸福都主宰在自己手中的道理，帮助那些渐渐长大的青少年读者逐渐获得独立意识并找到自我。"唐家三少"小说中的主角形象是善良、勤奋、上进、孝敬父母、忠于爱情的"光之子"，满满的都是正能量。"高楼大厦"干脆将自己小说的主人公取名为羿立（毅力），其用意不言而喻。这些小说几乎都可以当作励志故事来读，是写给青少年读者看的，故事读来轻松、有趣，其内在的价值观念是明晰的、积极的，符合社会主流价值。

在那些直面现实的作品中，很多作者都现身说法，以自己为原型来写作，将自己的生活经验写进小说，让读者获得参与感，并从中获得生活的经验。鲍鲸鲸的《失恋三十三天》、李可的《杜拉拉升职记》、曼陀罗天使的《七年之痒》《纸婚时代》《亲人爱人》，这些网络小说以切近现实生活的笔触，和读者一起面对生活难题，作者用生活智慧教会读者如何经营情感、事业、家庭，如何面对阶段性的人生困境，如何活得更精彩。这些作品的理念是"小说是有用的"，而非只是简单的消遣品，它洞明世事、人情练达，能帮助读者提升认识生活的能力。

网络文学现在基本上是一个原生的、自生的状态。如今数字出版已经纳入了国家的整个文化占比，国家从中央到具体的各个部门，都对数字出版有重大的、利好的、扶持的计划。数字出版在未来的十到二十年时间之内，它会有一个量级的增长。但是网络文学的增长可能要求业内对网络文学的发展方向有一个把握，如果把握不好的话，它有可能在某一个阶段会停滞。实际上整个互联网的阅读,包括在线阅读,在2012年就出现过一个短暂的停摆,2013年后又回补上来。从产业的角度来讲,网络文学在大陆已经进入产业化的发展,每年大概有50～60亿人民币的规模,而且产业还在继续往前走。网络文学正在吸引大量的资本对其进行关注。2014年,网络小说版权逐渐演化出了IP的概念,成为包括著作权、专利权、商标权三个组成部分的知识产权。最早,IP一词更多地用于热门小说,多被改编成电视剧、游戏等作品。如今,IP热已经渗透进电影行业,热门网络小说的版权价格因此水涨船高。现在一部热门网络小说的版权在200～500万元不等,一些点击率极高的网络小说甚至能卖到上千万元,较之2013年翻了好几倍,甚至数十倍。有公开数据称,盛大文学的IP价格比去年涨了将近10倍。《寻龙诀》和《何以笙箫默》这类作品的沉淀时间均长达十年之久,由超级IP改编的影视作品撑起强大的票房。作为市场上为数不多的优秀IP的《盗墓笔记》已悄然完成了电影、季播剧、游戏、出版在内的多个领域布局。有分析认为,围绕《盗墓笔记》的IP版权销售、广告、游戏收入、衍生产品等市场价值预估超过200亿元。

四 传媒时代文学与生活的完全交融

伴随"网络时代"的来临,新兴媒介的强势冲击使传统意义上的文学陷入被消解的困境,视觉化的感官享受替代了单一的文字阅读,中国逐渐进入到一个"泛化"的文学时代。商品化、市场化、娱乐化逐渐成为以消费为导向的文学在新媒介时代的主要特征。这些新兴媒介对于理解传统意义上的文学有何冲击和挑战?传统文学如何在保持自身优势的基础之上融合新兴媒介?未来将会是一个怎样的文学世界?

一、文学重返中心的希望

文学已有数千年的历史,海德格尔曾经说过这样的话:"人应为自己创造一个能诗意地栖居的场所,这便是心灵的归宿。"尽管现代传媒以极高的科技含量创造出了种种文化奇迹,但是与电子媒介所制作的音响、图像和色彩、造型、动感、质感相比,语言媒介仍然富于魅力。文学和影视、文字与图像将会永远并存,共同丰富着人们日新月异的精神生活。文学凭借语言媒介来表情或叙事时必然会显示出许多为其他媒介不具备而无法替代的独到之处，以克服诸多的审美疲劳。面对视觉文化或消费文化的冲击，没必要哀叹现代、后现代条件下文学的消逝。世上只要有读者，只要人们情感生活不至于枯竭，人性的深层意识未曾改变，文学就永远不会寂寞，反而会在每个人的内心深处诗意地栖居。

二、传媒时代文学与生活的完全交融

文学生活化是传媒时代对文学艺术最直接、最生动的描绘。如短信文学与广告文学的兴起，流行歌词古典诗词化，请柬、贺卡诗词加载等。文学日常生活化与日常生活的审美化深刻地表明了文学的转向。手机短信的兴起最突出地体现了"文学生活化"步伐的影响。湖南卫视《谁是英雄》节目就曾专门请四位国内短信编写高手在节目现场编制各类短信，并让现场观众进行优劣评选。

三、文学是否能在貌似消亡中涅槃

狄更斯《双城记》的序言中有一段话，可以用来描述出当代文学沉沦于传媒宰制、企图摆脱而又一时无从摆脱的现状："那是最美好的时代，那是最糟糕的时代；那是智慧的年头，那是愚昧的年头；那是信仰的时期，那是怀疑的时期；那是光明的季节，那是黑暗的季节；那是个希望的春天，那是个失望的冬天；我们全都在直奔天堂，我们全都在直奔相反的方向。"正是混乱与迷惘，将文学捆绑，同时也将这个时代普遍的灵魂缠绕。文学绝对正确和永恒的路标，正在传媒制造的多元主义肥皂泡里变得日益迷离而诡异，焦灼的人们只能隔着那重重朦胧，打量着它貌似光辉的指向；或者怀着热切的期望，催促那气泡尽可能快速地消散。在这个一切都传媒化的年代，文学貌似消亡也许恰好是文学的又一次涅槃，而传媒在其间的作用显然也不是只配被人指摘和批评。

四、网络文学会成为真正的主流文学

中国当代文学最有生产力和革命性的网络文学目前已经拥有了最大众的读者群——至2015年底，中国网络文学用户已达2.97亿，这个数字是目前仍被称为"主流文学"的传统文学期刊读者的数百倍乃至上千倍；更是因为，网络文学是新媒介文学——媒介革命已经不以任何人的意志为转移地发生了,从媒介革命的视野出发,中国网络文学的爆发并不是被压抑多年的通俗文学的"补课式反弹",而是一场伴随媒介革命的文学革命。在不久的将来应该不再存在"网络文学"的概念,相反,"纸质文学"的概念会越来越多地被使用。因为作为"主导媒介",网络将是所有文学、文艺形式的平台,"纸质文学"除了一小部分作为"博物馆艺术"传承以外,都要实现"网络移民"。对网络文学"文学性"的考察不能参照"纸质文学"的标准(不管是"纯文学"还是通俗文学),而是要以媒介变革的思维方式,参照"文学性"这一古老的文学精灵曾经在"口头文学""简帛文学""纸质文学"等不同媒介文学中"穿越"的方式,而考察其如何在"网络义学"中"重生"。正如传播学者麦克卢汉在半个世纪之前就提出的,在媒介革命来临之际,有可能发生文明的断裂。要使人类文明得到良性继承,需要深通旧媒介"语法"的文化精英们以艺术家的警觉去了解新媒介的"语法",从而获得引渡文明的能力——这正是时代对文化精英们提出的挑战。网络文学正在生机无限地发展和壮大,在新媒体时代这个政治、资本、网文自主力量相互博弈的全新"文学场",作家与批评家必须有自己的站位并发声,否则,缺席就等于弃权。

思考题

1. 中国当代转型期文学具体有什么特点?
2. 为什么对于中国来说,乡土文学的话题永不过时?
3. 粉丝众多、长时间沉淀的网络小说一定是超级IP吗?

推荐书目

[1] 陈思和. 中国当代文学史教程[M]. 上海: 复旦大学出版社, 2008.

[2] 洪子诚. 中国当代文学史[M]. 北京: 北京大学出版社, 2007.

[3] 孟繁华. 中国当代文学通论[M]. 沈阳: 辽宁人民出版社, 2009.

第十讲
传统文化与当代文学

新时期以来，中国当代文学取得了巨大的进步，不断有新的突破，而当下又如何谋求新的发展？这是值得继续追问的问题。继续"拿来"自不必说，但立足于本土文化、文学资源，汇通中西，同中存异，同样是一条迫切值得去探索的道路。那么，当代文学应当怎样继承和发扬传统文化资源呢？

第一节 当代文学与传统文化精神

弘扬传统主流文化的精神遗产

在本土思想与外来文化的交锋与融合中，中国传统文化逐渐确定了以儒家为主体，儒道释三足而立，互融互补的基本格局，这一格局一直延续到19世纪末20世纪初。"五四"时期，新文化旗手们向传统主流文化发起猛攻。这场运动对传统文化痼疾的揭示无疑是深刻彻底的，但也必须承认，虽然当时的中国久陷沉疴，文化身躯"红肿""溃烂"，却也不乏健康的肌质。不管新文化运动的旗手们出于何种策略考虑，他们对传统主流文化的评价不能不说是偏激的，由此落下的后遗症影响深远，这是"五四"需要反思的地方，也是当代文化建设应当吸取的经验教训。

中国传统文化涵括极广，提取精华，为我所用，是当前文化、文学创新的必由之路。不可否认，中国传统文化存在不少封建糟粕，荼毒身心，但更多的还是中华民族数千年积淀下来的思想精华，这些东西至今仍然值得我们学习，在文学中更是如此。近代以来，吸取传统主流文化精髓融入文学创作获得成功的例子不胜枚举，且不说鲁迅、周作人、林语堂等现代文学大家，当代文学中这样的例子就有不少。在阿城的《棋王》中，道家文化精神以现代面目出现，着实惊艳；陈忠实的《白鹿原》则借助白嘉轩全面展现了儒家文化的复杂性，令人惊叹。陈忠实尤其激赏朱先生心怀天下、情系苍生，无事时恬退自适、有难时挺身而出的高尚人格，这种刚健而不失韧性的品格实是中国传统主流文化精华的结晶，放在任何时代都是难能可贵的。此外，莫言的《生死疲劳》以佛教"六道轮回"的魔幻资源与西方魔幻对抗，于生死轮回中描绘了50余年来中国社会的变迁史。纵观中国当代最具影响力的作家，他们大多在整合传统文化资源方面下过功夫。在传统主流文化里寻找思想启迪，并结合时代精神，选择性地将其融入文本，中国当代文学将大有可为。

四 激活地域文化、民间文化的丰富资源

地域文化对文学的影响是一个常谈不衰的话题，《诗经》的质实和《楚辞》的绚烂便是地域文化差异在文学中的反映。地域文化生发于特定的历史时期和地理环境，在精神内蕴上，它具有意识形态导向和民族文化底蕴等特征，这意味着地域文化必将形成不同于主流文化的视角，其所展现的民族文化底蕴与主流文化相较而言也更有具体性和多样性。当代，以区域文化作为审美对象已成为小说创作的一种自觉，邓友梅的"京味小说"系列、陆文夫的苏州"小巷人物志"和林斤澜的矮凳桥风情小说等创作，都在激活地域文化资源的基础上开辟了小说的新路。刘心武的《钟鼓楼》、张炜的《古船》等长篇力作则是进一步沉入地域文化多彩世界后的产物。地域文化的形成与地理条件、行政区划及民族归属等较客观的因素息息相关，因而具有相对稳定性，它会在新的时代不断延伸，也将随着时代发展而逐步变异。即，当代作家面对的地域文化资源是一个更为驳杂的文化系统，需要付出巨大的心力去消化提炼，但换个角度看，这又是一个硕大无朋的素材库，是作家们求之不得的。

民间文化的特征与地域文化有相似之处。民间被政治权力统治，同时又保持着相对的独立，这种与主流话语若即若离的存在姿态使民间文化得以形成自由自在、野性活泼的审美特质。当代文学中，莫言是自觉站在"作为老百姓写作"的民间立场上的作家之一。纵观莫言的创作，不论短制《透明的红萝卜》《红高粱》等，或是长篇《四十一炮》《檀香刑》等，无不氤氲着民间文化的野性气韵，渗透出民间立场的审美意趣，并常常可见其对民间艺术表现手法的借重如民间戏曲之于《檀香刑》。在莫言笔下，丰富的民间元素与新鲜锐利的感觉、神秘莫测的想象和泥沙俱下的语言相配合，共同营造出一个神奇诡异而又热力四射的莫言式的文学世界，这个世界最终受到了诺贝尔文学奖的青睐。值得注意的是，"民间"的复杂性，它既是滋长自由自在的审美品格的肥沃土壤，又是藏污纳垢的肮脏场所，作家选择什么，扬弃什么，关系到作品的道德判断、审美取向和写作技巧等重要问题，把握不好，后果便不容乐观。"寻根文学"借民间文化打开了一个新的文学世界，可有的作家却大发嗜痂之癖，把玩起了奇风陋俗，终于走火入魔。

复苏传统文化及文学的审美意识

崇尚中和与崇尚空灵是中国传统审美意识的两个基本点。前者是儒家、道家和禅宗共同的审美追求，主要体现在人与自然的和谐、情与理的统一中，后者则主要源自道家思想，集中体现在意境论中。中和与空灵的审美意识在传统文学里源远流长，"乐而不淫，哀而不伤""温柔敦厚"的诗教传统绵延几千年而不绝，"羚羊挂角，无迹可求""不着一字，尽得风流"的艺术境界也一直为历代文人学士所追慕。可以说，中和与空灵既是中国传统文化的审美理想，也是传统文学鲜明的风格特征。

当今中国乃至世界，"和谐"已成为文化建设的重要目标，而"和谐"正是坚持中和与空灵审美理想的结果。当代文学应积极复苏中国传统审美意识，参与到当代文化建设中去。新时期以来，贾平凹量多质优的散文让读者领略到了传统审美意识的现代表达。贾平凹深受中国古典哲学尤其是老庄哲学和禅宗妙语的濡染，其散文以达观超脱的态度观照宇宙人生，在人生中追求自然的情趣与在自然中感悟人生的奥妙是贾平凹散文的重要内容。贾平凹多写山野村人，他们生活艰苦，却安然适意于秀水明山，他们无忧无虑，因为天地灵气早已荡尽名利之欲。贾平凹写自然，也有这种"天人合一"的境界。大至崆峒名山，小至一块丑石，贾平凹都乐于在天人之际、物我之间放飞玄思，以有限达无限，通向生命真理的彻悟。对传统审美意识的承续使得贾平凹的散文能在传统美学与现代生活之间展开对话，从而形成开阔的审美视野和丰厚的文化底蕴。

"文学有根，文学之根应深植于民族传统的文化土壤中""去揭示一些决定民族发展和人类生存的谜"，这是"寻根文学"为中国当代文学寻找的出路。这股潮流虽已是30年前的旧事，但它提供的创作思路在今天看来更显其前瞻性和指导性。2012年，莫言获诺贝尔文学奖，他在获奖感言中说："我也曾积极地向西方的现代派小说学习，也曾经玩弄过形形色色的叙事花样，但我最终回归了传统，当然，这种回归，不是一成不变的回归……小说领域的所谓创新……不仅仅是本国文学传统与外国小说技巧的混合，也是小说与其他的艺术门类的混合。"从某种意义上说，诺奖对莫言的承认可以视为世界文学对"寻根文学"思潮的一个肯定的回应，它同时也为中国当代文学昭示了一条可行之路。

第二节　当代文学中的儒道佛：
　　　　民族文化之精神

中国的传统文化精神主要由儒、道、佛三家汇合而成。什么是儒家精神？那就是积极进取的精神。所谓"修身、齐家、治国、平天下""达则兼济天下"的远大抱负，以及"富贵不能淫，贫贱不能移，威武不能屈"的崇高人格。历史上许多志士仁人就是在这样的精神激励下谱写出人生的壮丽篇章的。

李準的《黄河东流去》意在"重新估量一下我们这个民族赖以生存和延续的生命力量……是什么精神支持着我们这个伟大民族的延续和发展？……最基层的广大劳动人民，他们身上的道德、品质、伦理、爱情、智慧和创造力是如此光辉灿烂。这是五千年文化的结晶，这是我们古老祖国的生命活力，这是我们民族赖以生存和发展的精神支柱"。汪曾祺的

《大淖记事》《岁寒三友》《鉴赏家》描写了民风的淳朴、友情的深厚、仁义的伟大。贾平凹的《天狗》也成功塑造了一个朴实、勤劳、以德报怨的普通农民的形象,显示了儒家精神在普通人心中的根深蒂固。郑义的《老井》则通过一个几代人坚忍不拔、打井、找水的感人故事,讴歌了克己奉公的民族魂。陈忠实的《白鹿原》在描绘关中平原半个世纪的历史风云的同时,更写出了作家对儒家文化的深刻反思。一方面,白嘉轩在动荡的世事中一直坚守"耕读传家"的传统,挺直了腰杆做人,并且以儒家的精神教育儿子,以仁义之情对待长工,显示了儒家精神的坚不可摧;另一方面,作家又通过他的儿子潜心读书,却抵挡不了性的诱惑和阴险的算计,写出了儒家文化的脆弱与危机;通过他在惩治"伤风败俗"行为时的严酷和与鹿家斗争中的心计与手腕,写出了儒家文化的严峻与残酷,也显示了作家对儒家文化负面因素的反思与批判。但即便是这样,作家仍然通过让土匪黑娃在尽情宣泄了罪恶能量以后浪子回头的情节,进一步显示了"中国古代先圣先贤们的镂骨铭心的哲理,一层一层自外至里陶冶着这个桀骜不驯的土匪坯子"的神奇力量。因此,《白鹿原》就层层深入地多方面写出了儒家文化的复杂性,因此也就超越了一般的讴歌与批判,而开启了发现、审视儒家文化的丰富性与复杂性,进而思考如何不断扬弃儒家文化中那些僵化的成分,弘扬那些永恒的人文精神的历史课题。还有那些优秀的历史小说(如唐浩明的《曾国藩》《杨度》《张之洞》,刘斯奋的《白门柳》等)也都写出了传统士大夫身体力行儒家道德的高远境界与深刻矛盾。由此看来,当代作家写儒家文化在历史与现实中的根深蒂固、源远流长,是写出了新的文学气象的:既写出了儒家文化的深厚与强大,也常常引人深思儒家文化的复杂性及其面临的挑战。

再看道家精神在当代的延伸。道家精神就是热爱自由、淡泊名利、独善其身、"独与天地精神相往来"的气度,也是以不变应万变、以柔克刚的精神。宗璞的《三生石》记录了"文革"中受迫害的知识分子就是以庄子的"坐忘"思想聊以自慰的往事,耐人寻味。贾平凹自号"静虚村主",曾在早期的"商州世界"中赞美了商州山民"以自然为本,里外如一"的朴素人生,也在新世纪的《高兴》中生动刻画了底层人的洒脱生存状态。阿城的《棋王》《孩子王》回忆了知识青年在"文革"中"以柔克刚",以朴素、淡泊的情怀远离政治狂热的动人事迹。李杭育也在"寻根"思潮中认同了"老庄的深邃"，以"葛川江系列小说"表达了自己对吴越文化"原始、古朴的风韵"的向往之情。韩少功也曾经谈道：道家、禅宗的宇宙观及其"处理世界的思想方法，给我以很大的智慧。它不是知识，西方从来是重知识……东方从来是重智慧……关键看你怎么用它"。这些作家从不同角度写出了道家境界的柔中有韧、超然物外，还有道家智慧的玄远与深邃。在现代化进程激活的浮躁之世，这些认同道家理想的作品，足以发人深省。

最后来看佛家精神的当代回声。佛家讲"四大皆空"，与道家的淡泊精神颇有相通之处。佛家还讲"普度众生"，则具有相当积极的意义。晚清的许多革命家（例如康有为、梁启超、谭嗣同、章太炎等）信佛，就是因为认同佛家"普度众生"的博大胸怀和看破功名的精神。由此看来，佛家绝不仅仅是烧香拜佛，佛家有佛家的智慧，佛家有佛家的豪情。汪曾祺的《受戒》生动描写了乡村和尚的世俗生活情态，别开生面。范小青的《瑞云》写苏州人的"佛性"，也清新可喜：吃素好婆因为信佛而战胜了寂寞与恐惧，又因为信佛而行善，救助了残疾小女瑞云。瑞云在佛家精神的熏陶下健康成长，善良待人，她身上自然散发出的"佛性"竟然能够化解邻里矛盾，堪称超凡脱俗。贾平凹的《烟》则通过一个颇为魔幻的"三世轮回"的故事表达了对佛家"古赖耶识"学说（即世界万物的本原永恒）的认同。佛家相信灵魂不灭，贾平凹则通过一个灵魂不灭的故事表达了自己对于人生的信念：既然世界永恒，精神不灭，就不必悲观绝望。这样一来，作家就赋予一个看似魔幻的故事以某种积极的意义。在虚无主义流行的年代，这样的感悟难能可贵。

台湾作家白先勇在他的小说《台北人》中，不但将中文汉字运用调度得臻于化境，而且还将中国传统文化中的许多文化观念融进他的作品——如将中国文学传统中较为突出的"历史感"代入他的小说创作，将中国传统文化观念中"人生如梦"的体认注入他的文学书写，而无论是"历史感"的代入还是"人生如梦"的体认，都是中华传统文化在中国文学中的当代体现。从白先勇小说《游园惊梦》的篇名中，不难发现这篇文学作品与中国明代文学名篇《牡丹亭》之间的历史联系，而小说中钱夫人的人生遭际和命运波折，也隐现着白先勇对伟大的《红楼梦》的致敬，内蕴着白先勇对"人生如梦"佛教观念的认同。除了白先勇的人生如梦悲悯情怀，庄周梦蝶的禅意绵延大化弥漫、林清玄的我佛慈悲佛法庄严……也在台湾当代文学中刻印出浓重的传统文化痕迹。由此可见，传统文化精神就活在我们的文化中，也活在我们的现实生活中。传统文化赋予我们的当代文学以鲜明、独特的民族品格，这是西方文学所没有的精神特色。

第三节　当代文学中的地域文化：民族文化之生命

人们常常说越是民族的，越是世界的。其实还可以补充一句：越是地域的，越是民族的。中国幅员辽阔，有着丰富多彩的地域文化。不仅一个省有一个省的文化特色，一个城市有一个城市的文化个性，甚至，同一个省内，不同的地区，乃至一座城市之内，都有非常丰富的文化风景。例如北京，在老舍、刘心武笔下，多平民形象；到邓友梅、叶广芩那里，没落旗人、贵族的形象就居多了；而到了王朔那儿，则是顽主的热闹天地了。再看上海，周而复、王安忆、王小鹰笔下的上海，风味也各不相同。在中国当代文学的发展过程中，民间文化（包括与民间文化密切相关的民间文学）始终与文学的发展有着密切的关系，它构成了中国当代文学发展的重要动力和精神资源。

在新文学的建设过程中，民间文化、民间文学始终起到了重要的作用。胡适就认为一切新文学的来源都在民间。"五四"知识分子不仅重视"引车卖浆者"之类的民间语言，以适应传播新思想、新文学的需要，而且还在1918年发起了征集近世歌谣的运动。像刘半农等人不仅收集、整理民间歌谣，而且还用民歌的形式仿作新民歌，把民歌的有益成分纳入到新诗的创作中。鲁迅的《社戏》《故乡》《阿Q正传》等作品中也渗透着民间文化的元素。20世纪30年代的沈从文和老舍，其小说创作与民间文化的联系就更为密切。沈从文是位自觉地把民间及其审美资源纳入到创作中的作家，他对民间方言、歌谣、传说、故事在小说创作中的意义特别重视。老舍的《骆驼祥子》对于民间文化心理的揭示尤为深刻，祥子的生活原则、行为方式，虎妞的彪悍和俗气都有着民间文化的影响，20世纪40年代，赵树理的创作则是从民间立场展开乡村社会的叙述，并且由"下"而"上"地沟通民间与政治意识形态的关系，达到"老百姓喜欢看，政治上起作用"的目的。民间英雄叙事之于当代革命战争题材的小说创作，传统戏曲改编中传达出的民间文化及其审美特点等，都证明了民间文化、文学在文学创作中的意义。进入新时期以来，民间文化和文学在小说创作中的意义就更为突出。汪曾祺的《受戒》和阎连科的《受活》就直接能看到"桃花源记""烂柯山的传说"等民间传说、故事在小说写作过程中的作用。张炜一系列描写人和自然关系的小说就联系着民间有关人和动植物的幻化故事和传说，王润滋、贾平凹的某些小说与过去的"道德训诫"故事分不开，莫言的《红高粱》之于英雄传奇故事，《生死疲劳》之于民间想象的关系就更为明显，甚至可以说复苏了民间想象的传统。

"一方水土养一方人"，这说法道出了民风的绚丽多彩，也昭示了人性与地气的神奇与微妙。"无湘不成军""无徽不成商"说的是省份文化的各有千秋，而"无绍不成衙""无宁不成市"，就说的是城市文化的风气不同。还有"无陂不成镇"，则说的是小镇特色的鲜明。许多中国当代作家都在描绘本土的风土民情方面下功夫，共同成就了当代地域文学的壮观气象。汪曾祺的"高邮故事"，贾平凹的"商州系列"，张承志的"草原故事"，王蒙的"在伊犁系列"，红柯的"新疆往事"，马原、扎西达娃、马丽华、阿来、安妮宝贝、何马的"西藏传奇"，韩少功、田耳的"湘西故事"，莫言的"高密东北乡"，李锐的"吕梁山印象"，迟子建的"大兴安岭故事"，苏童的"枫杨树故乡"，张炜的"芦青河系列"，苗长水的"沂蒙山故事"，周大新的"南阳小盆地系列"，阎连科的"耙耧山系列"，张石山的"仇犹遗风录系列"，刘醒龙的"大别山传奇"，陈应松的"神农架系列"、李传锋、叶梅的"恩施故事"，再加上刘心武的《钟鼓楼》，邓友梅的《烟壶》，陈建功的《找乐》那样的"京味小说"，冯骥才的《三寸金莲》，林希的《相士无非子》那样充满天津趣味的"津味小说"，叶兆言的《夜泊秦淮》系列那样写老南京故事的"宁味小说"，陆文夫的《美食家》，范小青的《裤裆巷风流记》，朱文颖的《水姻缘》那样写苏州市井文化的"苏味小说"，王安忆的《长恨歌》，毕飞宇的《上海往事》，程乃珊的《金融家》，金宇澄的《繁花》那样写上海故事的"海派小说",贾平凹的《废都》《白夜》那样写西安故事的"西京传奇",池莉的《冷也好热也好活着就好》《生活秀》,何祚欢的《养命的儿子》那样讲述武汉市民故事的"汉味小说",还有阎连科讲述开封故事的《东京九流人物志》系列,王雄描绘襄阳故事的"汉水文化系列"(《阴阳碑》《传世古》《金匮银楼》)……可谓五光十色,洋洋大观。可以说,当代作家在浓墨重彩描绘神州大地上"一方水土养一方人"的文化风景时,也就写出了中国故事的千姿百态、万种风情,写出了浓浓的乡情、热闹的市井味,还写出了普通中国人苦中作乐、传承文化、创造奇迹的种种活法,以及对于命运、民风、迷信、悲剧的一系列沉重思考。中国文学史上似乎还不曾有过这么一个时代,有如此众多的作家痴迷于描绘本乡本土的风土民情、文化传统。这一切,发生在中国巨变、许多传统的遗迹正在迅速消失的背景下,可谓意义深长。文学一向负有记录历史、描绘民风、传递文化火种的责任。古人所谓"诗可以观",杜甫的诗有"诗史"之誉,曹雪芹的《红楼梦》有清代的"百科全书"之称,都可以作证。陈寅恪研究历史,讲"从诗看史""诗史互证",说的也是这个意思。新的时代产生了新的文化景观、新的民俗风情,新一代的作家应该写出新的地域文化篇章来。

第四节　当代文学化用传统资源个案研究：活在当代的李白

　　作为传统文化的典型体现,古代文学及其经典应该转化为建设当代文化所亟需的传统资源,用以缓解现代人过于关注外在事物,忘却内心安宁的种种现代病,为人们诗意地栖居提供一个精神空间。当代文学如何化用传统资源,以下我们做一个深入的个案研究,看一看诗仙李白如何融合于当代文学。在中国古代文学中,李白是最具才情、最受民众喜爱的诗人之一。后人对李白赞许颇多,既折服于他精湛的诗艺,也心仪他那"天生我材必有用"的非凡自信;既艳羡他飘然若仙的潇洒风神,也钦佩他"安能摧眉折腰事权贵"的独立人格。李白及其精神已经成为超越时代的经典。在当代文学中,李白的呈现主要有以下三种方式。

直接缅怀：跨时代书写中的现实反思

当代作家以不断书写李白、缅怀李白的方式表达对诗仙豪迈飘逸之气的仰慕之情。在诗歌中，余光中对李白的书写既集中又典型。余光中写李白的诗共有四首。《念李白》开篇便宣称"现在你已经绝对自由了"，诗歌三次往复咏叹李白的自由，凸显其超越世俗和时代的精神境界。《寻李白》起句轰然，带来李白失踪的消息，似真似幻；接着集中历代有关李白的记载和传说，凸显李白之才华，"绣口一吐就是半个盛唐"，同时叙写诗人的狂歌痛饮和坎坷际遇；"失踪，是天才唯一的下场"，终以李白乘风归去结束。全诗超越时空，充满奇思妙想，纯以太白之风写太白，活画出李白傲岸不群的神采。《戏李白》略带戏谑，玩笑似的赞叹李白对黄河、阴山、龙门、瀑布的描写；尤其是黄河一篇，使"五千年都已沉寂"，展现出李白不凡的气度。《与李白同游高速公路》写李白与酒的故事，终篇调侃李白是酒后驾车的司机，而作者则提心吊胆地坐在车上。几首诗虽然特色各异，但从不同角度对李白不凡的抱负、狂放的气质乃至豪迈的痛饮进行了展示，让人千载之下，如同亲见。

其他诗人中，柯平有《车至剡溪突然想起李白》，在对现代化喧嚣的批判中缅怀李白的悠闲之境；在伊沙的诗中，《李白的孤独》是当代诗人不被理解、孤独生存的缩影；《李白缘何而来》则笔带讽刺地讥笑了当代人只从外在行动上模仿李白的可笑。

在小说中，红柯的"新疆故事"系列作品具有奇异的想象力、浓郁的激情和浪漫的风格。红柯特别谈及李白对自己的影响。在《李白：天才之境》中，他推崇李白驾驭语言的魔力、天马行空的想象力、对大丈夫强悍气概的讴歌以及时代精神滋养的任侠、狂傲和潇洒气质。

适度靠近：神话颠覆中的人间情怀

"谪仙"的称呼将李白与凡俗人间拉开了距离。诸多的传说故事丰满了李白狂放、豪情与奇异的形象。李白成为一个极具个性和才情，无法重复的经典。扎实考证、严谨申辩、在对神话的颠覆中凸显人间情怀，也是后人仰慕经典的方式之一。

郭沫若晚年所著的《李白与杜甫》虽四十年来争议不断，却在当代文学批评史上有着不可低估的意义。此书以卓越的考据功底和文学感受驱散了笼罩在一代诗仙身上的神光，如对李白"极其庸俗的一面"的论说、关于李白"又庸俗又洒脱"的描述、对李白矛盾性格的揭示等，都生动地还原了李白的真实生活。虽然该书以扬李抑杜为基本立场，不可避免地留下了以阶级观点简单批评历史人物的痕迹，但书中不乏极富创见的观点和独具典范的写法，被论者誉为一代奇书。

郭沫若所开创的范式在当代其他作家那里得到了延续。作家张大春拟推出《大唐李白》系列四部，分别为《少年游》《凤凰台》《将进酒》《捉月歌》。前两部作品已分别于2013年和2014年出版。《少年游》集中笔墨梳理李白早年的萍踪游历，力图解开诗人的诸多谜团。该书虚实交错、融传记与小说于一体，甫一出版便深受好评。第二部《凤凰台》聚焦青年李白在出蜀之后，满腹才华，如何一步步实现其"申管仲之谈，谋帝王之术"的理想。从已出版的前两部来看，《大唐李白》既有立足于大量史实的考据，又不乏小说家的虚构想象，更一直紧扣着时代对李白的"错过"。盛世中、盛名下，叙写一个生命如何实践真实的自我，没有背景的年轻人在权力中心如何寻找机会。

当代诗人、《人民文学》原主编韩作荣的长篇传记文学《李白传》于他去世前几天才完成手写稿。《人民文学》2014年第3期以"特稿"方式郑重刊发，并以"本事扎实、言外滋味丰盛"概括之。《李白传》对"浪漫主义"的拨乱反正、对李白孤独内心世界的探索、对李白始终以"自我"为出发点立身行事等多有创见。

当代作家张炜在万松浦书院通过"对话辩难"的方式，讲述了不一样的李白和杜甫。其演讲稿整理为《也说李白与杜甫》，于2014年出版。张炜立足现代社会和文学发展的视角，对与李白有关的许多观点进行重新解读。如李白的酗酒、炼丹、求仕、访仙、诗歌的"浪漫主义"……诚如张炜所说，李白传递和普及了一种生活方式，成为许多写作者的隐性榜样。

四 网络狂欢：大众娱乐中的显性解构

　　网络的高度发展和广泛普及，对当代人的生活方式、阅读习惯和思考路径带来了翻天覆地的变化。网络世界的快捷易变使得其所传播的信息明显体现出短小、明快、娱乐性强等特征。在这样的时代背景下，以李白为代表的经典形象被打破，进而迅速世俗化乃至娱乐化，便是一个自然而然的结果了。比较有代表性的是2012年3月新浪微博上出现的"杜甫很忙"的涂鸦活动；继而，有网友直言"杜甫很忙out了，现在流行李白很忙！"于是，李白、辛弃疾等名人也开始忙起来。李白之忙，时而推车购物，时而挥刀卖瓜，时而打扮装酷。不久，李白又化身预言帝，专注千年预测。举凡马航失踪、韩国首尔地铁追尾、"世界杯"赛况等，无论哪种社会热门事件，都可以在第一时间出现的李白"遗作"中找到预言。而网络作家们塑造的李白，自命不凡、轻薄放荡、风流成性。相关小说以煽情的男女情事、粗鄙低俗的语言刺激读者感官。李白形象开始涂上"痞子气"，在吸引眼球、赚取点击量的网络中流传。

　　更糟糕的是，这种大肆炒作、趣味低俗已经不局限于网络。号称"呈现大唐盛世下真实而特立独行的李白"的某书，说李白过着吃软饭、打群架、混黑道、梦想在闹市砍人的生活，实为大唐第一古惑仔。至此，李白的痞子气已经无以复加。李白绝伦的才华、李白诗歌超凡的艺术感染力、李白独立自由的人格精神，都被消解在耸人听闻的标题和浅薄粗鄙的文字中了。

　　以上三种路径，勾勒出当代文学的经典呈现方式。新世纪以来，从"古今演变"的视角研究中国文学，已成为当代文学新的学术增长点。以及当代文化具有信息传播多样化、阅读碎片化及表层化等特征，由于大众文化中个性主义、娱乐倾向和世俗趣味的流行，经典在当代文学中的呈现还有不尽如人意之处，在书写方式、书写内容、传播方式上都面临重要挑战。

　　以李白而言，现代社会文化所高扬的自由、个性、独立，与李白及其诗文所体现的追求自由、不受约束、傲视权贵的凛然风骨实有相通之处。对李白精神的大力弘扬和阐发，既体现出传统经典之现代生命的激活，又反映了当代文学关注中国现实的人文情怀。因此，当代文学应该借助古典人文精神的滋养，在创作和研究中彰显经典那普遍的、永恒的、超越具体历史条件的生命力，摈弃低俗的、无厘头的调侃和"恶搞"，以先锋和批判的姿态关注现实、关注人生，承担起对当下文学、社会文化建设的社会责任和价值关怀。

结语

全球化浪潮冲击下消费时代的来临，为大众文化强力介入当代文学提供了巨大推力，这种介入除了使当代文学的通俗性（文学呈现出平面感和缺深度的特点）有所加强之外，更对文学的"崇高性"产生了一定的消解作用——在文学中反美学、破传统、世俗化一时成为不少作家的自觉追求。但是，中华传统文化到了现代，虽然受到西方外来文化的冲击和"五四"新文化运动的洗礼以及90年代以来商品化浪潮的冲击，在基本形态和影响力度上，都发生了一些变化，但其质的规定性和巨大的文化惯性，依然对中国社会以及当代文学产生着重大影响。中华传统文化作为中国当代文学的内驱力和承载体，可以说与当代文学的发生、发展依然相伴，如影随形。中华传统文化在当代文学中的呈现，范围广阔，领域多样，姿态纷呈，文采斐然。中华传统文化如同中国当代文学的生命之源，美学之泉，载舟之水，赋形之物，为中国文学呈现自己的当代形貌提供了来源和力量。

当然，在中国当代文学中的任何一个作家笔下，其作品所体现出来的文化蕴涵，都不会是某种单一文化的简单遗留，而必然是多种文化的交织互渗，同时，作家本身也是多种文化共同作用的结果，就此而言，中国当代文学中文化多元的复杂性和文化层叠的交织性，就不仅只是体现在不同时代、不同作家群体或不同的文学现象中，它其实就"寄寓"在每个作家身上。

思考题

1. 怎样理解文学之根应深植于民族传统的文化土壤？
2. 通过当代文学作品来体会折射和贯注其中的儒释道

文化精神。

3. 举例说明当代文学如何化用传统文化资源。

推荐书目

[1] 樊星. 当代文学与多维文化[M]. 武汉：武汉大学出版社，2005.

[2] 徐学. 当代台湾文学与中华传统文化[M]. 厦门：鹭江出版社，2007.

[3] "中国当代文学与民间文化"研究文丛[M]. 桂林：广西师范大学出版社，2010.